陕西地方志丛书

陕　　西　　省　　志
陕西省地方志编纂委员会　编

第二卷·自然

气　象　志

（1990—2010 年）

气象出版社
China Meteorological Press

图书在版编目(CIP)数据

陕西省志. 气象志 ：1990—2010 / 陕西省地方志编纂委员会编. — 北京：气象出版社，2020.11

ISBN 978-7-5029-7296-7

Ⅰ.①陕… Ⅱ.①陕… Ⅲ.①陕西-地方志②气象-工作概况-陕西-1990—2010 Ⅳ.①K294.1②P468.241

中国版本图书馆 CIP 数据核字(2020)第 194143 号

陕西省志 · 气象志(1990—2010 年)

Shaanxi Sheng Zhi • Qixiang Zhi (1990—2010 Nian)

陕西省地方志编纂委员会　编

出版发行：气象出版社

地　　址：北京市海淀区中关村南大街 46 号　　**邮政编码**：100081

电　　话：010-68407112(总编室)　010-68408042(发行部)

网　　址：http://www.qxcbs.com　　**E-mail**：qxcbs@cma.gov.cn

责任编辑：吴庭芳　　**终　　审**：吴晓鹏

责任校对：张硕杰　　**责任技编**：赵相宁

封面设计：博雅锦

印　　刷：北京建宏印刷有限公司

开　　本：787 mm×1092 mm　1/16　　**印　　张**：25.25

字　　数：645 千字　　**彩　　插**：8

版　　次：2020 年 11 月第 1 版　　**印　　次**：2020 年 11 月第 1 次印刷

定　　价：200.00 元

陕西省地方志编纂委员会

《陕西省志·气象志》编纂委员会

主　任　丁传群

副主任　薛春芳(女)　罗　慧(女)　胡文超　杜毓龙　李社宏

委　员　赵光明　刘　宏　杨文峰　段昌辉　王　毅　王　川(女)　贺文彬　吕东峰　牛占峰　杨凯华　吴宁强　杨　新(女)

《陕西省志·气象志》编辑部

主　编　丁传群

副主编　罗　慧　杨文峰　刘文亚

主要编撰人员　王维刚　赵艳丽(女)　方建刚　雷向杰　郭江峰　李登科　张列锐(女)　贾　玲(女)　李彩莲(女)　郭　新　吴林荣　巨晓璇(女)　刘海军　王建萍(女)　周　林(女)　阳茂林　贺安乾　唐　静(女)　张晓佳(女)

审定单位

初　审　《陕西省志·气象志》编纂委员会

终　审　陕西省地方志编纂委员会

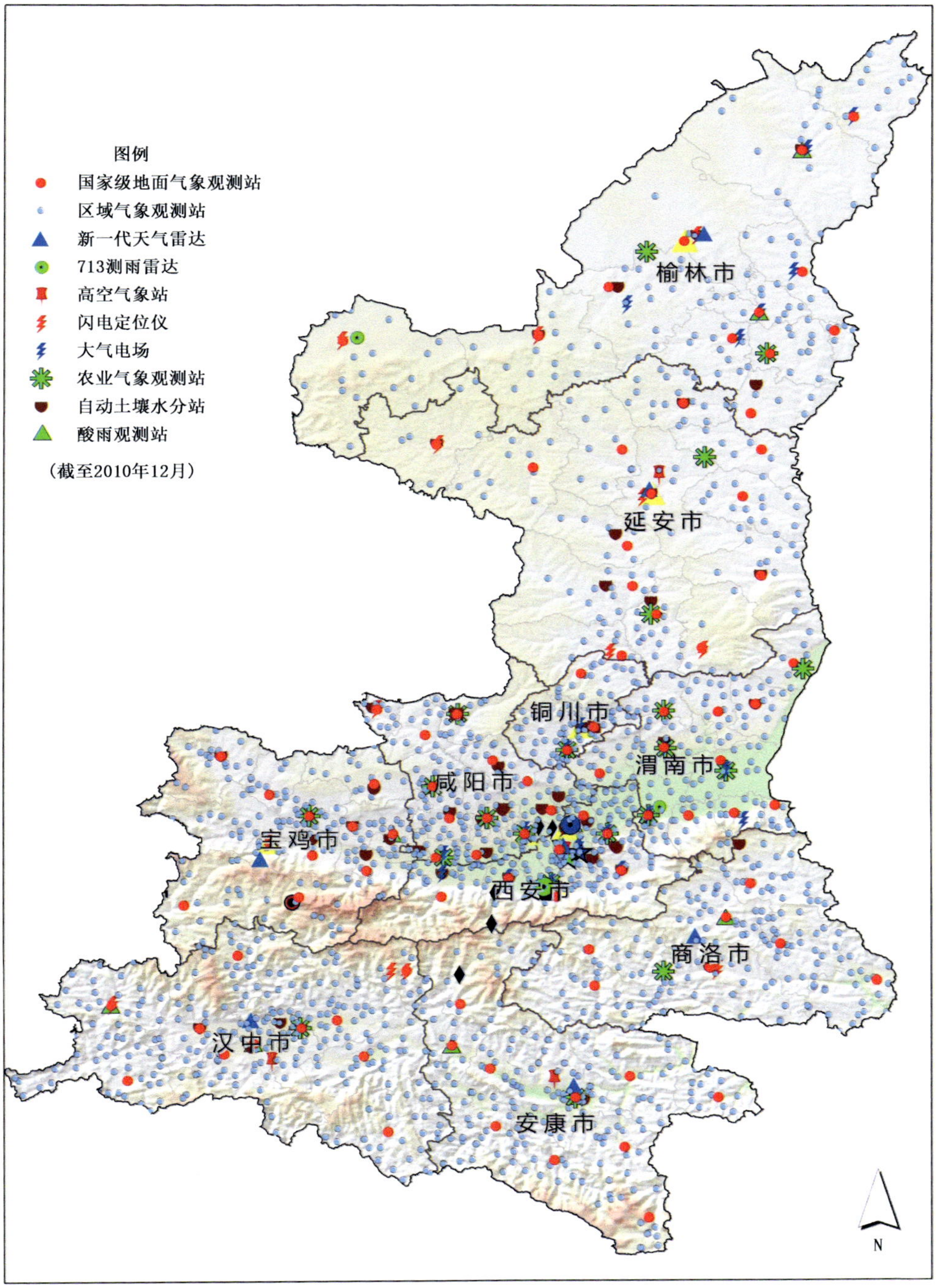

陕西省2010年气象站网布局示意图

（陕西省气象局观测与网络处提供）

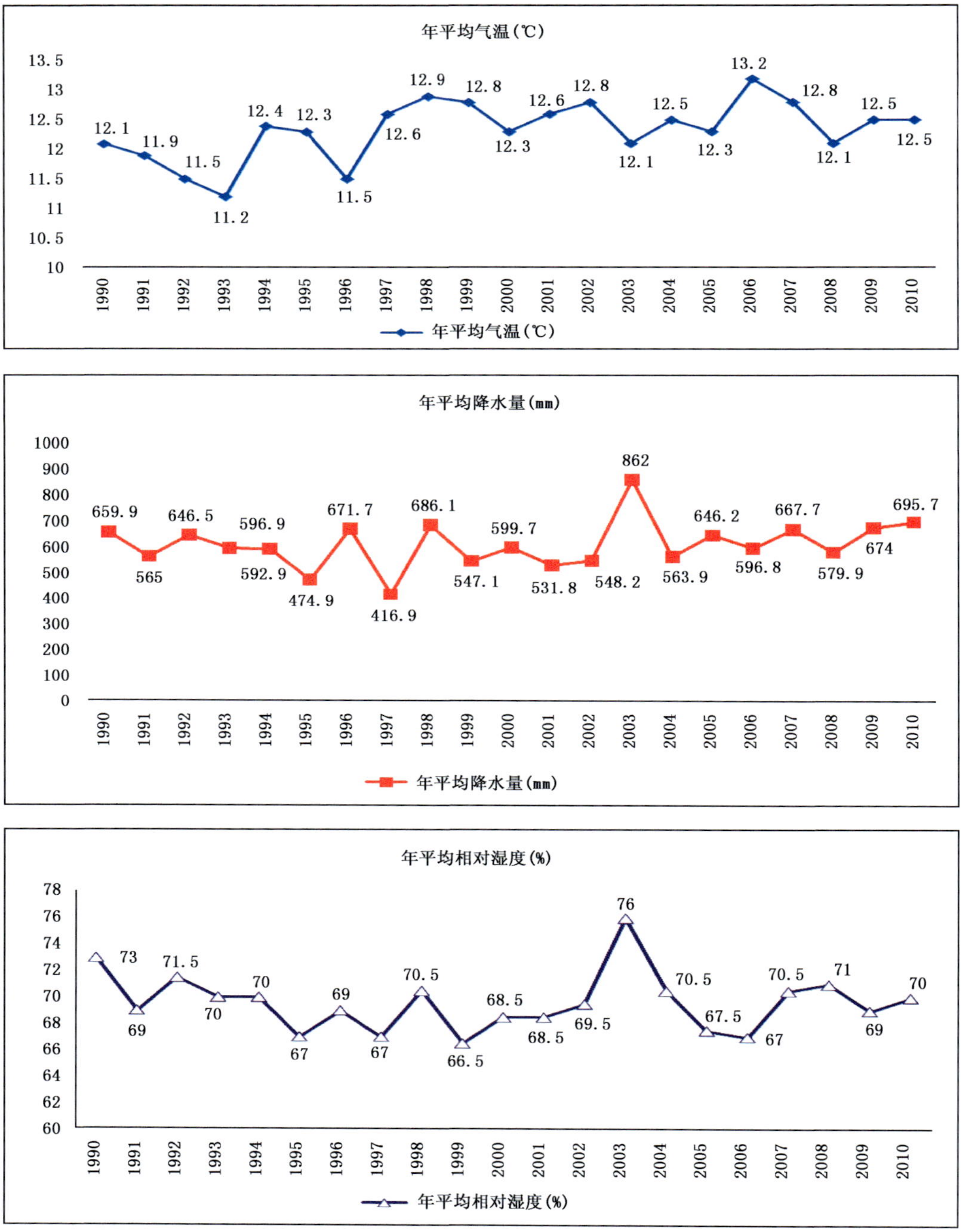

陕西省1990—2010年气象要素示意图

（陕西省气候中心提供）

1995 年 9 月 3 日，中国气象局局长邹竞蒙（前左一）、陕西省省长程安东（前排右二）
在陕西省气象局通信机房通过 VHF 电台慰问渭南市气象局华山气象站

1995 年 9 月 5 日，中国气象局局长邹竞蒙（前排右十五）、副局长温克刚（前排右十三）和
陕西省副省长王双锡（前排右十四）与参加人民气象事业创建 50 周年
纪念活动的代表在延安合影留念

2001 年 7 月，中国气象局局长秦大河（右二）参观咸阳市气象局自主研发的
121 天气预报自动应答系统

2009 年 2 月，中国气象局局长郑国光（左七）在陕西省气象局视察工作

2002 年春节前夕，中国气象局副局长许小峰（左一）慰问咸阳市彬县气象职工

2007 年 6 月 15 日，中央纪委驻中国气象局纪检组组长孙先健（前排左四）在咸阳市礼泉县气象局调研

1993 年 7 月 13 日，中共陕西省委书记张勃兴（右二）在陕西省气象局视察工作

1995 年 4 月 8 日，中共陕西省委书记安启元（前排右四）在陕西省气象局视察工作

2006 年 7 月 20 日，中共陕西省委书记李建国(左四)在陕西省气象局视察工作

2004 年 2 月 8 日，陕西省省长程安东(左二)在陕西省气象局视察工作

2007 年 7 月 24 日，陕西省省长袁纯清（前右二）在陕西省气象局视察工作

2001 年 6 月，陕西省副省长王寿森（右三）在咸阳市旬邑县气象局检查指导人影工作

2002 年 9 月 10 日，中共陕西省委常委、副省长陈德铭（前排左二）在陕西省气象局视察工作

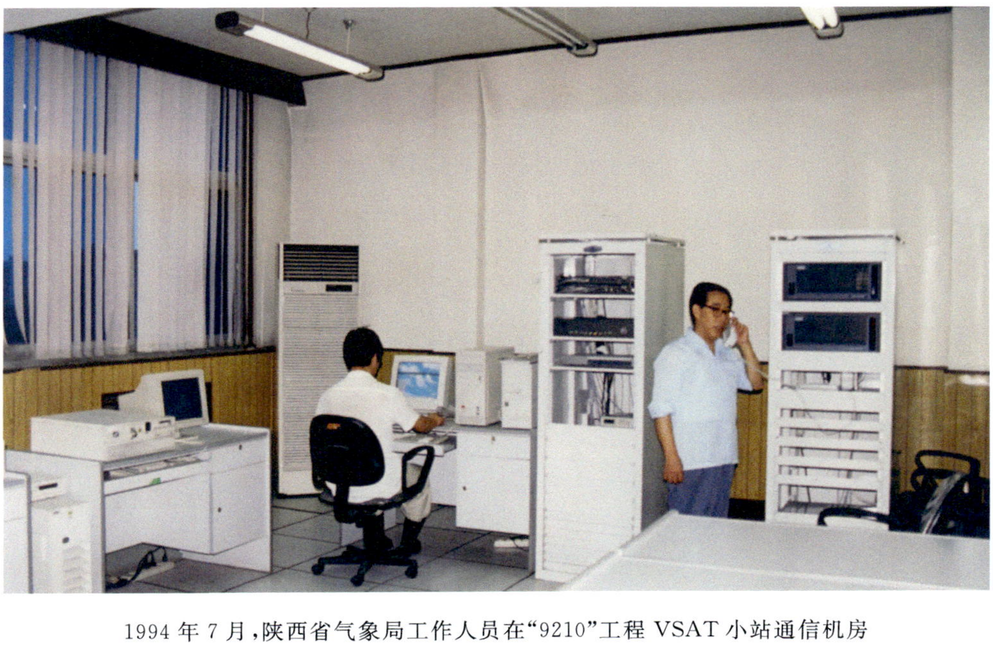

1994 年 7 月，陕西省气象局工作人员在“9210”工程 VSAT 小站通信机房

1997 年 3 月 7 日，陕西省气象局工作人员
在测风雷达旁释放探空气球

2005 年 1 月，陕西第一个沙尘暴观测站在延安投入使用

2005 年 7 月，陕西省气象局建成与中国气象局
链接的视频会议系统

2006 年 9 月，新建成的陕西黄土高原干旱预测评估中心业务平台

2008 年 5 月，5·12 汶川地震后省应急移动气象台奔赴汉中服务

2010 年 4 月 6 日，陕西省气象局工作人员在省级声讯气象服务平台开展服务

2002 年 4 月，陕西省气象局与中国科学院
水利水土保持研究所交流座谈

2003 年 4 月，陕西省气象局与中国科学院寒区旱区环境
与工程研究所举行“共建雷电轨道合作签字仪式”

1998 年 9 月 5 日，世界气象组织秘书处组织埃及、苏丹等 8 国
气象局长在咸阳市气象局考察

2002 年 12 月 1 日，希腊气象局雅典奥运会气象服务保障委员会主任鲁斯博士(左三)访问陕西省气象局

2004 年 2 月 25 日，世界气象组织秘书长雅罗(左三)访问陕西省气象局

2005 年 7 月，以色列气象专家罗斯菲尔德(右二)在渭南市气象局华山气象站考察

2005年10月12日，11国国家气象局局长和WMO秘书处官员在西安市户县气象局考察

2001年6月1日，陕西省人大常委会通过《陕西省气象条例》

2001 年 6 月落成的陕西省气象局气象大厦投入使用

序

《陕西省志·气象志》(1990—2010年)数易其稿、成书出版,是继《陕西省志·气象志》(1949—1989年)之后,陕西气象史志工作又一件值得庆贺的大事。

20世纪后十年,在邓小平南方谈话的推动下,国家改革开放向纵深发展。陕西省各级气象部门解放思想、顺应形势,融入时代发展浪潮,推进事业结构调整,积极构建基本业务、科技服务、综合经营"大三块"事业结构。加强通信网络建设,实施气象卫星综合应用业务系统工程(简称9210工程),形成了卫星通信和地面通信相结合,专网和公网相结合,集中控制、分级管理的气象综合信息网络系统,极大地提高了气象信息网络的整体水平。数值天气预报应用获得很大发展,以新一代天气预报人机交互处理系统MICAPS的应用为代表,天气预报业务真正实现了从传统的手工作业方式向人机交互方式的转变。大力发展以农业遥感、人工影响天气等为主要内容的地方气象事业,不断满足地方经济建设发展需要。积极建立双重计划体制和与之相适应的财务渠道,大力发展综合经营,努力改善职工工作和生活条件,促进了陕西气象事业稳定发展。

进入21世纪,随着《中华人民共和国气象法》《陕西省气象条例》正式实施以及《国务院关于加快气象事业发展的若干意见》的下发,陕西气象事业迎来了蓬勃发展的新阶段。全省各级气象部门贯彻落实科学发展观,坚持"公共气象、安全气象、资源气象"发展理念,深化部门改革,逐步形成气象行政管理、基本气象业务、气象科技服务三部分组成的,结构合理、界面清晰、协调发展的气象事业基本框架,并相应建立起不同的管理体制和运行机制。气象卫星和新一代天气雷达等重点工程顺利实施,气象装备建设力度不断加大,初步建成了地基、空基和天基相结合,门类比较齐全、布局基本合理的气象综合观测系统。区域数值预报模式得到大范围应用,引进和研发了一些基于数值预报产品的预报方法和软件,气象预报的精细度、准确率和及时率进一步提高。推进业务技术体制改革,着力加强一流装备、一流技术、一流人才、一流台站建设,不断提高气象预测预报能力、气象防灾减灾能力、应对气候变化能力和开发利用气候资源能力,气象服务领域不断拓展,服务能力明显提高。加强法治建设,切实履行社会管理职责。开放合作,实施人才战略,完善人才培养体系,气象队伍的整体素质逐步提高,专业结构趋向优化,科技成果不断涌现。气象科技服务得到迅猛开展,电视天气预报、121电话、防雷技术服务等成为科技服务支柱项目,气象服务手段更加丰富,服务内容更加细化,自我发展能力进一步增强,为气象事业发展和队伍稳定做出了重要贡献。双重财务体制进一步落实,国家和地方资金投入力度不断加大,基层台站基础设施建设得到显著加强。

面对未来,陕西省各级气象部门将坚持以习近平新时代中国特色社会主义思想为指导,增强"四个意识",坚定"四个自信",做到"两个维护",认真贯彻落实习近平总书记对气象工作的重要指示精神和习近平总书记来陕考察重要讲话精神，接续奋斗、砥砺前行，不忘初心、牢记使命，传承延安人民气象红色基因，服务三秦发展百姓安康，推动陕西气象事业高质量发展，为奋力谱写新时代陕西追赶超越新篇章做出新的更大贡献。

1990—2010 年的 20 年，是陕西气象事业改革进取、艰苦奋斗的 20 年，也是陕西气象事业茁壮发展、突飞猛进的 20 年。这段历史参与见证了国家经济社会的发展变迁，也是一段陕西气象人抛洒热情、艰苦奋斗、担当作为的创业史、奋斗史、发展史，具有鲜明的时代特征、地方特色和专业特点。总结这段历史可以帮助我们了解陕西气象发展历程，认识规律，总结经验，指导实践，真正发挥修志“资政、教化、存史”功能和重要的参考借鉴作用。

陕西省气象局党组书记、局长 丁传群

凡　例

一、《陕西省志·气象志(1990—2010)》(以下简称本志)以马克思列宁主义、毛泽东思想、邓小平理论、“三个代表”重要思想、科学发展观、习近平新时代中国特色社会主义思想为指导,运用辩证唯物主义和历史唯物主义的立场、观点和方法,全面系统地、实事求是地记述1990—2010年陕西省行政区域范围内的气候变迁和气象事业。

二、本志采用章节体,分篇、章、节、目四个层次横排竖写。体裁包括述、记、志、传、图、表、录等,以志为主。其记述上限为1990年1月1日,下限为2010年12月底。补记资料,时间适当上溯。

三、本志除概述、图照、大事记、附录外,气候、气象灾害、气象监测、天气预报、气候业务、农业气象、气象通信与技术保障、生态监测与气象防灾减灾、气象服务、气象科研与教育、气象台站、气象管理、人物等各篇专志一律用章、节、目层次。附录收录1990—2010年省级气象法规、气象规范性文件、省部级以上领导视察陕西气象工作时的讲话原文。

四、本志除引文外,一律用第三人称记述。涉及地名、机构、会议、文件等专有名称首次出现时使用全称,并括号注明简称,再次出现时用规范简称;涉及领导人员职务,均为时任职务;涉及人名,除外文以外的直书其名,必须说明身份的,在其姓名前说明。

五、本志使用国家颁布的标准简化字,标点符号、数字、量和单位用法执行国家标准规定。涉及有关统计数据均以统计部门公布的法定数据为准,统计部门没有统计的,采用气象主管机构的统计数据。

六、本志对于气象人物采取以事系人、以时为序,分人物名录和人物表两种方式记述。人物名录收录1990—2010年底全省气象行业国家劳模;人物表收录省部级劳动模范及省部级表彰的各类先进个人及享受省级以上政府特殊津贴专家、享受中国气象局津贴的西部优秀青年人选。

七、本志出现的“八五”时期,是指中华人民共和国国民经济和社会发展第八个五年计划时期,为1991—1995年;“九五”时期,指1996—2000年;“十五”时期,指2001—2005年;“十一五”时期,指2006—2010年。

八、本志涉及的有关部门或单位因改革而发生的名称的变化,遵循不同时期的名称进行记述。

九、本志内插图、表格按章序号统一编排,如图1-1,表明为第一章的第一幅插图。

十、本志资料均来源于陕西省气象局历年档案、统计年报和机关单位提供的资料以及历年的《中国气象年鉴》《陕西年鉴》《陕西救灾年鉴》等。

目　录

第一篇　气候

第二篇　气象灾害

第三篇　气象监测

第四篇　天气预报

第五篇　气候业务

第六篇　农业气象

第七篇　气象通信与技术保障

第八篇　生态监测与气象防灾减灾

第九篇 气象服务

第十篇 气象科研与教育

第十一篇　气象台站

第十二篇　气象管理

第十三篇 人物

概　述

气象是大气中发生的阴晴雨雪风雷电及冷暖干湿变化的自然现象，气象事业则是人类在其活动的历史长河中，不断地认识大气的自然现象，揭示天气气候的运行规律，逐渐形成的科技型、社会公益性事业并在社会和国民经济发展中起着前瞻性、先导性和基础性作用。1945 年 3 月八路军在延安建立气象台，诞生了中国共产党领导下的人民气象事业，开创了气象服务的先河。1949 年 10 月中华人民共和国成立后，陕西省、市、县三级气象台站陆续建立，气象事业在为军事服务和社会经济服务中不断发展壮大，保障了经济发展和社会进步。改革开放 30 多年来，陕西气象事业有了长足发展，初步建立了天气、气候业务和科研体系，提高了气象监测、预报预测和服务水平，气象在防灾减灾、经济建设和社会发展中发挥了重要作用。特别是本次续修的陕西气象志书断限内 1990—2010 年的 21 年，陕西气候以其固有规律和平均状态在运行中发生着冷暖和干湿方面的年际变化，气象事业也随着改革开放的深入和西部大开发战略的实施，进入了跨越式全方位发展阶段，气象为陕西经济社会发展和人民生产生活服务取得了前所未有的辉煌成就。

一

陕西，简称陕或秦，位于中国大陆腹地处西风带北温带，地处东经 105°29′～111°15′、北纬 31°42′～39°35′之间，东邻山西、河南，西连宁夏、甘肃，南抵四川、重庆、湖北，北接内蒙古，总面积 20.58 平方千米。

陕西省版图形状酷似面向西方合掌跽坐的“兵马俑”，地域南北狭长，从南到北纵跨 8 个纬度，跨越长江、黄河两大流域及中温带、暖温带、北亚热带三个气候带与干旱、半干旱、半湿润、湿润气候区，地势南北高、中间低，由横亘陕西中部的中国龙脉秦岭和黄土高原南缘与关中盆地过渡地带的北山划分的沟梁纵横的陕北黄土高原、沃野千里的关中平原和峰峦叠翠的陕南秦巴山地构成，由于所处的地理纬度不同、地形地貌复杂，气候差异很大。陕北长城沿线风沙区寒冷季节长、干旱少雨、风沙大；黄土高原沟壑区和关中平原区热量较充足，气温年较差大，降水年际变率大，春旱严重；陕南秦巴山区气候湿润，四季分明，降水丰沛，突发性暴雨洪涝灾害严重。

陕西属于大陆性季风气候，春季多风，气温变化大，雨水较少；夏季炎热，降水多；秋季凉爽湿润，多阴雨；冬季多偏北风，雨雪稀少，寒冷干燥。

1990—2010 年，陕西省年平均气温 12.4 ℃，陕北年平均气温 9.0～9.3 ℃，陕南 15.4～15.8 ℃。年平均最高气温 18.5 ℃，陕北 16.2～16.6 ℃，陕南 20.2～20.8 ℃。年平均最低气温 7.4 ℃，陕北 2.4～2.8 ℃，陕南 10.2～11.2 ℃。夏季平均气温 22～26 ℃，极端最高气温 38～43 ℃。冬季平均气温 0.19 ℃，极端最低气温－15～－28 ℃。年平均相对湿度为 66.8%，陕南为 70%～80%，陕北 50%左右。年均降水量 610.7 毫米，关中东部和陕南南部为760～850毫米，关中西部和陕南西部降水量为680～720毫米，陕北西北部年降水量为380～420毫米。春季平均降水量120.0毫米，陕南中西部160～260毫米，陕南东部和关中100～160毫米，陕北北部60～100毫米。夏季降水量306.6毫米，陕南西部降水量400～440毫米，关中东部降水量为330～380毫米，陕北大部降水量210～240毫米。秋季降水量161.3毫米，关中东部降水量190～220毫米，关中西部降水量170～190毫米，陕北北部降水量90～110毫米。冬季降水量22.1毫米，陕北降水量9.8～14.3毫米，关中西部和陕南西部降水量26～35毫米。年日照时数1265～2833小时，陕北长城沿线2600～2833小时，黄土高原沟壑区2200～2600小时，关中平原1800～2200小时，陕南秦巴山区1200～2100小时。年平均风速在3米/秒以下，春季风速最大，冬季次之，夏季风速最小，大于17.0米/秒的大风，多在陕北高原，陕北长城沿线区域、渭北黄土高原高海拔区域风能资源相对比较丰富。年平均气压为795～982百帕，以关中盆地和安康盆地气压最高，年平均943～982百帕，其中西安海拔398米，年平均气压970百帕，安康海拔295米，年平均气压982.2百帕，秦岭高山区和陕北黄土高原海拔高、气压低，年平均气压为795～925百帕，其中延安海拔959米，年平均气压为907.8百帕，榆林海拔1059米，年平均气压为893.2百帕，太白海拔1543.6米，年平均气压为846.4百帕，华山海拔2065米，年平均气压为795百帕。年太阳总辐射量为3800～5730兆焦/米^2，陕北北部长城沿线年太阳总辐射5300～5730兆焦/米^2，陕北南部榆林地区5000～5300兆焦/米^2，延安地区为4700～5000兆焦/米^2，关中东部4700～5000兆焦/米^2，关中西部4600～4900兆焦/米^2，陕南汉中北部、安康北部、商洛4200～4500兆焦/米^2，汉中南部、安康南部3800～4200兆焦/米^2。

1990—2010年，陕西4—10月雨热同季，日照、热量和降水充足。全省日平均气温稳定通过10℃的持续时间，陕北始于4月下旬到5月上旬，终于10月中下旬，持续时间160～200天，≥10℃积温3000～4000℃·d；关中始于3月下旬到4月中旬，终于10月中下旬到11月上旬，持续时间190～220天，≥10℃积温3000～4500℃·d；陕南始于4月上旬，终于10月末到11月下旬，持续时间190～240天，≥10℃积温4500～5000℃·d。这一时段的光热水气资源，有利于农作物、经济作物和果树的生长及产量的形成。

1990—2010年，陕西秦巴山区气候垂直差异显著。秦岭南麓海拔800米以下地带，属北亚热带气候；秦岭南麓海拔800～1300米和秦岭北坡1300米以下地带，属暖温带气候；秦岭山区海拔1300～2400米地带为中温带气候，海拔2400～3400米地带为寒温带气候，海拔3400米以上地带为亚寒带气候。秦岭山区海拔高度不同，气候垂直差异显著，形成了秦岭山区生物资源的多样性。

1990—2010年，陕西气候在干湿和冷暖方面发生了变化，气温趋暖，降水增加。1990—2010年陕西平均气温比1990—2000年平均气温提升了0.2℃，呈现升温趋势，2000—2010年，全省平均气温为12.4℃，气候明显变暖，其最高值出现在2006年，平均气温为13.0℃。全省降水量2000—2009年比1990—1999年略有增加，其中陕北和关中地区降水量均值增加30毫米，陕南地区降水量均值增加74毫米。

1990—2010年，陕西发生的暴雨、洪水、干旱、冰雹、雷电等极端天气气候事件频繁，点多面广，强度大，有时暴雨、雷电、冰雹及寒潮、霜冻、大风降温等多灾并发，部分地区同种灾害重复、连年受灾，人民生命财产安全遭到极大的危害。

21 年间，陕西省年年干旱，受旱面积较大、持续时间较长，粮食生产受到严重影响，河水甚至因旱断流，人畜饮水及工业用水困难。1994 年秋季至 1995 年 7 月上旬，陕北、商洛地区四季连旱 300 余天，其余各地连旱 200 余天，全省受旱 401.3 万公顷，绝收 86.7 万公顷，损失粮食 30.22 亿千克。1999 全省遭遇冬春连旱和秋旱，受旱 257.1 万公顷，其中重旱 114.9 万公顷，绝收 49.3 万公顷，夏粮减产 12 亿千克，秋粮减产 9 亿千克。

21 年间，陕西共发生暴雨 1993 个县区，暴雨历时短、强度大、局地性强，极易引发洪涝灾害及滑坡、泥石流等次生灾害，给人们生命财产和经济建设造成巨大损失。1998 年 7 月 8—9 日，商洛地区 7 个县(市)遭暴雨袭击，其中丹凤县双槽乡宽坪村 6 小时的降水量经水利部组织水文、气象专家现场模拟实验认定 1300 毫米，为世界陆地极值，山洪暴发，山沟洪峰高达 5 米，造成民房倒塌，公路、供电、通信等基础设施中断，全地区因灾死亡 96 人(丹凤 45 人、商南 43 人)、重伤 24 人。2000 年 7 月 11—14 日，安康地区紫阳县降暴雨 210.4 毫米，诱发洪水、泥石流和山体滑坡，死亡 202 人。2002 年 6 月 8—9 日，全省共有 33 个气象站出现暴雨，汉中市佛坪县、安康市宁陕等 34 个县（区）、352 个乡镇受灾，水毁基本农田 27 万亩*，倒塌房屋 10.6 万间，死亡 151 人，失踪 304 人，其中佛坪县死亡 132 人。2010 年 7 月 14—25 日，关中、陕南等地发生两次持续性强降雨过程，引发山洪，因灾死亡 126 人、失踪 202 人，直接经济损失 190 亿元。

21 年间，陕西发生连阴雨的频次增加，致灾连阴雨 180 余次，多次连阴雨过程又下暴雨，致使全省 80 多人因灾死亡、失踪或受伤，倒塌和损坏房屋 14.5 万多间，农作物受灾面积近百万公顷、绝收面积 7.8 万公顷，直接经济损失近百亿元。2003 年 8 月 24 日—9 月 30 日，宝鸡市渭河流域发生大范围持续连阴雨过程，其间又频发短时暴雨，渭河上涨，秦岭山地诱发山洪、滑坡、泥石流等地质灾害，导致 17 人死亡、1 人失踪、6 人受伤，倒塌及损坏房屋 5800 多间，直接经济损失 3.3 亿元。2007 年 9 月 26 日—10 月 13 日，榆林市持续 18 天连阴雨，佳县 53 万亩成熟的红枣裂变霉烂 1 亿多千克，粮食减产 1500 万千克，定边县秋田作物绝收 86.8 万亩，倒塌房屋 7426 间，压死 2 人，直接经济损失 3.98 亿元。

21 年间，陕西出现 320 个降雹日，其中 2000 年出现 32 个降雹日，冰雹时常伴随大风、雷电、暴雨发生，来势凶猛，破坏力极强，拔树、倒房，毁坏电力设施，农业生产损失严重。1992 年 9 月 5 日，宝鸡市陇县 3 个乡出现冰雹大风强对流天气，雹径最大 2 厘米，受灾秋田 1093 公顷，打坏房屋 1183 间，吹倒树木 15 万株，因灾死亡 5 人。

21 年间，陕西发生 160 余次大风灾害，致使 10 个地市 59 个县(区)176.96 万人(次)受灾，因灾死亡 32 人、受伤 290 人；倒塌和严重损坏房屋 6 万多间，受灾农作物 27.6 万公顷、绝收 6000 余公顷，直接经济损失 13.2 亿元。2006 年 6 月 25 日 19 时，渭南市大荔县出现 13 分钟强对流大风天气，瞬时风速 32.5 米/秒，局地伴有冰雹，造成全县 26 个乡镇受灾，倒塌房屋砸死学生 8 人、砸伤 38 人，40.3 万亩农作物受灾，大棚果树蔬菜因揭膜毁坏，损毁电杆 761 根，全城停电，直接经济损失 2.49 亿元。

---

* 1 亩＝666.$\dot{6}$ 平方米。

21年间,陕西发生34次寒潮天气,强冷空气过境,伴发大风、雨雪,降温幅度大,粮食作物、果园和经济作物受灾面积大,灾情严重。2001年4月9—11日的陕西大范围寒潮天气,日平均气温下降6～13 ℃,日极端最低气温陕北、渭北－10～－3 ℃,关中－ 3～0 ℃,陕南－ 1～2 ℃,全省盛花期苹果、梨、枣、花椒、核桃等受冻为历史罕见。

21年间,陕西发生32次霜冻灾害,其中春季终霜冻27次,常使春播、春育的幼苗、越冬后返青拔节的麦苗及处于花期的经济林果受冻,灾情损失严重。2006年3月中旬陕北、渭北等地3月中旬发生寒潮灾害之后,又于4月11—12日发生霜冻灾害,气温突降至0 ℃以下,粮食作物、苹果、梨等经济作物再次受冻,灾情雪上加霜,当年粮食作物和林果严重减收,直接经济损失15亿元。

21年间,陕西3月下旬至10月上旬不时突发雷电灾害,伴随雷电发生的大风、暴雨、冰雹助纣为虐,严重危害人民生命财产安全。据统计全省21年间发生的80余次雷电灾害记录,全省因雷击38人死亡、28人受伤,部分地区变压器、电路被击毁、造成长时间大范围停电,电视机、电脑等家用电器被毁坏、省传呼台发射塔因雷电大风被拦腰折断;伴发的大风、暴雨、冰雹致使1.56万间房屋倒塌或严重损毁,1567公顷农作物绝收,直接经济损失1.1亿元。

21年间,陕北冬季严寒,时常发生的暴雪及强冷空气,严重影响群众的生产生活,也给畜牧业生产、设施大棚生产带来重大损失。关中和陕南,特别是西安市区伏天持续高温形成的城市热岛效应,市民遭受热浪侵袭,暑热难耐,一些市民因缺少降温设施而饱受热害之苦,个别人也因高温热害而发生热射病。

二

1990—2010年,人类社会由20世纪跨入21世纪,香港、澳门雪耻回归,祖国经历了汶川8.0级特大地震,并成功举办了第29届夏季北京奥运会,社会经济发展一日千里,突飞猛进。如此神奇而辉煌的21年,也是陕西气象事业发展最好的历史时段。

21年间,陕西气象部门在中国气象局和全省各级党委、政府的领导下,遵循“公共气象、安全气象、资源气象”的理念和“气象为人民服务、为经济社会发展服务”的宗旨,密切结合工作实际,改革创新,锐意进取,大力推进气象现代化建设,大力发展地方气象事业,大力开展气象台站基本建设,全省气象监测预报、防灾减灾的能力与手段不断提升,气象服务领域不断拓宽,气象依法管理体系不断完善,气象综合实力日益增强。气象事业的飞跃发展,为国民经济和社会以及人民生产生活服务取得了前所未有的成绩。

(一)气象综合观测能力显著增强

1990—2010年,陕西气象部门把气象观测看作气象事业发展的重要基础和保障气象预报准确率的先决因素,经过不懈的努力,建成了地基、空基和天基相结合,门类比较齐全、布局基本合理的综合观测系统,气象探测领域进一步扩展,气象监测的现代化手段和能力进一步增强,气象综合观测水平进一步提升,从根本上保障了气象预报准确率和气象服务的整体效益。

21年间,陕西气象部门在地基气象监测中,基本建成了大气成分、土壤水分实时监测网和雷电监测网。全省建成了与全省行政区划基本一致的100个国家级自动气象观测站,其中6个基准气候站、29个国家基本站、65个一般站;建成了1个大型覆冰观测站、

1 个水汽监测站、11 个酸雨观测站、2 个沙尘暴监测站、21 个农业气象观测站、40 个人工土壤墒情观测站和 63 个自动土壤水分观测站。陕西气象部门先后对这些气象观测站进行自动化改造，从有人值守、人工观测变为无人值守、自动观测；建成了与全省乡镇布局基本一致的 1200 个中小尺度加密自动气象（雨量）站；增加了沙尘暴、生态、大气成分观测等新的自动观测项目，全省中小尺度天气和气象灾害的地面监测能力有了明显提升。

21 年间，陕西气象部门在空基气象监测中，在原有的 4 个探空站布设了 4 部 L 波段测风雷达，全省高空气象探测网站和电子探空系统已经形成，高空探测的精度和自动化程度明显提高。全省在拥有和改造 18 部 711B1 数字化天气雷达、5 部 713 天气雷达的基础上，新建了 6 部新一代多普勒天气雷达，形成了覆盖全省高空的雷达监测网，大幅度提升了对短时、超短时强对流天气的空基监测能力。

21 年间，陕西气象部门在天基气象监测中，依靠国家投资，建设了一套高分辨率展宽卫星云图接收处理系统、11 个风云二号静止气象卫星中规模利用站，能够接收日本极轨静止卫星和我国风云二号静止气象卫星资料，极大提升了对暴雨、冰雹、大风等强对流天气的天基监测水平。

（二）气象预报预测技术取得长足进步

1990—2010 年，陕西气象部门把制作准确的气象预报产品作为气象事业的生命线，经过积极努力，建立了以高科技为支撑的较为完整的预报预测体系及精细化智能网格气象预报产品体系和业务平台，气象预报预测内容不断丰富，气象预报预测的准确率和预报产品的针对性、时效性不断提高。

21 年间，陕西省气象台在天气预报制作及预报方式上不断进行研发和改革，基本建成了比较完善的气象预报预测系统，形成了以数值预报产品为基础、以人机交互处理系统为平台、综合多种技术方法的预报业务技术体制，为市县气象台站的天气预报预测和全省的气象服务提供了有力的技术支撑。2010 年，全省各市（区）气象台 24 小时晴雨预报准确率达 88%、一般性降水预报准确率达 61.9%，最高气温≤2 ℃预报准确率为 61.3%、最低气温预报准确率为 38.6%。

21 年间，陕西各级气象台站把暴雨等灾害性天气预报作为天气预报的重中之重，通过不断总结，实现了暴雨预报技术的大改进，24、48 小时暴雨预报准确率由 1990 年的 6%提升到 2010 年 20%～30%。与此同时，开展了沙尘暴、寒潮、瞬时大风等重大灾害性天气中短期预报，突发性气象灾害的临近和短时预报初步形成了业务能力。

21 年间，陕西气象部门在气候业务建设上下功夫，建立气候评价研发体系，开展气候预测产品研发，实现了气候业务的快速发展。定期发布季、年短期气候预测产品，提供区域月、季、年时间尺度和气候预测、诊断和影响评估等服务产品，从气候预测角度为政府提供气象防灾减灾方面的科学决策依据，为社会开发利用风能、太阳能和农业气候资源提供科学决策依据。

（三）气象信息网络及技术保障体系逐步完善

1990—2010 年，陕西省气象部门把气象通信和技术保障看作是气象业务的神经和血脉，从技术和现代化通信设备上保持气象通信的畅通和气象技术保障的应急到位。

21 年间，陕西省气象部门不断加强气象通信建设，建成了连接全省 10 个设区市、杨凌区和100个县(市、区)气象台站的卫星通信和地面公共通信相结合的气象信息网络系统，拥有中国气象局地面宽带网、全省气象部门宽带线路和10个地市气象台计算机远程通信终端，气象通信进入了数字通信新时代，实现了气象通信网络化和计算机化；拥有新一代卫星广播系统、省级天气预报会商室大屏幕显示系统和与中国气象局链接的“全国天气预报可视会商及电视会议系统”，全省气象观测、气象通信、气象预报预测预警的手段、能力与水平全面提升，有效提高了气象服务和气象防灾减灾的能力与效益。

21年间，陕西气象部门率先应用微机技术，使气象通信、气候资料由人工处理实现了自动化处理。气象信息综合应用能力的显著提高，推动了气象现代化建设上了新的台阶。气象资料的整编、应用处理自动化，实现了全省气象数据的共享。

21年间，陕西气象系统初步建立了与综合观测系统、信息网络系统相配套的技术保障系统。省气象局建设了1200平方米的气象器材装备库和30米风洞实验室及温湿度实验室、气压试验室、检定室，保障了全省各类气象观测仪器设备储备与供应，并实现了对气象观测设备的现场校准和巡回计量检定；具备了对各型天气雷达的保养、维修、维护能力，为全省气象事业的现代化建设提供了有力的技术支撑。

(四)公共气象服务质量与效益显著提升

1990—2010年，陕西气象部门始终把气象服务看作部门的天职，作为工作的出发点和落脚点，作为永恒的主题和久唱不衰的压轴戏，积极主动地为国民经济建设、为保障人民生命财产安全进行全方位服务，不断拓宽服务领域，不断改善服务手段，不断提高气象服务的总体效益。陕西气象部门建立了省市县三级决策气象服务、公众气象服务、专业专项气象服务、气象科技服务在内的气象服务体系，形成了“政府主导、部门联动、社会参与”的气象灾害防御体系，开展了气象灾害防御、公共突发事件应急气象服务和能源、交通、旅游、重大工程建设、重大社会活动等方面的专业专项气象服务。

陕西气象部门始终把决策气象服务放在首位，建立决策气象服务体系，秉承“主动、及时、准确、科学、高效”的宗旨及“重大灾害性天气、转折性天气不放过”的服务准则，从气象预报和气候预测、气候影响评价等方面做好决策气象服务材料，为各级党委政府及有关部门应对气象灾害、指挥防灾减灾及抢险救灾提供精准施策的科学决策依据。进入汛期，全省各级气象部门把汛期气象服务作为气象工作的重中之重，以强烈的职业敏感性和高度的事业责任感，对突发性、来势猛、强度大的区域性暴雨，特别是大暴雨、特大暴雨预报，都能及时通过电话或材料向各级党委政府传递，或当面向党委政府领导汇报，提出决策性意见，供党委政府决策参考。陕西气象部门始终坚持以人为本、服务为民的宗旨，在全省气象系统建立了覆盖面广、传播速度快、基本适应需求的公众天气预报预警服务系统，不断改善公众气象服务手段，丰富服务形式和内容，电视气象预报、媒体气象信息、“121”电话语音自动答询系统和手机短信等公众服务得到了公众的普遍认可，其中电视天气预报已成为众口皆碑和收视率最高的节目之一。

1990—2010年，陕西省气象部门在全省建立了21个农业气象观测站，其中国家一级观测站17个、二级观测站4个，承担着冬小麦、玉米、油菜、大豆、水稻、棉花、马铃薯、苹果和花椒等9项农业气象观测工作；建立了93个土壤水分人工观测站、63个自动土壤水分观测站和10个特色农业气象观测站，形成了覆盖全省的农业气象观测网；建立了18个物候观测站;建立了农业气象测报业务系统和农业气象情报预报业务服务系统。开展农业抗旱、土壤墒情、预防霜冻、寒潮低温等服务,开展农作物病虫害的监测、预报。开发了绿度指数图像处理系统,建立了粮食作物社会产量和面积估算系统、地面苗情监测、气象资料和遥感监测数据库,服务效益不断提高。

陕西省气象部门开展了苹果、梨、桃、李子、葡萄、猕猴桃、枣、核桃、板栗、石榴、柿子、樱桃、柑橘、杏、花椒、茶叶等17种经济作物气象服务,丹参、柴胡、桔梗、黄芪、黄芩等20种中草药气象服务,充分发挥气象科技服务作用。建立了省市县三级气象部门共享的全省畜牧业气象服务平台,推广以家畜饲养小气候环境调控为主的畜牧业气象适用技术,开展畜牧业气象服务,趋利避害,减轻不利气候对畜牧业生产的影响,为畜牧业发展做出了贡献。

(五)气象部门双重管理体制不断发展完善

1992年,陕西省人民政府印发了《关于贯彻执行国务院〈关于进一步加强气象工作的通知〉的通知》(陕政发〔1992〕57号),要求各级人民政府认真抓好贯彻落实工作,建立气象部门双重计划财务体制,加强气象工作,确保国家气象事业和地方气象事业协调发展,提高气象事业总体效益。全省各级人民政府迅速贯彻落实,建立健全气象部门双重计划财务体制,加大气象事业经费投入,大力发展与国家气象事业相适应的地方气象事业,形成了国家气象事业和地方气象事业协调发展的新格局。

1990—2010年,陕西省政府先后批准成立了省农业遥感信息中心、省人工影响天气办公室、省棉花气象服务台(后变更为省经济作物气象服务台)、省防雷中心4个省级气象事业单位,隶属省气象局管理,95名编制列入省级事业单位编制,经费列入省级财政预算。各市、县政府参照省政府做法,陆续建立了66个人工影响天气办公室、防雷中心等地方气象事业单位,由市、县气象局统一管理。

在各级政府的支持下,陕西省建立了飞机增雨作业和地面人工作业结合的人工影响天气体系。2010年底,全省拥有"三七"高炮358门、现代化的WR-1B型火箭发射系统292套;拥有6部新一代多普勒天气雷达、18部711B1数字化天气雷达、5部713天气雷达和13部TWO1小型天气雷达,形成了覆盖全省的人工影响天气作业装备体系。21年间,全省飞机增雨作业累计飞行527架次,作业及影响面积507万平方千米,增加降水157亿吨;组织地面人工增雨作业4214次,累计发射炮弹154977发、火箭弹9399枚;组织地面人工防雹作业17018次,累计发射炮弹791108发、火箭弹11788枚,为全省抗旱斗争和保护农业、果业生产做出了重大贡献。

陕西省建立了EOS/MODIS接收处理系统和全省森林火情卫星遥感监测服务系统,开展森林火情卫星遥感监测;开展了干旱卫星遥感监测,发布干旱预警信息;利用NOAA系列卫星资料以及MODIS遥感资料遥感监测农作物秸秆燃烧;利用陆地资源卫星TM和SPOT遥感资料完成了部分地区土地利用类型、植被类型和植被覆盖度遥感调查,为地方政府组织生态环境工程建设提供服务;利用EOS/MODIS卫星遥感技术对汛期渭河洪水、黄河凌汛等水情灾情进行追踪监测,为省政府领导组织防汛提供科学的决策依据。

开展棉花生产气象研究,定期发布全省棉花播种期、发育期气象条件及天气预报、棉花主要病虫害气象条件预报、棉花产量预报,开展棉花发育期气候评价,开展棉花播种期低温阴雨、干旱、晚霜冻、秋季连阴雨影响等防灾减灾气象服务。在产棉区设立示范点,开展纯种双膜棉和双膜瓜棉套种技术示范推广和棉花气象系列化服务。根据农业产业结构的调整,开展果业气象灾害的监测、预报预警、情报服务和决策服务,为农民脱贫致富和农村经济发展做出了贡献。

在全省建立闪电定位监测网,开展雷电预报预警服务。开展防雷装置安全检测、雷电防护工程设计和施工。对能源化工、国家重点建筑工程开展雷击风险评估,为全省防御雷电灾害,确保人民生命财产安全做出了积极贡献。

(六)科技和人才实力进一步增强

1990—2010年,陕西气象局大力实施"人才强局战略",围绕事业发展需求,抓住培养、吸引和用好三个环节,出台了一系列政策措施,创新人才工作机制,努力盘活人才资源,以提升队伍总体素质和加强高层次人才培养使用为重点,全省气象人才队伍专业结构逐步优化,知识层次和创新能力不断提升。21年间,全省气象部门共培训各类气象人才10719人(次),职工中大专以上比例由21.9%提升到81.7%,本科以上比例达51.9%,硕士以上学位人数由6名增加到230名(博士6人),副研级以上职称人数由39名增加到125名(正研级14人)。一批国家级、省部级专家引领全省气象人才队伍为陕西气象事业发展提供了有力的人才支撑。

21年间,陕西省气象部门依靠人才优势和科技优势,以气象科学研究所为主体,组织业务技术人员承担了6个国家级、58个省部级课题。省气象局还从全省社会经济发展对气象的迫切需求及气象事业发展的实际需要出发,自立科研课题,开展气象科研工作,开展国际气象合作交流及国内有关部门和单位的气象业务合作,开展气象适用技术研究与推广,取得了一批重要成果,其中获得国家级科技进步奖2项、中国气象局科技奖4项、陕西省农业技术推广成果奖22项、陕西省科学技术奖励39项,出版气象科技著作28部。气象科技的不断进步,推动了气象事业的快速发展。

自1953年成立陕西省气象局以来,特别是1990—2010年,全省气象部门在实施人才战略和科技兴气象战略中,涌现出了张超影、陈素华、王爱芹、唐俐、牛变玲、杜继稳6名全国劳动模范(全国先进工作者);涌现出了李志民、蔡德勇等6名省级劳动模范;涌现出了王兴顺、王天寿、叶传元等38名省委省政府表彰的先进个人;涌现出了高志福、张德厚等34名中国气象局表彰的先进个人;涌现出了李兆元、刘耀武、刘志臣等一批享受国务院特殊津贴的气象专家及一批高素质的业务技术人才和管理人才。

(七)台站和基础设施建设成果丰硕

1990—2010年,陕西省气象部门针对气象台站建设滞后状况,抢抓机遇,大力推进气象台站建设。

陕西省气象部门利用国家"八五""九五""十五""十一五"期间的基本建设投资9.43亿元,新建及改造业务用房2.7万平方米,职工人均办公面积达到11.8平方米。

2001—2010年,陕西省气象局抓住国家开展基层气象台站综合改造机遇,坚持"以人为本、统一规划、综合配套、多方筹资、控制规模、提高档次、分类管理"的思路和"经过几年建设,使全省基层气象台站面貌有较大的改善,努力使全部气象台站达到市级文明单位要求的基础设施水平,争取有50%的县气象局达到省级文明单位要求的基础设施标准,满足中国气象局对气象要素校准站有关基础设施的基本要求”的总体目标。结合天气雷达系统和大气监测自动化系统建设，对全省基层气象台站进行总体设计和科学规划，有计划地完成了铜川市、商洛市气象局和佛坪、旬阳、丹凤、平利、太白、大荔、麟游县、长安区气象局由山头或远离市区地带迁进市区；完成了华山、佛坪、镇坪、略阳、镇安、石泉6个国家级气象台站标准化改造；完成了咸阳市气象局办公用房改造、西安市气象局院落配套设施改造、安康市气象局业务用房及院落环境改造、汉中、宝鸡、延安市气象局数据楼及院落配套设施改造；完成了渭河流域气象预警中心、榆林能源化工气象服务中心建设；新建了杨凌区气象局综合办公设施，实施了70个基层气象台站业务用房和辅助用房的建设改造，解决了50个气象台站饮水、排污、冬季供暖、夏季降温、供电设施及院落环境配套设施，全省基层气象台站办公设施、机关环境及台站道路得到了明显改善。

1996—1999年，陕西省气象局抓住西安北关改造机遇，总投资5454万元，建成了高22层、16744平方米的陕西气象大厦，改善了办公条件，提升了对外形象。

2008年5月12日汶川8.0级特大地震发生后，陕西省气象部门有59个单位受损，直接经济损失3581万元。全省气象部门利用中国气象局下拨的560万元应急恢复资金、9688万元的恢复重建资金、3600万元的省政府资金及天津、大连、厦门市气象局285万元的对口支援资金，拆除危房6843平方米，维修加固房屋57000平方米，重(新、扩)建房屋9400平方米；恢复重建业务系统，购置了450台计算机、服务器、网络交换机等办公设备和1700个电子显示屏，布设了489套区域气象观测自动站，升级改造了51个气象台站观测场。略阳、宁强、太白县气象局和宝鸡市陈仓区气象局，重建业务办公用房和机关院落，建成了西北地区的一流气象台站。

(八)气象事业改革创新取得新进展

1990—2010年，陕西气象部门按照中国气象局的统一部署，以调整机构、优化结构、理顺关系、精干高效为方向，以增强业务服务能力、增强自身发展能力为目标，先后进行业务体制改革，稳步调整和优化了气象事业结构，气象工作充满了生机与活力，气象事业有了强有力的发展后劲。

1992年，《陕西省人民政府贯彻执行〈国务院关于进一步加强气象工作的通知〉的通知》下发后，逐步在全省建立了气象部门双重计划财务体制，加大了对气象事业经费投入，积极贯彻《国务院办公厅转发中国气象局关于气象部门开展有偿服务和综合经营的报告的通知》精神，面对气象事业经费困难的实际，按照中国气象局统一部署，大刀阔步调整事业结构，形成了界面清晰的基本业务、科技服务和综合经营“三大块”格局，建立和完善了相应的运行机制。全省各级气象部门在稳定和搞好气象基本业务的基础上，利用气象科技优势，组织分流人员开展专业气象服务、科技有偿服务和综合经营，增加了单位创收，弥补了事业经费缺口，缓解或解决了气象部门面临因经费不足的生存危机，稳定了队伍，也使全省气象事业得到了相应发展。

1996年，陕西省气象部门机构改革，1999年8月，陕西省气象局进一步深化事业结构调整，2001年陕西省国家气象系统机构改革，强化依法行政，促进事业结构调整，建立了由行政管理、基本系统、科技服务与产业“三部分”组成的气象事业发展新格局。改革后，设置的机构界面清晰，事业结构趋向合理，单位科学设岗，职工人尽其才，行政管理、人事管理、业务管理科学到位,形成了“九牛爬坡”个个出力生动活泼的局面,气象业务井然有序,气象服务社会满意,气象事业发展充满生机和活力。

2006年4月,陕西省气象局按照中国气象局的部署和安排,在全省气象部门推进业务技术体制改革,建立了天气、气候、生态与农业气象、大气成分、人工影响天气和雷电等气象业务轨道,同时,省气象局与渭南、安康、延安、榆林等市政府合作,共建了渭河流域气象预警中心、汉江流域气象预警中心、陕西黄土高原干旱监测预测评估中心、陕西能源化工气象中心,拓展了服务领域,提升了服务能力。

2008—2010年,陕西省气象局以“南北互动计划”、“项目带动计划”、“文化助推行动”(简称“两划一动”)为工作抓手,推动气象事业科学发展,“南北互动计划”和“文化助推行动”先后获中国气象局创新工作奖。

1990—2010年,陕西省气象部门不断深化干部人事制度改革,推进了干部竞争上岗,任前公示、试用期等制度,施行了事业单位聘用制和岗位设置管理;改革了分配制度、职称制度、考核制度;实施了1993年、2006年机关事业单位工资制度改革;试行了严格控制队伍总量、促进人员流动、优化队伍结构、提高工作效能的配套措施;开展优秀县局长评选,选配县局长为六级职员。

(九)气象依法行政和社会管理水平明显提高

1990—2010年,陕西省气象部门在发展气象事业过程中,针对气象法规和气象标准化建设相当薄弱的问题,推进气象法制建设,履行气象社会管理职能,气象事业步入了依法行政、依法保护和依法发展的新阶段。

1994年8月《中华人民共和国气象条例》和1999年10月《中华人民共和国气象法》颁布实施后,陕西省人大常委会和陕西省人民政府相继颁布《陕西省气象条例》《陕西省人工影响天气管理办法》《陕西省气象灾害防御条例》等一系列法规规章。陕西省气象局起草并由省质量技术监督局审定发布《山川秀美工程治理前后县域气候变化评价规定》(DB61/T 337—2003)、《生态环境建设工程3S技术监测规程》(DB61/T 336—2003)等16个气象地方标准。气象法规标准和体系逐步健全,进一步规范了全社会的气象活动,为气象事业发展提供了强有力的法制保障。与此同时,全省气象部门加强气象行业监督管理,依法查处气象违法案件,气象行业管理水平有了较大提升。

三

1990—2010年的21年,是陕西气象事业继往开来、跨越式全面发展的21年。21年来,陕西气象事业取得的前所未有的辉煌成就,是中国气象局和陕西省委、省政府及各级党委、政府正确领导的结果,是全省气象系统干部职工贯彻科学发展观,坚持改革创新,共同努力、不懈奋斗的结果。

1990—2010年的21年,陕西气象事业发展的经验是多方面的,主要是:必须坚持党的领导,深入贯彻科学发展观,始终保持气象事业发展正确方向;必须坚持气象为经济社会发展和人民安康服务的根本宗旨,以服务引领气象事业的发展;必须坚持依靠科技进步,大力推进气象现代化建设;必须坚持改革创新,不断为气象事业发展充满生机与活力;必须坚持以人为本,不断建设高素质人才队伍;必须坚持提高科学管理水平和依法发展能力。

1990—2010 年的 21 年，陕西气象事业在陕西防灾减灾、经济建设和社会发展中发挥了重要的服务保障作用，取得了前所未有的成就。但站在新的历史起点，面向未来，气象服务能力与日益增长的需求不相适应的矛盾依然存在，主要表现为：综合气象观测能力亟待提升；气象预报的准确率和精细化水平与政府需求、先进省份相比还有差距；突发公共事件的气象应急体系还不完善；气象为“三农”服务的能力比较薄弱；全省气象事业的发展不平衡，基层发展相对滞后；气象科技自主创新能力不强，领军人才数量不足。

气象事业是科技型、基础性社会公益事业。面向未来，全省气象工作，要以史为鉴，不断加强党对气象事业的领导，传承好延安时期人民气象的红色基因。围绕构建“满足需求、注重技术、惠及民生、富有特色”的陕西气象现代化体系，推进监测业务更加精密、预报业务更加精准、气象服务更加精细，谱写三秦气象发展新篇章。

第一篇　气　候

陕西省位于中国大陆腹地，大陆性季风气候，四季分明，春季多风少雨，夏季炎热多雨，秋季湿润凉爽，冬季寒冷干燥。

陕西省地域南北狭长，从北到南跨越8个纬度及中温带、暖温带、北亚热带等三个气候带，加之地形地貌复杂，气候类型多样，区域气候差异显著。横亘陕西中部的秦岭与北山把陕西分为陕北、关中、陕南三大块，陕北寒冷、干旱少雨、多风沙；关中热量较充足，降水年际变率大；陕南气候湿润，降水丰沛。秦岭以南属于北亚热带气候，冬季寒冷少雨，春暖湿润，夏季多雨，多有伏旱，秋凉湿润，多连阴雨，暴雨洪涝灾害频繁；秦岭以北、陕北长城沿线以南属暖温带气候，冬季寒冷少雨雪，春季温暖多风，降水少，春旱严重，夏季炎热多雨，伏旱突出，多雷雨大风，秋季凉爽湿润，多阴雨；陕北长城沿线为中温带气候，四季冷暖分明，冬季严寒雨雪稀少，春季气温多变，多春寒霜冻和大风沙尘天气，夏季降水集中，多雷阵雨，秋季偏凉，降雨稍多，大陆性季风气候特征显著。

陕南秦巴山区山地气候明显，海拔高度不一，气候垂直差异显著，“一日有四季，十里不同天”的谚语写照了秦巴山地的特殊气候，道出了秦岭山区生物资源多样性的缘由。高寒山区，自然条件差，经济相对落后，汉江、丹江河谷平坦宽阔，气候温和，人口稠密，工农商贸发达。

秦岭山脉横亘陕西中部偏南，是中国气候南北分界线，其北坡地形陡峭，南坡山麓绵长。随着秦岭海拔高度递增，气候类型呈规律性的连续带状分布，垂直差异明显。

秦岭南麓海拔800米以下大于等于10 ℃等效积温4500 ℃·d，1月平均气温高于0 ℃，冬季温暖，属于北亚热带气候，适宜常绿阔叶树生长，柑橘、枇杷、油桐、茶等经济植物可以种植，稻麦种植一年两熟。

秦岭南麓海拔800～1300米和秦岭北坡1300米以下大于等于10 ℃等效积温3500～4500 ℃·d，1月平均气温低于0 ℃，属于暖温带气候，秦岭南麓有核桃、柿、板栗、香椿等温带常见树种及马尾松、油松分布，秦岭北坡为侧柏代表的温带树种，适宜玉米、马铃薯、小麦和豆类多种农作物生长。

秦岭山区海拔1300～2400米大于等于10 ℃等效积温3500～1600 ℃·d，为中温带气候，为落叶阔叶林与针叶林混生区，生长着红桦、白桦、山杨、华山松、铁杉等。

秦岭山区海拔2400～3400米大于等于10 ℃等效积温在1600 ℃·d以下，为寒温带气候，有云杉、冷杉、铁杉等针叶林。

秦岭山区海拔大于3400米无大于10 ℃积温，最热月气温低于10 ℃，为亚寒带高山草甸、灌木区，主要由密枝杜鹃和怀腺柳等组成。

秦岭山区地理地貌的差异和气候的垂直差异，形成了秦岭山区生物资源的多样性，生活着闻名世界的“秦岭四宝”大熊猫、金丝猴、羚牛和朱鹮。

第一章　气候特征

陕西省位于中国大陆腹地，地处东经 105°29′～111°15′，北纬 31°42′～39°35′之间，地域南北狭长，地形地貌复杂，大陆性季风气候特征显著，气候类型多样，南北气候差异大。

第一节　气候类型多样

陕西省从北到南跨越 8 个纬度及中温带、暖温带、北亚热带等三个气候带，陕北长城沿线风沙区为中温带干旱、半干旱气候，陕北黄土高原沟壑区和秦岭以北的关中渭河河谷地带为暖温带半干旱、半湿润气候，秦岭以南为北亚热带湿润气候。1990—2010 年，陕西冬季寒冷少雨雪，春季温暖多风，气温变化大，雨水较少，春旱严重，夏季炎热多雨，伏旱严重，暴雨、大暴雨诱发的山洪、滑坡和泥石流地质灾害频繁，秋季凉爽湿润多阴雨。1990—2010 年，陕西省年平均气温为 12.4 ℃，南北气候差异大。陕北长城沿线风沙区为中温带干旱、半干旱气候，年平均气温 8～11 ℃，气温年较差 28～33 ℃，冬季（12 月—次年 2 月）寒冷干燥，多寒潮降温、大风天气，平均气温零下 4～7 ℃，极端最低气温零下 15～28 ℃，夏季（6—8 月）平均气温 22～25 ℃，平均日较差 11～13 ℃，极端最高气温 36～43 ℃；陕北南部和关中北部黄土高原沟壑区年平均气温 9～12 ℃，气温年较差 24～28 ℃，冬季（12 月—次年 2 月）寒冷少雨雪，平均气温零下 1～5 ℃；关中渭河河谷地带为暖温带半干旱、半湿润气候，年平均气温 12～14 ℃，气温年较差 22～26 ℃，夏季（6—8 月）炎热，多高温，平均气温 22～26 ℃，极端最高气温 35～43 ℃，大于等于 35 ℃的高温日数 7～25 天，冬季（12 月—次年 2 月）寒冷少雨雪，平均气温 0～2 ℃，极端最低气温零下 16～25 ℃；陕南秦巴山区为北亚热带湿润气候，年平均气温 13～16 ℃，气温年较差 21～25 ℃，冬季（12 月—次年 2 月）平均气温 1～5 ℃，极端最低气温零下 8～17 ℃，夏季（6—8 月）气候湿润多雨，汉江河谷多高温，平均气温 21～26 ℃，平均日较差 11～13 ℃，极端最高气温 38～43 ℃，冬季受地形影响，寒潮降温与大风很少发生。

第二节　雨热同季

1990—2010 年，陕西省年平均降水量为 610.7 毫米，最多的为 2003 年的 860 毫米，最少的为 1997 年的 416 毫米。1990—2010 年，陕西降水集中农作物生长期的 4—10 月的降水量，占全年降水量的 86%～95%。其中，陕北 4—10 月的降水量 300～530 毫米，占全年降水量 90%～95%；关中 4—10 月的降水量 440～640 毫米，占全年降水量 86%～90%；陕南 4—10 月的降水量 700～1100 毫米，占全年降水量 86%～91%。全省冬、春季少雨，冬季降水占年降水量的 2%～4%，春季降水量占年降水量的 15%～23%，且春季降水年际变率大，易发春旱，以陕北、关中春旱最为严重。1994—1997 年，全省连续四年出现春季干旱。

1990—2010 年,陕西省 4—10 月也是热量资源多的月份,雨热同季,日平均气温稳定通过 10 ℃的持续时间始于 3 月下旬,终于 11 月下旬,持续时间 160～240 天,≥10 ℃积温 3000～5000 ℃·d。其中,陕北日平均气温稳定通过 10 ℃始于 4 月下旬到 5 月上旬,终于 10 月中下旬,持续时间 160～200 天,≥10 ℃积温 3000～4000 ℃·d;关中日平均气温稳定通过 10 ℃始于 3 月下旬到 4 月中旬,终于 10 月中下旬到 11 月上旬,持续时间 190～220 天,≥10 ℃积温 3000～4500 ℃·d;陕南日平均气温稳定通过 10 ℃始于 4 月上旬,终于 10 月末到 11 月下旬,持续时间 190～240 天,≥10 ℃积温 4500～5000 ℃·d。

1990—2010 年,陕西省年平均日照时数 1200～2900 小时。其中陕北北部长城沿线风沙区年日照时数 2600～2900 小时,陕北南部黄土高原沟壑区 2400～2600 小时,关中 1800～2400 小时,陕南 1200～1800 小时。

陕西 4—10 月丰富的降水、充足的光照和热量,为小麦、水稻、玉米、马铃薯等粮食作物和棉花、油菜、烤烟、茶叶、麻、药材、蔬菜、豆类等经济作物生产,以及苹果、梨、核桃、樱桃、桃、猕猴桃、大枣、橘柑等林果生产提供了适宜气候条件。

第三节　气象灾害种类多

陕西省降水季节差异显著,年际变率大,降水异常,往往导致大范围干旱和暴雨洪涝灾害。春、秋季的寒潮大风、低温冻害,夏季的冰雹、大风、暴雨、高温和秋季的连阴雨、暴雨等气象灾害及其次生灾害频繁发生。干旱、暴雨洪涝是陕西影响范围广、灾害损失重的气象灾害,尤其是强度大的短时暴雨和连阴雨中的突发暴雨危害最为严重。

陕西省秋雨明显,洪涝灾害多发。1990—2010 年关中地区秋季降水量 150～200 毫米,陕南秋季降水量 200～350 毫米,占全年总降水 22%～28%。秦岭以南的秦巴山区秋季降雨日数 26～30 天,秦岭以北渭河平原 20～24 天,且多为持续时间大于 4 天的连阴雨天气。关中和秦巴山区秋季连阴雨天气多伴有暴雨、大暴雨。关中和秦巴山区 2003 年 8 月 24 日—9 月 7 日、9 月 17—20 日、9 月 26 日—10 月 4 日和 10 月 9—13 日 4 次连阴雨天气,降雨日达 28～33 天,有 17 个暴雨日,其降水量秦岭以北 300～480 毫米,秦岭以南 330～770 毫米,长时间的连阴雨和暴雨天气诱发渭河流域洪涝和秦岭山区滑坡、泥石流等地质灾害。

第二章　气候要素

陕西省气候要素主要包括：气温、降水、日照、湿度、风、气压等气候要素。

第一节　气　温

一、年平均气温

1990—2010年，陕西省年平均气温12.4 ℃，年平均气温由南向北随纬度和海拔高度增加而逐渐降低。陕北北部、渭北为明显的经向气温分布，陕北南部、关中和陕南基本为纬向分布，陕南南部为明显的气温高值中心。

1990—2010年，陕北西北部年平均气温在9.0～9.3 ℃，为全省年平均气温的低值区；陕南南部为15.4～15.8 ℃，为全省年平均气温的高值区。

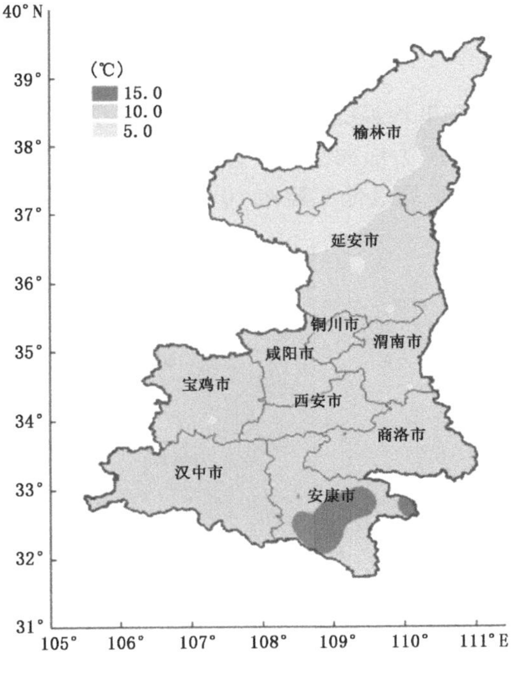

图2-1　1990—2010年陕西省年平均气温分布图

二、年平均最高气温

1990—2010年，陕西省年平均最高气温18.5 ℃，呈南高北低、东高西低的分布特征。陕北西北部的定边和靖边年平均最高气温在16.2～16.6 ℃，为全省的温度低值区；陕南东南部年平均最高气温在20.2～20.8 ℃之间，为全省年平均最高气温的高值区。

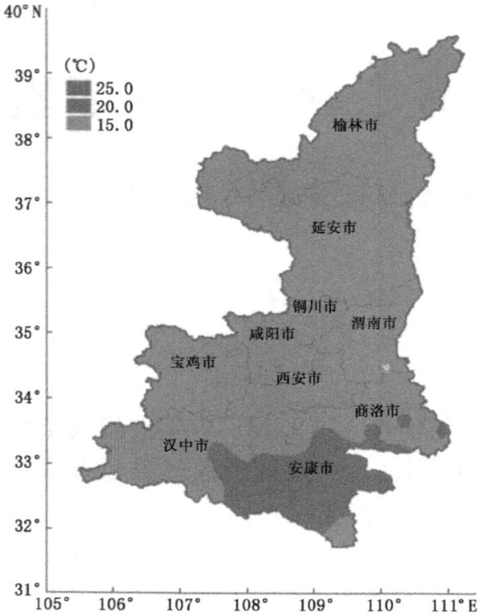

图 2-2 1990—2010 年陕西省年平均最高气温分布图

三、年平均最低气温

1990—2010 年,陕西省年平均最低气温 7.4 ℃,分布呈南高北低的分布特征,陕北北部和渭北为经向分布,其余地区为纬向分布。陕北西北部的定边和靖边年平均最低气温在 2.4～2.8 ℃ ;陕南南部年平均最低气温在 10.2～11.2 ℃ 。

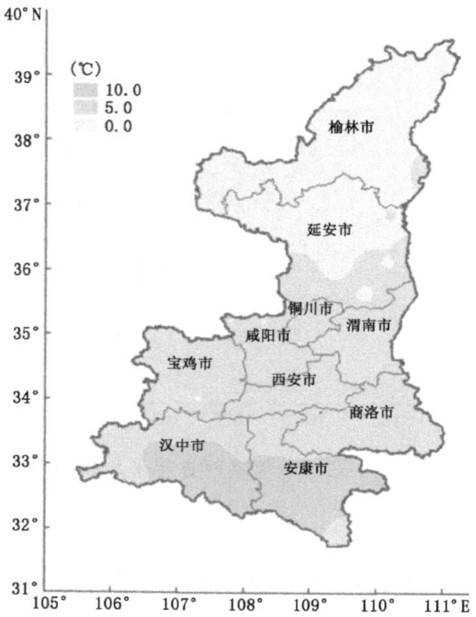

图 2-3 1990—2010 年陕西省年平均最低气温分布图

四、季平均气温

1990—2010 年，陕西省春季平均气温 10.0 ℃等值线从靖边北伸至榆林，然后南延到横山至延川，形成一个明显的脊，12.8 ℃等值线在咸阳北部形成一个小的高温区，安康西部和汉中东部为全省的高温区，气温等值线在 14.8～15.5 ℃之间，全省其余地区气温等值线分布基本呈纬向分布，由南至北逐渐降低。

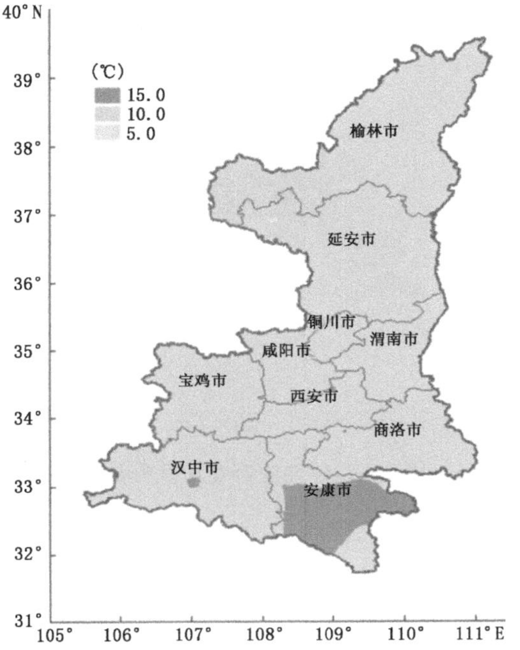

图 2-4　1990 —2010 年陕西省春季平均气温分布图

1990—2010 年，陕西省夏季平均气温南北差异不大，多在 22～26 ℃之间。在陕北西北部靖边、吴起有一个 22 ℃以下的低值区，府谷、神木等温线为经向分布。关中北部包括铜川地区有一个明显的脊区。陕南南部和关中中部是全省夏季气温的高值区。

1990—2010 年，陕西省秋季平均气温呈明显的纬向分布，陕北西北部有一个明显的低值区，气温等值线在 9.5～9.9 ℃，在关中北部有一个明显的脊区，气温偏高。陕南南部和东部秋季气温在 24.6～25.5 ℃，是全省秋季气温的高值区。

1990—2010 年，陕西省冬季气温等值线基本呈纬向分布，在陕北南部有一条 0 ℃等值线，0 ℃等值线以北为负值区，气温梯度自南向北逐渐递减，陕北北部府谷和神木为全省冬季气温低值区，陕南西部为冬季气温高值区，气温等值线在 4～4.5 ℃之间。

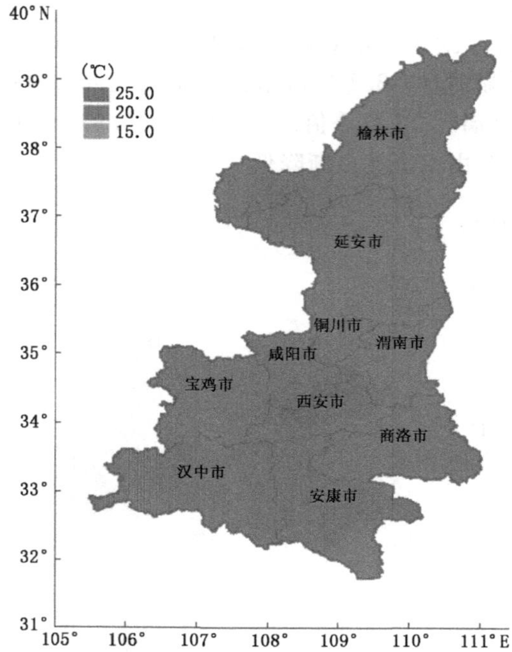

图 2-5　1990—2010 年陕西省夏季平均气温分布图

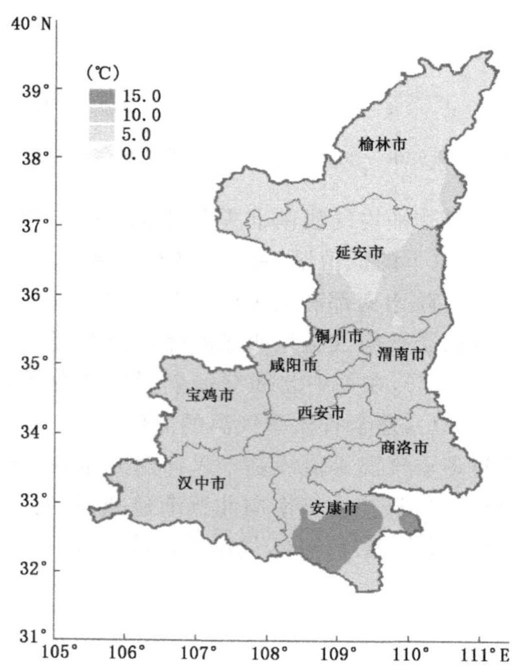

图 2-6　1990—2010 年陕西省秋季平均气温分布图

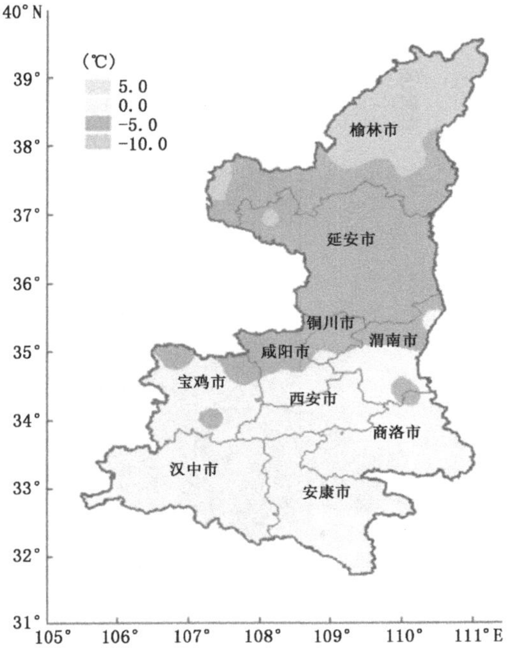

图 2-7　1990—2010 年陕西省冬季平均气温分布图

第二节　降　水

一、年降水量

1990—2010 年，陕西省年平均降水量 610.7 毫米，关中东部和陕南南部的年降水量为 760～850 毫米，为全省降水高值区；关中西部和陕南西部降水量为 680～720 毫米，为全省降水次高值区；陕北西北部年降水量为 380～420 毫米，为全省降水低值区。

二、春季降水量

1990—2010 年，陕西省春季平均降水量 120.0 毫米。陕南中西部 160～260 毫米，为全省春季降水高值区，陕南东部和关中 100～160 毫米，陕北北部 60～100 毫米，为全省春季降水低值区。

三、夏季降水量

1990—2010 年，陕西省夏季平均降水量 306.6 毫米。陕南西部夏季降水量 400～440 毫米，占全年降水量的 60%左右，也是全省夏季降水量的高值区；关中东部降水量为 330～380 毫米，为全省降水的第二高值区；陕北大部降水量在 210～240 毫米，为全省降水量的低值区。

四、秋季降水量

1990—2010 年，陕西省秋季平均降水量 161.3 毫米。关中东部降水量在 190～220 毫米之间，为陕西秋季降水量的高值区；关中西部降水量 170～190 毫米，为陕西秋季降水量次高值区；陕北北部降水量 90～110 毫米，为陕西秋季降水量的低值区。

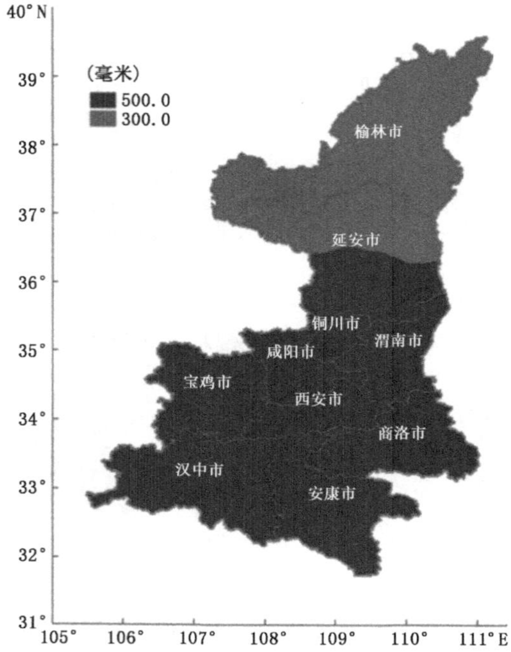

图 2-8 1990—2010 年陕西省年均降水量分布图

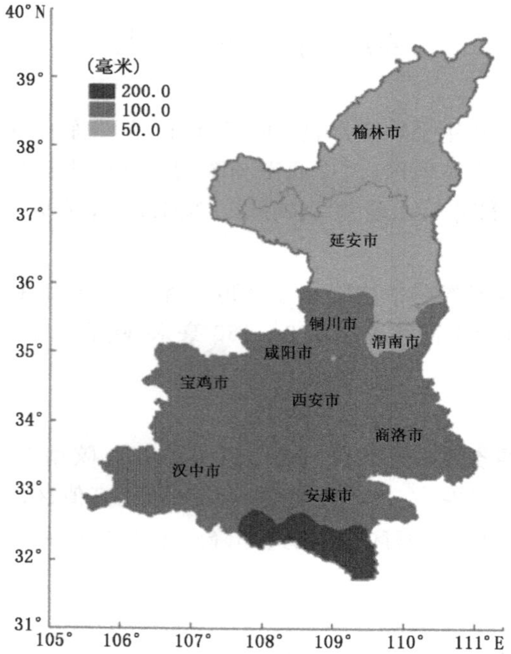

图 2-9 1990—2010 年陕西省春季平均降水量分布图

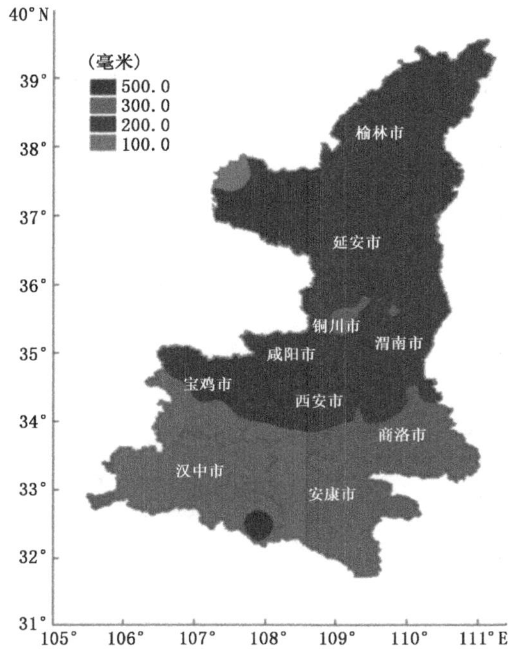

图 2-10　1990—2010 年陕西省夏季平均降水量分布图

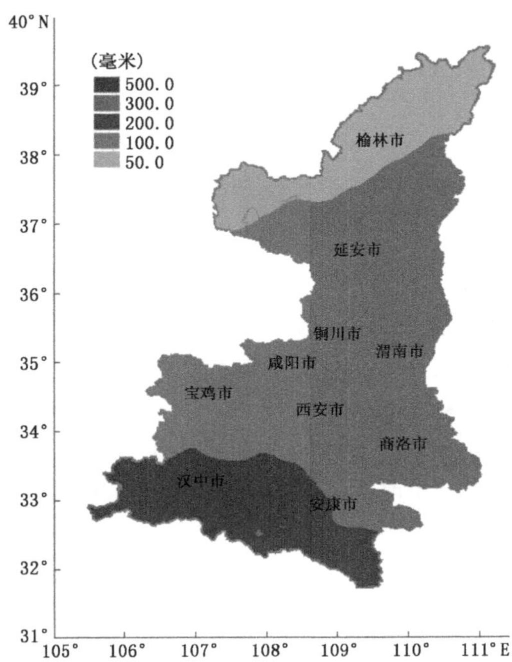

图 2-11　1990—2010 年陕西省秋季平均降水量分布图

五、冬季降水量

1990—2010 年,陕西省冬季降水量 22.1 毫米,陕北冬季降水量 9.8～14.3 毫米,关中东部冬季降水量 20～24 毫米,关中西部和陕南西部冬季降水量 26～35 毫米,为全省冬季降水量的高值区。

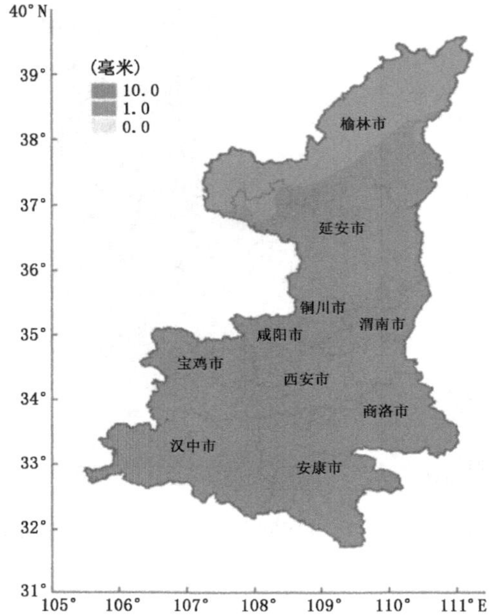

图 2-12　1990—2010 年陕西省冬季平均降水量分布图

第三节　日　照

1990—2010 年,陕西省年日照时数 1265～2833 小时,年日照时数从北到南逐渐减少。陕北长城沿线 2600～2833 小时,黄土高原沟壑区 2200～2600 小时,关中平原 1800～2200 小时,陕南秦巴山区 1200～2100 小时。

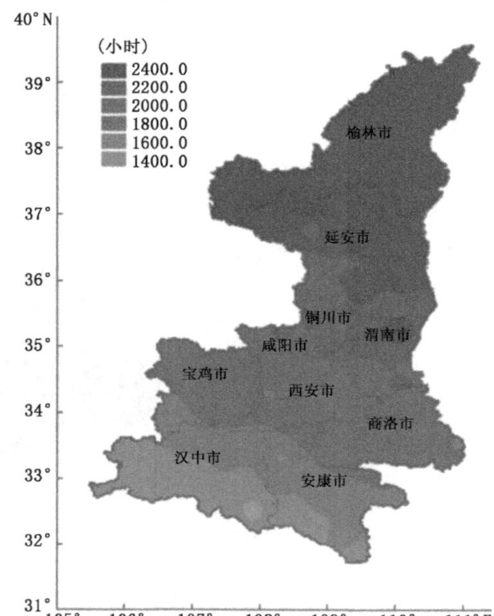

图 2-13　1990—2010 年陕西省年日照时数分布图

第四节　湿　度

1990—2010 年，陕西省年平均相对湿度为 66.8%，其境内的空气相对湿度随地理纬度升高而降低。陕南西部的汉江盆地为高值区，年平均相对湿度在 70%～80%；陕北北部相对湿度在 50%左右，为全省相对湿度的低值区。

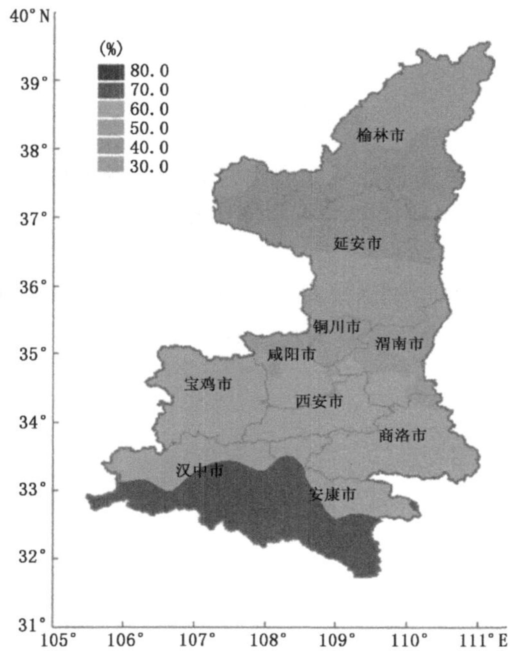

图 2-14　1990—2010 年陕西省相对湿度分布图

第五节　风

一、年平均风速变化及空间分布

1990—2010 年，陕西省大部分地区年平均风速在 3 米/秒以下，集中分布在 1～2.5 米/秒风速段，华山气象站与定边气象站年平均风速大于 3 米/秒。陕北长城沿线区域、渭北黄土高原高海拔区域风能资源相对比较丰富。

1990—2010 年，陕西省年平均风速整体呈减小趋势，其线性减小率为 0.05(米/秒)/10 年，其中 1990—1997 年风速呈上升趋势，1998—2003 年风速缓慢减小，2004—2010 年风速逐渐增大。

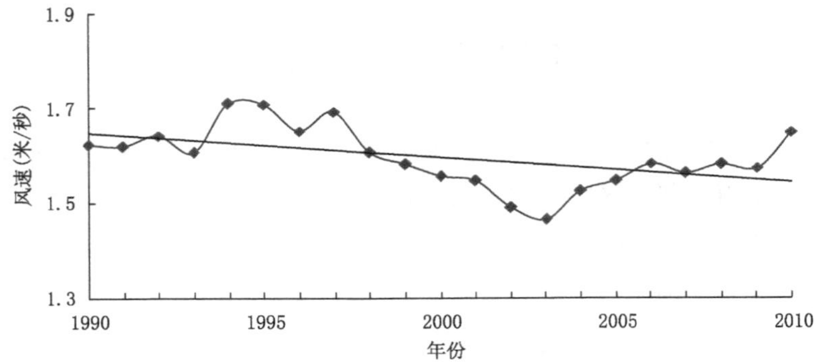

图 2-15　1990—2010 年陕西省平均风速示意图

1990—2010 年,陕西省风速线性变化的空间分布为减小趋势,但陕北西部地区和陕南东部地区风速减小趋势比关中地区和陕南中部明显偏大。

二、季平均风速变化

1990—2010 年,陕西省冬季平均风速呈缓慢上升趋势,春季、夏季和秋季平均风速均呈下降趋势,风速下降速度秋季大于夏季与春季。

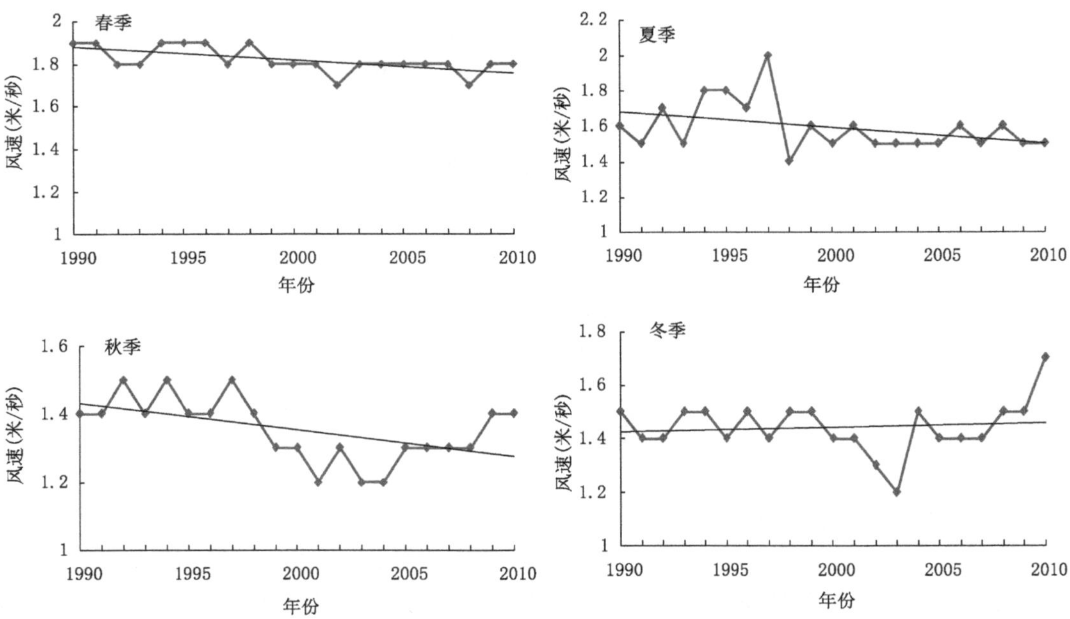

图 2-16　1990—2010 年陕西省各季风速示意图

三、大风日数

1990—2010 年,陕西省大风日数依据风速大于 17.0 米/秒的大风指标,全省年平均大风日数空间分布呈现高山、高原地区多于平原、盆地、陕北多于关中和陕南,但全省大风日数总体呈下降趋势,减少率为 1.4 天/10 年。

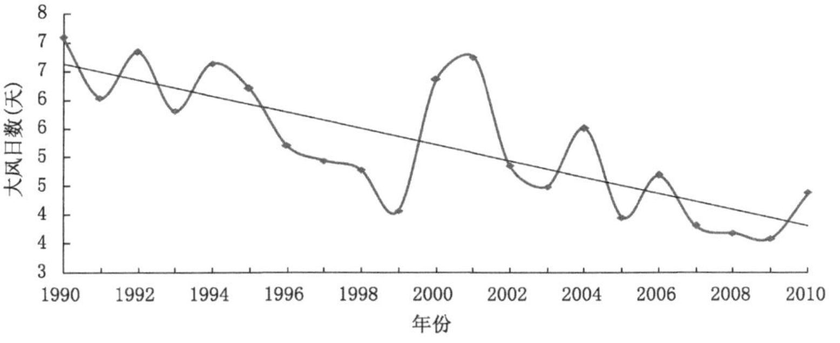

图 2-17　1990—2010 年陕西省平均大风日数年际示意图

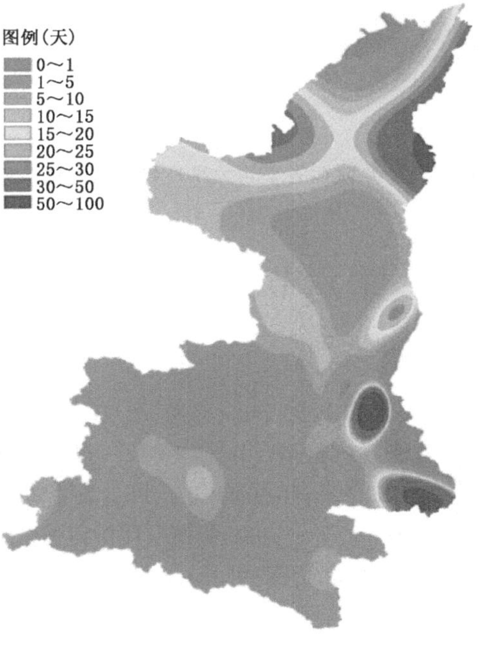

图 2-18　1990—2010 年陕西省平均大风日数分布图

1990—2010 年，陕西省平均大风日数线性变化趋势的空间分布，除了陕北北部、延安南部和关中中部有增加外，其余地区减少，其中佛坪气象站大风日数减少趋势最为明显，减少率为 15.4 天/10 年，陕北东北部和商洛西部、汉中中部及安康南部减少较为显著。

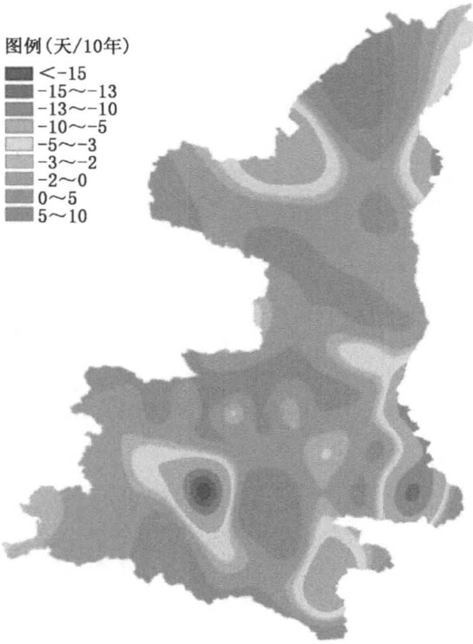

图 2-19 1990—2010 年陕西省平均大风日数线性变化趋势空间分布图

第六节 气 压

一、年平均气压分布

1990—2010 年,陕西省年平均气压为 795~982 百帕,在地域分布上随海拔增加而降低。全省以关中盆地和安康盆地气压最高,年平均 943~982 百帕,其中西安海拔 398 米,年平均气压 970 百帕;安康海拔 295 米,年平均气压 982.2 百帕。秦岭高山区和陕北黄土高原海拔高、气压低,年平均气压为 795~925 百帕,其中延安海拔 959 米,年平均气压为 907.8 百帕;榆林海拔 1059 米,年平均气压为 893.2 百帕;太白海拔 1543.6 米,年平均气压为 846.4 百帕;华山海拔 2065 米,年平均气压为 795 百帕。

二、气压变化

(一)气压年变化

1990—2010 年,陕西省气压年变化明显,以冬季为最高,7 月为最低。冬季中以 12 月为最高月,11 月和 1 月次之。华山气象站较为特殊,10 月是全年气压最高月。

陕西气压变化的年较差,海拔高的年较差小,海拔低的年较差大。陕北地区的定边为 11.9 百帕,而比定边低 400 多米的绥德为 16.6 百帕;地处关中的西安气压年较差 22.9 百帕,比西安海拔高的永寿为 15.5 百帕;陕南的汉中气压年较差 19.9 百帕,而秦岭山区的留坝 14.4 百帕。全省气压年较差最小的是华山,为 7.2 百帕。

(二)气压日变化

1990—2010 年，陕西省气压每日 03—04 时为低点，08—09 时为高点，16—17 时为低点，23—24 时为高点。气压日变化幅度以 4 月为最大，其次是 1 月和 2 月，7 月气压日变化幅度最小。

第七节　蒸　发

一、年平均蒸发量分布

1990—2010 年，陕西省年平均蒸发量 1493 毫米，地理分布南小北大，东部略大于西部。陕北北部蒸发量为 1500～2500 毫米，陕北南部为 1500～1700 毫米，关中为 1200～1900 毫米，陕南为 1000～1400 毫米。长城沿线一带蒸发量相对较大，年蒸发量在 1900～2500 毫米，府谷高达 2425.4 毫米；关中北部及渭北区域，年蒸发量大于 1600 毫米，合阳达 1867.5 毫米；商洛地区蒸发量 1250 毫米以上，商南为 1398.1 毫米；年蒸发量最小的区域在大巴山区和秦岭西部深山区，年蒸发量 1000 毫米左右，镇巴为 1015.5 毫米。

二、月蒸发量分布

1990—2010 年，陕西省 1 月气温最低，蒸发量最小。陕北蒸发量为 30～50 毫米，其中陕北南部局部达 50～60 毫米，关中为 40～60 毫米，陕南为 25～60 毫米。4 月，全省气温迅速上升，风速变大，蒸发量普遍增加，陕北北部蒸发量为 200～300 毫米，陕北南部为 170～200 毫米，渭北为 180～200 毫米，关中、陕南东部为 120～170 毫米，陕南大部为 100～140 毫米。7 月是全省气温最高的月份，蒸发量最大，陕北北部为 210～350 毫米，陕北南部为 180～220 毫米，关中为 180～260 毫米，陕南为 140～200 毫米。10 月气温下降，蒸发量相应减少，陕北北部为 80～140 毫米，陕北南部为 80～100 毫米，关中中西部为60～90 毫米，关中东部为 100～120 毫米，陕南为 50～90 毫米。

第八节　地　温

一、地温

(一)地面温度的水平分布

1990—2010 年，陕西省地面温度分布与气温分布大体一致，南部地温高于北部，河谷、盆地地温高于山区，东部高于西部。陕北长城沿线年平均地面温度为 10～12 ℃，陕北其他地区地面温度等值线呈经向分布，沿黄河一带略高，为 12～14 ℃，西部地区为 10～12 ℃，渭北塬区和关中西部 13～15 ℃，关中东部、陕南东部为 15～16 ℃，汉中、安康为 16～18 ℃，安康最高为 18.5 ℃。

陕西 1 月平均地面温度为北低南高，地面温度最低在府谷，为－9.7 ℃，最高在岚皋，为 4.7 ℃。陕北 1 月平均地面温度为－10～－3 ℃，关中为－2～0 ℃，陕南为 1～5 ℃。

陕西 4 月平均地面温度分布，陕北和关中东高西低，陕北西部为 13～14 ℃，陕北东部为 15～16 ℃，关中西部为 14～17 ℃，关中东部为 16～18 ℃，陕南为 17～20 ℃。

陕西7月平均地面温度为东高西低,陕北西部为24～28 ℃,陕北东部为28～31 ℃,关中西部为27～29 ℃,关中东部为29～32 ℃,陕南为27～32.3 ℃。

陕西10月平均地面温度为南高北低,陕北为9～12 ℃,关中为12～15 ℃,陕南为14～18 ℃。

(二)土壤温度的垂直分布

陕西省年平均地温由表层到深层变化不大,如表2-1所示。

表2-1 1990—2010年陕西省各地不同深度的年平均地温统计表

单位:℃

	深度(厘米)							
	0	5	10	20	40	80	160	320
榆林	11.3	10.8	10.9	11.0	11.1	11.3	11.4	11.6
延安	12.8	12.7	12.9	12.8	12.2	12.3	12.6	12.9
铜川	13.2	12.7	12.7	12.8	13.3	13.3	13.4	13.2
宝鸡	15.2	14.6	14.8	14.9	14.2	14.4	14.6	14.8
西安	15.9	15.2	15.3	15.3	15.0	15.0	15.2	15.4
渭南	16.3	15.4	15.3	15.6	15.2	15.3	15.3	15.3
咸阳	15.7	14.7	14.7	14.9	15.2	15.3	15.3	15.5
汉中	17.1	16.7	16.7	16.7	16.3	16.3	16.5	16.7
商州	15.5	14.8	14.9	14.9	14.5	14.6	14.8	14.8
安康	18.5	17.8	17.8	17.8	17.4	17.5	17.5	17.6

陕西省1月地温由表层向深层增加,其增加幅度北部大于南部(见表2-2),从5厘米到320厘米,榆林增加17.2 ℃,铜川增加13.8 ℃,西安增加14.4 ℃,汉中增加11.6 ℃,安康增加12.6 ℃。

表2-2 1990—2010年陕西省1月各地不同深度平均地温统计表

单位:℃

	深度(厘米)							
	0	5	10	20	40	80	160	320
榆林	−8.9	−7.0	−6.2	−5.2	−3.7	−0.9	4.3	10.2
延安	−4.0	−2.5	−2.0	−1.4	−0.3	1.8	5.8	11.7
铜川	−2.5	−1.3	−0.9	−0.1	1.1	3.4	7.6	12.5
宝鸡	0.5	0.5	1.1	2.0	3.2	5.7	9.7	14.4

续表

	深度(厘米)							
	0	5	10	20	40	80	160	320
西安	0.0	0.2	0.7	1.5	2.6	5.0	9.2	14.6
渭南	−0.4	−0.1	0.3	1.2	3.1	5.7	10.0	14.7
咸阳	−0.4	−0.2	0.4	1.3	2.5	5.1	9.2	14.6
汉中	3.8	4.1	4.4	5.0	6.1	8.2	11.5	15.7
商州	1.0	1.6	2.1	3.0	4.3	6.7	10.2	14.3
安康	4.3	4.8	5.4	6.2	7.5	9.6	13.3	17.4

陕西省7月地温随深度的变化和1月相反，由表层向深层降低(见表2-3)，降低的幅度陕北大于关中、陕南，榆林5厘米地温比320厘米地温高14 ℃，西安高12.9 ℃，汉中高11.2 ℃。

表2-3　1990—2010年陕西省7月各深度平均地温统计表

单位：℃

	深度(厘米)							
	0	5	10	20	40	80	160	320
榆林	29.0	27.1	26.4	25.7	25.0	22.9	18.4	13.0
延安	27.4	25.9	25.6	25.0	23.9	22.2	19.0	14.0
铜川	26.9	25.4	25.0	24.4	23.9	22.0	18.5	13.8
宝鸡	29.4	27.6	27.4	26.6	24.4	22.4	18.9	15.2
西安	30.8	28.9	28.5	27.8	25.9	23.8	20.3	15.9
渭南	32.0	29.7	29.1	28.7	26.2	23.9	19.9	15.7
咸阳	31.1	28.6	28.0	27.4	26.7	24.4	20.6	16.2
汉中	30.0	28.7	28.2	27.5	25.5	23.5	20.8	17.4
商州	29.2	27.3	26.9	26.0	24.2	21.8	18.7	15.1
安康	32.3	30.3	29.7	28.7	26.4	24.6	21.2	17.7

(三)地面温度的年变化

陕西地面温度1月最低，7月最高，陕南部分地区最高地面温度，出现在8月。春季地面温度高于秋季地面温度，地面温度年较差以陕北最大，关中次之，陕南最小。地面极端最低气温，全省各地一般出现在1月，次地面极端最低温度出现在2月。

二、冻土

陕西省最大冻土深度在陕北北部的榆林、神木、府谷，为128～138厘米，延安地区北部为70～100厘米、南部为70～90厘米，渭北为50～60厘米，关中大部为15～40厘米，秦岭南部山区为10～20厘米，汉中、安康不到10厘米。

第三章 气候资源

气候资源是人类赖以生存和生产、生活必不可少的自然资源。陕西省境内的光、热、水、气及风力等气候资源比较丰富,农业生产条件比较优越,太阳(光)能和风能资源开发利用前景广阔。

第一节 太阳(光)能资源

一、太阳辐射

1990—2010年,陕西省年太阳总辐射量为3800～5730兆焦/米^2,太阳总辐射由北到南逐渐递减。陕北北部长城沿线年太阳总辐射5300～5730兆焦/米^2,陕北南部榆林地区5000～5300兆焦/米^2,延安地区为4700～5000兆焦/米^2;关中东部4700～5000兆焦/米^2,关中西部4600～4900兆焦/米^2;陕南汉中北部、安康北部、商洛4200～4500兆焦/米^2,汉中南部、安康南部3800～4200兆焦/米^2。

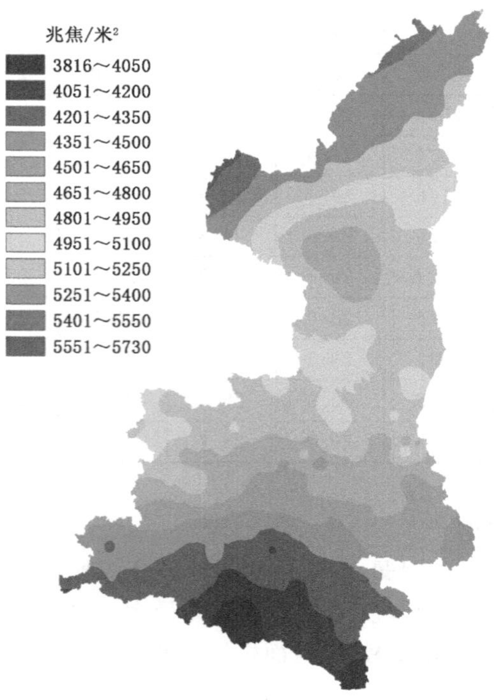

图3-1 1990—2010年陕西省水平面年总辐射空间分布图

1990—2010 年，陕西省春季年总辐射量在 1102～1673 兆焦/米^2 之间，占全年总辐射量的 23%～34%，高值区位于陕北北部，低值区在陕南南部的大巴山区。夏季总辐射量为 1387～1934 兆焦/米^2，占全年总辐射的 30%～39%，总辐射量由北向南逐渐减小，最大值在陕北北部，低值区位于陕南南部山区。秋季总辐射量为 768～1220 兆焦/米^2，占全年的 17%～23%，高值区在陕北长城沿线及渭北东部一带，低值区在陕南西部山区。冬季总辐射量为 550～886 兆焦/米^2，占全年总辐射的 11%～19%，高值区在陕北西部定边，低值区在陕南南部，但在秦岭北部为西高东低。冬季关中和陕北总辐射差异不明显，陕北为 750～900 兆焦/米^2，关中大部分地区为 700～850 兆焦/米^2，陕南北部为 600～700 兆焦/米^2，陕南南部山区为 550～600 兆焦/米^2。

1990—2010 年，陕西省各月太阳总辐射由北到南逐渐减少。陕北月太阳总辐射 5 月或 6 月达到最大值，关中和陕南地区 7 月最大。全省各月太阳总辐射有陕北北部和渭北东部两个高值区，低值中心均在陕南南部的大巴山区。

二、太阳能资源总储量

1990—2010 年，陕西省年平均太阳总辐射 4737 兆焦/米^2，按 1%陆地面积、20%转换效率计算太阳能资源的可获得量，全省太阳能资源总储量约为 271 万亿千瓦·时。年平均太阳总辐射大于 5040 兆焦/米^2 的面积为 4.33 万平方千米，总储能 63 万亿千瓦·时，主要分布于陕北长城沿线和渭北东部地区。年平均太阳总辐射在 4500～5040 兆焦/米^2 的面积为 14.97 万平方千米，总储能 196 万亿千瓦·时，主要分布于陕北南部、关中、商洛区域。小于 4500 兆焦/米^2 的面积为 1.27 万平方千米，总储能 12 万亿千瓦·时，主要分布于陕南的部分地区。

表 3-1　陕西省太阳能资源总储量及可获得量统计表

区域类型	包含地区	面积（万平方千米）	总储量（亿千瓦·时）	总储量（标煤当量万吨）	总储量（标煤等价万吨）	可获得量（亿千瓦·时）	可获得量（标煤当量万吨）	可获得量（标煤等价万吨）
很丰富区	陕北长城沿线、渭北东部	4.19	6.1×105	7.50×105	2.46×106	1220	1499	4929
		0.13	0.2×105	0.25×105	0.081×106	40	49	162
丰富区	陕北南部、关中地区、陕南商洛及安康东北部	14.97	19.6×105	2.41×106	7.92×106	3920	4818	15837
较丰富区	陕南汉中和安康大部	1.27	1.2×105	1.48×105	0.485×106	240	295	970
合计		20.56	2.71×106	3.33×106	1.09×107	5420	6661	21898

三、太阳能资源丰富程度

按照太阳能资源丰富程度评估,陕西省太阳能资源可划分为资源很丰富、资源丰富以及资源较丰富三个等级区。

太阳能资源很丰富的地区,有陕北北部包括府谷、神木、榆林、横山、靖边、定边、佳县、米脂、吴堡和渭北东部包括韩城、澄城、合阳、蒲城等区域。

太阳能资源丰富的地区,有陕北南部、关中大部、商洛等区域。

太阳能资源较丰富的地区,有汉中和安康大部区域。

图 3-2 陕西省太阳能资源丰富程度分布图

第二节 热量资源

一、界限温度及其时空分布

1990—2010年,陕西省农作物生长稳定通过0℃、10℃和20℃积温及持续时间的界限温度,其初日、终日、持续日数与积温受经纬度、地形地势以及位置朝向等影响,自北向南随纬度减小而初日逐渐提前、终日推迟、持续日数延长、积温增加。

(一)日平均气温稳定通过0℃的初终日数和积温

陕西除海拔较高的华山、太白气象站外,其他地区日平均气温稳定通过0℃积温普遍在3500℃·d以上。其中,陕北地区日平均气温稳定通过0℃持续日数平均为262天左右,积温为3600～4600℃·d;关中地区日平均气温稳定通过0℃持续日数平均为299天左右，积温为 2800～5400 ℃·d；陕南地区日平均气温稳定通过 0 ℃持续日数平均为 345 天左右，积温为 4100～5900 ℃·d。全省自北向南积温和持续日数逐渐增加，其中积温陕南较关中、关中较陕北多 500 ℃左右，初终日间隔日数关中较陕北偏多 37 天，陕南较关中偏多 46 天。

（二）日平均气温稳定通过 10 ℃的初终日数和积温

1990—2010 年，陕西省日平均气温稳定通过 10 ℃初日大多始于 3 月上旬至 4 月下旬，以陕南汉中、安康两市南部地区为最早，高海拔山区初日最迟，其中华山、秦岭山脉在 4 月下旬至 5 月中下旬。终日分布趋势与初日相反，自北向南推迟。大部分地区稳定通过 10 ℃的积温为 3000～5000 ℃·d，其中陕北地区平均积温为 3448 ℃·d，初终日数间隔约为 176 天；关中地区平均积温为 3989 ℃·d，初终日数间隔约为 198 天；陕南地区平均积温为 4341 ℃·d，初终日数间隔约为 218 天。陕南和陕北地区积温相差 541 ℃，初终日间隔日数相差 42 天。

（三）日平均气温稳定通过 20 ℃的初终日数和积温

1990—2010 年，陕北地区日平均气温稳定通过 20 ℃初日大多始于 6 月上中旬，关中和陕南大部分地区大致始于 5 月下旬到 6 月上旬，高海拔山区初日最迟，其中华山和秦岭山脉在 6 月下旬—7 月下旬。终日分布趋势与初日相反，自北向南推迟。

陕北地区日平均气温稳定通过 20 ℃积温为 700～2600 ℃·d，初终日数间隔为 30～104 天，平均 64 天；关中地区积温为 134～2900 ℃·d，初终日数间隔为 6～110 天，平均 84 天；陕南地区平均积温为 1100～2900 ℃·d，初终日数间隔为 50～115 天，平均 92 天。

陕西省平均气温稳定通过 20 ℃积温和初终日间隔日数自北向南增加，但增加幅度较 0 ℃和 10 ℃积温及初终日间隔日数均减小。

二、初终霜日与无霜期

（一）初霜

1990—2010 年，陕西省初霜日期北早南迟，相差约 2 个月。陕北初霜出现在 10 月上、中旬，陕北西北部在 9 月底出现初霜，为全省最早出现霜冻的地区，陕北西部初霜比东部早 10 天左右；咸阳地区西北部初霜为 10 月中旬，渭北大部、陕南东部初霜为 10 月下旬，关中各地在 11 月上旬，陕南大部分地区在 11 月中旬。

（二）终霜

1990—2010 年，陕西省终霜南早北迟，东早西迟，陕南在 3 月上中旬，关中南部在 3 月中下旬，北部则在 3 月下旬—4 月上旬，但长武可晚至 4 月下旬，陕北在 4 月上中旬，而黄河沿线的佳县、吴堡则为 3 月下旬。

（三）无霜期

1990—2010 年，陕西省无霜期东部多于西部，南部多于北部，海拔低的地方多于海拔高的地方，川道多于山麓。陕北大部为 160～200 天；关中大部分地区为 200～220 天；秦岭南麓商洛地区大部分为 200～240 天，秦岭高山区，如太白气象站仅为 152 天，陕南沿汉江河谷地区为 200～260 天，大巴山区为 240～260 天，陕南的紫阳最多为 267 天。

陕西省平均无霜期南北相差约 70 天左右，陕北地区无霜期短，霜冻危害最严重。

第三节 水资源

1990—2010年,陕西省年平均降水量610.7毫米,水资源总量445亿立方米。全省人均水资源量为1280立方米,最大年水资源量可达847亿立方米,最小年只有168亿立方米,丰枯比在3.0以上。

陕西省水资源时空分布不均。全省年降水量的60%~70%集中在7—10月,往往造成汛期洪水成灾,春夏两季旱情多发;秦岭以南的长江流域,面积占全省的36.7%,水资源量占到全省总量的71%,秦岭以北的黄河流域,面积占全省的63.3%,水资源量仅占全省的29%。全省水资源分布自南向北递减,大巴山区降水最多,年降水量在1200毫米左右,其中镇巴达1310毫米;陕北长城沿线最少,年降水量为330~430毫米,其中定边仅328毫米,南北两地相差980毫米。秦岭太白山及其周围地区是全省第二个多雨中心,年降水量可达900毫米以上;汉江河谷和关中盆地分别处于大巴山和秦岭的背风坡,降水相对较少,汉江河谷地区年降水量为750~900毫米,关中盆地只有500~650毫米。渭北高原是秦岭以北地区的一个相对多雨中心,年降水量550~730毫米。汉江河谷、秦岭山地、关中平原、渭北高原年降水量表现为西部多于东部。

陕西省地表水资源的地理分布与降水量的分布相似。全省年均径流量425.8亿立方米,从南向北减少,汉中地区年径流量最多,每平方千米产水62.3万立方米,陕北各地年径流量较少,每平方千米产水4万~6万立方米。由于自然条件复杂,平地、丘陵地多水少,需求量大,山区水多地少,水量有余,农作物需水与水量供给不相适应。陕南水资源丰富,陕北水资源不足,秦巴山区虽然水量很多,却因地形崎岖,提水引水困难,水资源不能充分利用。

第四节 风能资源

2007年,陕西省启动风能资源详查和评价工作。风能详查区为榆林长城沿线详查区和渭南黄河沿岸详查区。

榆林长城沿线详查区位于榆林市,处于陕西最北部的黄土高原北端和毛乌素沙漠南部边缘,主要包括定边、靖边、横山三县和榆阳区的长城沿线区域以及神木县西北部的部分地区。

渭南黄河沿线风能资源详查区位于渭南市东部,北至韩城市芝川镇,南抵潼关,西靠渭北高原,东临南北狭长的黄河谷地。

榆林长城沿线详查区测风塔70米高度平均风速在5.3~7.2米/秒。春季风速最大,冬季次之,夏季风速最小。

表 3-2　1990—2010 年陕西省各详查区观测年度风能参数统计表

详查区名称 测风塔名称 （编号）	测风高度（米）	3～25 米/秒时数百分率	平均风速（米/秒）	最大风速（米/秒）	极大风速（米/秒）	平均风功率密度（瓦/米²）	有效风功率密度（瓦/米²）	风能密度（千瓦·时/米²）
榆林长城沿线详查区张家山测风塔（27001）	10	83.0	5.6	22.5	29.4	155.9	187.0	1365.3
	30	90.0	6.6	26.2	31.8	252.3	281.0	2210.1
	50	90.0	6.8	26.6	32.0	275.7	304.4	2414.7
	70	91.0	7.0	26.2	33.1	298.3	327.9	2613.5
榆林长城沿线详查区贺圈测风塔（27002）	10	78.0	5.3	25.5	30.0	150.2	190.5	1316.2
	30	84.0	6.2	27.9	30.8	240.0	284.4	2102.0
	50	85.0	6.6	27.7	32.6	285.6	334.8	2501.9
	70	86.0	6.9	28.7	33.5	324.2	378.0	2839.6
榆林长城沿线详查区燕墩山测风塔（27003）	10	83.0	5.8	22.6	28.2	186.6	222.2	1634.2
	30	89.0	6.7	25.5	30.1	280.2	315.1	2454.8
	50	89.0	6.9	25.1	30.2	309.2	347.7	2708.9
	70	89.0	7.2	26.8	30.9	350.0	391.4	3065.7
	100	89.0	7.5	27.3	31.5	408.9	456.9	3581.8
榆林长城沿线详查区锦界测风塔（27004）	10	62.0	3.9	21.0	26.9	67.1	104.9	587.7
	30	76.0	4.9	24.1	31.4	119.5	154.7	1046.5
	50	80.0	5.2	24.9	32.1	143.8	178.4	1260.0
	70	81.0	5.3	25.7	32.3	150.2	185.1	1315.9
渭南黄河沿岸详查区东雷村测风塔（27005）	10	38.0	2.8	19.1	27.1	26.8	63.0	234.9
	30	55.0	3.6	21.6	29.4	52.1	90.4	456.1
	50	61.0	3.9	19.6	22.8	68.6	108.5	600.9
	70	67.0	4.2	22.6	28.0	82.5	120.9	722.6
	100	71.0	4.6	24.8	30.6	108.1	150.7	947.0

陕西省各高度年平均风速分布是：陕北白于山一带，特别是榆林西部定边和靖边中部地区年平均风速较大，是陕西风能资源最为丰富的地区；延安东南部部分地区、铜川东北部地区、渭南东部地区、咸阳和宝鸡北部一带位于渭北黄土高原区，风速也较大，其中渭南黄河沿线风能资源详查区仅在韩城和宜川、黄龙交界处风功率密度较大，年平均风功率密度在 300 瓦/米² 左右，另外在合阳北部部分地区年平均风功率密度在 200～300 瓦/米² 之间。另外，关中南部秦岭山区和陕南巴山北部山区平均风速也较大，陕南南部汉中和安康也存在较为零散的平均风速大于 7 米/秒的地区。

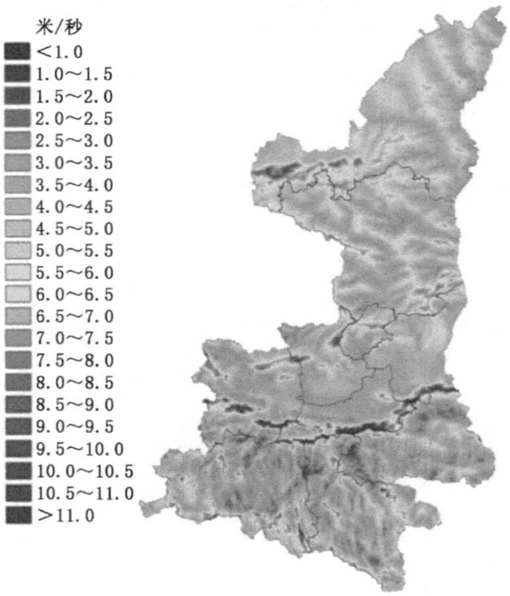

图 3-3　1979—2008 年陕西省 50 米高度年平均风速分布图

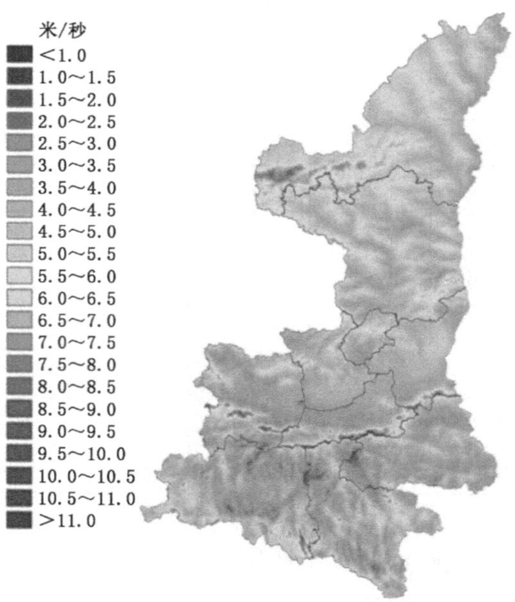

图 3-4　1979—2008 年陕西省 70 米高度年平均风速分布图

榆林长城沿线详查区定边县中部和靖边西南部地区年平均风功率密度较大，70 米高度年平均风功率密度在 300 瓦/米^2 左右，是陕西省风能资源最为丰富的地区。横山县南部地区及榆林市东部和神木县交界区域年平均风功率密度也较大，基本在 250 瓦/米^2 左右。

第四章　气候变化

1990—2010年，由于自然因素和人类活动的影响，陕西省气候伴随全球气候的冷暖交替，气温趋暖，夏季降水量增加，其他季节变化不明显，气候极值有新变化。

第一节　冷暖变化

1990—2010年，陕西省平均气温12.3 ℃，比1990—2000年全省平均气温12.1 ℃提升了0.2 ℃，呈现升温趋势。1990—1997年间，陕西气温在11.2～12.3 ℃之间波动，气候相对偏冷，其最低值出现在1993年，平均气温为11.2 ℃。1997—2010年，陕西气温在12.1～13.0 ℃之间波动，气候相对偏暖，其最高值出现在2006年，平均气温为13.0 ℃。2000—2010年，全省平均气温为12.4 ℃，气候明显变暖。

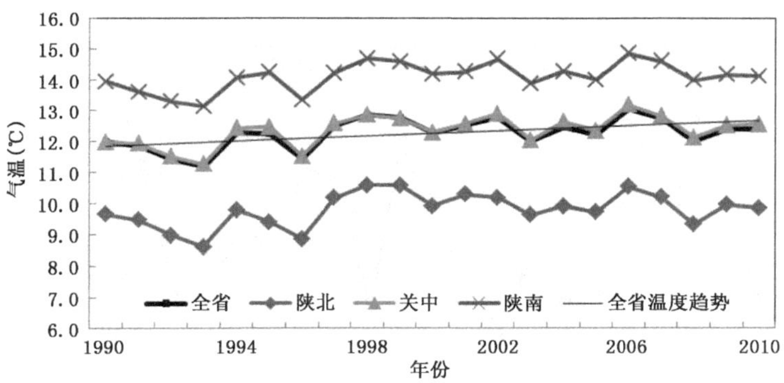

图4-1　1990—2010年陕西省平均气温变化示意图

表4-1　1990—2009年陕西省平均气温变化统计表

单位：℃

年份	全省	陕北	关中	陕南
1990—1999	12.1	9.6	12.1	13.9
2000—2009	12.4	10.0	12.5	14.3

1990—2010年，陕西省春季升温显著，尤其是1997以后，除了2003年(春季气温12.9 ℃)、2010年(春季气温12.3 ℃)气温略微偏低外，其余年份春季平均气温均在13 ℃以上；夏季和秋季气温年际变化波动较大，但整体趋势不明显；冬季气温在1998年之前年际变化较小，最低值出现在2008年，为－1.4 ℃，最高值出现在1999年，为1.7 ℃。

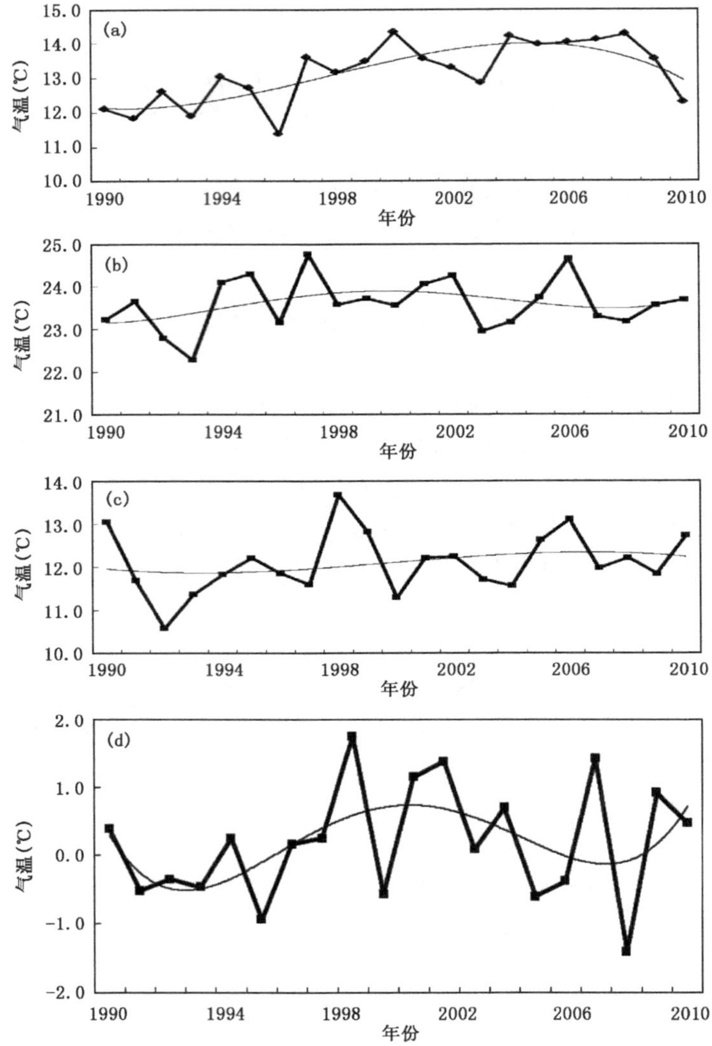

图 4-2 1990—2010 年陕西省春季(a)、夏季(b)、秋季(c)和冬季(d)平均气温变化

第二节 干湿变化

1990—2010 年,陕西省年平均降水量为 610.7 毫米,降水量变化不明显,陕北、关中和陕南年降水量变化具有阶段性的偏干或偏湿。1999—2000 年、2004—2005 年,陕北地区降水量偏少,2001—2003 年、2006—2007 年,降水量偏多;2000—2002 年,关中地区降水量偏少,2005—2010 年降水量偏多;2001—2002 年,陕南地区降水量偏少,2007—2010 年降水量偏多。2003 年,全省降水均偏多,为 861.4 毫米,其中陕北降水量为 584.8 毫米,较多年平均(448.3 毫米)偏多 30%;关中降水量为 873.4 毫米,较多年平均(566.1 毫米)偏多

54%;陕南降水量为1076.7毫米,较多年平均(823.0毫米)偏多30%。2000—2009年与1990—1999年比较,全省降水量略有增加,其中陕北和关中地区降水量均值增加30毫米,陕南地区降水量均值增加74毫米。

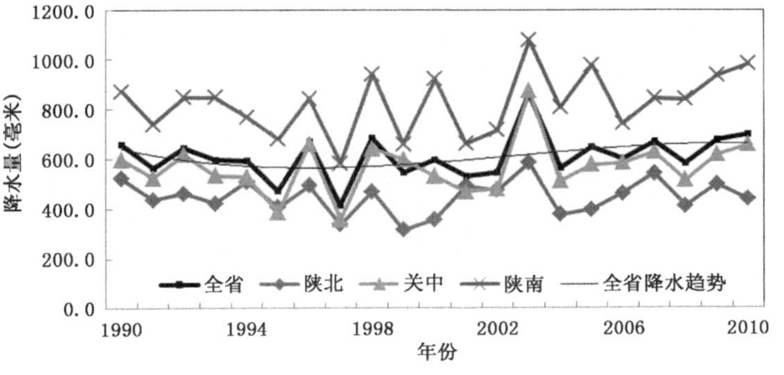

图4-3 1990—2010年陕西省年降水量变化示意图

表4-2 1990—2009年陕西省降水量均值变化统计表

单位:毫米

年份	全省	陕北	关中	陕南
1990—1999	584.3	437.5	544.0	778.0
2000—2009	627.3	460.1	579.0	851.9

从图4-4可以看出:

1990—2010年,陕西省夏季降水量增加,冬季降水量下降,春季和秋季降水量变化不明显。

陕西省2001—2010年比1991—2000年略偏湿,其中陕北北部、关中中部和陕南东部地区降水略偏多。

1991—2010年,陕西省春季、夏季、秋季和冬季年代际降水距平百分率的时空分布为,1991—2000年春季,除陕北南部地区略偏湿外,全省其余地区均偏干,2001—2010年春季,全省大部地区偏干;1991—2000年夏季,全省大部地区偏干,2001—2010年夏季,关中和陕南大部地区偏湿;1991—2000年秋季,全省大部地区偏干,其中陕北地区旱情严重,2001—2010年秋季,陕北大部地区偏湿;1991—2000年冬季,全省大部地区偏湿,2001—2010年冬季,除陕南南部地区偏湿外,全省其余地区偏干。

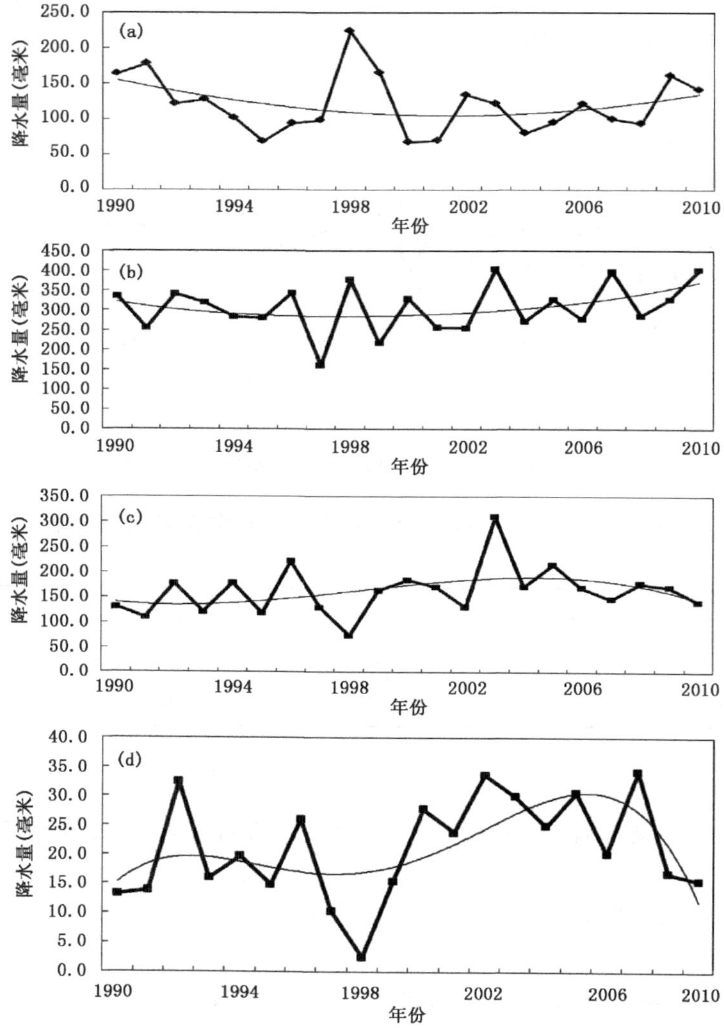

图 4-4　1990—2010 年陕西省春季(a)、夏季(b)、秋季(c)和冬季(d)降水量变化示意图

第三节　气候极值及变化

一、气候极值

1990—2010 年陕西省气候极值如表 4-3 所示：

表 4-3　1990—2010 年陕西省气候极值一览表

气候分类	数值	单位	地点	时间
年平均气压最高	983.2	百帕	旬阳	2003 年、2004 年
年平均气压最低	794.5	百帕	华山	2009 年
年平均气温最高	17.3	℃	旬阳	2006 年
年平均气温最高	7.6	℃	靖边	1993 年
1 月平均气温最低	−14.4	℃	榆林	1993 年
7 月平均气温最高	29.8	℃	旬阳	2006 年
极端最高气温	43.1	℃	旬阳	2006 年 7 月 19 日
极端最低气温	−29.1	℃	定边和榆林	2002 年 12 月 26 日和 1998 年 1 月 19 日
年平均地面温度最高	20.3	℃	安康	2006 年
年平均地面温度最低	9.3	℃	太白	1993 年
1 月年平均地面温度最低	−17.6	℃	神木	1993 年
7 月年平均地面温度最高	36.6	℃	洋县	2002 年
极端地面最高温度	75.7	℃	米脂	2004 年 6 月 9 日
极端地面最低温度	−37.4	℃	府谷	2002 年 12 月 27 日
年平均相对湿度最大	85	%	石泉	2009 年
年平均相对湿度最小	43	%	佳县	1999 年
年平均降雨量最多	1218.7	毫米	宁强	
年平均降雨量最少	280.7	毫米	定边	
年降雨量最多	1795.4	毫米	镇巴	2005 年
年降雨量最少	200.1	毫米	定边	2000 年
年平均降水日数最多	142	天	宁强	
年平均降水日数最少	52	天	定边	
月平均降水量最多	673.7	毫米	镇巴	2010 年 7 月
月平均降水量最少	0	毫米		
最长连续降水日数及降水量	21 179.3	天 毫米	宁强	1992 年 9 月 20 日至 27 日
最长无降水日数	156	天	吴起	1998 年 10 月 13— 1999 年 3 月 17
一日最大降水量	304.5	毫米	宁强	2003 年 8 月 29 日
地面最大积雪深度	34	毫米	华山	2001 年 4 月 10 日
年降雪日数最多	36	天	华山	1993 年
年积雪日数最多	84	天	华山	2003 年

续表

气候分类	数据	单位	地点	时间
年平均降雪日数最多	54	天	华山	
年平均积雪日数最多	64	天	华山	
年日照时数最多	3344.9	小时	米脂	1997年
年日照时数最少	934.2	小时	镇巴	2009年
冻土最大深度	138	厘米	府谷	
年大风日数最多	134	天	华山	1990年
年平均大风日数最多	107	天	华山	
年平均大风日数最少	0.1	天	镇巴	
年平均风速最大	5.0	米/秒	华山	2003年
风速最大	29.8	米/秒	华山	1998年2月12日
年沙尘暴日数最多	22	天	定边	1995年
年平均沙尘暴日数最多	8	天	定边	
年平均冰雹日数最多	1.6	天	宜君、黄龙	
年冰雹日数最多	5	天	榆林、甘泉、米脂、靖边	1991、1992、2006、1990年
年平均雾日数最多	108	天	华山	
年雾日数最多	135	天	华山	1993年
年雾凇日数最多	66	天	华山	1991年、1994年
年霜日数最多	154	天	志丹	
年雨凇日数最多	33	天	华山	1990年

二、气候极值变化

(一)极端最高气温

1990—2010年,陕西省极端日最高气温呈现明显的年际变化。1990—2006年期间,陕西极端日最高气温呈现增加趋势,年最低的极端日最高气温是39.3 ℃,出现时间为1993年6月15日华阴气象站;最高的极端日最高气温是43.3 ℃,出现时间为2006年6月17日长安和华县气象站。

(二)极端最低气温

1990—2010年陕西省极端日最低气温存在年际变化,气温变化区间在－20 ℃－－30 ℃之间,年最高的极端日最低气温是－21.5 ℃,出现时间为1995年1月1日榆林气象站;最低的极端日最低气温是－29.8 ℃,出现时间为1991年12月28日太白县气象站。

(三)极端日降水量

1990—2010年,陕西省极端日降水量变化趋势不显著。年最大的极端日降水量304.5毫米,出现时间为2003年8月29日宁陕县气象站;最小的极端日降水量97毫米,出现时间为1993年7月29日镇坪县气象站。除1993和2003年,陕西其他年份的极端日降水量为100～220毫米。

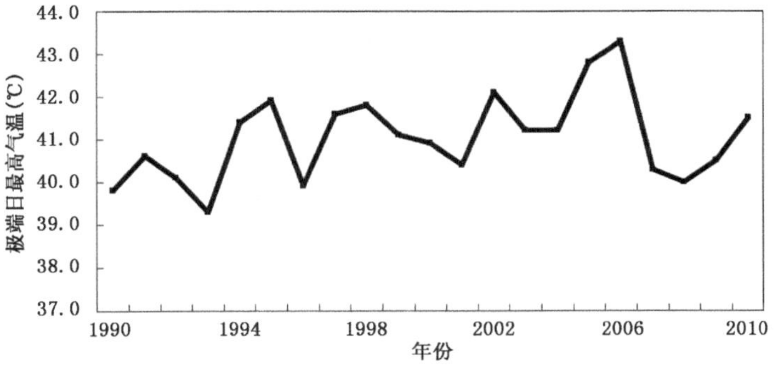

图 4-5　1990—2010 年陕西省极端日最高气温变化示意图

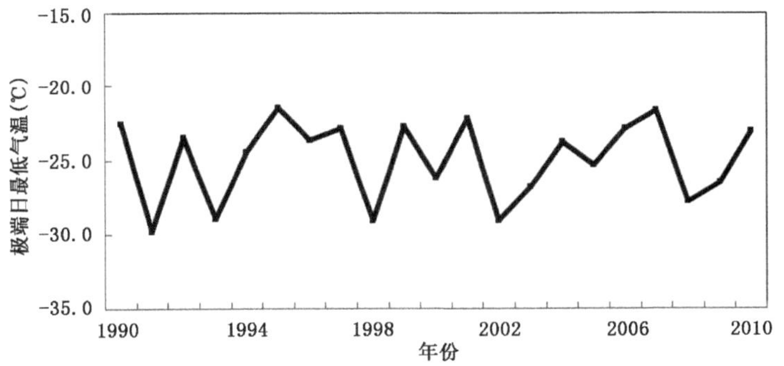

图 4-6　1990—2010 年陕西省极端日最低气温变化示意图

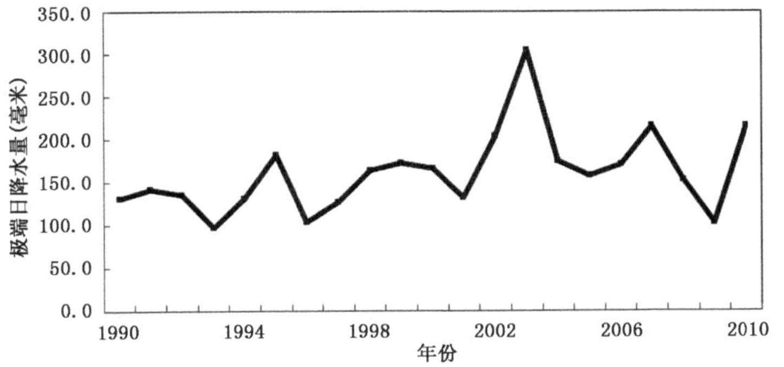

图 4-7　1990—2010 年陕西省极端日降水量变化示意图

第二篇　气象灾害

陕西省是气象灾害频繁发生的省份，干旱、暴雨（雪）、连阴雨、寒潮、霜冻、冰雹、大风（沙尘暴）、高温、雷电、大雾等灾害发生频次高、分布地域广、灾情损失重，其损失占自然灾害总损失的70%以上。

第五章　主要气象灾害分类

陕西省气象灾害主要包括干旱、暴雨(雪)、连阴雨、寒潮、霜冻、冰雹、大风(沙尘暴)、高温、雷电和大雾等造成的直接灾害及其引发的衍生、次生灾害,包括城市气象灾害、农业气象灾害、林业气象灾害、水文气象灾害、交通气象灾害、地质气象灾害、电力气象灾害等。

第一节　干　旱

1990—2010 年,陕西省发生干旱呈现地理纬向和经向上从南向北、自西向东增加的特点。经风险评估,榆林地区春旱和秋冬春连旱发生频率高,强度大,为旱灾高风险区;关中平原地区除凤县、太白和周至县外,其余县均为干旱高风险区;延安和商洛为干旱中等风险区;汉中和安康的宁强、镇巴、紫阳、岚皋、平利和镇平县为干旱低风险区。

1990—2010 年,陕西省年年发生干旱,受旱面积较大、持续时间较长,造成危害大,其中 1990—2000 年干旱严重,1995 年、1997 年干旱及受害程度最为严重。2001—2010 年干旱有所缓解。

表 5-1　1990—2010 年陕西省干旱灾害一览表

年份	干旱发生时段	干旱发生面积	经济损失
1990	年内春、夏、秋、冬四季均出现干旱	受旱 373.4 万公顷,成灾 52.9 万公顷,绝收 7.9 万公顷	
1991	冬春连旱 180 天,夏秋旱。	受旱 406.6 万公顷	
1992	冬、夏、秋旱	受旱 263.3 万公顷,成灾 113.3 万公顷,绝收 18 万公顷	
1993	冬、春、夏旱	受旱 366.7 万公顷,成灾 70 万公顷,绝收 11.5 万公顷	
1994	春旱及 7 月中旬到 8 月底连续 50 天伏旱	受旱 466.7 万公顷,绝收 36.7 万公顷	全省粮食产量较上年减产 26.3%,农业直接经济损失 23 亿元

续表

年份	干旱发生时段	干旱发生面积	经济损失
1995	四季连旱,陕北北部、商洛连旱 300 余天,其余地区连旱 200 余天,是 1949 年以来干旱最重的一年	受旱 401.3 万公顷,绝收 86.7 万公顷。	全省粮食较上年减产 3.3%,较前年少产 30.22 亿千克;全省直接经济损失 66.75 亿元,其中农业损失 37.94 亿元
1996	1—5 月,全省降雨偏少 2～4 成	受旱 117 万公顷,成灾 84.6 万公顷。	
1997	4 月下旬至 10 月底,全省遭受历史上罕见的特大干旱	受旱 217.3 万公顷,其中重旱 120 万公顷,干枯绝收面积 51.9 万公顷	全省粮食较 1993 年减产 17.1 亿千克,直接经济损失 68.92 亿元,比 1995 年经济损失还多 2.17 亿元
1998	上年 9 月至当年 3 月上旬冬春连旱;9 月下旬晚秋旱	受旱 364.6 万公顷,其中重旱 96 万公顷,干枯绝收面积 10.2 万公顷	定边县经济损失达 1 亿元,子洲干旱持续 300 多天,直接经济损失 1.6 亿元
1999	从上年 9 月下旬至当年 3 月中旬,全省遭遇冬春连旱;7 月中旬—9 月上旬出现秋旱	受旱 257.1 万公顷,其中重旱 114.9 万公顷,干枯绝收面积 49.3 万公顷	全省夏粮较常年减产 12 亿千克,秋粮减产 9 亿千克,直接经济损失 10.6 亿元
2000	冬春连旱和伏旱明显,全省大部分地区连旱超过 130 天,其中陕北、陕南东南部和渭北超过 200 天	全省 91%的夏田作物受旱,17.7 万公顷干枯死亡,86.7 万公顷夏播田块因缺墒而无法按时下种;秋粮作物受旱 139.3 万公顷,10.4 万公顷干枯死亡	夏粮因旱减产 11 亿千克,直接经济损失 37 亿元
2001	上年 11 月—当年 2 月,陕北、陕南东部及渭北越冬作物干旱;7 月陕北中部、关中西部出现伏旱	受旱 236.7 万公顷,成灾 150 万公顷,干枯绝收 18.9 万公顷	直接经济损失 37 亿元
2002	1—4 月春旱和 7—8 月伏旱	夏粮受灾 146.6 万公顷,成灾 46 万公顷;秋粮受灾 125.9 万公顷,成灾 48.7 万公顷,绝收 14.8 万公顷	全年粮食作物因旱减产 12 亿千克,直接经济损失 22.85 亿元

续表

年份	干旱发生时段	干旱发生面积	经济损失
2003	1月1日—3月30日春旱、5月上旬—6月中旬初夏干旱、7月1日—8月20日伏旱	农作物严重受旱62.0万公顷、绝收8.2万公顷	直接经济损失28亿元
2004	4月中旬—5月底，关中、陕北和陕南东部春旱；6月3日—7月18日夏初旱；7月20日至8月18日，陕南夏伏旱	农作物受旱面积162.1万公顷，因旱少种40.4万公顷，其中农作物成灾91.7万公顷，干枯绝收7.8万公顷	全年因旱减收粮食10.2亿千克，直接经济损失39.1亿元
2005	1—5月上旬，陕北、关中、陕南大部春旱；6—8月陕北和关中东部夏旱	全年农作物受旱207万公顷，成灾68.5万公顷，干枯绝收5.8万公顷，因旱少种面积16.3万公顷	直接经济损失10.3亿元
2006	3月1日—4月30日全省春旱；7月中旬—8月中旬，陕南严重夏旱	农作物受灾115.0万公顷、绝收18.0万公顷	直接经济损失25亿元
2007	发生冬旱、春旱和夏旱	农作物受旱154.0万公顷，因旱少种11.5万公顷，成灾54.8万公顷，绝收9.7万公顷	直接经济损失28.7亿元
2008	发生冬旱、春旱和夏旱，全年干旱等级为中度	全省农作物受旱103.7万公顷次，因旱少种面积11.3万公顷，成灾面积47.9万公顷，绝收面积2.4万公顷	旱灾造成粮食减收11.5亿千克，农业直接经济损失13.2亿元
2009	上年11月1日—当年2月5日，陕北、关中发生春旱；6月上旬—8月下旬，陕北大部、关中中东部出现夏旱	春旱期间，全省农作物受旱面积83.5万公顷，其中重旱26.7万公顷；夏旱面积55.3万公顷，其中严重干旱7万公顷	粮食作物减收10.1亿千克，直接经济损失达36.41亿元，其中农业经济损失31亿元
2010	全省经历冬春连旱、夏旱和局地伏旱，干旱灾害属中等程度	农作物受旱69.9万公顷，其中成灾18.1万公顷，绝收2.0万公顷	粮食减收7.4亿千克，直接经济损失19.35亿元

1994年秋季到1995年7月上旬,陕北北部、商洛地区连旱300余天,其余各地从上年12月—本年7月上旬连旱200余天。这年1月—7月上旬,陕北北部降水量偏少7~9成,陕北南部、关中、陕南大部偏少6~8成,全省85个县(市)偏少6~9成,旱期气温持续偏高,旱情日重。6、7两月,耕层土壤相对湿度20%~30%,深层土壤相对深度40%左右,渭北旱塬干土层深达50余厘米。省内558条河流有400余条干涸,持续1月之久,全省26亿立方米水库的有效蓄水能力仅蓄水4亿立方米。关中地下水位普遍下降3~6米,全省13万余眼机井有5.3万眼出水不足,1万眼吊空。据1995年2月底统计,全省受旱农田80万公顷,至5月底受旱农田133.3万公顷,其中重旱53.3万公顷,作物枯死6.7万公顷。陕北4月到5、6月,春播无法入种,陕南3.3万公顷水田缺水无法插秧。夏收后继续少雨干旱,全省225.7万公顷秋田至6月底受旱201.3万公顷,其中重旱133.3万公顷,53.3万公顷秋田不能及时入种。有的地区入种后因不出苗多次翻耕重种,其中安康地区沿江各县(市)连续翻种5次。7月中旬—8月底,关中大部持续干旱,西安50万人发生水荒,断水企业49家。为保障居民用水,曾停止51个大中型企业用水,全省有上千家工业企业处于停产或半停产状态。据1995年8月底统计,全省86.7万公顷秋田无苗,占秋田总面积的38%,这一年,全省粮食总产91.34亿千克,比上年减产3.12亿公斤,较前年少产30.22亿千克;陕北牧区牧草生长量减少了80%,榆林地区4900头大家畜、3万只羊、2万头猪被迫提前宰杀,家畜存栏减少了三分之一;全省先后有743万人次、223万头大家畜一度发生水荒;干旱造成全省直接经济损失66.75亿元,其中农业损失37.94亿元,畜牧业损失4.95亿元,工业损失20.66亿元,城乡生活缺水损失1.42亿元,其他损失1.78亿元。

1997年4月下旬—10月底,全省遭受特大干旱,受旱作物面积217.3万公顷,其中重旱12万公顷,绝收51.9万公顷,全年粮食较1993年减产171.2万吨;苹果、烤烟等减产10%~30%左右;310万人、120万头大家畜出现饮水困难,30多个县城供水严重不足,一些企业因缺水被迫停产,全省因旱造成直接经济损失68.92亿元,比1995年还多2.17亿元。

第二节 暴 雨

1990—2010年,陕西省暴雨集中出现在夏秋6—10月,以7月为最多。暴雨最早出现在2004年2月20日洋县(降雨量53.6毫米),最晚出现在1994年11月13日佛坪(降雨量76.3毫米)、汉中(降雨量53.6毫米)、宁陕(降雨量86.5毫米)、南郑(降雨量70.6毫米)、西乡(降雨量77.6毫米)、洋县(降雨量65.8毫米)、镇巴(降雨量61.6毫米)。

1990—2010年,陕西省暴雨日数自南向北呈现“三高两低”分布特征,即以紫阳、镇巴、宁强为中心的秦巴山区是陕西年暴雨日数最多的区域,其次为黄土高原南部的洛川、宜君附近的多暴雨中心,再次为长城沿线神木、府谷附近的多暴雨中心。全省年平均暴雨日为26.5天,最多达45天,最少为14天;年平均暴雨94.9县(区),最多的2003年为151县(区),最少的1993年为40县(区)。

陕西省6小时降雨量大于30毫米及12小时降水量大于50毫米的短时、局地性强的突发性暴雨平均每年发生1.1次,最多2~3次,主要发生在5—10月,其中7—8月最多,占70.6%。突发性暴雨的空间分布自北向南依次增加,此类暴雨通常引发严重的洪涝灾害，对居民生命财产造成严重损失。

陕西省境内的致洪暴雨，在渭河流域年际变化大，平均每年发生 1 次，有的年份没有，有的年份 2～3 次。渭河流域致洪暴雨最早出现在 5 月上旬，最迟出现在 10 月中旬，主要出现在 7—8 月。渭河流域致洪暴雨通常是流域内 3 县区以上范围较大的暴雨，或长期连阴雨中的大范围暴雨。

陕西省各地暴雨强度不一，日最大降水量一般为 80～150 毫米。陕南秦巴山区的商南、佛坪、紫阳、镇坪、镇巴、宁陕、宁强、汉阴、略阳、洋县、南郑 11 县区、关中平原的礼泉、陇县、白水、大荔、千阳、咸阳 7 县区和陕北子长、甘泉、延川 3 县区日最大降水量大于 150 毫米，其中宁陕、佛坪 2 县日最大降水量大于 200 毫米，宁陕 2003 年 8 月 29 日降雨 304.9 毫米，为陕西有观测记录以来的日最大降水量；礼泉、陇县、彬县、白水日最大降水量大于 200 毫米，其中彬县 2010 年 7 月 23 日降雨 213.4 毫米，白水 2006 年 8 月 17 日最大降水量 172.4 毫米；陕北北部的佳县、子长为日最大降水量大于 200 毫米的中心，子长 2002 年 7 月 4 日最大日降水量 195.3 毫米。

表 5-2　1990—2010 年陕西省年暴雨总县区一览表

年份	暴雨县区	年份	暴雨县区	年份	暴雨县区
1990	96	1997	66	2004	76
1991	87	1998	161	2005	120
1992	90	1999	64	2006	117
1993	40	2000	91	2007	112
1994	94	2001	53	2008	64
1995	105	2002	81	2009	94
1996	76	2003	151	2010	155

表 5-3　1990—2010 年陕西省各县暴雨日数一览表

站名	暴雨日数	站名	暴雨日数	站名	暴雨日数	站名	暴雨日数	站名	暴雨日数	站名	暴雨日数
安康	37	富平	14	靖边	12	米脂	14	铜川	21	洋县	32
安塞	15	佛平	31	佳县	14	宁强	56	潼关	14	耀县	14
宝鸡	16	富县	18	泾阳	11	宁陕	41	武功	17	镇安	27
陈仓	23	凤县	18	留坝	29	南郑	35	渭南	9	镇巴	108
白水	16	凤翔	20	洛川	19	蒲城	11	吴起	13	子长	17
彬县	14	高陵	12	岚皋	51	平利	41	兴平	12	志丹	9
长安	19	甘泉	18	洛南	15	清涧	17	西乡	43	镇坪	48
澄城	12	韩城	25	礼泉	15	岐山	23	旬邑	15	柞水	22

续表

站名	暴雨日数	站名	暴雨日数	站名	暴雨日数	站名	暴雨日数	站名	暴雨日数	站名	暴雨日数
城固	18	黄龙	16	蓝田	18	乾县	13	咸阳	11	紫阳	77
淳化	14	横山	7	临潼	17	千阳	21	旬阳	20	子洲	20
长武	14	华山	22	陇县	15	绥德	14	延安	17	周至	19
定边	6	华县	12	户县	17	神木	15	延川	20	府谷	11
丹凤	19	合阳	20	麟游	16	商南	43	宜川	11	汉中	28
大荔	12	华阴	20	略阳	26	石泉	50	宜君	20	勉县	22
扶风	12	汉阴	45	眉县	16	山阳	23	榆林	12	太白	21
永寿	10										

表5-4 1990—2010年陕西省最大日降雨量一览表

单位:毫米

县区	日降雨量	县区	日降雨量	县区	日降雨量	县区	日降雨量	县区	日降雨量	县区	日降雨量
丹凤	117.5	宜川	97.3	洛南	124.5	黄陵	131.3	岐山	116.1	富平	83.4
佛坪	203.3	富县	140.6	洛川	131.6	黄龙	126.2	凤翔	112.6	大荔	169.9
佳县	80.5	山阳	109.5	清涧	72.9	长武	120.7	扶风	124.6	临潼	100.0
勉县	147.5	岚皋	134.9	甘泉	150.3	旬邑	112.5	眉县	130.5	渭南	75.2
南郑	151.8	平利	112.4	留坝	147.6	白水	170.0	太白	87.4	华山	104.2
吴堡	92.5	府谷	181.8	略阳	161.8	宜君	118.3	礼泉	215.0	蓝田	86.5
吴起	113.4	延安	95.5	白河	89.1	铜川	132.8	永寿	120.5	咸阳	158.5
商南	199.7	延川	157.4	石泉	119.8	蒲城	90.1	淳化	83.2	华县	130.8
商县	84.0	延长	77.7	神木	141.1	澄城	116.1	周至	91.2	潼关	103.9
城固	101.3	志丹	81.9	米脂	103.0	合阳	109.7	泾阳	119.0	华阴	91.0
子洲	106.9	旬阳	106.8	紫阳	175.1	韩城	120.2	武功	140.8	凤县	135.4
子长	195.3	柞水	105.1	绥德	94.5	陇县	214.6	乾县	117.3	杨凌	68.8
宁强	184.6	榆林	105.7	西乡	108.7	宝鸡	76.3	耀县	96.5	泾河	117.3
宁陕	304.5	横山	92.3	镇坪	174.2	陈仓	99.0	兴平	146.7	户县	130.4
安塞	126.0	汉中	118.7	镇安	125.1	千阳	158.5	长安	122.7	彬县	107.9
安康	113.6	汉阴	163.7	镇巴	193.7	麟游	103.0	高陵	138.9	三原	95.0
定边	107.4	洋县	171.0	靖边	113.2						

1990—2010 年，陕西省共发生暴雨 1993 个县区，暴雨引发洪涝及滑坡、泥石流等次生灾害年年都有，给人们生命财产和经济建设造成了巨大损失。

1990 年 7 月 5—6 日，汉中、宝鸡地区发生大暴雨，过程降水量最大的略阳县 222 毫米，嘉陵江出现大洪水，略阳县城被淹，三层楼房进水，汉江堤防决口 185 处，受灾 18 个县、76.8 万人，死亡 33 人，直接经济损失约 12 亿元。

1998 年 7 月 8—9 日，商洛地区 7 个县(市)遭暴雨袭击，丹凤县 1 小时内降水量 250 毫米，双槽乡宽坪从 9 日 18 时至 10 日 00 时，6 小时降水达 1300 毫米(此为水利部组织水文、气象专家现场模拟实验数据，认定世界陆地极值)，洪峰高达 5 米，径流量 890 米^3/秒，造成民房倒塌，公路、供电、通信等基础设施中断。在这次暴雨中商洛死亡 96 人(其中丹凤 45 人，商南 43 人)，重伤 24 人，经济损失 3.64 亿元。

2000 年 7 月 11—14 日，安康地区普降大到暴雨，镇巴、紫阳降大暴雨，全区 10 个县(市)受灾。紫阳县 7 月 12—13 日降雨量 210.4 毫米，暴雨诱发洪水、泥石流和山体滑坡，死亡 202 人，部分地区交通、通信、供电、水利等基础设施遭到毁灭性破坏。

2002 年 6 月 8—9 日，全省共出现暴雨 33 站，其中日降水量超过 100 毫米有 3 站，陕南佛坪站降水量多达 212.8 毫米，佛坪、宁陕等 34 个县（区）、352 个乡镇受灾，水毁基本农田 27 万亩，农作物受灾面积 352.7 万亩，倒塌房屋 10.6 万间，死亡 151 人，失踪 304 人，其中佛坪死亡 132 人，直接经济损失 5.1 亿元。

图 5-1　2002 年 6 月 9 日，安康市宁陕县四亩地镇遭受特大暴雨洪涝灾害

2010 年 7 月 14—25 日，关中、陕南等地发生两次持续性强降雨过程，其中陇县东风站最大日雨量 328 毫米，紫阳县茅坝关站最大日雨量 215 毫米，安康、汉中、商洛、渭南等地发生山洪，造成 72 个县(市、区)525 万人受灾，因灾死亡 126 人、失踪 202 人，直接经济损失 190 亿元。

图 5-2　2010 年 7 月 18 日,安康市紫阳县发生特大暴雨洪涝灾害

第三节　连阴雨

1990—2010 年,陕西省连阴雨具有“南多北少”的特点,秦巴山区连阴雨最多,年平均 8～10 次,陕北北部最少,年平均 3～5 次,陕北南部和关中年平均 4～6 次,陕南汉江谷地和秦岭南麓年平均 6～8 次。陕西连阴雨 3—11 月均可发生,主要发生在 7—9 月。陕北一般起始于 4 月,终止于 11 月,60%～80%发生在 7—9 月,以 8 月最多;关中大部分始于 4 月,部分地区始于 3 月,止于 11 月,80%～90%发生在 7—9 月,以 9 月最多;陕南各地一般起始于 3 月,终止于 11 月,80%～90%发生在 7—9 月,以 9 月最多。按季节划分,连阴雨主要发生在夏、秋两季,春季较少,冬季几乎不发生。

1990—2010 年,陕西连阴雨发生频次从北向南逐步增多,北部及中东部最少,陕南南部最多(图 5-3)。从 1990 年到 2010 年,连阴雨频次整体呈升高趋势(图 5-4)。

1990—2010 年,陕西省连阴雨致灾共计 180 余次,致使 10 市 63 县(区)346.56 万人次受灾,40 人因灾死亡和失踪,40 人受伤;倒塌和严重损坏房屋 14.5 万多间,农作物受灾面积 82.4 万公顷、绝收面积 7.8 万公顷,直接经济损失 90.18 亿元。

2003 年 7 月 1 日—11 月 1 日,乾县 7—10 月降水量 543.8 毫米,比历年同期多 227.7 毫米,出现了十次 5 天以上的阴雨过程,414 个行政村、15.2 万户 8.6 万人受灾,损坏房屋 2571 间,倒塌房屋 3886 间,直接经济损失 21.2 亿元。

2003 年 8 月 24 日—9 月 30 日,宝鸡市汛雨集中,连阴雨过程中短时暴雨频发导致山洪暴发,全市河流普遍涨水,渭河出现 1992 年以来最大洪峰,市区段洪峰流量达 1550 米^3/秒。长时间的强降水致使宝鸡市地质灾害频繁发生,渭河以北以滑坡、坍塌为主,渭河以南及秦岭腹地以泥石流和滑坡为主,导致 62.3 万人受灾,17 人死亡,1 人失踪,6 人受伤,

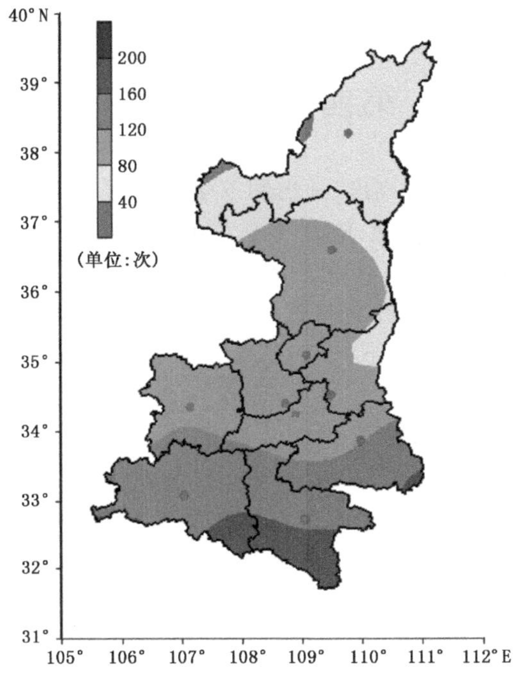

图 5-3　1990—2010 年陕西省连阴雨总频次分布图

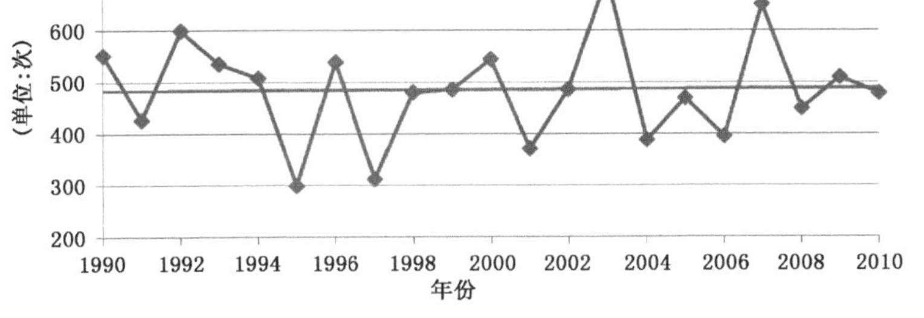

图 5-4　1990—2010 年陕西省连阴雨频次变化示意图

倒塌及损坏房屋 5800 多间，直接经济损失 3.3 亿元。

2007 年 9 月 26 日—10 月 13 日，榆林市发生持续 18 天的连阴雨天气，佳县气象站降水总量 188.7 毫米，全县 53 万亩成熟的红枣裂变霉烂，减产 1 亿多千克，10 万亩高粱、豆类作物返青，8 万亩糜谷、玉米霉沤发芽，粮食减产 1500 万千克。定边县在连阴雨天气过程中，又于 10 月 8—9 日突降暴雪，过程降水总量为 91.4 毫米，积雪深度 5～8 厘米，致使全县秋田作物受灾 136.75 万亩，成灾 113.4 万亩，绝收 86.8 万亩，倒塌房屋 7426 间，压死 2 人，形成危房(窑)10953 间,直接经济损失 3.98 亿元。清涧县连阴雨过程降水量 200.5 毫米,全县九成的红枣发生裂变、霉烂,农作物减产 6 成,直接经济损失 2.9 亿元。绥德县在连阴雨过程中,房屋倒塌 8 间,农作物受灾 67.5 万亩,15 万亩红枣绝收,造成经济损失 3.45 亿元。

第四节 冰 雹

陕西省冰雹地域分布与海拔高度、地形和下垫面性质等因素相关联,具有“北多南少”的特点,高原和高山多于平川、盆地,陕北多于关中、陕南,关中的北部塬区多于关中南部川道,陕南山区多于河谷的特点。陕北及渭北年冰雹日数一般有 0.6～1.6 天,府谷、宜君、黄龙、吴旗、延安为强中心,年冰雹日数为 1.5 天以上,关中南部及秦岭以南的为冰雹少发区,年冰雹日数均在 0.6 天以下。

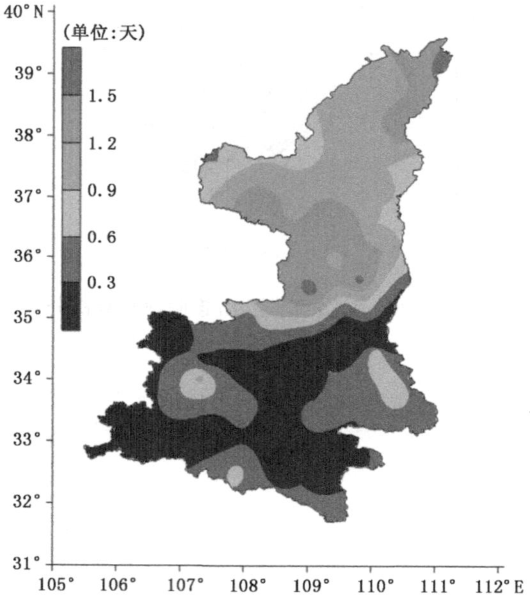

图 5-5 1990—2010 年陕西省平均冰雹日数分布图

1990—2010 年,全省出现了 320 个降雹日,平均每年 15 日。降雹日数年际差异大,出现最少降雹日数为 1995 年的仅两日,出现最多降雹日数为 2000 年的 32 日。冰雹灾害主要集中在渭北,冰雹日数为 236 日,占全省冰雹日数的 73%,年平均降雹 11 日。渭北地区冰雹源地有四个,分别是白于山、六盘山、子午岭、黄龙山雹源。影响渭北的冰雹路径有 16 条,以西北路径为主。

陕西省冰雹时常伴随大风、雷电、暴雨发生,来势凶猛、破坏力大,常常是拔树、倒屋、损害农作物、毁坏电力和交通设施等,也对农业生产造成严重危害。

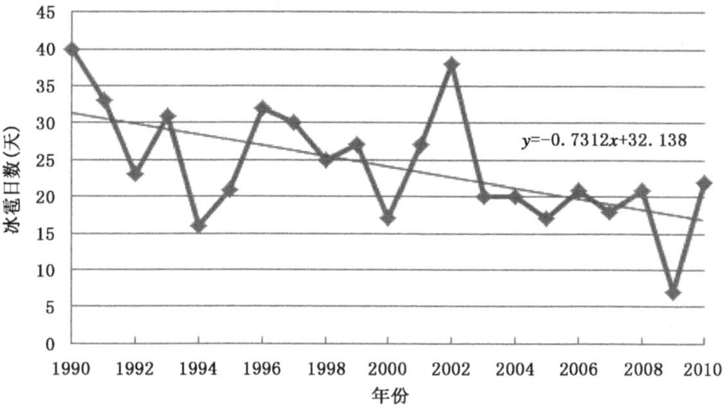

图 5-6　1990—2010 年陕西省平均冰雹日数年际变化示意图

表 5-5　1990—2010 年陕西省大风冰雹灾害统计表

年份	死亡人口(人)	受灾面积(千公顷)	年份	死亡人口(人)	受灾面积(千公顷)
1990	4	279.6	2001	0	88.3
1991	0	234.4	2002	0	48.7
1992	5	22.5	2003	0	35.2
1993	3	189.1	2004	0	343.2
1994	4	31	2005	0	60.1
1995	0	10.1	2006	0	11.6
1996	3	113.9	2007	3	158.3
1997	0	21.8	2008	4	129.4
1998	0	27.9	2009	3	129.5
1999	0	78.5	2010	0	111.5
2000	0	38.2			

1990 年 8 月 21 日，耀县六个乡(镇)出现了大风、暴雨和冰雹，持续 10～40 分钟，最大冰雹直径 3 厘米，农作物受灾面积 2857 公顷，减产粮食 350.5 万千克，经济作物损失 48.4 万元。

1992 年 9 月 5 日，陇县 3 个乡出现冰雹大风强对流天气，雹径最大 2 厘米，受灾秋田 1093 公顷，打坏房屋 1183 间，吹倒树木 15 万株，死亡 5 人，造成直接经济损失 410 万元。

1993 年 5 月 27 日，旬邑县郑家乡、太村镇等 9 乡(镇)降雹约半个小时，受灾 4992 公顷，经济损失 1661 万元。泾阳县蒋路、扫宋等 4 乡(镇)降雹持续 10 分钟，最大直径 1 厘米，受灾 350 公顷，产量损失 20%。西乡县遭受雷雨大风、冰雹袭击，5 个区 25 个乡受灾，农作物受灾 11250 公顷，绝收 2291 公顷，打伤 66 人。千阳县冰雹直径 0.5～1 厘米，农作物受灾 500 公顷，经济损失 13 万元。凤翔县冰雹最大直径 0.9 厘米，农作物受灾 4580 公顷，经济损失 231 万元。富平县峪岭、薛镇、曹村、雷村、宫里、庄里等乡(镇)遭受冰雹、雷雨的袭击，受灾 2000 公顷，直接经济损失 100 多万元。陇县 13 个乡(镇)出现冰雹，受灾秋田8068公顷,成灾6427公顷,粮食减产80万千克,直接经济损失400万元。长武县降雹,雹径2厘米,受灾农田17333公顷,成灾446公顷,直接经济损失80万元。淳化县润镇、马家等5乡(镇)遭受冰雹、暴雨袭击,冰雹持续35分钟,冰雹直径1厘米左右,主要受灾作物是小麦、早秋、烤烟和苹果,因灾减收729万元。

1996年7月12日,麟游县遭受特大暴雨、冰雹袭击,暴雨持续50多分钟,降雹持续20多分钟,最大雹径4厘米,11个乡(镇)57个村近5万人受灾,受灾农作物0.67万公顷,成灾5573.3公顷,其中粮食作物3250.9公顷,经济作物2322.7公顷,0.33万公顷农作物绝收,减产粮食770万千克,直接经济损失2592万元。淳化县黄甫、方里、固贤、夕阳等乡遭雹灾,雹径2.5～4厘米,持续30分钟,29个村297公顷农田受灾,减产粮食66万千克、烟叶4万千克、苹果143万千克,农业因灾减收460万元。富平县薛镇、美原、小惠、施家、到贤、雷古坊、张桥等11个乡(镇)遭受多年罕见的冰雹、暴雨袭击,受灾1.87万公顷,1.07万公顷秋作物绝收,经济损失1.8亿元。宜君县云梦、山岔、方楼洼、县口、城关、哭泉、棋盘、偏桥、焦坪9个乡(镇)70个村212个组遭暴雨、冰雹袭击,最大雹径4厘米,最大重量6克,受灾农田6413.3公顷,其中未收割小麦566.7公顷,玉米3800公顷,豆类800公顷,秋杂粮386.7公顷,熟菜、油料、瓜类500公顷,果类360公顷,减产粮食1040万千克,经济损失621万元;致伤1人、大家畜8头,死耕牛5头、羊12只。棋盘粮站7万千克粮食受损。2000年6月16日,洛川县6个乡(镇)32个行政村1万公顷苹果、227公顷烤烟受灾。千阳县高崖乡腰崖、许焕、仓坊、高明4个村11个小组降雹5～10分钟,267公顷早秋、467公顷豆类受损,未收割小麦30%～50%籽粒被打落,经济损失89万元。洛南县6个乡(镇)35个村、134组遭受暴雨、冰雹袭击,暴雨长达40分钟,冰雹持续25分钟,冰雹最大直径3厘米,3790户、16055人受灾,受灾农田1010公顷,其中玉米713公顷、小麦60公顷、蔬菜57公顷、烤烟181公顷,经济损失340万元。渭南地区的潼关、大荔、韩城、白水、富平、蒲城、澄城、合阳等县遭冰雹袭击,造成2666公顷农作物绝收。

图5-7　2005年,宝鸡市千阳县高崖镇发生冰雹灾害

第五节 大 风

1990—2010 年，全省大风(平均风速大于 17.0 米/秒)日数空间分布特征为：高山、高原地区多于平原、盆地，陕北多于关中和陕南(图 5-8)；1990—2010 年全省出现大风过程总计 264 站次，其中，陕北地区 116 站次、关中地区 73 站次、陕南地区 75 站次；出现大风过程最多的年份为 1997 年(19 站次)，最少的年份为 1991 年和 1994 年(6 站次)；春、夏两季共出现大风过程 243 站次，占全年的 92%。

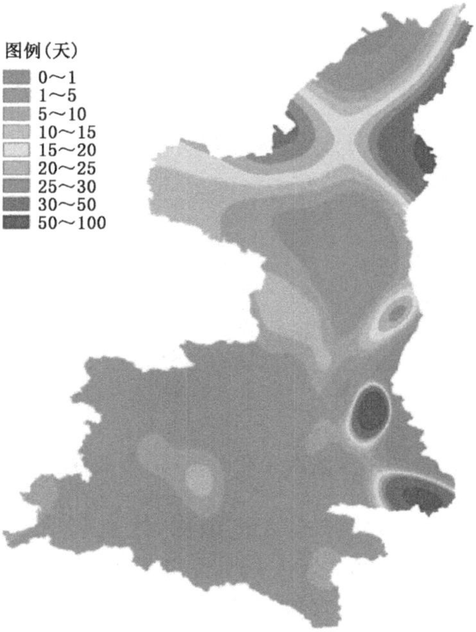

图 5-8　1990—2010 年陕西省平均大风日数分布图

从时间序列来看，全省年平均大风日数约以 0.8 天/10 年的速度逐步上升(图 5-9)；从空间变化趋势来看，除了陕北北部、延安南部及关中中部地区有所增加外，其余地区均呈现减少趋势(图 5-10)。

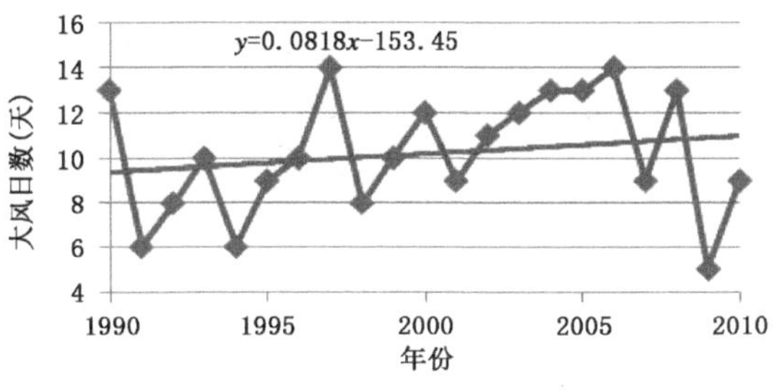

图 5-9　1990—2010 年陕西省平均大风日数年际变化示意图

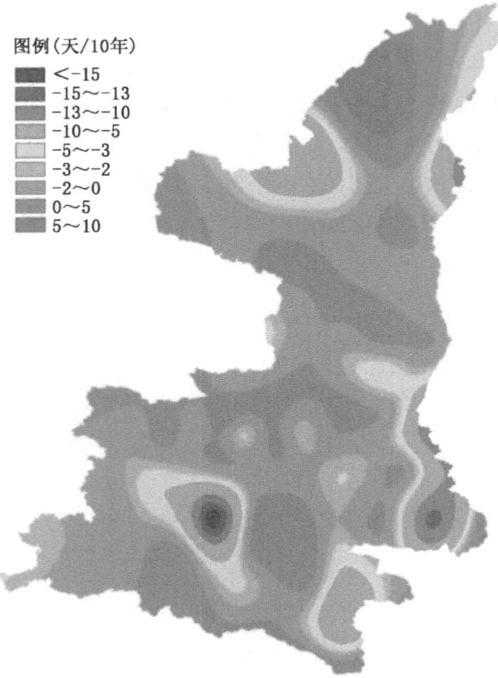

图 5-10　1990—2010 年陕西省平均大风日数线性变化趋势分布图

1990—2010 年,全省共发生大风灾害 160 余次,致使 10 市 59 县(区)176.96 万人次受灾,因灾死亡或失踪 32 人、受伤 290 余人;倒塌和严重损坏房屋 6 万多间,农作物受灾 27.6 万公顷、绝收面积 6000 余公顷,直接经济损失 13.2 亿元。

2001 年 4 月 9—11 日,岚皋县发生大风和降雪天气,致使全县电力、通信以及农业生产受到不同程度的损失,灾害导致 11.5 万人受灾、1 人死亡、5 人受伤,倒塌房屋 150 间、损坏房屋 520 间,直接经济损失 5000 余万元。

2001 年 6 月 12 日,宝鸡市出现 8～9 级大风,毁坏大树 19000 余棵、电杆 550 余处,部分县区供电、通信一度中断,凤翔、岐山、扶风、太白等县 52946 亩农作物受灾,因大风死亡 5 人伤 10 人,累计经济损失 1811.7 万元。

2006 年 6 月 25 日 19 时 02 分—19 时 15 分,大荔县出现强对流大风天气,风速为 32.5 米/秒,局地伴有冰雹,雹径最大 6 毫米。大风造成全县 26 个乡镇受灾,受灾 32.8 万人,其中房倒屋压死学习跆拳道的中小学生 8 人、伤 38 人,农作物受灾 40.3 万亩,揭膜毁坏大棚果树蔬菜,毁坏电杆 761 根,全城停电,部分路段交通中断 30 分钟,直接经济损失 2.49 亿元。

图 5-11　2010 年 9 月 3 日，宝鸡市凤翔县寺头村路旁大树、电杆被大风吹断

2008 年 12 月 21—22 日凌晨，渭南市出现大风强降温天气过程，最大阵风 7～8 级，大荔、白水、澄城、合阳、蒲城、富平、潼关 7 个县受灾，受灾人口 6.57 万，农作物受灾面积 7.32 万亩，绝收 1500 亩，受损蔬菜大棚 8322 座，直接经济损失 7637.6 万元。澄城县局部地区电力、通信设施及农业基础设施毁坏，电力、通信中断；600 多间猪舍、50 余间鸡舍顶瓦被掀摧毁，塑料防冻膜被撕破，墙体倒塌，压死、冻死生猪 16 头，鸡 1000 余只；有 500 余座设施大棚覆膜被毁，棚内蔬菜、水果严重受损，其中 80％的棚内作物冻死、绝收，受灾面积计 400 亩，绝收 300 多亩；有 2 个村办企业 600 平方米厂房被摧毁，17 户农户 32 间房屋顶瓦被揭走，100 多户 2800 多米围墙被吹倒，直接经济损失 1000 万元。

第六节　寒　潮

1990—2010 年，陕西省寒潮发生次数从南到北逐渐递增，陕北寒潮平均为 2.5 次/年，关中平均为 2 次/年，陕南平均 1.5 次/年。

1990—2010 年，陕西省寒潮共发生 34 次，以 3 月最多，7 月次之，3 月、7 月两个月寒潮发生约占寒潮发生总数的 21％；其次为 11 月、4 月两个月，分别出现 6 次，11 月、4 月两个月寒潮发生约占寒潮发生总数的 18％；5 月出现频率最少，为 1994 年 5 月 2 日仅发生的 1 次，占寒潮发生总数的 3％。寒潮最早出现在 2004 年 10 月 1 日(陕北 6 站)，最迟出现在 1994 年 5 月 2 日(陕北 12 站)。

1990—2010 年，陕西省寒潮发生的年代变化呈现略增加趋势。寒潮平均每年发生 1.7 次，最多的是 1994 年发生了 5 次，没有发生的是 1995 年、2000 年和 2007 年(表 5-6)。

表 5-6 1990—2010 年陕西省寒潮出现次数一览表

年份	1990	1991	1992	1993	1994	1995	1996	1997	1998	1999	2000	2001	2002	2003	2004	2005	2006	2007	2008	2009	2010
次数	1	1	1	1	5	0	1	2	2	2	0	1	1	3	2	2	3	0	2	3	1

1990—2010 年,地面冷空气分西北路(含西路)、北路和东路入侵陕西。西北路寒潮入侵陕西,主要影响陕西偏北地区,影响面积占全省的 27%。北路寒潮入侵陕西的次数较多,约占全省寒潮天气的 40%,这路冷空气大多数只影响陕北、关中,影响陕南次数较少,影响面积占全省的 12%。东路寒潮入侵陕西的次数较少,约占全省寒潮天气的 10%,但这路寒潮冷空气强,降温幅度大,并伴有大风、雨雪天气,其影响面积占全省的 38%。

1990 年以后,在全球气候变暖的背景下各地气温普遍升高,气候变暖导致气候异常、极端气候事件增多。1990—2010 年,陕西霜冻灾害发生次数呈增加的趋势,寒潮等低温灾害损失由 2006 年的 14.9 亿元到 2010 年的 22.7 亿元,灾害损失越来越严重。其中 2006 年低温冻害造成的直接经济损失为 148913.93 万元,其中农作物受灾面积 316473.68 公顷,绝收 90082.22 公顷,农业经济损失 3483 万元,受灾人口 1035358 万人。

2001 年 4 月 9—11 日,陕西出现大范围的低温冻害,同时伴随大风、沙尘、降雪及局部地区冰雹。24 小时日平均气温下降幅度陕北、关中为 11～13 ℃、陕 南 6～9 ℃,西安 9—11 日平均气温 6. 1 ℃ ,是近 50 年以来同期最低值。期间日极端最低气温陕北、渭北为 −10～−3 ℃,关中大部 −3～0 ℃,陕南中山地区 −1～2 ℃。这场强降温致使全省盛花期苹果、梨、枣、花椒、核桃等经济作物严重受冻,为历史同期罕见。

2006 年 3 月 11—13 日,陕西自北向南出现了一次全省性的降温过程。降温幅度陕北 16～18 ℃、关中 14～16 ℃、陕南 10～12 ℃。14 日汉中地区遭遇罕见春季霜冻,为 1976 年以来最严重的一次。4 月 11—12 日,陕西自北向南出现了一次明显的大风降温和沙尘天气过程,并伴有雨(雪)天气,陕北大部、关中大部气温下降 12～16 ℃,陕南大部下降了 8～12 ℃。因极端最低气温陕北、渭北等地降到 0 ℃以下,苹果、梨等经济作物遭受严重冻害,粮食作物减产 3～5 成,经济作物减产 5～8 成,给农业生产造成严重损失。

2010 年 4 月 11—14 日,陕西出现强降温和雨雪天气,陕北南部和关中北部局地出现暴雪,陕南局部地区出现冰雹雷暴天气。过程降温陕北 10～15 ℃、关中 5～9 ℃、陕南 4～7 ℃,造成渭南、咸阳、安康、汉中、宝鸡、延安等 53 个市县(区)倒塌房屋 63 间,损坏房屋 218 间,农作物成灾面积 30.9 万公顷,绝收面积 6.7 万公顷,受灾人口 399.6 万人,直接经济损失 28.7 亿元,其中农业损失 22.4 亿元。

第七节 霜 冻

1990—2010 年,陕西省的霜冻主要发生在陕北和渭北,关中平原和陕南发生较少。长城沿线以秋霜冻为主,黄土丘陵沟壑区春秋霜冻均为主,渭北高原以纯霜冻为主,秦岭山区秋霜为主。

1990—2010 年，陕西省霜冻发生 32 次，其中春季多于秋季，终霜冻多于初霜冻，终霜冻 27 次，初霜冻 5 次。春季霜冻发生的月份，以 4 月最多，共发生 14 次；3 月次多，共发生 9 次；5 月最少，发生 4 次。

表 5-7　1990—2010 年陕西省霜冻一览表

年份	1990	1991	1992	1993	1994	1995	1996	1997	1998	1999	2000	2001	2002	2003	2004	2005	2006	2007	2008	2009	2010
次数	5	2	0	1	0	1	1	3	3	3	0	1	1	2	2	2	2	0	1	1	1

1990—2010 年，陕西省发生的初霜冻，其初霜日期陕北出现在 10 月上、中旬，陕北西北部在 9 月底出现初霜冻，吴旗气象站 2006 年 9 月 9 日为全省霜冻最早出现日；陕北西部比东部早 10 天左右，咸阳地区西北部为 10 月中旬，渭北大部、陕南东部出现在 10 月下旬，关中各地在 11 月上旬，陕南大部分地区在 11 月中旬；全省北早南迟，相差约 2 个月；陕北西部较东部早 10 天左右；关中、陕南东西部相差不大。

1990—2010 年，陕西省终霜冻有南早北迟、东早西迟的特点。陕南在 3 月上中旬，关中南部在 3 月中下旬，关中北部在 3 月下旬—4 月上旬，最迟是 1990 年 5 月 16 日出现在长武县；陕北大部出现在 3 月中旬—4 月中旬，最迟是 1992 年 6 月 2 日出现在靖边县。

1990—2010 年，陕西省各地每年初、终霜冻出现日期不同，有些年份早，有些年份晚，最早与最晚初霜日之差榆林为 40 天、西安为 38 天、汉中为 44 天。最早与最晚终霜日之差榆林为 61 天、西安为 41 天、汉中为 52 天。

1990—2010 年，陕西省霜冻期的分布是西部多于东部，北部多于南部，海拔高的地方多于海拔低的地方，山麓多于川道。陕北大部为 160～200 天，其中陕北的志丹、吴旗、米脂为 200～220 天，志丹最多，为 215 天；关中大部地区为 140～160 天；秦岭南麓商洛地区大部为 130～160 天，秦岭高山区的太白气象站为 213 天，陕南沿汉江河谷地区为 110～160 天，大巴山区为 100～120 天，陕南的紫阳最少为 98 天。

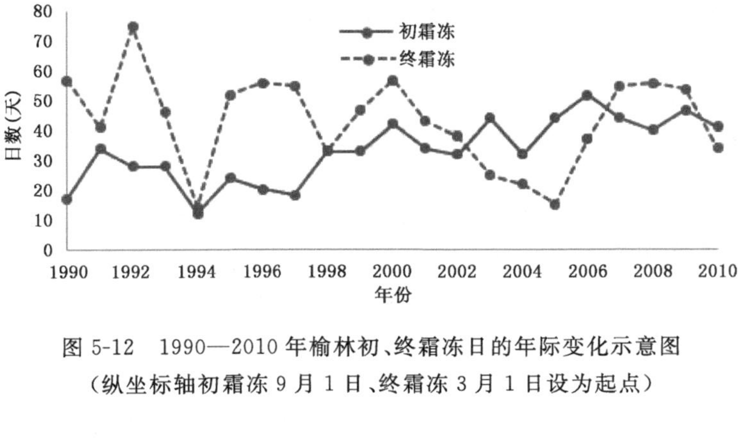

图 5-12　1990—2010 年榆林初、终霜冻日的年际变化示意图
（纵坐标轴初霜冻 9 月 1 日、终霜冻 3 月 1 日设为起点）

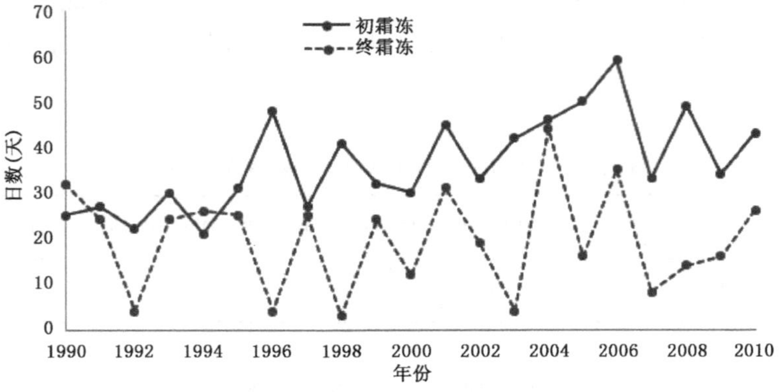

图 5-13　1990—2010 年西安初、终霜冻日的年际变化示意图
(纵坐标轴初霜冻 10 月 1 日、终霜冻 3 月 1 日设为起点)

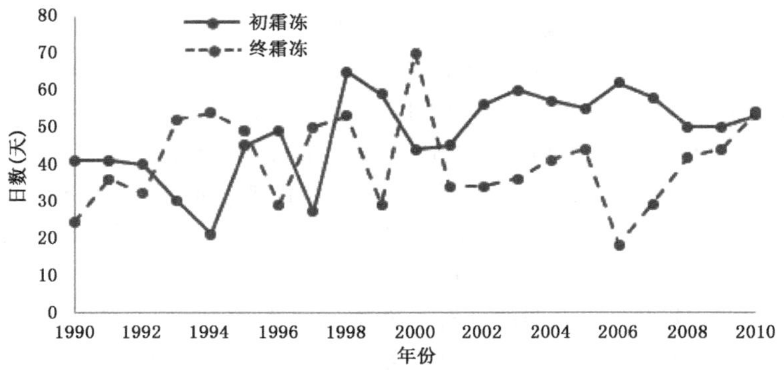

图 5-14　1990—2010 年汉中初、终霜冻日的年际变化示意图
(纵坐标轴初霜冻 10 月 1 日、终霜冻 2 月 1 日设为起点)

1990—2010 年,全省霜冻灾害发生次数呈下降趋势,但由于经济作物种植面积不断扩大,气候异常导致极端气候事件发生增多,霜冻等低温灾害损失由 2004 年的 1.92 亿元增加到 2010 年的 22.7 亿元。

1990 年,全省冻害共有 5 次,分别是 3 月 26—27 日、4 月 4—5 日、13 日、5 月初、9 月 17—18 日,受冻田块主要分布于洛川以南到关中北部一带,其中 4 月 13 日 450 万亩小麦、油菜遭受冻害,1 万亩绝收。

1995 年 9 月 22—26 日,陕北出现大范围霜冻,与常年初霜日偏早 3～17 天,致使因干旱延期播种的晚秋作物成熟受到严重影响,粮食生产造成大面积、大幅度减产。

1997 年 3 月 8 日,城固县高坝乡遭受冻雨袭击,电力线路结冰,压断电杆、电线。3 月 18—25 日,全省气温剧降,持续雨雪天气,连续 3～5 天最低气温低于 0 ℃,关中、陕南部分小麦、油菜、猕猴桃受冻。

2001 年 4 月 9—11 日,全省出现大范围的低温冻害,同时伴随大风、沙尘、降雪及局部地区冰雹。24 小时日平均气温下降幅度陕北、关中 11～13 ℃、陕南 6～9 ℃,西安 9—11

日平均气温 6.1 ℃,是近 50 年来同期最低值。期间日极端最低气温陕北、渭北为－10～－3 ℃、关中大部－3～0 ℃、陕南 中山地区－1～2 ℃。这场强降温使全省盛花期苹果、梨、枣、花椒、核桃等经济作物严重受冻,为全省历史同期罕见。

2002 年 4 月 8—9 日,出现全省性降温,日极端最低气温陕北－4～0 ℃、关中 0～6 ℃、陕南 1～7 ℃。陕北、渭北日最低气温降至 0 ℃以下,正值盛花期的苹果、梨、枣、花椒、核桃遭受冻害。

2003 年 4 月 17—18 日,陕北气温下降 8～12 ℃、关中下降 7～11 ℃、陕南下降 5～8 ℃,对小麦生长和果树开花造成不良影响。周至猕猴桃遭受 1984 年以来最严重的灾害,大面积被冻伤、冻死,开花期由 4 月中旬推迟到 5 月中旬,有的甚至推迟到 5 月下旬,造成猕猴桃大幅度减产。

2004 年 4 月 7—10 日,白水县遭受霜冻,农作物受灾 15 千公顷、绝收 4.2 千公顷,经济损失 1.25 亿元。

2006 年 4 月 11—12 日,陕北、渭北等地气温降到 0 ℃以下,粮食作物、苹果、梨等经济作物遭受严重冻害,其中粮食作物减产 3～5 成,经济作物减产 5～8 成。

2008 年 4 月 21—23 日凤县、太白、麟游、陇县和子长、黄龙、吴起等县遭受低温冷冻灾害,平均气温下降 6～8 ℃,最低气温降至－2 ℃,致使大面积农作物和核桃、花椒等经济作物受灾严重。

2010 年 4 月 11—14 日,陕北、关中大部和商洛部分地区出现了晚霜冻,其中 4 月 13 日最低气温陕北－8～－4 ℃,关中－4～4 ℃,陕南 4～8 ℃,造成陕西渭南、咸阳、安康、汉中、宝鸡、延安等 53 个市(区)县农作物受灾 49.4 万公顷,其中绝收 6.7 万公顷,直接经济损失 28.7 亿元,其中,农业损失 22.4 亿元。

图 5-15　2007 年 5 月,咸阳市旬邑县冬小麦受旱

图 5-16　2008 年 6 月,咸阳市礼泉县苹果花遭受寒潮冻害

第八节　雷　暴

1990—2010 年,陕西省年平均雷暴日数的空间分布为南北多中部少。陕北大部分地区平均雷暴日数在 25 天以上,其中最少的为定边,年均雷暴日数 17.3 天,最多的为府谷,年均雷暴日数达 36.3 天;关中大部分地区年平均雷暴日数在 10～25 天,其中武功最少,仅 8.5 天,宜君最多,为 23.3 天;陕南大部分地区年均雷暴日数在 20～30 天,其中镇坪最多,达 32.3 天,略阳最少,仅 18 天。年极端最多雷暴日数出现在志丹,达 46 天,其次是延川,达 43 天。

1990—2010 年,陕西省雷暴月际变化曲线呈单峰型,峰值出现在 7 月(约 7 天),11 月、12 月和 1 月、2 月没有雷暴出现,3 月、10 月出现雷暴的概率不足 1%。雷暴日数从 4 月开始逐月增加,7 月达到峰值,8 月略有回落,9 月急剧减少,7—8 月为雷暴集中期。

1990—2010 年,陕西省雷暴在一日之中,陕北和关中 14—20 时出现最多,陕南 16—24 时最多、04—11 时最少;陕北、关中 5 月和 6 月的 15—17 时发生最多,陕北 7 月的 14—18 时发生最多,关中 7 月在 17—20 时最多,8 月在 16—17 时最多;陕南 5 月的 22—24 时和 6 月的 19—22 时发生最多,7 月在 16—17 时最多,8 月在 15—18 时最多。

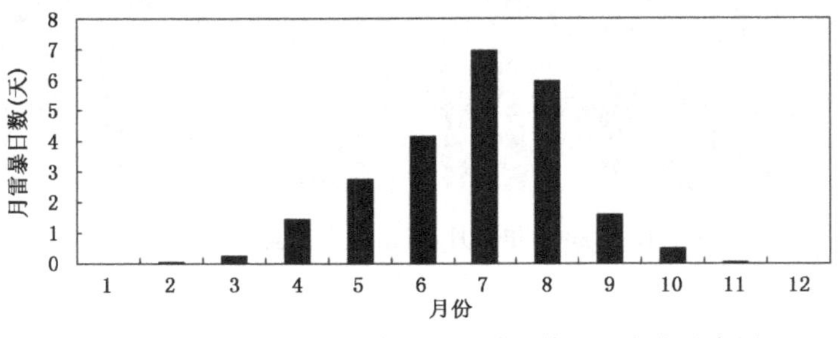

图 5-17　1990—2010 年陕西省雷暴日数月际变化示意图

1990—2010 年，陕西省平均年雷暴日数在波动中呈下降趋势，1991 和 2002 年雷暴日数最多，为 26.2 天，2009 年最少，仅 11.9 天。

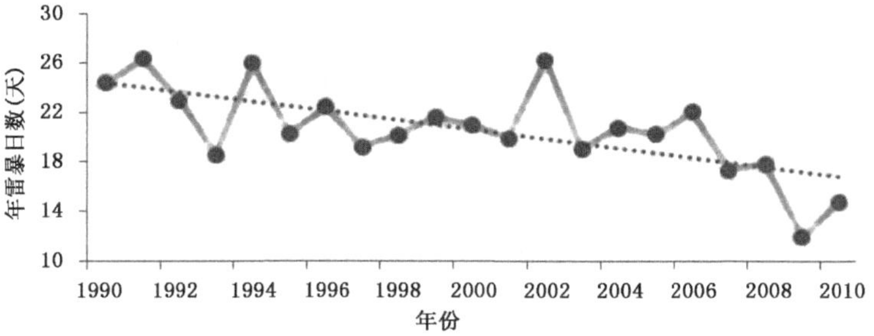

图 5-18　1990—2010 年陕西省雷暴日数年际变化示意图

1990—2010 年，陕西省雷暴的平均初日，陕北、关中大部分地区出现在 4 月下旬，户县、周至、长安县 2000 年 4 月 17 日出现初雷；秦岭山地 4 月上旬出现初雷，汉江河谷地区 3 月下旬出现初雷，紫阳、平利、镇坪县 1997 年 3 月 13 日出现初雷。

1990—2010 年，陕西省雷暴的平均终日，陕北北部在 10 月上旬，陕北南部、关中东部、陕南大部地区在 9 月下旬，关中西部、中部、南部在 9 月中旬，平利、紫阳、镇坪县 1992 年 10 月 3 日雷暴结束。

1990—2010 年，陕西省共发生雷电灾害记录 80 余次，致使 10 地市 30 县(区)13.57 万人次受灾，38 人因灾死亡，28 人受伤；倒塌和严重损坏房屋 1.56 多万间，农作物受灾 1972.9 公顷、绝收面积 1567 公顷，直接经济损失 10810.73 万元。

1991 年 7 月 28 日，宜君县出现雷雨天气，雷电击中一人，死亡。

1998 年 4 月 23 日凌晨，西安市多处遭受雷击，灞桥区一农民死亡；休闲山庄两处山中古亭被雷击焚毁；皇后大酒店观光电梯电路和大楼音响设备前端被雷电击毁；水沟变电所高压变压器两个高压瓷瓶被雷击碎，造成长时间大范围停电；

省传呼台发射塔因大风和雷电被拦腰折断，造成直接经济损失 200 多万元。

1999 年 8 月 17 日 14 时，礼泉建陵镇发生雷雨天气，雷鸣电闪，14 时 30 分一声炸雷，凉东村 16 位村民在果园房内避雨，被雷电击晕，其中两人死亡。

2000 年 4 月 17 日，宝鸡眉县槐芽镇清秋村下午 4 时左右遭雷击，11 人受伤。

2002 年 7 月 25 日，铜川市印台区金锁关镇浦家山村突发雷暴天气，雷击造成村民一死六伤。同年 8 月 25 日，金锁关镇再次出现强雷暴天气，姚湾村一张姓村民路过一大树下时遭雷电身亡，一李姓村民被雷击昏。

2004 年 8 月 1 日，城固县发生雷电，县化工公司 11 台仪表设备被击坏，损失 26 万元；县移动 3 个营业厅调制解调器被击坏，有线电视输出干线、光接机放大器等设备有 10 多处被击坏，损失 4 万元，1.5 万多用户电视机信号中断。县气象局单收站高频头、接收卡、光猫、自动站采集器、显示器遭雷击，资料接收、传输不畅。

2005 年 5 月 4 日，咸阳市彬县新民镇发生雷击事故，阿里寨村 5 名村民遭受雷电袭击，2 人死亡，3 人受伤。

2007年4月1日,泾阳县雷暴,高庄镇大堡村一村民在田间灌溉巡渠时遭雷击死亡。同年7月24日,吴堡县出现雷电天气,1名初中女学生和牵着的1头骡在放牧回家途中遭雷击死亡。

2010年7月2日,洛南县发生雷电天气,一妇女从打麦场回家途中遭雷击身亡,村庄的两棵大树和十几户村民的家电被雷击坏。同年9月3日,周至县哑柏镇发生2死2伤的雷灾事故。

第九节　雾

1990—2010年,陕西省年平均雾日数各地差异很大,秦岭山地为最多,华山气象站平均雾日为108天;其次多的为子午岭山区,宜君平均雾日达68.3天;陕南的汉中至旬阳、平利等汉江河谷地带年平均雾日数30天以上;陕北的定边、靖边年雾日最少,仅1天左右。

1990—2010年,陕西省雾日数年平均18.4天,其中1990年最多为26.6天,2008年最少为12.9天,全省雾日数呈下降趋势。

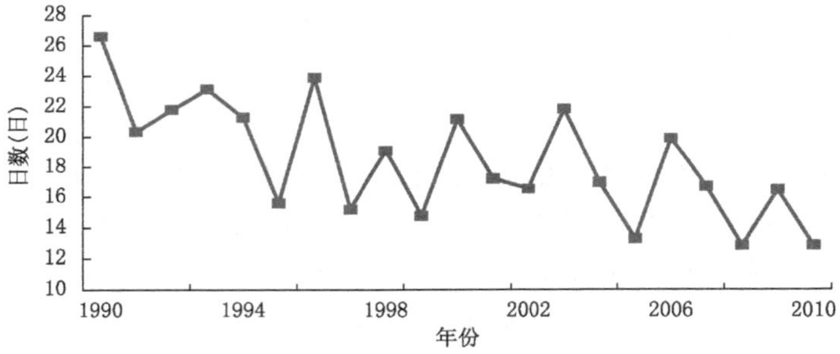

图5-19　1990—2010年陕西省雾出现日数变化示意图

1990—2010年,陕西省季平均雾日数分布,秋季的9—11月雾日数出现日数最多,占全年雾日总数的43.9%;其次为冬季的12月至翌年2月,占22.5%;再其次为夏季,占19.2%;春季最少,占14.3%。全省雾日数最多为10月,约占全年雾日数的16.7%;其次是9月和11月,分别占12.9%和14.3%;12月高于其他月份,为11.8%。全省雾日数最少是6月,占全年总数的4.0%;2月、4—6月雾日数均不超过5%。

1990—2010年,陕西省雾多发于深秋初冬季节,雾日数年平均18.4天。大雾因能见度较低,对交通运输影响极大。全省因雾等恶劣天气造成的交通事故,约占总事故的四分之一以上,尤其是高速公路,常因车速较快,经常引发连锁反应,形成严重交通事故,给国家和人民生命财产造成重大损失。

2009年11月,陕西省出现大雾天气29次,最多为西安市区6次,户县、长安5次,其余区县2~4次。大雾天气造成西禹高速32车追尾,2死14伤;咸阳国际机场两天多次关闭,期间累计滞留旅客达30多万人。

1996年11月26日,扶风县绛帐镇出现大雾,能见度不足百米,西宝高速27台大、小车辆相撞,伤亡者甚众,现场惨不忍睹。

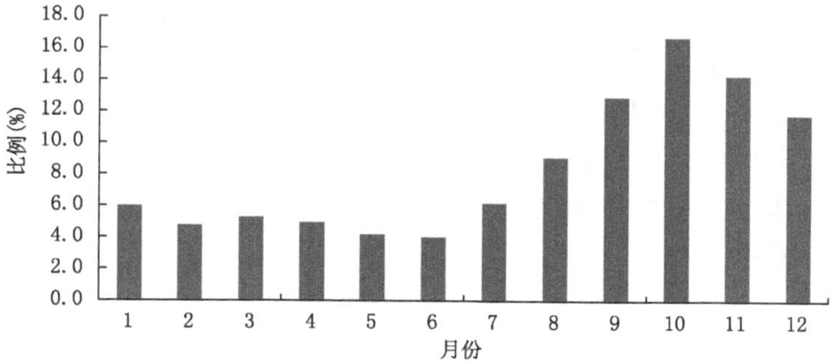

图 5-20　1990—2010 年陕西省各月雾日数占全年雾日数比例示意图

2000 年 12 月 12—19 日，武功气象站出现建站以来持续时间最长的一次大雾天气，最小能见度 50 米左右，西宝高速封闭 5 天。

2007 年 11 月 11—17 日持续大雾，14 日最小能见度 30 米，14 日咸阳机场进出港航班全部延误，40 架次航班取消，造成 12000 余名旅客延迟出港。12—13 日共有 121 架次航班取消。

2008 年 12 月 22—25 日，西安及周边地区出现大雾天气，水平能见度低于 500 米，多条高速公路实行临时交通管制，23 日晚间由于能见度降低及降雪，18 时许，西(安)—宝(鸡)高速已全线关闭。西安咸阳国际机场有二十多个航班延误，一千多名旅客滞留机场。

第十节　沙尘暴

陕西省沙尘暴最多出现在榆林地区北部的长城沿线，以定边最多，年平均 8 次，最多达 22 次(1995 年)，靖边、横山、榆林、神木、吴起、米脂、安塞一带年平均 1～2 次，府谷、佳县、绥德等地及延安大部、渭北东部为 0.2～0.7 次，渭北西部年均出现 0.1 次左右，陕南留坝、丹凤等地年均有 0.1～0.2 次，其余绝大部分地区没有沙尘暴出现。

陕北北部在一年之中都有沙尘暴，但 70%～80%出现在春季，尤以 4 月最多。其次是夏季与冬季，占全年总次数 10%～11%。秋季较少，占 2%左右。陕北南部及渭北各地以春季最多，占全年沙尘暴总次数 90%以上，其他季节几乎没有沙尘发生。陕南东部和西部个别地方春季偶有沙尘暴发生。

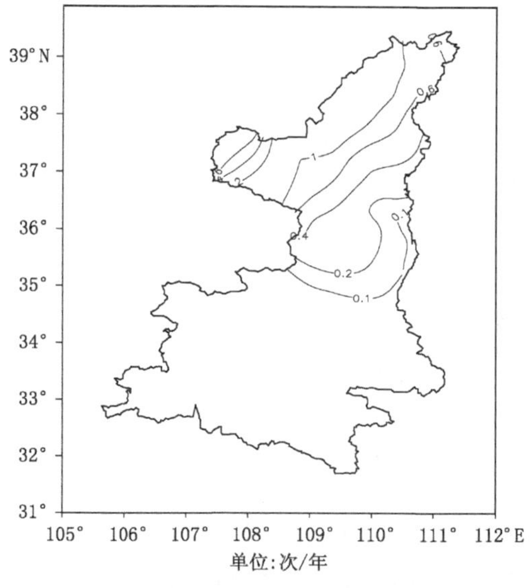

图 5-21　1990—2010 年陕西省年均沙尘暴次数空间分布图

陕西省历史上沙尘暴造成灾害的次数比较少，1990 年后处于下降趋势。1979 年以来，国家开展“三北”防护林体系建设，特别是 1997 年后陕北人民遵照江泽民总书记“再造一个山川秀美的西北地区”的批示，进行大规模的退耕还林及建设榆林地区绿色长城、绿色长廊,取得了显著成效,沙尘重发区沙尘暴发生次数不断下降,过渡地区与外围区下降明显并趋于稳定。2000年后陕西发生的沙尘暴往往与浮尘、扬沙相伴,造成不同程度的灾害。2000年春季陕北北部沙尘暴天气出现较多,陕北南部、关中多扬沙、浮尘天气,其中吴起出现沙尘暴天气5天,横山3天,榆林2天,西安市出现扬沙、浮尘天气7天,咸阳8天。2010年,全省共出现沙尘暴日5个,均发生在陕北北部,为7个站次。

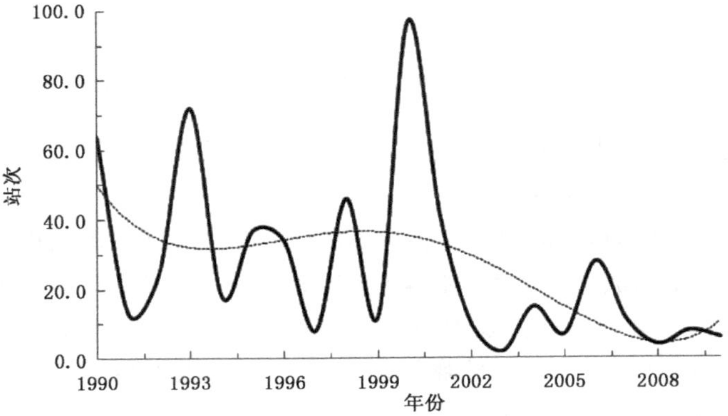

图 5-22 1990—2010年陕西省沙尘暴站次年际变化示意图

1990—2010年,陕西省出现沙尘暴天气的沙尘灾害共8次,致使10市81县(区)74万人次受灾,倒塌房屋131间,损坏房屋1804间,农作物受灾200余万亩,直接经济损失75203万元。

1994年4月2—24日,榆林地区持续大风、沙尘暴天气,30%麦田受灾。5月6日,西安等地出现严重浮尘天气,天空昏黄,降落零星“泥雨”。

1998年4月14—16日,陕西省出现大范围沙尘暴天气,对工农业生产和人民生活造成一定影响。

2000年3月下旬至4月上中旬,陕西省大风、扬沙、浮尘天气较多,造成空气质量下降,农田失墒加快,给交通和人民生活带来影响,也给正处开花盛期的杏、桃、梨、苹果等果树的开花、授粉造成影响。

2002年3月19—20日,陕北出现沙尘暴,绥德最大风速达24米/秒,榆林18米/秒~24米/秒,能见度极差,大气环境质量严重下降,给交通、农业生产及群众生活带来一定危害。

2004年2月12—13日,陕北部分地区出现扬沙;3月2日陕北、关中和陕南商洛共37站出现大风天气;4—5日、9—10日、16日、19日、27日、29日陕北又多次出现大风扬沙天气,其中4日、9日、16日、29日陕北局地沙尘暴。

2006年4月10—11日,陕西省出现较大范围的沙尘天气,全省99个气象站有82个出现沙尘暴、扬沙或浮尘天气,其中8站出现沙尘暴。这次沙尘天气同时伴有大风和强降温,使陕西农业、果林业遭受严重危害,陕北、关中地区的粮食作物、经济作物不同程度受到沙尘、冻害袭击,果业深受其害,苹果产量、品质和商品率下降。这次大风、沙尘、寒潮天气过程全省受灾人口54.63万人,农作物受灾面积190余万亩,直接经济损失5.37亿元。

第六章　气象灾害防御

陕西省气象部门成立气象灾害防御机构，建立和完善气象灾害防御体系，定制《陕西省气象灾害应急预案》，有序开展气象灾害预报预警和防御工作。

第一节　气象灾害预警

一、气象灾害预警

2007年，中国气象局依据《中华人民共和国气象法》《国家突发公共事件总体应急预案》，制定签发了《气象灾害预警信号发布与传播办法》，要求各级气象主管机构所属的气象台站向社会公众发布预警信息。2008年，中国气象局印发了《气象灾害预警信号发布业务规定》。

2007年7月16日，陕西省气象局按照中国气象局《气象灾害预警信号发布业务规定》，印发了《陕西省气象局气象灾害预警信号发布与传播办法》《陕西省气象灾害预警信号制作、发布实施细则》，要求省气象台承担“暴雨、暴雪、寒潮、大风、沙尘暴、高温、冰雹、霜冻”气象灾害预警信号的发布、更新、解除，省农业遥感信息中心承担“干旱”预警信号的发布、更新、解除，省气候中心承担“霾”预警信号的发布、更新、解除，省防雷中心承担“雷电”预警信号的发布、更新、解除，省科技服务中心承担“大雾、道路结冰”预警信号的发布、更新、解除；预警信号统一由省气象台对外发布，发布、更新、解除预警信号时统一在省气象台编号登记。

2010年7月17日，陕西省人民政府办公厅印发《陕西省气象灾害应急预案》。同年10月，省气象局印发《陕西省气象局气象灾害应急预案》。按照气象灾害应急标准，全省气象部门向社会公众发布暴雨、暴雪、寒潮、沙尘暴、低温、高温、干旱、霜冻、冰冻、大雾、霾、大风和冰雹13类气象灾害预警。同时，省气象局制定印发了《气象灾害预警发布办法》，规范了气象灾害预警发布工作，完善了气象灾害预警业务工作制度以及分灾种的预警业务流程，发挥了气象灾害预警在气象灾害防范和应急处置中的重要作用。随后，各市气象局也制定了本市的气象灾害应急预案，开展气象灾害预警业务。

二、气象灾害预警信号

陕西省发布的预警信号分为暴雨、暴雪、寒潮、大风、沙尘暴、高温、干旱、雷电、冰雹、霜冻、大雾、霾、道路结冰十三类。

(一)暴雨预警信号

暴雨预警信号分四级，分别以蓝色、黄色、橙色、红色表示。

1. 暴雨蓝色预警信号。图标：

2. 暴雨黄色预警信号。图标:

3. 暴雨橙色预警信号。图标:

4. 暴雨红色预警信号。图标:

(二)暴雪预警信号

暴雪预警信号分四级,分别以蓝色、黄色、橙色、红色表示。

1. 暴雪蓝色预警信号。图标:

2. 暴雪黄色预警信号。图标:

3. 暴雪橙色预警信号。图标:

4. 暴雪红色预警信号。图标:

(三)寒潮预警信号

寒潮预警信号分四级,分别以蓝色、黄色、橙色、红色表示。

1. 寒潮蓝色预警信号。图标:

2. 寒潮黄色预警信号。图标: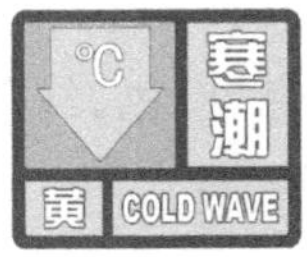

3. 寒潮橙色预警信号。图标：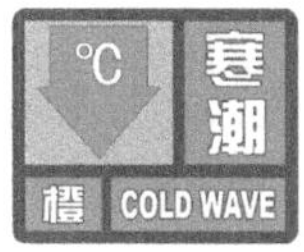

4. 寒潮红色预警信号。图标：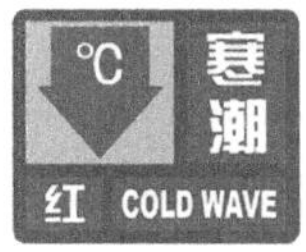

(四)大风预警信号

大风(除台风外)预警信号分四级,分别以蓝色、黄色、橙色、红色表示。

1. 大风蓝色预警信号。图标：

2. 大风黄色预警信号。图标：

3. 大风橙色预警信号。图标：

4. 大风红色预警信号。图标：

(五)沙尘暴预警信号

沙尘暴预警信号分三级,分别以黄色、橙色、红色表示。

1. 沙尘暴黄色预警信号。图标：

2. 沙尘暴橙色预警信号。图标：

3. 沙尘暴红色预警信号。图标：

(六)高温预警信号

高温预警信号分三级,分别以黄色、橙色、红色表示。

1. 高温黄色预警信号。图标:

2. 高温橙色预警信号。图标: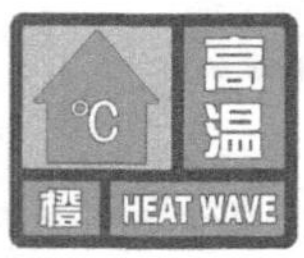

3. 高温红色预警信号。图标: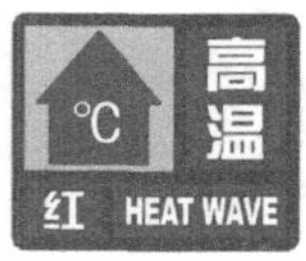

(七)干旱预警信号

干旱预警信号分二级,分别以橙色、红色表示。

1. 干旱橙色预警信号。图标:

2. 干旱红色预警信号。图标:

(八)雷电预警信号

雷电预警信号分三级,分别以黄色、橙色、红色表示。

1. 雷电黄色预警信号。图标:

2. 雷电橙色预警信号。图标:

3. 雷电红色预警信号。图标:

(九)冰雹预警信号

冰雹预警信号分二级,分别以橙色、红色表示。

1. 冰雹橙色预警信号。图标：

2. 冰雹红色预警信号。图标：

(十)霜冻预警信号

霜冻预警信号分三级,分别以蓝色、黄色、橙色表示。

1. 霜冻蓝色预警信号。图标：

2. 霜冻黄色预警信号。图标：

3. 霜冻橙色预警信号。图标：

(十一)大雾预警信号

大雾预警信号分三级,分别以黄色、橙色、红色表示。

1. 大雾黄色预警信号。图标：

2. 大雾橙色预警信号。图标：

3. 大雾红色预警信号。图标：

(十二)霾预警信号

霾预警信号分二级,分别以黄色、橙色表示。

1. 霾黄色预警信号。图标：

2. 霾橙色预警信号。图标：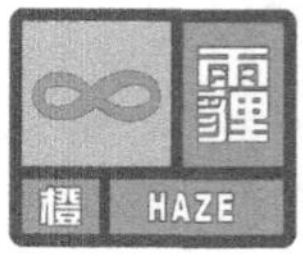

(十三)道路结冰预警信号

道路结冰预警信号分三级，分别以黄色、橙色、红色表示。

1. 道路结冰黄色预警信号。图标：

2. 道路结冰橙色预警信号。图标：

3. 道路结冰红色预警信号。图标：

第二节　气象灾害应急

一、应急领导小组

2006 年 4 月 13 日，陕西省气象局成立应急领导小组，次日成立省气象局应急管理办公室，省气象局应急工作由局应急领导小组统一领导和指挥。

2010 年 7 月 17 日，陕西省人民政府办公厅印发《陕西省气象灾害应急预案》。同年 10 月，省气象局印发《陕西省气象局气象灾害应急预案》，建立健全了省市县三级气象灾害应急响应机制，省气象局应急与减灾处(减灾服务中心)负责全省气象部门气象灾害应急响应的综合协调，统一组织气象灾害应急响应工作。省级气象灾害应急响应单位有应急与减灾处、减灾服务中心、观测与网络处、科技与预报处、局办公室、省气象台、省气候中心、省气象信息中心、省大气探测技术保障中心、气象服务中心、省气象用户服务中心、省气象影视和宣传中心、省人工影响天气办公室(以下简称省人影办)、省科研所、省农业遥感信息中心、省经济作物气象服务台、省防雷中心、应急移动气象台、省气象局人事处、计财处、机关服务中心。

气象灾害应急响应遵循分灾响应、分级负责、上下联动的原则，级别设为Ⅳ级、Ⅲ级、Ⅱ级、Ⅰ级四个，Ⅰ级为最高级别。为确定应急响应的种类、级别、范围，综合考虑预警信息、可能影响程度、临近实况监测、发生灾害范围、公众关注程度等多种因素，提出启动应急响应的具体建议。

从 2006 年 4 月开始，当陕西境内出现暴雨、暴雪、寒潮、沙尘暴、低温、高温、干旱、霜冻、冰冻、大雾、霾、大风、冰雹等灾害性天气预警时，省气象局根据天气趋势研判及各级政府需求，及时进入特别工作状态或应急工作状态。

2006 年 4 月 30 日 18 时 40 分，商洛市镇安县黄金矿业有限责任公司位于镇安县米粮镇光明村尾矿坝发生溃坝事故，尾矿泥浆将坝下 9 户 40 多间民房吞噬，17 人下落不明，5 人受伤。5 月 1 日 19 时 20 分，省气象局启动气象服务紧急预案，20 时成立了以杨文峰台长为组长的应急气象保障指挥小组和以首席预报员梁生俊为组长的应急气象保障技术小组，并于晚 8 点制作了 5 月 3 日晚上到 5 月 5 日事故现场有一次明显降水过程，其中 5 月 4 日有中雨的第一期专题预报传至省政府总值班室，同时加强与商洛市气象台、镇安县气象局的天气会商，做好跟踪服务，5 月 2 日、4 日，省气象台首席预报员赴事故现场进行现场服务和技术指导。

图 6-1　2010 年 3 月 12 日，陕西省气象局组建省局减灾服务中心揭牌仪式

二、陕西省气象局气象灾害预警中心

(一)渭河流域气象预警中心

2006 年 7 月 10 日，渭河流域气象预警中心挂牌成立，实行陕西省气象局、渭南市政府双重领导，以省气象局为主的领导管理体制。渭河流域气象业务服务工作由渭南市气象局牵头，成员单位有西安、宝鸡、咸阳、铜川市气象局和杨凌气象局；主要职能是进行流域气象信息汇集和为流域各级政府和防汛抗旱部门确保流域安全度汛、科学利用水资源和抗旱提供准确、及时的气象预报情报服务；预警中心主任由渭南市气象局长兼任。渭河流域气象预警中心成立后，制作渭河流域 24 小时、12 小时、6 小时、3 小时和 1 小时洪水面雨量预报产品。

2008 年 10 月，渭河流域气象预警中心指挥大楼在渭南市建设竣工，投入业务运行。

渭河流域气象预警中心成立以来，依托陕西省气象局 2009 年重点项目《渭河流域致灾暴雨预警系统》，建设完成了流域中心气象台综合改造工程及电视屏显系统建设、渭南南山支流雨情监测预警系统、流域区域加密站网和流域实景视频监测(控)系统、气象预警信息电子屏和手机预警信息发布系统、业务服务系统、信息共享、监控平台和城镇天气预报、地质灾害预警业务系统；研究了渭河流域致灾暴雨的形成机理，提高了渭河流域暴雨的预报预警能力和服务能力。2010 年 7 月 22—24 日渭河流域的强降雨预报服务得到了渭南市政府的肯定。

(二)汉江流域气象预警中心

2006年7月20日,汉江流域气象预警中心揭牌成立,实行陕西省气象局和安康市人民政府双重领导,以省气象局领导为主的管理体制,与安康市气象局合署办公,中心主任由安康市气象局主要负责人担任,其成员单位有安康市气象局、汉中市气象局、商洛市气象局。

汉江流域气象预警中心主要职能是,规划建设汉江流域气象综合观测网,汇集流域内及相关地区雨情、水情、灾情和预报预警信息,建立信息资源共享服务平台,为流域内各级政府特别是安康市指挥防汛减灾提供及时、科学、准确的服务。

汉江流域气象预警中心成立后,开发了汉江流域气象预警中心网站,研发了汉江流域(陕南)面雨量预报模式,制作汉江流域24小时、12小时、6小时、3小时、和1小时洪水面雨量预报产品。每年汛前组织开展联席会,进行汛期气候趋势会商及业务技术交流。从2010年开始,汉江流域的汉中、商洛市气象局在区域加密雨量观测和雷达观测降水反演的技术支持下,试作小流域的洪水面雨量预报预警。

(三)陕西黄土高原干旱监测预测评估中心

图6-2　2006年9月5日,陕西省黄土高原干旱预测评估中心成立仪式

2006年9月,陕西省气象局和延安市人民政府共同组建"陕西黄土高原干旱监测预测评估中心",成员单位有榆林、延安、铜川、西安、宝鸡、咸阳、渭南和杨凌8个市(区)气象局,主要任务是规划建设榆林、延安、铜川、宝鸡、杨凌、咸阳、西安、渭南等陕西黄土高原区域气象综合观测网;负责汇集区域内雨情、墒情、灾情、遥感监测和预报信息;建立信息资源共享平台,协调为区域内各级政府和决策部门提供服务;负责陕西黄土高原区域加密观测和干旱气象服务工作的协调管理;发布区域干旱监测预测评估通报,为陕西黄土高原区域特别是延安市抗旱减灾提供及时、科学、准确的服务。

陕西黄土高原干旱监测预测评估中心组建后,建成了干旱监测业务平台,开发了卫星遥感监测系统、综合干旱监测系统、干旱预测评估系统、作物干旱评估系统、自动土壤墒情监测系统和陕西黄土高原干旱服务网站;行使了区域内信息汇集、干旱监测评估、产品编写和服务等中心职能,从天气气候预报预测、雨情分析、干旱监测预测评估、生态与农业气象服务，到效益评估，形成了一个完整的服务链；开展了为榆林、延安、铜川、宝鸡、杨凌、咸阳、渭南和杨凌8个地市的69个县的干旱监测、预测、评估和服务业务，逐日发布气象干旱指数产品和自动土壤墒情数据，逐候发布人工墒情和干旱监测分析产品，逐旬发布遥感干旱监测产品、干旱状态评估、未来10～30天干旱预测信息、专题分析材料，干旱监测科学、精细、主动、及时。

图6-3　2007年3月，黄土高原干旱预测评估中心业务平台建成

2008—2010年，陕西黄土高原干旱监测预测评估中心分年度组织召开了三次联席会议，并向成员单位提供《黄土高原干旱通报》《重大气象信息专报》《重要天气报告》《雨情通报》《火情监测》《重大气象服务效益评估》《人工影响天气效益评估》《生态与农业气象》《果业气象信息服务》和《设施农业气象信息服务》等服务产品，指导区域开展预防和抗击干旱等自然灾害。

2008年11月以来，陕西黄土高原地区持续无有效降水，陕西黄土高原干旱监测预测评估中心发布《黄土高原干旱通报》3期、《抗旱专题气象分析》2期，并通过手机短信、网站及时发布实时旱情，区域市县政府及时启动Ⅱ级防抗干旱应急预案，累计冬春灌溉1306.37万亩次。

2009年1月7日，陕西黄土高原干旱监测预测评估中心以《送阅件》形式发布延安市冬季少雪干旱警报及旱情趋势，延安市政府根据干旱情报将防火戒严期提前。同年2月3日，发布干旱橙色预警信号，并对旱情跟踪监测，为各级政府组织抗旱工作提供了有效地服务，得到各级政府部门的高度好评。

(四)陕西省能源化工气象中心

2006年9月6日，陕西省能源化工气象中心在榆林成立，与榆林市气象局合署办公，主要职责是规划建设能源化工基地气象探测网，为区域内各级政府、工业园区和有关厂矿企业提供能源化工安全生产、防灾减灾和应急等专业气象服务；开展能源化工基地建设的气候影响论证，开展风能、太阳能、大气环境和生态气候的监测与评估等。

陕西省能源化工气象中心成立后，开展了能源化工气象服务系统建设和中心业务平台提升及卫星遥感应用技术开发，制定了中心周年服务方案，规划建设了能源化工气象探测网,为能源化工基地煤炭、化工等企业生产建设提供相关专业气象服务;建成了8个土壤水分自动站、1个多普勒天气雷达站、1个大气成分观测站、3个酸雨观测站、2个闪电定位监测站、9个大气电场监测站、13个CMACast地面卫星接收站、10个现代农业小气候监测站;在全市能源化工重点乡镇建立加密区域气象站209个,并建成了榆林雷达数据处理中心楼、榆林飞机人工增雨(雪)基地、定边局地警戒天气雷达、神木红碱淖生态保护人工增雨基地等,形成了集空基、天基和地基三位一体的综合性能源化工基地气象探测网;建成了能源化工气象灾害防御指挥平台和各县区气象防灾减灾预警中心;建立了气象灾害预警局际联络员会议制度,与移动、联通、电信和电视媒体建立预警信息发布"绿色通道",建立能源化工部门应急联络队伍和应急短信发布平台,实现预警大喇叭村屯全覆盖,预警电子显示屏遍布城乡及重要企事业单位;创办市、县两级电视天气预报节目16套,在新浪、腾讯、人民网开通"榆林气象"官方微博,扩充12121电话线路,建立气象信息员队伍5664人,发挥气象灾害防御的"桥梁"、"纽带"作用;为能源化工企业提供气象监测、空冷、低探等专业气象服务;开展能源开发、城乡规划、重点领域发展建设规划、重大基础设施、公共工程和大型工程建设项目、重大区域性经济开发、区域农(牧)业结构调整建设项目、太阳能、风能、水资源等气候资源开发利用建设项目进行气候可行性论证和评估工作。

2008年,陕西省能源化工气象中心为北京寰球工程公司神华煤制油项目开展地面及边界层气象监测服务、为西湾煤炭有限公司开展气象要素及可吸入颗粒物气象监测服务。同年,省能源化工气象中心开展榆林长城沿线风能资源普查,利用榆林市12个县、区气象站1971—2000年地面观测资料及周台子、红柳沟、安边、梁镇、海子滩、黄蒿界、补浪河、大保当、红碱淖、硬地梁10个50米测风塔和张天渠、乔洼梁2个10米测风塔的野外风能观测点观测资料,在长城沿线风能资源普查及分析研究榆林风能、太阳能潜在储量、地域分布和季节分布的基础上,编写并发布了《榆林市风能、太阳能资源评估报告》白皮书,为榆林市政府开发利用风能、太阳能资源及编制专项规划提供了科学依据。

2009—2010年,陕西省能源化工气象中心为神华神东电力有限责任公司开展神华河曲2×300兆瓦煤矸石发电项目空冷气象观测及对比分析、为中煤陕西榆林能源化工有限公司气象咨询服务项目服务、为陕西有色镁铝合金及电厂筹建处铝镁合金项目配套5×330兆瓦电力设施项目开展空冷气象观测及对比分析。

第三节 跨省区协作与联防

一、跨省区协作组织及活动

(一)鄂豫川陕气象协作区。20世纪80年代,安康地区气象局及周边毗邻地区的气象部门自发成立了鄂豫川陕四省十市气象协作区。随后,协作区逐步扩大到四省十地市,分别为河南省南阳市气象局,四川省广安、达州市气象局,陕西省安康、汉中、商洛市气象局,湖北省襄阳、随州、十堰市气象局及汉江集团丹江口水库。

鄂豫川陕气象协作区建立了协作区会议章程,有印章,有会旗。每年汛前由轮流牵头单位召集,召开协作区会议,组织汛期气候趋势预测会商,开展业务技术交流和优秀论文评选。2009年,经会议代表提议、讨论通过,将协作区会议由每年汛前的1次改为每年2

次，并于2010年开始实施。每年2次的协作区会议分为春季会议、秋季会议，其中春季会议于每年汛前4月组织完成，侧重于预测会商、预报技术交流；秋季会议于每年的汛期结束后至12月前组织完成，侧重于科技服务及其他业务交流。

（二）三门峡水库库区气象联防协作区。1992年，三门峡市气象局、运城市气象局、渭南市气象局达成"三省三市"汛期区域联防气象服务协议；1999年，临汾、洛阳市气象局相继加入，气象协作区扩大到"三省六市"。

三门峡水库库区气象联防协作区成立后，每年汛期前5月召开联防气象服务协作会议，联防会议由三门峡市气象局牵头，各市气象局轮流举办，参会人员主要由河南省气象局、陕西省气象局、山西省气象局减灾处领导，各地市气象局业务局长、业务科长、气象台台长、技术骨干等相关人员组成。会议期间，与会代表相互学习、共同交流，共商当年汛期联防大计，为三门峡库区汛期防汛工作提供科学准确的预报意见和服务。会议形成纪要，加强各单位之间灾害性、转折性天气的联防会商工作，准确分析预报每一次强降水天气过程，积极为各级政府、防汛部门提供决策服务。

（三）陕甘川毗邻地区气象灾害联防协作区。1997年，由四川省广元市气象局发起，四川南充、广元，甘肃陇南、天水，陕西汉中、宝鸡等六市成立陕甘川毗邻地区气象灾害联防区。后来，增加了甘肃陇南、甘南、平凉、庆阳，四川巴中、绵阳，陕西咸阳等市气象局，气象灾害联防协作区扩大到12个市州气象局。

陕甘川毗邻地区气象灾害联防协作组织成立后，每年召开一次会议。2010年4月26日，陕甘川毗邻地区气象灾害联防协作组织在宝鸡召开协作会议，四川南充、巴中、绵阳、广元，甘肃陇南、甘南、天水、平凉、庆阳，陕西汉中、咸阳、宝鸡等12个市州气象局，围绕加强毗邻地区气象灾害联防联报、气象为农服务、重大气象保障服务进行了交流探讨，形成了《2010年春季陕甘川十二市州气象灾害联防会议纪要》。

二、跨省区人工影响天气合作

（一）榆林市气象局与周边省区气象局人影合作。1993—1999年，榆林地区气象局与宁夏自治区气象局合作，利用宁夏广空十三师—24飞机为榆林开展飞机增雨，在每年4、5、6三个月作业，作业影响榆林全境（除神木、府谷两县）及延安的吴起、安塞两县。

1999—2010年，定边、靖边县气象局与宁夏自治区气象局合作开展跨区飞机增雨作业。宁夏区气象局累计作业34架次，榆林作业13架次。

2004年开始，榆林市政府每年4—7月租调一架飞机实施人工增雨，宁夏人影办继续协作开展增雨作业。

2009年开始，榆林市气象局与鄂尔多斯市气象局开展跨区飞机联合增雨作业，榆林市气象局负责鄂克托前旗和乌审旗飞机增雨，鄂尔多斯市气象局负责神木和府谷两县飞机增雨。2009—2010年，鄂尔多斯市气象局累计作业9架次，榆林市气象局累计给内蒙古作业13架次。

（二）延安市气象局与周边省区市气象部门气象灾害防御合作。1995年开始，延安市气象局通过省气象局协调，与榆林、铜川、山西、甘肃等周边相关市、县合作，召开专题会议进行安排部署，开展灾害性天气的联防工作。当遇到干旱灾害时，多方加强会商沟通，及时开展地面、飞机跨区域作业，确保增雨及时有效。

第三篇　气象监测

气象观测是现代气象业务体系的重要组成部分，是提升公共气象服务能力、提高气象预测预报准确率、开展气候预测评估及各项气象服务与科学研究的重要基础，是推动气象事业发展的原动力。

1990—2010年，陕西省气象局以防灾减灾和应对气候变化的需求为导向，以提高气象科技水平和服务能力为核心，遵循"公共气象、安全气象、资源气象"的发展理念，经过不懈努力，建成了地基、空基和天基相结合、门类比较齐全、布局基本合理的综合观测系统，气象观测领域进一步扩展，气象观测的现代化手段和气象观测水平进一步提升，气象预报质量和气象服务的效益进一步增强。

第七章 地基气象观测

1990—2010 年，陕西气象局基本建成了大气成分、土壤水分实时监测网和雷电监测网，建成了 100 个国家级自动气象观测站、1 个大型覆冰观测站、1 个 GNSS/MET 监测站、11 个酸雨观测站、2 个沙尘暴监测站、21 个农业气象观测站、40 个人工土壤墒情观测站和 63 个自动土壤水分观测站。建成了 1200 个区域自动气象站，增加了沙尘暴、生态、大气成分观测等自动观测项目，全省中小尺度天气和气象灾害的地面监测能力有了明显提升。

第一节 国家地面气象观测

一、地面人工气象观测

（一）基准气象站观测

1990—2010 年，陕西省共有定边、绥德、洛川、西安、汉中、安康 6 个国家基准气象站，每天 8 次定时观测，主要观测云、能见度、天气现象、气压、气温、湿度、风向、风速、降水、日照、蒸发、地温、雪深、冻土，制作的天气报、重要报及旬月报等观测资料参加全球交换。

2005 年 12 月 31 日 20 时，西安国家基准气象站业务调整到泾河气象站。

（二）基本气象站观测

1990—2010 年，陕西省共有榆林、神木、靖边、吴起、横山、延安、延长、长武、蒲城、韩城、陇县、凤翔、太白、永寿、武功、耀县、秦都、华县、留坝、佛坪、商县、镇安、商南、宁强、石泉、镇巴、镇坪、华山、略阳 29 个国家基本气象站，每天 24 次观测和 4 次定时观测，主要观测云、能见度、天气现象、气压、气温、湿度、风向、风速、降水、日照、蒸发、地温、雪深、冻土等，制作的天气报、重要报及旬月报等观测资料参加全国交换。

（三）一般气象站观测

1990—2010 年，陕西省共有府谷、佳县、子洲、吴堡、米脂、清涧、子长、志丹、安塞、甘泉、延川、宜川、富县、黄陵、黄龙、宜君、铜川、白水、澄城、合阳、富平、大荔、临渭、潼关、华阴、宝鸡、陈仓、千阳、凤县、麟游、岐山、扶风、眉县、淳化、泾阳、乾县、三原、旬邑、彬县、礼泉、兴平、长安、周至、临潼、蓝田、高陵、户县、柞水、丹凤、洛南、山阳、勉县、洋县、城固、西乡、南郑、宁陕、紫阳、汉阴、旬阳、岚皋、平利、白河、泾河、杨凌 65 个国家一般气象站，每天 24 次观测和 3 次定时观测，主要观测云、能见度、天气现象、气压、气温、湿度、风向、风速、降水、日照、蒸发、地温、雪深、冻土等。制作编发的天气报、重要报及旬月报等观测资料参加全国交换。

二、地面自动气象观测

2002 年 12 月，陕西省建成了榆林、横山、定边、绥德、吴起、延安、洛川、长武、永寿、淳化、长安、高陵、临潼、蓝田、西安、韩城、华山、大荔、渭南、耀县、商县、镇安、略阳、佛坪、汉中、宝鸡、石泉、安康 28 个国家级自动气象观测站。

2003 年 12 月,陕西省建成了神木、靖边、府谷、佳县、子洲、清涧、延长、子长、志丹、安塞、延川、宜川、富县、武功、秦都、彬县、户县、蒲城、华县、白水、澄城、合阳、富平、宜君、柞水、勉县、洋县、城固、南郑、留坝、宁强、镇巴、西乡、太白、麟游、岐山 36 个自动气象站。

2004 年 12 月,陕西省建成了泾河、凤翔 2 个自动气象站。

2005 年 12 月,陕西省建成了三原、潼关、华阴、商南、洛南、丹凤、山阳、眉县、凤县、紫阳、汉阴、旬阳、岚皋、白河 14 个自动气象站。

图 7-1　2005 年 8 月,布设在秦岭山中的自动气象观测站

2006 年 12 月,陕西省建成了米脂、吴堡、甘泉、黄陵、黄龙、旬邑、礼泉、泾阳、乾县、兴平、周至、铜川、陇县、宝鸡县、千阳、扶风、镇坪、宁陕、平利 19 个自动气象站。

2007 年 12 月,陕西省建成了杨凌自动气象站。至此,全省共建成了 100 个国家级自动气象观测站,并分别于次年 1 月 1 日投入业务运行。自动气象观测项目有气压、气温、湿度、风、降水、地温(地面、浅层、深层)等。

三、气象观测报表及传发

1990—1992 年 12 月,承担地面气象观测任务的榆林、延安、铜川、宝鸡、咸阳、西安、渭南、汉中、安康、商县等 96 个国家气象站和承担气象辐射观测任务的延安、西安、安康 3 个国家气象站,将气象台站人工制作的纸质气表－1(地面气象记录月报表)、气表-21(地面气象记录年报表)、气表-33(气象辐射记录月报表)上报陕西省气象局资料部门,经省级资料审核员人工审核后,上报中国气象局,并交陕西省气象档案馆归档。

1993—1996 年 9 月,陕西省 96 个国家气象站向省气候资料室上报地面气象记录月、年报表简表,省气候资料室据此进行资料录入、报表打印,形成并存储全省地面气象月、年报表信息化资料,审核人员人工审核机打纸质气表-1、气表-21、气表-33,上报中国气象局,并交陕西省气象档案馆归档。

1996 年 10 月—2002 年 9 月,陕西省 96 个国家气象站采用 AH4.1 软件自行用微机制作报表并上报软盘,省级审核员人机结合进行审核。1999 年以后,省气候资料室审核科归属省气象台,同年省气象台完成了全省 96 个国家气象站 1951—1993 年地面气象月报表信息化工作，形成了 A0 文件。2000 年 1 月开始，省气象台停止向国家气象中心报送纸质气表-1，通过气象卫星综合应用业务系统向国家气象中心上传审核后的地面气象资料 A0、A6、V0/A1、A7、V1 文件。

2001 年，陕西省气象台完成了榆林、横山、定边、绥德、延安、吴起、洛川、铜川、宝鸡、长武、武功、西安、华山、汉中、佛坪、略阳、安康、石泉、商县、镇安全省 20 个国家基本、基准站 1991 年 1 月—1998 年 12 月的地面气象记录月报表信息化资料 A6、A7 文件的录入、修改工作。

2002 年 10 月开始，陕西省 96 个国家气象站实现了从省气象局局域网上传地面月报表 A0、A6、V0/A1、A7、V1 数据文件，省气象台资料审核员从局域网接收报表数据文件，使用 AH5.0 人机结合进行审核。

2003 年 1 月—2008 年 12 月，历经 6 年，陕西地面气象人工观测逐步被自动气象站取代。全省 99 个国家气象站，包括 2006 年恢复的三原气象站、2007 年恢复的黄陵气象站及 2008 年新增的杨凌气象站，分四批经过两个阶段的平行观测，即第一阶段采用自动和人工平行观测，以人工观测为主；第二阶段采用自动和人工平行观测，以自动观测为主，至 2009 年 1 月，地面观测全部进入自动站单轨运行。

2003 年 1 月—2008 年 12 月，陕西省执行平行观测的 99 个国家气象站向省气象台同时上传人工站月报表数据 A0、A6、V0/A1、A7、V1 文件和自动站月报表数据 A、J 文件以及年报表数据 Y 文件，省气象台资料审核员使用 AH5.0 和中国气象局地面气象测报软件人机结合对上述数据文件审核，上报中国气象局，并交陕西省气象档案馆归档。同时对自动站与人工站平行观测数据进行对比分析，向中国气象局和省气象局业务管理部门上报质量评估报告。

2004 年 1 月起，西安、延安、安康 3 个国家气象站使用中国气象局地面测报业务软件制作气象辐射观测数据 R 文件，上传省气象台，省气象台资料审核员人机结合审核后上报中国气象局，并交陕西省气象档案馆归档。

2009 年 1 月起，陕西省 99 个国家气象站向省气象信息中心上报地面气象观测月数据 A、J 文件和地面气象观测年数据 Y 文件，省信息中心审核员人机结合审核后上报中国气象局，并交陕西省气象档案馆归档。

第二节　区域气象观测

区域气象观测站是指在国家级气象站（多半设在县城或县城附近）网的空隙中，为进行加密观测而布设的自动气象站。这种自动气象站大多布设在城市街道、乡镇、社区、村和自然灾害易发区。一般采用太阳能供电，无人值守，采集温度、雨量、风向、风速、气压、湿度等信息，每小时自动传输一次观测数据。

2002 年，陕西省气象部门布设区域气象观测站，当年年底，全省建设了 320 个单雨量观测站。

2006 年 4 月，全省启动区域自动气象站网建设工作，到 2010 年底，全省累计建成了 1300 多个区域气象观测站，其中两要素（温度、雨量）站 1185 个，四要素站（温度、雨量、风向、风速)站66个,六要素(温度、雨量、风向、风速、气压、湿度)站68个。

第三节 航空气象观测

1990—2010年,陕西省气象部门的航空气象观测主要是航空报和航危报。

陕西省气象部门承担航危报观测任务有榆林、靖边、定边、神木、洛川、吴起、宁陕、安康、耀县、宜君、宝鸡、陇县、佛坪、略阳、镇安、商县、长武、永寿、淳化、白水、华山、渭南、蒲城、韩城24个气象台站,每天24小时内,一般每小时观测一次,遇有危险天气则随时加发危险报,并在危险天气过后加发危险天气解除报。

1990年至2001年12月,航危报的传送方式为观测台站编辑好航危报后,加上电报挂号(如OBSZC BEIJING ,OBSAV XIAN,OBSMH XIAN,OBSAV YANGLIANG等),拨打当地邮电局的电话,口头念报,由邮电局的报务员抄录,再通过邮电局的电报系统传输到用户单位;2001年1月至2010年12月,航危报传输方式发生了重大变化,观测台站编写好航危报后,通过X.25线路传输到省气象台的航危报收发系统,系统根据用户的需求时次、台站数目等进行自动编辑,加上电报挂号,通过电报线路发送到西安市电信局,再由电信局的自动转报系统传输到相关用户单位。但是,华山气象站传输航危报有所不同,从1988年5月开始,华山气象站通过甚高频电台呼叫省通信台报务员手工抄录气象报文,由报务员录入通信台的计算机自动转报系统,系统根据用户的需求时次、台站数目等进行自动编辑,加上电报挂号,通过电报线路发送到西安市电信局,再由电信局的自动转报系统传输到相关用户单位。1995年省气象台开发了直通西安市邮电局的电报收发系统,华山气象站的航危报收发由该系统完成。2001年1月开始,华山气象站的航危报传输方式和全省其他气象台站一致。

2001年1月至2010年,民航西北管理局、中国飞行试飞研究院、兰州军区空军司令部三个在西安的航危报用户,全省航危报在给其传输方式上,省气象台将其所需的航危报由航危报收发系统每小时形成一个文件,存放至相应的目录,由用户单位通过广域网调取。1988年5月至1995年5月,由自动转报系统通过电报线路向这三个用户提供全球地面、高空资料和数值预报资料。2002年5月,这三个单位的传输方式改为计算机通信专线,传输速率为9600bps,提供的气象资范围扩大到了雷达、卫星云图、各种预报产品等。2002年5月至2010年,这三个用户的传输方式为速率2Mbps计算机广域网,并向其增加了各类数值预报产品和新一代天气雷达资料。

第四节 生态环境气象观测

一、环境气象观测

(一)酸雨观测

1989年8月,西安酸雨观测站建成,并开始进行酸雨观测。观测的项目是:收集降水样品和记录降水过程中的有关气象要素;测量降水的pH值和电导率K;化验水样中的多种化学成分等。同时，每月制作《酸雨观测记录月报表》。

1992 年 7 月 1 日，西安酸雨观测站开展了一年的加强观测，增加了挂片法测量二氧化硫、二氧化氮气体及采集旬降水样品等项目。

2004 年 1 月，在西安泾河、榆林、延安、汉中 4 个气象观测站安装了 pH 计和电导率仪器，开展酸雨观测。

2006 年 4 月，在安康、耀县、宝鸡、商州、秦都、扶风、临渭、石泉、略阳、米脂、神木 11 个气象观测站安装了 pH 计和电导率仪器，开展酸雨观测。

（二）沙尘暴监测

2002 年，建立了延安（A 类）沙尘暴监测站、西安（B 类）沙尘暴监测站。同年 4 月，西安沙尘暴观测站安装了一台太阳光度计，开始测量气溶胶光学厚度；2003 年 10 月，建设了沙尘暴观测场和观测室，安装了一台太阳光度计和一台土壤水分观测设备，开展沙尘暴观测，观测项目有大气光学厚度和土壤水分；2004 年 3 月，进行太阳光度计、土壤水分数据传输试验，资料上传中国气象局。

2002 年 8 月，延安沙尘暴监测站安装了太阳光度计，并试行太阳辐射检测；2003 年 3 月 10 日上传中国气象局天气现象和太阳辐射资料以及太阳光度计资料；2003 年 10 月建设了沙尘暴观测场和观测室和梯度塔，安装了温度、湿度、风向、风速等要素观测仪器，开始监测沙尘暴，监测项目有大气光学厚度、PM10、大气浑浊度、近地面层气象、土壤水分、TSP、大气降尘等；2004 年 3 月进行沙尘暴数据传输试验，资料上传中国气象局。

2007 年 2 月，将安装在延安沙尘暴监测站的太阳光度计迁到榆林沙尘暴监测站。

（三）大气成分观测

2006 年 1 月，西安气象观测站安装了 Grimm180 颗粒物监测仪、黑碳气溶胶监测仪、便携式气溶胶采样仪，开展大气成分观测，其中 Grimm180 颗粒物监测仪观测项目为 PM10、PM2.5、PM1，黑碳气溶胶监测仪观测项目为气溶胶吸收特性，便携式气溶胶采样仪观测项目为气溶胶化学成分膜采样，采样膜每月定时邮寄到中国气象局气象探测中心进行分析。

2006 年 1 月，榆林气象观测站安装了 Grimm180 颗粒物监测仪、黑碳气溶胶监测仪，开展大气成分观测。

（四）大气干湿沉降观测

2005 年 9 月，陕西省气象局与西北农林科技大学合作，在洛川、榆林、安康、西安 4 个气象观测站开展大气干湿沉降观测，省气象局负责组织台站收集降水样品，西北农林科技大学负责在实验室内分析降水样品中的氮含量。

二、生态气象观测

2005 年 3 月，陕西省气象局启动生态气候环境监测网建设，确定了生态气候环境监测点、监测项目和站点勘察报表的内容，制定了《观测规范》。

2006 年 5 月 1 日，全省 90 个国家气象站采用地基监测和天基监测方式进行生态气候环境监测，监测项目 232 个，主要是生态环境动态监测和自然灾害监测，其中生态环境动态监测包括荒漠化监测、植被动态监测、退耕还林动态监测、土地利用动态监测等；自然灾害监测包括干旱监测、洪涝监测、沙尘暴监测、黄河流域凌汛监测、积雪监测、大雾监测、霜冻监测等。省气象局利用监测项目及数据，为全省生态气候环境建设进行有效的服务。

第五节 其他气象观测

一、覆冰观测

2010 年 8 月，根据中国气象局安排，陕西省大气探测中心将甘肃省华家岭覆冰观测站迁至太白县气象站，建成了陕西省第一个大型覆冰观测站，开展覆冰观测工作。

图 7-2　2008 年 12 月建成的宝鸡市太白县导线覆冰观测站

二、GNSS/MET 水汽监测

2008 年 11 月，中国气象局和中国地震局合作，在太白县气象局建立 GNSS/MET 水汽监测站，GNSS/MET 数据直接传到中国气象局和中国地震局。

三、人工雨量观测

1999 年，商洛地区行署投资 24 万元，在全地区 196 个乡镇各布设了一套人工雨量测报点，为地方领导指挥抗旱及防汛服务。2002 年后，人工雨量测报点逐步被区域气象观测站取代。

第八章　空基气象监测

1990—2010 年，陕西省气象局在原有的 4 个探空站布设了 4 部 L 波段雷达电子探空仪探空系统，形成了现代化的高空气象探测网，高空探测的精度和自动化程度明显提高；在拥有和改造 18 部 711B1 数字化天气雷达、5 部 713 天气雷达的基础上，新建了 6 部新一代多普勒天气雷达，形成了覆盖全省高空的雷达监测网，大幅度提升了对短时、临近强对流天气的空基监测能力。

第一节　高空探测

1990 年，陕西省有国家高空气象观测网点 4 处，其中延安、西安的高空观测属一级高空气象观测站，汉中和安康的高空观测属二级高空气象观测站，定时观测发报，参加国家高空气象广播。

一、701 型雷达探空

安康探空站从 2000 年 11 月 10 日 08 时起，增发特性层报 TTBB　TTDD，常规报 TTAA　TTCC　PPBB　PPDD 照常发送。

西安探空站从 1991 年 1 月 1 日起，停止 14 时观测。1996 年 12 月 2 日 19 时，开始使用新型的 701C 型雷达观测。这种新型 701C 型雷达采用改进的探空终端，利用计算机自动处理探空数据。1997 年 8 月 31 日起，开始使用新型的晶体管回答器。2006 年 10 月 1 日至 12 月 31 日使用天津气象仪器厂生产的电子探空仪，探空、测风数据采用计算机终端整理探空、测风资料并编发电报。2007 年 1 月 1 日，停止使用 701 雷达。

延安探空站从 1991 年 1 月 1 日起，停止 01 时观测。1995 年 5 月 1 日起，使用新型的 701C 雷达，并将 701C 雷达由观测场迁至办公楼四楼楼顶。1995 年 9 月 1 日开始使用微机代替人工整理探空记录。1997 年 8 月 31 日起，开始使用新型的晶体管回答器，观测项目仍为压温湿风。

2003 年 1 月 10 日 08 时起，延安、安康、汉中、西安高空探测站高空探测业务增加了空间、时间定位编码，探空报、测风报编码扩充业务投入运行。

1992 年 1 月，安康探空站使用 PC-1500 计算机的探空、测风双机连机程序，整理高空压、温、湿、风资料。同年 2 月 1 日，汉中探空站使用 PC-1500 计算机的探空、测风双机连机程序，整理高空压、温、湿、风资料。

1999 年 8 月 1 日，安康探空站开始使用高空气象探测“59-701”微机数据处理系统。同年 12 月 16 日，汉中探空站开始使用高空气象探测“59-701”微机数据处理系统。2000 年 1 月 1 日西安、延安探空站开始使用高空气象探测“59-701”微机数据处理系统。此后，系统逐渐升级，全省四个探空站使用“59-701”微机数据处理系统 7.0 版程序，减轻了工作人员的劳动强度。2005 年 12 月 1 日，安康探空站停止使用 701 探空雷达。

二、L 波段雷达探空

2005 年 1 月 1 日,汉中探空站开始使用 L 波段探空雷达开展观测业务。同年 11 月 1 日,安康探空站开始使用 L 波段探空雷达开展观测业务。

2007 年 1 月 1 日,西安探空站迁往泾河观象台,开始使用 L 波段探空雷达开展观测业务。2010 年 12 月 29 日,延安探空站建成 L 波段探空雷达,并投入试运行。

图 8-1　2010 年 2 月,延安市气象局建设 L 波段测风雷达

第二节　地面雷达探测

一、711 型天气雷达

1990 年以前,陕西省先后在榆林、延安、宝鸡、渭南、安康、汉中布设了 6 部 711 型天气雷达。

1977 年,铜川市气象局自购了 1 部 711 型天气雷达,1992 年转让给省人工影响天气办公室于 2002 年移交给咸阳市气象局。

1998 年,洛川县气象局建设了 1 部 711 雷达。

1999 年,商洛地区气象局从无锡海星雷达公司采购了一部 711B1 数字化天气雷达,安装在地处商州市东龙山的地区气象局加盖的六层办公楼顶上。

2008 年,铜川市气象局建设了 1 部 711 雷达。

1995—2000 年,宝鸡、延安、榆林、汉中、安康、渭南市气象台和省人影办的 7 部 711 天气雷达由地方政府出资,委托成都气象学院进行了大修,并配备了雷达数据处理系统。

二、713 型天气雷达

1999 年,陕西省气象局对 1987 年在局大院八层雷达楼的楼顶安装的 1 部 713 天气雷达,委托桂林长海机器制造厂大修,定型为晶体管 713C,除天线、伺服系统保持原 713 设计外,发射机、接收机、监控台、天线控制柜经重新设计进行了改造,将原雷达回波数据处理系统更换为桂林长海机器制造厂的雷达回波数据处理系统。

1991 年，西安民航机场迁至咸阳后，安装了 1 部 713 天气雷达，配置了雷达数据处理系统。

1993 年，阎良 630 研究所气象台对 1979 年购置、1980 年投入使用的 713 天气雷达进行了改造，配设了雷达回波数字化处理系统，2001 年又对雷达进行了大修。

2010 年 4 月，渭南市气象局建设了一部 713 雷达。

三、新一代天气雷达

2001 年 12 月，陕西省人民政府立项并投资 8000 万元，在西安、延安、榆林、汉中部署建设 4 部新一代多普勒天气雷达系统。

2002 年 7 月，中国气象局和陕西省人民政府共同立项投资 6006 万元，在宝鸡、安康建设新一代多普勒天气雷达系统。至此，陕西省建立了由西安、延安、榆林、汉中、宝鸡、安康 6 部新一代多普勒天气雷达、雷达资料传输处理系统、雷达雨量校准站网等组成的新一代多普勒天气雷达系统。新一代多普勒天气雷达吸收了计算机技术和微电子技术的最新成果，拥有获得反射率、平均径向速度和谱宽三种基本数据，有效探测到降水目标物的运动特性和大气流场结构；连续监测 400 千米半径范围内暴雨、冰雹、大面积降水的准确位置和强度变化，对 200 千米半径范围内降水云系进行降水定量测算；能监测到 150 千米半径范围内龙卷风、强风切变、局地强对流气旋等灾害性天气的准确位置、强度和生消过程。

2004 年 7 月，西安雷达站建设了雷达塔楼，安装调试了新一代多普勒雷达设备，7 月 12 日收回了第一张雷达回波，雷达探测投入业务试运行。榆林、安康、延安相继建设了雷达塔楼，安装了雷达设备，并投入业务试运行。榆林站雷达于 2006 年 8 月正式开始运行，安康与延安站雷达均于 2006 年 12 月正式开始运行。

图 8-2　2004 年 7 月建成的西安新一代天气雷达塔楼

图 8-3　2006 年 8 月建成的榆林新一代天气雷达塔楼

2010 年 9 月，中国气象局下发《关于陕西商洛新一代天气雷达系统工程可行性研究报告的批复》，同意建设商洛新一代天气雷达。批复概算 5180 万元，其中中央投资 2280 万元，省政府匹配 2103 万元，市政府匹配 650 万元，县级匹配 147 万元，在商洛市商州区金凤山山巅建设雷达塔楼，安装新一代多普勒天气雷达。至此，陕西省共建设了 7 部新一代多普勒天气雷达，形成了覆盖全省的新一代多普勒天气雷达监测系统。

第九章　天基气象监测

1990—2010年,陕西省气象部门建设了1套高分辨率展宽卫星云图接收处理系统、11个风云二号静止气象卫星中规模利用站,能够随时接收日本极轨静止卫星和我国风云二号静止气象卫星资料,极大地提升了暴雨、冰雹、大风等强对流天气的天基监测水平,为定时、定点和定量天气预报提供了有效的中尺度云团、降水云系等气象信息,也为生态环境和农业生产提供了实时遥感信息。

第一节　极轨气象卫星监测

1990年1月,陕西省农业遥感信息中心建成AVHRR/HRPT接收处理系统,并适时接收处理美国NOAA系列卫星AVHRR数据。

1997年6月,陕西省农业遥感信息中心引进新一代AVHRR/HRPT接收处理系统,用于接收处理我国FY-1 C、D和美国NOAA系列卫星AVHRR数据。

2002年5月,陕西省农业遥感信息中心建成了EOS/MODIS-AM卫星接收处理系统,用于接收处理美国EOS/MODIS卫星数据。

2009年9月,陕西省农业遥感信息中心通过中国气象局DVB系统接收极轨气象卫星FY、NOAA、EOS系列卫星数据,2010年改由CMACast系统接收。

1990年以来,陕西省农业遥感信息中心利用极轨气象卫星数据陆续开展了全省林火监测、植被监测、水体监测、沙尘监测、霾监测、凌汛监测、积雪监测、洪涝监测、干旱监测、陆表温度监测、城市热岛效应监测、夏收秋收秸秆焚烧监测等业务,为省林业厅、省森林防火办、省农业厅、省环保局提供遥感信息服务。

第二节　静止气象卫星监测

1990年,陕西省气象台从解放军总参谋部引进了用于接收日本GMS低分辨率卫星云图的接收处理系统,开始了全省气象部门接收卫星云图的数字时代。

1991年,陕西省气象台从国家卫星气象中心引进了高分辨率展宽卫星云图接收处理系统。同年年底,省气象台撤销了用洗照片的方法接收卫星云图。

1992年10月,陕西省气象台取消了极轨和同步卫星云图图片接收业务。

1994年底,陕西省气象台、延安市气象台建成了用于接收日本GMS卫星云图的静止卫星中规模利用站。

1996年,汉中、安康市气象台建成了用于接收日本GMS卫星云图的静止卫星中规模利用站。

1998年在西安、宝鸡、商洛市气象台分别建成了用于接收日本GMS卫星云图的静止卫星中规模利用站。

2002 年 8 月，陕西省气象台建成了用于接收我国 FY-2 卫星云图的接收处理系统。

2003 年，陕西省气象局建成了 EOS/MODOS 卫星数据接收处理系统，完成了安康、商洛、延安、渭南等 8 个市气象局风云二号静止气象卫星中规模利用站建设，接收我国 FY-2 卫星云图。

1990 年以来，陕西省各级气象台站利用静止气象卫星资料，在强降水预报中，及时监测暴雨产生的中尺度云团的生成源地、发生发展过程、移动路径和移动速度，分析和预报降水云系的发生发展、影响范围和强度，为定时、定点和定量预报提供有效信息，弥补天气图、数值预报和雷达短临预警之间的预报资料信息空挡。

第四篇　天气预报

天气预报是气象事业最核心的业务，直接关系着人们的生产生活，关系着社会和经济的发展，关系着国家的国防安全。

1990—2010年，陕西省气象部门把天气预报作为气象工作的重点，把制作准确的天气预报产品作为气象事业的生命线，经过积极努力，开发并建立了以数值预报为支撑的较为完整的现代预报预测体系及精细化天气预报产品体系和业务平台，天气预报预测内容不断丰富，天气预报预测的准确率和预报产品的针对性、时效性不断提高。

第十章　天气预报制作

1990—2010 年，陕西省气象台在天气预报制作及预报方式上不断引进、研发和改革，实现了由人工填绘天气图向计算机自动填绘天气图的转变；人工制作天气预报到人机交互制作精细天气预报的转变，明显提高了天气预报制作时效。

第一节　基于天气图制作

一、人工填图阶段

1990—1993 年陕西省气象台进行天气分析时使用的天气图是采用人工填图的方式取得的。全省 10 个地市气象台人工填图业务延续到 1996 年底。

二、人机交互填图阶段

1995 年 5 月，陕西省气象台引进开发了陕西天气分析人机交互系统和陕西分析预报信息处理查询系统，天气预报分析制作以微机为工作平台，将传统的壁挂式天气图变为屏幕天气图。

1998 年 4 月 13 日，陕西省气象台人机交互 MICAPS 系统投入业务运行，取消了日本降水预报传真图，建立了新的天气预报制作方式。

2000 年 7 月 1 日起，陕西省气象台接收国家气象中心“中期指导预报产品”。

2010 年 5 月，MICAPS3.1 系统在陕西省气象台投入业务运行，预报人员在每小时整点后 10 分钟内通过 MICAPS3.1 平台查看、滚动分析全省自动站的最新实时观测要素，提高了对中尺度天气过程的分析精度和预警时效。

三、自动填图阶段

1992 年年底，陕西省气象台更新了自动填图系统的设备，1993 年 1 月又研制了完整的自动填图系统软件，自动填图取代了人工填图作业。全省 10 个地市气象台于 1996 年年底陆续实现了自动填图。

第二节　基于数值预报应用制作

1994 年 5 月 20 日，陕西省气象台引进的“智能暴雨预报系统”投入业务运行后，增加了预报和决策服务的依据，丰富了指导地(市)县气象台站的天气预报产品。

1995 年 5 月，陕西省气象台引进开发了 T63 数值预报产品动力诊断分析系统、陕西天气分析人机交互系统和陕西分析预报信息处理查询系统，建成了与国家级气象数据库相衔接，又可独立运行的气象实时数据库。

1998 年 4 月 13 日，陕西省气象台开发了与 MICAPS 系统数据接口软件和计算机后台自动计算软件，使 MICAPS 系统数据与计算机设备有效结合起来。MICAPS 系统的应用改传统的壁挂式天气图为屏幕天气图，取消了人工填图业务，减少了重复劳动，方便了存储方式，节约了时间和成本。MICAPS系统的多幅图层图表的显示功能，方便了预报员对气象数据的浏览和分析，气象数据即取即用，并便于保存。同年5月，陕西省气象台完成了夏季和冬季用T106数值产品做全省99个县气象站降水分组和温度分县要素预报的建模工作，并于汛期投入了业务运行。

2003年6月1日，陕西省气象台引进开发了中尺度数值预报模式，增加并制作了向市县气象台站提供0～6小时及0～12小时全省分县降水预报指导产品，全省天气预报精细化到县的工作逐步开展了起来。

2005年5月，陕西省气象台引进的GRAPES模式同化系统投入业务运行后，完善了中尺度模式AREMS同化系统，预报时效由原来的36小时延长到48小时，垂直层次由原来的28层加密到35层，使省气象台对强对流天气的预报水平较以前有了提高。

2005年7月，陕西省气象台建立的“陕西省数值预报业务系统”投入运行，方便了预报人员查看所需各类气象信息，缩短了制作天气预报的时间。

2007年上半年，陕西省气象台引进乡镇精细预报制作技术，本地化开发乡镇精细预报制作系统，当年6月向全省气象台站发布1917个乡镇的精细化预报指导产品。

2010年5月，陕西省气象台引进安装的SWAN1.0系统在全省地市级气象台站投入业务运行。SWAN1.0系统可同时显示雷达回波产品和地面自动站的实时数据，投入使用后，省气象台对强对流天气尤其是突发性强对流天气的监测、预报和服务水平有了提升。

第三节　中尺度数值模式及产品应用

1995年5月，陕西省气象台移植开发的“地方暴雨增强数值模式T63嵌套”、“η坐标强地形有限区域数值模式”投入运行。

1997年6月中旬，陕西省气象台向社会公开发布“西安城市降水概率”预报。

1999年5月，陕西省气象台《MOS预报系统》投入业务运行。

2004年5月1日，陕西省气象台《AREM中尺度数值模式》投入业务化运行。《AREM中尺度数值模式》对大降水的落区、区域范围、雨带走向、阵性降水有一定的预报能力。

2005年3月，陕西省气象台研发的“T213预报产品释用技术”投入业务运行。《T213预报产品释用技术》对分县降水及其他气象要素预报有着实际应用意义，并成为数值预报中的一项客观方法。

2005年5月，陕西省气象台引进的“GRAPES模式”同化系统投入业务运行。

2005年6月，陕西省气象台开发的“神箭MM5”模式温度、降水检验系统投入运行，同时研制开发了《陕西WRF实时预报系统》。

2006年4月，陕西省气象台完善了GRAPES-MESO模式，并投入业务化运行。

2006年6月，陕西省气象台引进研发的“WRF模式”投入业务运行。

2010年5月，陕西省气象台引进研发的“WARMS模式”投入运行。

第十一章　天气预报业务

1990—2010 年，陕西省气象台基本建成了比较完善的气象预报预测系统、视频天气会商系统、天气实况视频监视系统、中尺度数值天气预报业务系统、灾害性天气短时临近预警系统和落区预报系统、山洪地质灾害、流域面雨量等专业预报业务系统，形成了以数值预报产品为基础，以人机交互处理为平台、综合多种技术方法和预报技术络线，为市县气象台站天气预报预测和全省气象服务提供了有力的技术支撑，有效提升了全省气象预报预警水平。

第一节　短时临近预报

1991 年 5—9 月，陕西省气象台向关中及西安地区发布短时和临近天气预报。

1991 年 6 月 5 日开始，陕西省气象台于每年汛期的 5 月 1 日—9 月 30 日，向关中地区市气象台适时发布指导预报产品。夏季每日 11:30 和 15:00 定时通过辅助通信网向关中各地(市)气象台提供短时指导预报产品。

1998 年 5 月，陕西省气象台开发研制了全省数字化天气雷达组网拼图及其软件，并进行了调试。同年 7 月 1 日起，全省天气雷达拼图业务投入运行，同时向中国气象局传输雷达实时资料。

2004 年 5 月 1 日起，陕西省气象台每年 5—10 月，每天发布 5 次(08、11、14、17、20 时)0～3 小时关中地区天气预报，内容包括天气现象、区间温度和风(有重大天气情况时细化到市)，并提前 15 分钟将预报产品上网，存放在省气象局 WEB 服务器 Yb 目录下，指导市气象台站的预报业务。同年 6 月 1 日起，省气象台开展灾害性天气及其灾害落区预报业务。

2006 年 6 月 15 日起，陕西省气象台短时天气预报提前半小时制作发布 0～6 小时、0～12 小时天气预报。

2007 年 5 月 1 日起，陕西省气象台对外发布短时定量降水预报。

2008 年汶川特大地震发生后，陕西省气象台在全省抗震救灾期间，从 5 月 13 日起，短时预报每天 6:30、10:30、16:30 三次加密制作发布《抗震救灾专题预报》，每三小时提供一次地震灾区加密降水量资料，包括前 3 小时累计雨量、未来 3 小时雨量预报等。

2009 年 5 月 10 日，陕西省气象台开展短时强对流潜势预报业务，并于每天 11:00 前发布并上网，增强了陕西强对流灾害性天气的监测、预报能力，丰富了陕西公众气象服务内容，提升了气象决策服务能力。

2010 年 5 月起，陕西省气象台对常规 6 小时短时预报发布制作时间调整为 09:00、15:00、21:00。当出现重要情况时按照色标规则附降水落区图。

第二节 短期天气预报

1991 年 6 月 15 日，陕西省气象台制作发布城市预报，并向陕西省电视台传递 10 地(市)城市天气预报。

1996 年 3 月 1 日起，西安地区天气预报上网发布。

1996 年 10 月 16 日起，陕西省气象台 05—05 时(24 小时)对各县气象站过去 05—05 时的 24 小时降水量由汛期发送改为全年发送。

2001 年 3 月，陕西省气象台向社会发布沙尘暴预报服务。

2002 年 6 月 1 日起，全省短期预报时效从 24、48 小时增至 72 小时。

2003 年 9 月 30 日，陕西省气象台开始正式制作精细化天气预报，并通过媒体正式对外发布。

2009 年，陕西省气象局与国土资源厅联合研发降雨型地质灾害精细化预报预警技术，发布全省 1913 个乡镇未来 24 小时和 12 小时的地质灾害等级预报。在 2010 年汛期气象服务中成功预报地质灾害 66 起，避免了 7000 多人伤亡。

第三节 中长期预报

1997 年 9 月 1 日起，陕西省气象台逐日发布全省及西安市 1～6 天滚动式天气预报，其中 1～3 天预报为逐日发布，4～7 天为趋势预报。

2000 年 5 月 20 日起，陕西省气象台旬预报发布时间改为逢 10 发布。

2002 年 6 月 1 日起，陕西省气象台中期逐日滚动预报由原来的 4～6 天延伸到 4～7 天。

2007 年 5 月开始，陕西省气象台中期预报每天滚动发布 10～20 天延伸期降水预报指导产品。

第四节 其他预报

一、地质灾害等级预报

2003 年 7 月 28 日起，陕西省气象台每年汛期的 5—9 月制作发布陕西省地质灾害等级预报预警信息。

二、面雨量预报

2003 年 7 月 28 日，陕西省气象台开展黄河北段流域、黄河中段流域、洛河流域、泾河流域、渭河上游流域、渭河下游流域、嘉陵江流域、汉江上游流域、汉江下游流域、丹江流域等全省 10 流域面雨量预报，每天制作府谷、神木、佳县、吴堡、靖边、横山、米脂、子洲、绥德、清涧、延川、安塞、宝塔、延长、吴起、志丹、甘泉、富县、洛川、宜川、宜君、合阳、韩城、华县、华阴、潼关、长武、彬县、旬邑、陇县、千阳、麟游、眉县、凤县、略阳、宁强、勉县、留坝、南郑、城固、佛坪、洋县、镇巴、石泉、汉阴、紫阳、岚皋、汉滨区、旬阳、平利、镇坪、柞水、镇安、山阳、洛南、丹凤、商南 57 个县域地质灾害预报，为全省防汛工作及时提供最新气象信息。

2005 年 5 月，陕西省气象台改进和完善了黄河北段流域、黄河中段流域、洛河流域、渭河上游流域、渭河下游流域、泾河流域、嘉陵江流域、汉江上游流域、汉江下游流域、丹江流域全省十大江河流域面雨量预报系统，预报时效增加为 6 小时一次的预报间隔。

三、环境预报

（一）空气质量等级预报

1998 年 10 月，陕西省气象台引进美国空气污染扩散模式及软件，调试后开始了西安市空气质量预报。

（二）大气污染分布预报

2001 年 3 月，陕西省气象台向社会发布沙尘暴预报服务。

2003 年 1 月起，陕西省气象台将浮尘、扬沙、沙尘暴等沙尘天气趋势预测纳入短期气候预测业务，每年 1 月发布一次全省沙尘天气趋势预测，2—4 月发布下一月陕北、关中、陕南三个区域沙尘天气出现频数及影响范围的预测信息。

2005 年 5 月 1 日，陕西省气象台创建的《陕西省生态环境监测服务系统》共享平台投入业务运行。

第五篇　气候业务

1990—2010年，陕西气象部门以防灾减灾、重大活动、重大气候事件、汛期、社会公众服务为重点，围绕气候预测客观化、评估定量化、平台集约化和服务精细化目标，集中精兵强将，建立了气候评价研发体系和短期气候预测业务系统，开展气候预测产品研发，实现了气候业务的快速发展。省气候中心利用气候预测业务平台，研制出SVM、统计降尺度等方法，定期发布季、年短期气候预测产品，提供区域月、季、年时间尺度和气候预测、诊断和影响评估等服务产品，为地方政府提供气象防灾减灾的科学决策依据，为开发利用气候资源提供科学决策依据。

第十二章　气候资料

陕西省的气候资料包括风向、风速、气温、气压、降水、日照时间、相对湿度、温度的垂直梯度和逆温层底部高度等。1990 年后，陕西省气象部门集中业务技术力量，对全省气象站所有的地面气象观测资料、高空气象探测资料、农业气象观测资料、生态环境观测资料、酸雨观测资料进行了审核，整编和数字化处理，建立了省级气候资料服务系统和省级气象数据资源建设与共享服务系统，为全省气象部门和社会各界提供气象资料服务，实现了气象科学数据的省级共享。

第一节　气候资料概况

一、地面、辐射观测资料

1990—1992 年 12 月，承担地面气象观测任务的榆林、延安、铜川、宝鸡、咸阳、西安、渭南、汉中、安康、商县等 96 个国家气象站和承担气象辐射观测任务的延安、西安、安康 3 个国家气象站，将气象台站人工制作的纸质气表-1(地面气象记录月报表)、气表-21(地面气象记录年报表)、气表-33(气象辐射记录月报表)上报陕西省气象局资料部门，经省级资料审核员人工审核后，上报中国气象局，并交陕西省气象档案馆归档。

1993—1996 年 9 月，陕西省 96 个国家气象站向省气候资料室上报地面气象记录月、年报表简表，省气候资料室据此进行资料录入、报表打印，形成并存储全省地面气象月、年报表信息化资料，审核人员人工审核机打纸质气表-1、气表-21、气表-33，上报中国气象局，并交陕西省气象档案馆归档。

1996 年 10 月—2002 年 9 月，陕西省 96 个国家气象站采用 AH4.1 软件自行用微机制作报表并上报软盘，省级审核员人机结合进行审核。1999 年以后，省气候资料室审核科归属省气象台，同年省气象台完成了全省 96 个国家气象站 1951—1993 年地面气象月报表信息化工作，形成了 A0 文件。2000 年 1 月开始，省气象台停止向国家气象中心报送纸质气表-1，通过气象卫星综合应用业务系统向国家气象中心上传审核后的地面气象资料 A0、A6、V0/A1、A7、V1 文件。

2001 年，陕西省气象台完成了榆林、横山、定边、绥德、延安、吴起、洛川、铜川、宝鸡、长武、武功、西安、华山、汉中、佛坪、略阳、安康、石泉、商县、镇安 20 个国家基本、基准站 1991 年 1 月—1998 年 12 月的地面气象记录月报表信息化资料 A6、A7 文件的录入、修改工作。

2002 年 10 月开始，陕西省 96 个国家气象站实现了从省气象局局域网上传地面月报表 A0、A6、V0/A1、A7、V1 数据文件，省气象台资料审核员从局域网接收报表数据文件，使用 AH5.0 人机结合进行审核。

2003 年 1 月—2008 年 12 月，历经 6 年，陕西地面气象人工观测逐步被自动气象站取代。全省 99 个国家气象站，包括 2006 年恢复的三原气象站、2007 年恢复的黄陵气象站及

2008年新增的杨凌气象站,分四批经过两个阶段的平行观测,即第一阶段采用自动和人工平行观测,以人工观测为主;第二阶段采用自动和人工平行观测,以自动观测为主,至2009年1月,地面观测全部进入自动站单轨运行。

2003年1月—2008年12月,陕西省执行平行观测的99个国家气象站向省气象台同时上传人工站月报表数据A0、A6、V0/A1、A7、V1文件和自动站月报表数据A、J文件以及年报表数据Y文件,省气象台资料审核员使用AH5.0和中国气象局地面气象测报软件人机结合对上述数据文件审核,上报中国气象局,并交陕西省气象档案馆归档。同时对自动站与人工站平行观测数据进行对比分析,向中国气象局和省气象局业务管理部门上报质量评估报告。

2004年1月起,西安、延安、安康3个国家气象站使用中国气象局地面测报业务软件制作气象辐射观测数据R文件,上传省气象台,省气象台资料审核员人机结合审核后上报中国气象局,并交陕西省气象档案馆归档。

2009年1月起,陕西省99个国家气象站向省气象信息中心上报地面气象观测月数据A、J文件和地面气象观测年数据Y文件,省信息中心审核员人机结合审核后上报中国气象局,并交陕西省气象档案馆归档。

二、高空探测资料

1990—1998年12月,西安、延安、汉中、安康4个国家高空探测站将人工制作的纸质高表-1(高空风记录月报表)和高表-2(高空压、温、湿记录月报表)上报省气象局资料部门,经省级资料审核员人工审核后,上报中国气象局,并交陕西省气象档案馆归档。

1999年1月—2004年12月,西安、延安、汉中、安康4个国家高空探测站的高表-1和高表-2开始应用计算机制作,打印形成纸质报表上报省气象台,省气象台高空资料审核员人工审核后,上报中国气象局,并交陕西省气象档案馆归档。

2005年1月起,汉中、安康、西安三个国家高空探测站历经三年,先后将原来的GZZ-2型机械探空仪改造为GTS1型数字探空仪,雷达由701二次测风雷达改为GFE(L)1型二次测风雷达。2010年1月开始,汉中、安康、西安三个国家高空探测站通过陕西省气象局局域网向省气象信息中心上传L波段电子探空取得的月数据G文件,同时上报双轨运行的高表-1和高表-2纸质月报表,省级资料审核员利用软件对G文件人机结合进行审核、对纸质报表人工审核,G文件和报表均上报中国气象局,并交陕西省气象档案馆归档。

三、农业气象观测资料

1990—2010年12月,榆林、绥德、延安、洛川、凤翔、咸阳、旬邑、永寿、武功、临潼、渭南、蒲城、韩城、大荔、城固、安康、商县等17个国家农业气象一级观测站及长安国家农业气象二级观测站每年向陕西省气象局资料部门上报人工制作的纸质农气表-1(作物生育状况观测记录年报表)、农气表-2-1(土壤水分观测记录年报表)、农气表-3(自然物候观测记录年报表),经省级资料审核员人工审核后,一级站报表上报中国气象局,一级站和二级站报表交陕西省气象档案馆归档。

四、生态环境观测资料

2005年5月—2010年12月,陕西省气象局开展生态气候环境观测,神木、榆林、定边等66个国家气象站承担生态观测任务,人工制作并向省气象局资料部门上报纸质年报表，经过省级资料审核员人工审核后，交陕西省气象档案馆归档。

五、酸雨观测资料

2006 年 6 月—2010 年 12 月，陕西省气象信息中心资料审核员对承担酸雨观测任务的榆林、米脂、神木、延安、耀县、宝鸡、扶风、咸阳、泾河、渭南、汉中、略阳、安康、石泉、商县 15 个国家气象站上报的酸雨观测数据 S 文件，采用酸雨审核软件人机结合进行审核后，交陕西省气象档案馆归档。

第二节　气候资料整编

1990—2003 年，陕西省气象资料由省气候资料室、省气候应用所和省气象台按照当时的管理范围，逐年整编了上一年度的《陕西省气象异常年表》。1990 年的气象异常年表全省纳入统计的有 71 个气象台站，比较的历史值为 1951—1980 年；1991—2000 年的气象异常年表全省纳入统计的有 75 个气象台站，比较的历史值为 1961—1990 年；2001—2003 年的气象异常年表全省纳入统计的有 93 个气象台站，比较的历史值为 1971—2000 年。

2001—2002 年，陕西省气象台对全省 96 个气象台站的地面资料进行了整编。整编了 1961—2000 年 40 年、1971—2000 年 30 年、1991—2000 年 10 年的地面资料，全部为电子版存储。2002 年 12 月，省气象档案馆编印了《陕西省气候资料(1971—2000 累年值)》。

2002—2007 年，陕西省气象台采集制作了陕西境内国家基本站和基准站建站至 2000 年的气象台站历史沿革，将电子版结果上报中国气象档案馆，同时省气象档案馆编印了《陕西省 20 个国家气象台站历史沿革表》。

第三节　气候资料数字化

2003—2007 年，陕西省气象台对榆林、横山、定边、绥德、延安、吴起、洛川、铜川、宝鸡、长武、武功、西安、汉中、佛坪、略阳、安康、石泉、商县、镇安 19 个国家基本(准)地面气象站 1961—2000 年的降水自记纸进行了图像扫描和迹线数据提取的数字化处理。

2009 年，陕西省气象信息中心对榆林、定边、靖边、合阳 4 个地面气象站 1971—2008 年风自记纸进行了数字化处理；对陕西省境内的国家基本(准)气象站和一般气象站 1951—2000 年的气表-1、气表-2、气表-4、气表-5、气表-6、气表-8，以及气象月总簿(1951—1953 年)进行了图像扫描，建立了相应的扫描图像文件数据集；对 1951—2000 年的气表-4、气表-5、气表-6、气表-8，以及气象月总簿(1951—1953 年)和气表气表-1 的逐小时降水、逐小时风向风速、逐小时日照和逐日电线积冰记录页进行了资料录入，建立了国家基本(准)气象站和国家一般气象站 1951—2000 年逐小时降水、逐小时风向风速、逐小时日照和逐日电线积冰录入文件数据集。

2010 年，陕西省气象信息中心对榆林、商县、华山、翠华山测候所及南郑机场气象台、汉中机场气象组、西安测候所兴平临时观测站、国立中央研究院气象研究院所南郑测候所等 8 个气象站 1949 年以前气象记录报表进行了图像扫描；对全省 99 个国家地面气象站

1954—2004 年地面气象记录年报表(气表-21)资料进行了图像扫描和图像文件数据集制作;对长安国家二级农业气象站(农气表-1、气表-2、气表-3)1980—2009 年作物观测资料、土壤水分观测资料、物候观测资料进行了图像扫描、数据录入和图像文件数据集、录入文件数据集制作;对榆林、横山、定边、绥德、延安、吴起、洛川、铜川、宝鸡、长武、武功、西安、华山、汉中、佛坪、略阳、安康、石泉、商县、镇安 20 个国家基本(准)气象站 1951 年至自动站正式运行前一年 EL 型风向风速自记纸进行了图像扫描以及图像文件数据集制作;对全省 19 个国家基本(准)气象站建站至 1960 年和 2001 年至自动站正式运行前一年及国家一般气象站建站至自动气象站正式运行前一年降水自记纸进行了图像扫描与图像文件数据集制作;对全省 99 个国家地面气象站年报表记录(气表-21)1980—2004 年(5、10、15、20、30、45、60、90、120、180、240、360、540、720、1440 分钟)15 个时段降水量数据进行了录入,制作了录入文件数据集;对榆林、神木、米脂、延安、耀县、宝鸡、扶风、咸阳、渭南、略阳、汉中、商县、石泉、安康、西安、泾河 16 个酸雨气象站台站历史沿革数据进行了数据采集,建立了“陕西省酸雨气象台站历史沿革文件数据集”;对榆林、绥德、延安、洛川、旬邑、武功、永寿、咸阳、凤翔、长安、临潼、蒲城、韩城、大荔、渭南、城固、商县、安康 18 个农业气象台站历史沿革数据进行了数据采集,建立了“陕西省农业气象台站历史沿革文件数据集”。

第四节　气候资料服务与共享

2002 年 1 月,陕西省气象台开发了“陕西省气候资料服务系统”。系统包括地面资料服务和高空资料服务两部分,具有各种查询、检索、统计及格式质量检查、资料追加、系统维护等功能,可快速方便地查询到地面 96 个气象台站的 12 个要素 58 项的时、日值和 50 项候、旬、月、年值资料。系统投入业务运行后,为陕西气象部门和社会各界提供了大量的气象资料服务产品。

2006 年 4 月—2009 年 12 月,陕西省气象局完成了“省级气象数据资源建设与共享服务”系统建设,实现了气象科学数据的省级共享。

一、气候资料数据库建设

2006—2009 年,陕西省气象信息中心先后建立了陕西 101 个地面气象观测站 1951—2008 年定时、日、旬、月、年常规资料数据集,100 个地面气象观测站 1981—2008 年雷暴、沙尘暴、雾三种天气现象的日值资料数据集和以沙尘暴、扬沙、浮尘的天气日数资料为数据源的月值资料数据集,99 个地面气象观测站 2004—2008 年全省自动站逐小时资料数据集,20 个国家基本(准)气象站 1991—2008 年逐小时降水和逐小时风资料数据集等,并建立了各数据集对应的数据库。

二、资料共享网站建设

2006 年 4 月,陕西省气象局着手建设“陕西省气象科学数据共享服务”网站,当年 12 月建成并向社会各领域开放。通过这个网站可查询全省 101 个地面气象观测站 1951—2008 年气压、气温、水汽压、相对湿度、降水量、蒸发、风和日照 8 个要素的定时、日、旬、月、年地面气象数据,以及全省 100 个地面气象观测站的雷暴、雾、沙尘暴等气象数据。

第十三章　气候评价与预测

1990—2010年，陕西省气象部门依据气候演变规律及气象资料，采用统计方法和动力学数值预报方法，开展气候预测和气候影响评价业务，为省政府决策服务，为相关部门和专业用户服务，并取得了显著的社会经济效益。

第一节　气候影响评价

一、年气候影响评价

1990—2010年，陕西省气象局在每年3月初以前对过去一年的气候特点和影响进行分析评价，并以《××××年陕西省气候影响评价》或者《××××年陕西省气候公报》，报送省人民政府及其有关部门、上级业务部门，下发市、县气象部门。气候公报的主要内容有四：一是基本气候概况，主要描述年内气温、降水和日照三个气候要素的时空分布特点；二是主要气候事件，即对年内出现的暴雨、大风冰雹、干旱、低温、高温、连阴雨、沙尘暴、雷电、大雾等主要气候事件进行总结；三是专题气候影响评价，主要分析年内气候对农业、交通等行业的影响；四是展望性气候影响评价，根据年度气候预测结果对下一年可能产生的影响进行展望性评价。

对于年内发生的影响全省的重大天气候事件，陕西省气象局通过媒体及时向社会公布相关信息。

二、月气候影响评价

1990—2010年，陕西省气象局在每月5日前对上月气候影响进行评价，制作发布《××××年××月陕西省气候影响评价》，报送省人民政府及有关部门。月气候影响评价的主要内容有：基本气候概况，即月气温、降水分布概况、距平分布以及时间序列变化特征的描述，日照时数分布概况；主要气候事件，即对月内出现的主要气候事件进行总结；气候影响评价，即分析本月气候对农业、交通等行业的影响；未来气候趋势展望，即展望未来一月的气候趋势，结合前期气候，提出下月生产建议。

三、重大气候事件影响评价

陕西省气象局对干旱、洪涝等重大气候事件发生时，或结束后两日内形成《重大气候事件》专题材料，报送省人民政府及有关部门。评价的主要内容有：对重大气候事件发生的气候要素特征，由气象灾害产生的衍生灾害进行总结评估，结合自然灾害产生的后期需求变化，提出重点关注与建议。

1990年。全省年平均气温偏高0.5～2 ℃，年降水量与常年基本持平，年日照偏少，但农作物生长关键期日照充足。冬季温暖，冬季全省平均气温较常年偏高1～3 ℃，其中陕北较常年偏高4 ℃，关中偏高3 ℃；春寒多雨(雪)，咸阳等地区遭受冻害；夏季气温正常或略偏低。6月全省降水偏少2～7成，伏旱严重，关中、陕南西部出现暴雨洪水；秋季气温偏高,降水偏少。全省1—4月大部倒春寒,农作物受冻,小麦返青迟、春播推迟;下半年干旱,半数农田受旱,80万亩绝收,50多万人、畜饮水困难。全省出现暴雨日59县次,特别是7月5—6日,汉中、宝鸡大暴雨,死亡33人,直接经济损失约12亿元。

1991年。全省平均气温陕北、关中偏高,陕南偏低。降水春季偏多,夏、秋、冬季降水大部偏少,干旱严重。冬暖春冷,陕北、关中暑期酷热少雨。年内全省出现暴雨81县次,暴雨过程5次。全年降雹75县次,127万亩农田受灾,成灾75万亩。3月下旬、4月中旬出现倒春寒。7月干旱少雨,气温偏高1~4 ℃,极端最高气温长安高达40.6 ℃。暑期气温偏高幅度之大,持续日期之长,为历史同期罕见。冬季是1986年以来第五个暖冬年。

1992年。全省大部气温偏低,降水持平,日照偏少,低温寡照。先后出现冬春旱、伏旱、夏初涝、秋淋、盛夏8月多暴雨。

1993年。全省冬暖夏凉秋寒,1月、5月、7月、8月、10月、11月气温偏低,降水偏少,多数地区风调雨顺,全年无大灾。粮食大丰收,棉花收成好于上年。

1994年。陕西省天气气候异常,年平均气温陕北偏高0.6~1.1 ℃,关中偏高0.5~0.8 ℃,年降水关中、陕南偏少,关中春夏大旱,全省属高温、少雨、寡照、农业气候较差年景,有210万人、70万头大家畜饮水困难,粮食减产27亿千克,较上年减少22.3%,1400家工矿企业停产,受灾人口2650万。

1995年。陕西省冬、春、夏连旱,秋季大旱,部分地区四季连旱,年降水量大部分地区偏少3成以上,是60多年来陕西旱情最重和气候年景最差的年份。年日照时数全省大部偏多,气温偏高,与常年比较,关中年平均气温偏高0.6~1.3 ℃,陕北偏高0.5~1.2 ℃,陕南偏高0.3~1.1 ℃,出现暖冬、酷暑,年日照时数全省大部偏多,粮食生产是继1994年之后又一歉收年。

1996年。陕西省上半年气温低、降水少、日照不足、干旱严重,下半年风调雨顺,降水量大部正常,农业好于1994年和1995年,属较好年份。

1997年。陕西省气温长期偏高,降水明显偏少,汛期高温干旱,农作物受旱面积2900万亩,占到秋季总面积的85%,其中70万亩绝收,180万人口、60万头大家畜饮水发生困难。5—9月,全省气温偏高,西安、宝鸡两市≥35 ℃日数分别为62天、42天,为历史最高值,酷热难耐,给人民生产、生活带来不便。

1998年。陕西省气温异常偏高,降水冬秋少、春夏多,夏粮丰收,5月、7月、8月三个月雨水多,秋粮产量高,全省粮食总产、果品总产双创历史最高水平,气候属较好年份。

1999年。全省气温显著偏高,异常冬暖和历史罕见的秋冬春持续偏暖,冬季平均气温陕北关中偏高2.0~3.5 ℃,陕南偏高1.5~3.0 ℃,陕北、陕南降水偏少,秋冬初春持续干旱,陕北四季连旱,安康夏秋连旱,给工农业生产造成严重的影响。年内暴雨少,全省共计出现暴雨63站次,为1961年以来第五个少暴雨的年份。冰雹灾害频繁发生,年内共出现5次大范围降雹天气过程,损失严重。

2000年。全省气温普遍偏高,降雨偏少,冬春持续干旱,至5月20日,10~50厘米深土壤相对湿度陕北大部不足40%,渭北、关中西部旱地不足50%。陕北北部四季连旱,对农业生产影响较大。商洛地区冬小麦受旱125万亩,占播种面积的86.2%,25万亩绝收,全区冬小麦减产25%~30%,53万亩春播洋芋出苗差、缺苗断垄严重。安康地区有250万亩耕地受旱，严重受旱 64.3 万亩，绝收 21 万亩，有 63 万人、28 万头牲畜饮水发生困难，陕北、关中伏旱，秋粮普遍减产，部分玉米绝收。

2001 年。全省春季降水偏少，其中陕北南部偏少 3～7 成，关中大部偏少 5～9 成，陕南偏少 2～6 成，春旱严重，春播作物出苗不齐，冬小麦干枯早衰，灌浆受阻，夏播玉米发育受阻，经济果林生产受到影响，植树造林成活率明显下降，水库蓄水和地下水位也相应下降。4 月上旬末、中旬初，全省大范围的低温冻害，同时伴随大风、沙尘、降雪及局部地区冰雹，使盛花期苹果、梨、枣、花椒、核桃等经济作物受冻严重，为近 40 年来罕见，川道、河谷地带的梨树部分绝收，核桃减产 90%以上，花椒、中药材、烤烟和其他水杂果不同程度遭到严重冻害。9 月下旬到 10 月下旬，陕北 39 天、关中 44 天、陕南 63 天为持续阴雨天气，气温偏低，光照不足，秋作物贪青晚熟，棉花霉烂，苹果缺乏充足光照及温差，品质下降，红枣大面积霉烂、大幅度减产。

2002 年。全省年平均气温 10～17 ℃之间，冬、春、夏、秋四季均比常年偏高，降水量略偏少，光照充足，冬季暖，春季降水偏少 2～5 成，气温持续偏高，土壤失墒严重，受旱面积 1400 万亩，对夏粮生产影响较大。盛夏酷热，秋季无秋淋。全年气候条件对农业生产利弊相当，全省粮食总产比上年增长 3%，属于一般年景。

2003 年。全省年降水量陕北、陕南比常年偏多 1～5 成、关中偏多 3～8 成，春季透雨偏早，夏秋季降水偏多，秋淋明显，关中东部、陕南部分地区出现严重的暴雨洪涝灾害。气温陕北偏高 0.5 ℃左右，其余大部正常或略偏低，初冬严寒，隆冬偏暖，沙尘暴天气异常偏少。年日照时数与常年相比，偏少 100～500 小时。全省气候条件对夏粮和春玉米生产有利，夏粮和秋粮分别比上年增长 6.2%和 3.0%。

2004 年。全省年平均气温与常年比较，陕北、关中偏高 0.5～2 ℃，陕南基本持平。气温起伏较大，冬春暖，夏秋凉。年降水量与常年相比，除陕北北部局地、陕南东部、陕南南部局地略偏多外，省内其余地区偏少 1～4 成，无大面积的严重干旱，年日照时数全省基本正常，在农作物生长关键期降水及时，光、热、水等气象条件对农业、果业较为有利，粮食生产是 1949 年以来全省第 4 个大丰收年。

2005 年。全省年平均气温与常年比较，陕北大部偏高 0.5～1 ℃，关中、陕南持平，年极端最低气温为旬邑 2 月 19 日－22.7 ℃，年极端最高气温为吴堡 6 月 22 日 42.8 ℃。年降水量与常年相比，陕北北部偏少 1～3 成，陕北南部、关中大部及陕南西部接近常年，宝鸡西部、陕南中东部偏多 1～5 成。年日照时数与常年相比，陕北大部、渭北偏多 200～300 小时，陕北北部、关中西部偏少 70～170 小时，关中东部偏多 50～250 小时，陕南大部分偏少 20～50 小时。全年光、热、水等气象条件对农、林、蔬菜生产的影响利害相当，全省粮食生产属一般年景。

2006 年。全省年平均气温与常年比较，陕北大部偏高 1～3 ℃，关中偏高 1～2 ℃、陕南偏高 0.5～2 ℃，是陕西省自有气象记录以来最暖的年份。月平均气温仅 9 月关中、陕南偏低，其余月份均偏高，其中 3 月、10 月和 11 月全省大部气温偏高 2～3 ℃，其中 10 月全省大部分地区创 1961 年以来月平均气温的最高值。年降水量与常年相比，陕北北部偏少 1～4 成，陕南中西部偏少 1～3 成，陕南安康和汉中部分地区偏少，省内其余大部分接近常年同期降水量。年日照时数与常年相比，陕北大部偏多 20～170 小时，关中西部偏少 70

～400 小时，陕南中西部偏多 150～230 小时，省内其余地区接近常年。

2007 年。陕西省发生了干旱、低温冻害、洪涝、冰雹等多种气象灾害，特别是入汛以来，天气气候异常，为历史罕见，尤其是陕南多次出现局地强暴雨天气，引发特大山洪泥石流，灾害造成 1800 万人次受灾，死亡 96 人，失踪 66 人，直接经济损失达 135 亿元。

2008 年。全省共出现 18 个冰雹日，共 23 站(次)；出现 107 个大风日，279 站(次)大风；4 月 21—23 日，宝鸡市和延安部分地方遭受低温冷冻灾害，23.33 千公顷农作物受灾，绝收 8.66 千公顷，核桃、花椒等损失惨重；全省发生 24 个暴雨日，暴雨 65 站(次)，死亡 12 人，失踪 4 人，倒塌房屋 2034 间，转移安置 8859 人，农作物受灾面积 133259 公顷，造成直接经济损失 75900.33 万元。

2009 年。陕西省气象灾害发生的频率高、范围广，全省先后遭受了干旱、风雹、暴雨、高温、雷电、连阴雨、暴雪、低温、大雾等多种气象灾害。其中暴雨、干旱、暴雪灾害造成的损失最为严重。全省大范围冬春连旱 97 天，114.82 万人、37.33 万头大牲畜饮水困难，粮食作物减收 100.87 万吨，水产养殖减产 714.5 吨，减少水力发电量 589 万千瓦时，直接经济损失达 36.41 亿元，其中农业经济损失 31 亿元。

2010 年。陕西省天气气候异常，暴雨、干旱、风雹、高温、低温、雷雨大风、大雾等多种气象灾害发生频率高、范围广、强度大。“7.18”、“7.24”、“8.12”、“8.18”暴雨，4 月 11—14 日“倒春寒”，6 月中下旬高温少雨，4 月下旬强沙尘天气，9 日冰雹、雷雨大风，7 月下旬 8 月上旬“桑拿天”，11 月陕南大雾弥漫等 10 次天气事件对全省经济发展和人民生活造成了严重影响。全省农作物成灾面积 30.9 万公顷，绝收 6.7 万公顷，倒塌房屋 63 间，损坏房屋 218 间，直接经济损失约 28.7 亿元，其中，农业损失约 22.4 亿元。

第二节 气候预测

一、年气候预测

1990—2010 年，陕西省气象局在每年 11 月初制作下一年度气候预测产品，通过产品发放的形式直接面向省政府决策部门、上级及同级气象部门服务。服务产品内容为：下一年度(1—10 月)各季总降水量、降水距平百分率、季内各月降水量、降水距平百分率，下一年度各月平均气温、气温距平，年度内主要天气气候事件(包括春季第一场透墒雨、初夏汛雨、伏旱、秋淋多雨时段等)有无，出现的时间范围以及事件强度。

二、季气候预测

1990—2010 年，陕西省气象局在每个季节开始月前一个月月底前两天制作发布季节气候预测产品，发送给省政府决策部门、上级业务单位、市、县气象部门，以及相邻省份气象部门。每年分春季(3—5 月)、夏季(6—8 月)、秋季(9—11 月)、冬季(12 月—次年 2 月)。季节气候预测产品内容包括季总降水量、降水距平百分率、季内各月降水量、降水距平百分率；包括季平均气温，季平均气温距平，季内各月平均气温、气温距平；包括季内主要天气气候事件有无，出现的时间范围以及事件强度，如春季第一场透雨、初夏汛雨、伏旱、秋季连阴雨(秋淋)等；包括与预测结论相关的对策建议。

三、月气候预测

1990—2010 年，陕西省气象局在每月底前两天发布下一个月的气候趋势预测产品《陕西省××月气候预测》，发送给省政府决策部门、上级业务单位、市、县气象部门，以及相邻省份气象部门。月气候预测产品的主要内容包括上月气候概况，主要气候事件；月降水量、降水距平百分率预测结果；月平均气温、气温距平预测结果；月内主要天气气候事件有无，出现时间范围以及事件强度预测；包括与预测结论相应的对策建议。

四、旬滚动月气候预测

1990—2010 年，陕西省气象局每年在每月上旬末、中旬末发布旬滚动月气候预测订正产品。产品作为指导产品以网络形式向省气象局各处室、直属业务单位和地、市气象局发布。产品内容为：降水、气温总趋势，主要降水过程，气温、降水量预测等。

同时，陕西省气象部门针对春运、举办运动会等重大活动制作发布专题气候预测服务产品。

第三节　气候可行性论证

2006 年以前，陕西省气候资料室曾经受西安公路学院等单位委托开展过公路沿线大气稳定度计算分析等方面的气候论证工作，但规模较小。2006 年陕西省气候中心成立后，按照中国气象局的部署和经济建设的需要，开展建设项目气候可行性论证。建设项目气候可行性论证服务对象包含：(一)城乡规划、重点领域或者区域发展建设规划；(二)重大基础设施、公共工程和大型工程建设项目；(三)重大区域性经济开发、区域农(牧)业结构调整建设项目；(四)大型太阳能、风能等气候资源开发利用建设项目；(五)其他依法应当进行气候可行性论证的规划和建设项目。

1990—2010 年间，陕西省开展的气候可行性论证工作主要服务于火电厂空冷设计与优化、风能太阳能资源评估、电线积冰调查与参数计算、大气环境质量评价和环评等 300 余项。现以火电厂空冷项目、电线积冰调查与参数计算为主列举主要工作如下。

2006 年 7 月 3 日，中国电力工程顾问集团西北电力设计院委托陕西省气候中心承担华能延安电厂和华能段寨电厂工程空冷气象对比观测站建设及资料整编工作。根据合同，省气候中心于 2006 年 7 月 10 日在府谷县段寨村建成空冷气象对比观测站，并开始了为期一年的气候观测。2007 年 7 月 10 日，省气候中心完成观测工作，提交了《华能延安电厂和段寨电厂工程空冷气象对比观测站建设及资料整编》报告，报告包括空冷气象对比观测及气象要素观测、代表电厂工程的空冷器布置区域等成套观测资料。

2006 年 8 月 28 日，陕西省气象局大气环境影响评价中心受国电宝鸡第二发电厂扩建工程筹建处委托，就国电宝鸡第二发电厂建设，要求大气环境影响评价中心建设空冷气象对比观测站、开展气象要素观测，提供《空冷气象参数对比分析报告》。随后，省气象局大气环境影响评价中心对观测站进行了选址与建设，并进行了为期一年的观测。2007 年 9 月，大气环境影响评价中心向国电宝鸡第二发电厂扩建工程筹建处提交了空冷气象对比观测站建设的气象资料及《空冷气象参数对比分析报告》，内容包括分析预测今后 30 年干球温度、风速、风向的变化趋势，以及通过对比期间所获得的两地实测资料，确定两地之间干球温度、风速、风向的差异。

2006 年 12 月 26 日,陕西省气象局大气环境影响评价中心受省投资集团(有限)公司委托,拟在商洛市商州区张村镇建设商洛发电厂,要求大气环境影响评价中心建设空冷气象对比观测站、开展气象要素观测,提供《空冷气象参数对比分析报告》。根据要求,大气环境影响评价中心对观测站进行选址与建设,并进行了为期一年的观测。2007 年 10 月,大气环境影响评价中心向省投资集团(有限)公司提交了空冷气象对比观测站建立及其气象要素分析报告,内容包括对比气象站 1996—2005 年逐时干球温度、风速及相应风向,逐年的年平均干球温度和年平均风速等。

2006 年 12 月 20 日,中国电力工程顾问集团西北电力设计院委托陕西省气候中心承担延安姚店电厂二期工程空冷气象对比观测站、观测气象要素及气象资料整编项目。根据要求,陕西省气候中心 2007 年 1 月 31 日进行了观测站选址与建设,并对地面 10 米、30 米、50 米高度的干球温度及风速和相应的风向进行了为期一年的观测;2008 年 1 月 31 日提交了分析报告,内容包括气象站 1996—2005 年逐时干球温度、风速及相应风向,逐年的年平均干球温度和年平均风速,当地的大风类型及产生大风的天气系统。

2006 年 12 月 31 日,中国电力工程顾问集团西北电力设计院委托陕西省气候中心承担华电榆横发电厂工程建设空冷气象对比观测站、观测气象要素及气象资料整编。根据要求,2007 年 1 月 31 日陕西省气候中心对观测站进行选址与建设,并进行了为期一年的地面 10 米、30 米、50 米高度的干球温度及风速和相应的风向观测;对比了气象站 1996—2005 年逐时干球温度、风速及相应风向,逐年的年平均干球温度和年平均风速;当地的大风类型及产生大风的天气系统。2008 年 1 月 31 日,陕西省气候中心结束观测,并提交了分析报告。

2007 年 4 月 2 日,陕西清水川发电有限公司委托省气候中心承担陕西府谷清水川电厂二期工程拟建处建设空冷气象对比观测站、开展气象要素及气象资料整编的项目。根据要求,省气候中心对观测站进行选址与建设,并进行为期一年的观测;对地面 10 米、30 米、50 米高度的干球温度及风速和相应的风向进行观测;对比气象站 1996－2005 年逐时干球温度、风速及相应风向,逐年的年平均干球温度和年平均风速;对比分析气象站 2004 年－2005 年逐时气温,分析两地之间环境气象场的变化。2008 年 3 月,省气候中心完成并提交了《陕西府谷清水川电厂二期工程空冷气象对比观测站建设及空冷气象参数对比分析报告》。

2008 年 12 月 16 日,陕西省气候中心受陕西华电杨凌热电有限公司的委托,承担陕西华电杨凌热电有限公司(2×330 兆瓦)热电联厂项目胡家底厂址建设空冷气象对比观测站、开展气象要素观测及《空冷气象参数对比分析报告》研制项目。根据要求,省气候中心对观测站进行选址与建设,并进行为期一年的观测;对地面 10 米、30 米、50 米高度的干球温度及风速和相应的风向进行观测;对比气象站 1981－2007 年逐时干球温度、风速及相应风向,逐年的年平均干球温度和年平均风速,逐月的各风向频率。2009 年 7 月,省气候中心完成并提供了空冷气象参数对比分析报告。

2008 年 5 月 9 日,陕西省气候中心受中国大唐集团公司彬长煤电水一体化项目筹建处委托,承担大唐彬长发电厂(2×1000 兆瓦)二期扩建工程在大唐彬长发电厂预留场地建设空冷气象对比观测站、开展气象要素观测及《空冷气象参数对比分析报告》研制项目。根据合同，省气候中心技术人员进行了一系列的数据采集、观测及资料分析。2009年7月，省气候中心完成并提供了空冷气象对比观测站站址及气象要素和空冷气象参数对比分析报告。

2008年6月20日，陕西省气候中心受中国电力工程顾问集团西北电力设计院的委托，承担国电西安南郊(2×300兆瓦)热电联产项目工程建设空冷气象对比观测站建设及资料整编的工作。根据合同，省气候中心建立观测站，并进行了为期一年的观测。2009年4月，省气候中心完成并提交了国电西安南郊(2×300兆瓦)热电联产项目工程建设空冷气象对比观测站建设及资料整编的工作。资料内容包括气象站1998—2007年逐时干球温度、风速及相应风向，逐年的年平均干球温度和年平均风速，多年资料统计的对比气象站逐月各风向频率；当地的大风类型及产生大风的天气系统描述等。

2008年8月27日，陕西省气候中心受中国电力工程顾问集团西北电力设计院的委托，承担国电横山电厂(2×300兆瓦)煤矸石综合利用技改工程空冷气象对比观测站建设及资料整编的工作。根据合同，省气候中心建立观测站，并进行为期一年的观测。2009年10月，省气候中心完成并提交了国电横山电厂(2×300兆瓦)煤矸石综合利用技改工程空冷气象对比观测站建设及资料整编的工作。资料内容包括气象站1998—2007年逐时干球温度、风速及相应风向，逐年的年平均干球温度和年平均风速，多年资料统计的对比气象站逐月各风向频率；当地的大风类型及产生大风的天气系统描述等。

2009年6月8日，陕西省气候中心与黄陵矿业集团有限公司签订了在黄陵双龙镇厂址建设空冷气象对比观测站、开展气象要素观测及《空冷气象参数对比分析报告》研制项目的合同。根据合同，省气候中心于2009年5月建立了观测站，并进行为期一年的观测。2010年7月完成并提交了黄陵双龙镇厂址建设空冷气象对比观测站、开展气象要素观测及《空冷气象参数对比分析报告》，资料内容包括气象站1999—2008年逐时干球温度、风速及相应风向，1981—2008年逐年的年平均干球温度和年平均风速及多年资料统计的对比气象站逐月各风向频率。

2009年9月13日，陕西省气候中心与陕西国华锦界能源有限责任公司签订陕西国华锦界煤电三期工程4×1000兆瓦项目在锦界电厂拟扩建端建设空冷气象对比观测站、开展气象要素观测及《空冷气象参数对比分析报告》研制项目合同。根据合同，陕西省气候中心于2009年6月15日完成观测站址选定、建设和仪器安装调试，并进行了为期一年的观测；2010年3月整编了夏季观测气象资料、分析确定对比气象站；2010年7月对气象站10年逐时资料进行还原，依据还原后的资料统计分析代表厂址实际情况的空冷气象参数，为电厂的中平面布置及空冷设计提供了依据。2010年10月，陕西省气候中心完成并提交了陕西国华锦界煤电三期工程4×1000兆瓦项目在锦界电厂拟扩建端建设空冷气象对比观测站、开展气象要素观测及《空冷气象参数对比分析报告》。

2010年9月15日，陕西省气候中心接受了国电永寿煤电一体化有限责任公司的委托，承担了咸阳市永寿县2×1000兆瓦发电工程项目拟选厂址建设空冷气象对比观测站、开展气象要素观测及编制《空冷气象参数对比分析报告》项目，按照要求2009年6月完成观测站址选定、建设和仪器安装调试，并进行为期一年的观测，通过对比观测数据，分析气象站与厂址两地之间风速、风向及气温的差异,利用对比分析成果将气象站近10年的逐时温风资料进行修正,重建厂址60米高度近10年的逐时温风序列,依据重建的厂址资料统计分析代表厂址实际情况的空冷气象参数,2010年8月完成并提交了咸阳市永寿县2×1000兆瓦发电工程项目拟选厂址建设空冷气象对比观测站、开展气象要素观测及编制《空冷气象参数对比分析报告》。

2010年9月8日,陕西省气候中心接受了华能陕西发电有限公司的委托,承担华能沣渭新区热电厂一期工程2×350兆瓦空冷气象对比观测站建设及《空冷气象参数对比分析报告》编制工作,根据要求2010年9月建成空冷气象对比观测站,并进行为期一年的观测,开展地面、10米、30米、50米高度的温度、风速、风向等气象要素观测和数据的采集;12月分析、确定对比气象站,整编对比气象站近10年的逐时温、风资料和2010年9月—2011年8月的观测资料;2011年9月完成并提交了华能沣渭新区热电厂一期工程2×350兆瓦空冷气象对比观测站建设及《空冷气象参数对比分析报告》。

2010年10月1日,陕西省气候中心接受了国电咸阳煤电一体化有限公司的委托,承担了国电咸阳西郊热电联产项目2×350兆瓦空冷气象对比观测站、开展气象要素观测及《空冷气象参数对比分析报告》编制项目,根据要求2010年9月完成观测站址选定、建设和仪器安装调试,并进行为期一年的观测;开展地面、10米、30米、50米高度的温度、风速、风向等气象要素观测和数据的采集,对比气象站观测期逐时气温、风速及相应风向数据;对比气象站2000—2009年逐时气温、风速、及风向;对比气象站建站至2010年逐年年平均气温和年平均风速;根据资料分析预测今后一段时间内干球温度、风速、风向的变化趋势。2011年9月完成并提交了国电咸阳西郊热电联产项目2×350兆瓦空冷气象对比观测站、开展气象要素观测及《空冷气象参数对比分析报告》。

2010年10月15日,陕西省气候中心接受了国电铜川热电项目筹建处的委托,承担国电铜川2×350兆瓦热电联产工程空冷气象对比观测站建设、观测及《空冷气象参数对比分析报告》编制项目,根据要求2010年10月完成观测站址选定、建设和仪器安装调试,并进行为期一年的观测;通过对临时观测站观测期各高度逐时气温、风速及相应风向观测,对比气象站2000—2009年逐时气温、风速及风向;对比气象站建站至2009年逐年年平均气温和年平均风速;对气象站10年逐时资料进行还原,依据还原后的资料统计分析代表厂址实际情况的空冷气象参数,为电厂的中平面布置及空冷设计提供合理可靠的依据。2011年12月完成并提交了国电铜川2×350兆瓦热电联产工程空冷气象对比观测站建设、观测及《空冷气象参数对比分析报告》。

第六篇　农业气象

气象和农业的关系十分密切，农业生产离不开气象服务保障。1990—2010 年，陕西省气象局始终把气象为农业服务作为气象服务的“重头戏”，建立了与农业生产相适应的现代化农业气象观测、农业气象情报、农业气象预报和农业气象适用技术推广为主的农业气象服务体系。积极主动地为农业生产服务，进行了主要粮食作物气候区划、主要家畜适生气候区划、牧草适生气候区划，为扬长避短、科学开发利用农业气候资源，发展农业生产做出了重要贡献。

第十四章　农业气象观测、情报及预报

1990—2010 年,陕西省气象部门根据农业发展需要,不断完善农业气象观测站网,丰富气象观测内容,建立农业气象情报服务系统,开展粮食产量预报及农作物生长期气象预报,为政府决策和全省粮食增收提供有效服务。

第一节　农作物生长发育观测

1990 年,陕西省气象局在榆林、绥德、洛川、延安、凤翔、咸阳、武功、旬邑、永寿、临潼、渭南、大荔、韩城、蒲城、安康、城固、商县、长安建设了 18 个农业气象观测站。2009 年 12 月,又在礼泉、白水和耀县建设了 3 个农业气象观测站。至此,全省共建设 21 个农业气象观测站,其中农业气象国家一级观测站 17 个,农业气象国家二级观测站 4 个。全省 21 个农业气象观测站承担着中国气象局管理的 37 个观测项目,承担冬小麦观测的有洛川、延安、安康、大荔、凤翔、韩城、临潼、蒲城、商县、渭南、武功、旬邑、咸阳、永寿、长安、礼泉 16 个观测站;承担玉米观测的有大荔、凤翔、临潼、商县、渭南、武功、咸阳、旬邑、长安、白水 10 个观测站;承担油菜观测的有安康、城固、耀县 3 个观测站;承担大豆观测的有延安、商县、绥德 3 个观测站;承担水稻观测的有城固观测站;承担棉花观测的有大荔观测站。同时,省气象局管理的 7 个观测项目中,承担马铃薯观测的有绥德和榆林 2 个观测站;承担苹果观测的有洛川、礼泉、白水和耀县 4 个观测站;承担花椒观测的有韩城观测站。

第二节　土壤水分观测

一、人工土壤水分观测

1990 年,陕西省已有榆林、靖边、定边、绥德、宜川、铜川、宝鸡、永寿、泾阳、武功、西安、长安、韩城、大荔、渭南、汉中、西乡、安康、汉阴、商县等 21 个土壤水分观测站,每月的 8、18、28 日进行人工观测土壤水分。

1994 年 3 月上旬,全省 21 个土壤水分观测站开始进行固定地段土壤湿度观测,在旱地作物春季播种时进行作物地段土壤湿度测定。

1996 年 5 月 28 日,榆林、绥德、延安、旬邑、洛川、铜川、蒲城、韩城、宝鸡、凤翔、永寿、武功、西安、大荔、临潼、渭南、咸阳、汉中、城固、商县、安康等 21 个旬月报站在汛期前后每月 3、13、23 日和干旱时期 5 毫米以上(含 5 毫米)的降水过程结束后三天,加测土壤湿度。

2004 年 6 月,榆林、定边、靖边、绥德、延安、宜川、旬邑、洛川、铜川、蒲城、韩城、宝鸡、凤翔、永寿、泾阳、武功、西安、长安、大荔、临潼、渭南、咸阳、凤县、汉中、城固、商县、商南、山阳、宁强、旬阳、安康、汉阴 32 个农业气象旬月报站每月逢 3、逢 8 进行土壤墒情监测。省气象局通过 9210VSAT 通信系统向国家气象信息中心上传土壤墒情监测资料。

2007年5月1日，耀县、宜君、澄城、华县、潼关、华阴、长武、彬县、乾县、礼泉、三原、兴平、陇县、千阳、岐山、陈仓、眉县、扶风、太白、蓝田、高陵、户县、府谷、神木、佳县、横山、子州、吴堡、米脂、清涧、吴旗、子长、志丹、安塞、甘泉、延川、延长、富县、黄陵、黄龙40个新建的人工土壤墒情观测站投入业务运行。

二、自动土壤水分观测

2005年8月1日，陕西省气象局建立了榆林、延安、西安、汉中、安康等5个自动土壤水分观测站，连续自动探测5厘米、10厘米、20厘米、30厘米、40厘米、50厘米、100厘米、180厘米8个层次深度的土壤水分。2007年5月1日，建立了麟游、淳化、白水、合阳、富平等5个自动土壤墒情观测站。2008年1月1日，建立了横山、神木、绥德、靖边、定边5个自动土壤墒情观测站，同年5月1日又建立了洛川、宜川、子长、吴起4个自动土壤墒情观测站。2008年8月，建立了凤翔、陇县、长武、永寿、咸阳、杨凌、华阴、韩城、商县、铜川10个自动土壤墒情观测站。

2010年10月，陕西省气象局建立了34个自动土壤墒情观测站。这34个墒情观测站连续自动探测0～10厘米、10～20厘米、20～30厘米、30～40厘米、40～50厘米、50～60厘米、70～80厘米、90～100厘米等8个层次深度的土壤水分。

第三节 自然物候观测

1990年，陕西省有榆林、绥德、洛川、延安、凤翔、咸阳、武功、旬邑、永寿、临潼、渭南、大荔、韩城、蒲城、安康、城固、商县、长安18个物候观测站，主要观测自然环境中植物、动物生命活动的季节现象和在一年中特定时间的某些气象、水文现象，包括植物的发芽、展叶、开花、果实成熟、叶变色、落叶；候鸟、昆虫以及其他动物初见、初鸣、绝见、绝鸣；霜、雪、闪电、雷声、结冰等气象水文现象。

2009年12月，陕西省气象局建设农业气象测报业务系统，内含系统管理（AgMOManage. exe）、农业气象测报数据编辑（AgMOEditor. exe）和农业气象测报数据应用服务（AgMOService. exe）三个主程序，系统的建立实现了物候观测和发报的自动化。

第四节 农业气象情报

1990年1月，陕西省农业气象情报业务由省气象科学研究所移交省农业遥感信息中心。

1994年，陕西省农业遥感信息中心引进和本地化了农业气象情报服务系统，解决了长期手工译报速度慢、准确率低的问题，增加了数据存储、统计加工等功能。

1999年4月，陕西省农业气象情报业务由省农业遥感信息中心移交至省气象台。

2001年，陕西省农业遥感信息中心完成了《陕西省农业气象情报预报业务服务系统》和《陕西省农业气象情报预报系统集成》项目建设，研发了集实时气象电报翻译和基础资料管理、服务产品制作、农业遥感信息及服务产品查询四大功能为一体的农业气象情报预报业务服务系统软件,并引入独立模块 MapInfo 地理信息系统和陕西省 1∶25 万电子地图。

2005 年 6 月 10 日起,全省农业气象情报业务划归省农业遥感信息中心承担。6 月 8 日,省气象台将以前存档的农业气象情报资料及其电子版全部移交给省农业遥感信息中心,农业气象情报各项工作顺利开展,并更新了“陕西气候与农情”版面,向政府相关部门发布。

2007 年 6 月 1 日起,陕西省农业遥感信息中心根据中国气象局的统一安排,针对全省夏收进展和天气状况,每天以图示形式将夏收进度、天气影响以及应对措施等情况,在每天 12:00 之前按时上报国家气象中心,并在当天 19:30 的 CCTV-1 全国电视天气预报中向公众发布。全省夏收期间的专题气象信息服务工作每年 6 月 20 日结束。

第五节　农业气象预报

一、粮食产量预报

1990 年,陕西省农业遥感信息中心成立,承担全省冬小麦遥感综合测产工作,开展业务化服务。

1993 年,陕西省农业遥感信息中心基于 DBASE 数据库管理系统开发了冬小麦产量预报数据库管理软件,全面地、系统地整理了产量预报背景资料,建立了社会产量和面积、地面苗情监测、气象资料和遥感监测数据库,实现了对各类数据库进行动态管理的基本功能,还为产量预报开发了工具软件。

1994 年,陕西省农业遥感信息中心进行了 4 次苗情调查,结合气象和遥感监测资料分析,准确地预报出 1994 年冬小麦减产的趋势,定量预报准确率单产、总产分别为 97.2%和 95.9%。发布 1994 年度全省秋粮产量预报,单产预报准确率为 98.2%,总产为 97.5%。

1995 年,陕西省农业遥感信息中心全面整编了冬小麦地面监测历史资料,建立了农学资料数据库;审核了年度所有站点地面监测农学资料;收集了 1994 年度全省各个县(市)粮食作物面积和产量资料;建立了全省 33 个发报站的基本气象资料数据库;发布了秋粮作物产量趋势预报和定量预报,预报精度单产为 96.8%,总产为 99.9%。

1997 年,陕西省农业遥感信息中心全面完成了秋粮遥感监测和产量预报课题的技术文件、论文的整编,并进行了系统总结。在全省秋粮遥感监测和产量预报会进行讲授,促进科研成果转化。

1998 年,陕西省农业遥感信息中心秋粮产量预报实现业务化。每年 7 月中旬作秋粮趋势预报;8 月中旬召开全省秋粮产量预报会商会,制作单产和总产定量预报;9 月上旬制作订正预报。预报服务按同级服务原则,省级由省农业遥感信息中心向省级领导、有关厅局和部门服务,地(市)由地(市)气象局服务。

2000 年,陕西省农业遥感信息中心开展油菜产量试验预报,开发了基于 WINDOWS 的绿度指数图像处理系统,全面升级了基于 DOS 的绿度指数图像处理系统。图像可任意缩放,随意拖动,即时查询光标处的像元属性。对绿度指数图像进行全图统计和分县统计,并提供可与绿度指数图像处理系统比较的统计值,使历史资料具有与现实资料的比较性，可提取无云或少云图像，产生差值图像，进行动态分析。

从2000年开始，陕西省农业遥感信息中心全省粮油作物产量预报业务实现了周年服务。实现了向省级服务的夏粮、秋粮和油菜产量预报，以及向中国气象局上报的小麦、玉米产量预报和全年粮食作物总产预报同步制作。每年1月上旬制作全年粮食作物总产评估；4月中旬制作夏粮和小麦产量的趋势预报和油菜产量定量预报；5月制作夏粮和小麦产量单产、总产预报；6月上旬制作夏收、夏播预报；7月中旬制作秋粮和玉米趋势预报；8月中旬制作秋粮、玉米的单产和总产预报，以及全年粮食作物总产定量预报；9月上旬制作秋收作物的订正预报和秋收秋播预报；年底进行产量预报工作总结。

2001年，夏粮作物生长前期气象条件有利于冬小麦的生长，呈现出丰收景象，但入春以后，旱情逐渐加重，对冬小麦产量的形成极为不利，秋粮作物的生长前期由于干旱，致使部分地区夏玉米播种推迟、出苗困难，后期低温寡照，影响秋作物的灌浆成熟，天气气候的复杂多变，增加了产量预报的难度。业务人员7次下乡调查，建立调查档案，夏秋粮产量预报精度均在95%以上。

2002年1月，陕西省农业遥感信息中心按要求制作了2002年全省粮食作物产量评估，及时提交省计委和省政府办公厅；按业务要求制作了夏粮产量趋势预报、夏粮产量定量预报，油菜产量预报、冬小麦收获期预报、夏玉米的播期预报、冬小麦总产/单产预报，全省夏粮产量预报精度为96%，秋粮为99%。

2003年，陕西省农业遥感信息中心开展的夏粮总产预报精度为97%，单产预报精度为98%；秋粮单、总产预报精度均为99%。

2004年，陕西省农业遥感信息中心制作了全年粮食作物产量评估、夏粮产量趋势预报、夏粮产量定量预报、冬小麦产量趋势预报、冬小麦产量定量预报、油菜产量预报、冬小麦收获期预报、夏玉米的播期预报、秋粮单/总产预报、玉米总/单产趋势预报、玉米总/单产定量预报、全年粮食作物总产趋势/定量预报、秋收秋播期预报等服务材料。在整个粮食作物生育期间，预报人员共进行了9次下乡调查，涉及夏粮、油菜、秋粮的各主产区，对作物的长势、病虫害、土壤墒情及局地气象灾害进行了详细的调查。

2005年，陕西省夏粮种植面积有所增加，在小麦产量形成中，亩有效穗数、穗粒数和去年相比基本持平，因前期降雨量不足，旱情持续发展，旱地小麦生长受到影响。2005年全省玉米播种面积相比去年基本持平。相比2004年玉米总产、单产分别减4%和5%左右。

2006年，陕西省农业遥感信息中心先后6次对全省的作物生长状况进行了地面调查。全年共编写农业气象预报服务材料16期，其中产量预报材料12期、作物病虫害预报1期、农事预报(播种和收获期)2期。全省作物产量的定量预报数据和省农调队的定量数据相比，冬小麦、夏粮、玉米、秋粮的单产预报精度分别为97.8%、98.7%、98.1%、98.6%，总产预报精度分别为98.4%、97.8%、97.8%、98.7%，全年粮食总产预报精度达99.2%。

2007年，陕西省农业遥感信息中心夏粮单产预报精度为95.2%，总产预报精度为96.6%，冬小麦单产预报精度为97.5%，总产预报精度为97.1%。秋粮产量预报信息被省发展和改革委《内部工作动态》转发。

2008年5月下旬，陕西省农业遥感信息中心制作的全省夏粮产量预报服务材料被省发改委作为内部的工作动态印发。7月31日，《气候变化对陕西粮食安全影响评估以及应对气候变化风险的建议》的书面汇报材料，常务副省长阅后批示："粮食安全事关我省可持续发展和社会稳定，我们要立足于粮食自保，科技应针对气候变暖，商有关高校确定科研攻关项目，研抗逆品种和改进耕作方式，今后科研项目中要有这类安排，以为后代着想"。

2009年5月22日，陕西省政府办公厅依据省农业遥感信息中心"今年我省小麦收割期将推迟延长"的重大气象信息专报，安排部署全省"三夏"工作。8月，省农业遥感信息中心制作报送了"今年我省秋粮产量将达到近十年来最高产量"的决策服务材料，得到了省政府主管农业领导的高度重视。

图14-1　2010年8月，技术人员在汉中市勉县进行秋粮产量田间调查

2010年，陕西省农业遥感信息中心根据《现代农业气象业务发展专项规划》，制定了陕西大宗农作物《农用天气预报业务服务暂行实施方案》，编写了《农用天气预报业务服务工作细则》和《农用天气预报业务服务流程》，从12月开始农用天气预报正式投入业务化运行。

二、农作物生育期预报

2000年9月，陕西省农业遥感信息中心首次开展夏玉米收获期预报，并把冬小麦适播期预报、成熟期预报、夏玉米适播期预报、成熟期预报纳入全省夏收夏种、秋收秋种专题气象服务业务，服务产品作为决策材料呈报省委、省政府领导，并通过陕西广播电视台"农村栏目"专家连线直播，向社会公众发布。

2001年5月23日，陕西日报根据省农业遥感信息中心夏收夏播期预报，刊登了"陕西省夏收夏播提前"的消息。9月16日陕西日报又根据遥感中心秋收秋播期预报，刊登了"我省部分夏玉米成熟期将推迟"的消息，扩大了中心为农服务的范围，取得了较好的社会服务效益。

2003年6月下旬以后，全省降水较为充沛，但阴雨、寡照以及气温偏低，致使玉米生长发育进程迟缓，发育期较去年推迟10天以上。特别是8月24日至9月6日的长历时、大范围、高强度的连阴雨过程，造成部分农田被淹。9月中旬，省农业遥感信息中心会同省农调队再次对陕西省夏玉米主产区夏玉米生长状况和灾情范围进行实地调查分析，制作了“陕西省2003年秋收秋播期预报”。

2009年，陕西省农业遥感信息中心针对冬暖对全省冬小麦的影响，及时组织科技人员分析研究，形成了《应对冬暖气候变化 我省秋播期可适当推迟》决策建议：调整我省冬小麦种植品种，适当的推迟冬小麦播种期，减缓气候变暖所带来的不利影响。省农业厅积极应对气候变暖，突出抓好玉米晚收、小麦适时晚播技术，有效防止冬旺、冻害，示范引导农民自觉应用小麦适时晚播技术。

三、农作物病虫害预报

2005年9月，陕西省农业遥感信息中心贯彻落实《农业部　中国气象局关于进一步加强合作、切实做好农业气象服务工作的通知》精神，与省农业厅沟通、联系，共同开展了农作物病虫害的监测、预报工作。

2006年8月8日，陕西省农业厅、气象局领导签发的题为《我省秋作物病虫动态及中后期发生趋势》的第一期材料，发送到省政府有关厅局、各地市植保植检站和各地市气象局，开展陕西省农作物病虫害监测预报工作。

2007年3月23日，陕西省农业遥感信息中心编发的“我省小麦条锈病各地陆续发生，防御爆发流行刻不容缓”的服务材料得到各级政府和农业部门及相关网站的高度重视，相关部门及时采取应对措施，避免了条锈病的爆发流行。5月底，省农业厅和气象局制定了《陕西省主要农作物病虫害发生发展气象等级预报业务流程》。

第六节　农业气象综合信息服务

1994年1月，省农业遥感信息中心根据1993年秋季少雨干旱的特点，进行了关中地区小麦主产区土壤水分实际调查，编写“关于我省当前干旱”的送阅件：1月16—17日有雪，但分布不均，大部分地区降水量不足5毫米，旱情将持续发展。印发了“降雪未解旱情，抗旱不应放松”的专题材料，对指导当时的抗旱起到积极促进作用。3月，配合世界气象日撰写了《卫星遥感与冬小麦估产》《卫星遥感监测森林火灾》两篇科普文章，与省气象学会向街头进行科普宣传。3月5日，在全省农业会议上，省气象局副局长胡中联依据省农业遥感信息中心提供的苗情监测分析材料，报告了全省冬小麦长势情况。4月8日，省气象局局长程廷江向省长白清才汇报了夏粮作物长势和未来3天的天气趋势，提出了抢墒春播、种足种好棉花、搞好大秋作物播种、加强田间管理以及主汛期防洪、抗旱等建议。白清才听取汇报后表示：气象资料从宏观上看是可靠的，对帮助群众搞好春季农业生产很有好处。4月10日，全省农村工作会议召开，两张同时期对比的植被指数照片引起与会领导的高度关注。4月12日，西安电视台进行了采访报道。通过这些活动，使各级领导很直观地掌握了冬小麦苗情差，夏粮生产形势严峻的事实，对指挥农业生产起到了参谋作用。8—9月，省农业遥感信息中心对全省各地(市)的秋粮作物长势和灾害进行了调查，通过座谈、实地察看、摄像和照相等方法，获得了真实的实地资料。根据调查汇总分析，认为1994年的干旱、暴雨等灾害之严重是1949年以来从未有过的年份。鉴于秋粮生产形势的严峻性，省农业遥感信息中心及时撰写了调查报告，编辑了录像带，向省政府办公厅、省计委等有关领导部门作了翔实的汇报，为1994年的抗灾救灾工作提供了可靠的依据，受到政府部门的肯定和赞扬。

为了更好地为高层决策服务，增加形式多样、内容丰富的专题分析材料，1995年省农业遥感信息中心新辟《关键天气与农情》和《农气通报》。1995年由于春夏连旱，旱情十分严重，政府领导和相关部门非常关注降水情况。每次较大的降水过程发生后，情报业务人员加班加点，及时分析雨情及其对农业生产可能发生的影响，编写《关键天气与农情》，提出农业生产建议，主动向政府有关领导部门进行汇报。在农业生产关键时期，对生产中出现的新问题、新动向，及时以《农气通报》的形式向政府领导部门提供决策服务。进一步拓宽服务领域，尝试利用报纸面向广大农民服务，扩大和延伸服务范围，使气象服务更加贴近农业生产，先后在《陕西农民报》和《陕西科技报》开辟专栏，进行农业气象服务。1月，根据省政府办公厅的安排，撰写了“陕西气候概述”，内容包括：基本气候、天气及其时空分布、气温变化趋势和应用气候对策。3月，根据省气象局局长程廷江指示，撰写了《关于我省1995年度气候与农业生产的分析和展望》。4月，为省委办公厅《农业年鉴》编写了“陕西省1994年天气气候与农业生产”。5月，制作了1995年度以及1993年、1994年同期全省和关中地区植被指数数字图和假彩色图像，分析得出了1995年冬小麦苗情比1994年略好、比1993年差，夏粮生产形势依然严峻的基本结论，依此程廷江向省长作了汇报，为政府部门决策提供了客观、准确的服务。6月6日，为副局长胡中联参加全省抗旱电话会议提供了“旱情持续发展，抗旱不应放松”的专题材料；6月12日，为副省长王寿森提供了“我省去年秋播以来降水情况分析”材料。7月、8月分别以送阅件的形式，对陕西省1995年旱情的历史地位进行了评价，题为“我省出现了30年一遇的大旱”和“关于我省今年严重干旱的初步评价”，省防汛抗旱办在向国务院汇报灾情时引用了这两篇材料。11月，针对当时农业生产的实际情况，及时地向有关领导部门发送“今秋少雨，底墒不足，冬灌不可少”的送阅件，因此省委、省政府号召各地、各部门加强抗旱冬灌工作，为来年夏粮丰收奠定了基础。12月，在实地苗情调查的基础上，邀请省政府办公厅、省防汛抗旱办、省农业厅、省农调队等政府部门领导、专家，对苗情、旱情进行了会商，进一步明确了旱情的严重性，指出了抗旱工作存在的问题，提出了生产建议，会议形成的书面材料发送到有关部门。

1996年，省农业遥感信息中心定时编发《农业气象旬(月)报》42期、季报4期、年报1期，专题分析9期，《农业遥感信息》8期，《灾情汇报》18期，《关键天气与农情》12期，在《陕西农民报》和《陕西科技报》刊登科普及服务材料16篇，为陕西人民广播电台撰稿36篇，为抗旱办、农业厅统计、传真资料20余份。2月8日，专门组织农口各部门专家技术人员进行了分析会商，向省政府提交了《关于1995年我省特大干旱及当前旱情、夏粮产量趋势情况的报告》，据此全省农村工作会议上调整了1996年粮食生产目标。4月26—28日下了1996年的第一场透雨，根据农业生产的需要，及时向省政府、省计委及农口有关部门提供了决策服务信息，将遥感资料、农业气象信息及时上网，供终端用户随时调用。3月15日，组织基层台站加密监测，农业气象人员分析，形成了整套旱情、墒情、雨情、苗情系列化图表资料，于3月28日在省政府组织的抗旱协调会上进行了专题汇报。针对5月下旬至6月上旬出现的连阴雨天气对农业的影响进行了实地调查，并及时向有关领导部门进行了汇报。提前一个多月制作了秋粮产量预报，预报服务材料、以《送阅件》形式呈送有关部门，预报1996年陕西省秋粮产量将超过1993年，创历史新纪录。实测数据表明，秋粮产量趋势预报是完全正确的。针对9月上旬的连阴雨天气，撰写了“关于我省今年秋粮晚熟的问题”，分析了连阴雨对秋粮生产的影响，提出了生产建议。为省计委制定1997年计划，撰写了“1997年度天气气候与夏粮产量趋势展望”。积极主动和陕西人民广播电台联系，于4月3日正式开播《农业气象信息》专题节目，使农业气象和遥感技术为公众服务进一步拓宽。

2002年年初气象条件对冬小麦的生长较为有利，1月、2月气温持续偏高，出现了近年来1月、2月气温最高的一年，就此现象省农业遥感信息中心及时编写了“冬暖对陕西夏粮作物影响显著”的服务材料，3月21日《陕西日报》进行了报道，提请全省各地注意加强管理。入春以后，陕西省出现短期干旱，根据旱情的发展变化，分别在3月17日、3月31日、4月21日对旱情的发生、发展进行了遥感动态监测，对省政府决策部门进行了服务。自4月下旬至5月中旬全省多为阴雨相间天气、持续偏低，对此业务人员及时编写了“低温、阴雨、寡照，小麦发育进程趋缓”的分析报告，得到了有关服务单位的好评；伏期干旱，对夏玉米生长、春玉米抽雄不利，收获期与近几年相比略推迟。对此，省农业遥感信息中心作了秋粮收获期预报，为全省秋收、秋播提供了参考信息。

2004年，2月陕西省气温普遍偏高，省农业遥感信息中心业务人员及时向陕西日报撰写了“早春气温偏高谨防倒春旱”稿件，提请农业部门加强春灌和中耕保墒。6月，通过《工人日报》发布了冬小麦的收获和夏玉米的适宜播种期预报，建议各地做好夏收准备工作，依据播期早晚，选择适宜的品种。在信息发布宣传的同时，省农业遥感信息中心及时将产量预报、土壤墒情综合监测等服务产品及时放到省局局域网上，为地市局进一步开展服务提供参考。省农业遥感信息中心在陕西电视台《资讯宽带网》和《村里村外》栏目中，参与有关的农业气象节目的编写、编导制作、拍摄外景等57期，同时独立向电视台发送天气预报信息151次、农业气象预报20次，向陕西省人民广播电台撰稿1次，编写省电视台周末新闻1次，参加陕西电视台为农服务电视直播1次，参加中央电视台12频道“秦岭探访”节目的制作和咨询1次。

2006年入冬以来，陕西省大部地区气温偏高，降水持续偏少，土壤失墒较快，旱情不断发展，加之2007年冬小麦普遍出现旺长，耗水量大，土壤墒情不足，已严重地影响冬小麦的正常生长发育甚至夏粮产量。省农业遥感信息中心4月29日及时发布干旱预警信息，并编发了“降水稀少 气温偏高，陕北渭北旱情持续发展”的《送阅件》，5月9—11日，全省普降小到中雨，陕北南部、关中中西部和陕南东部旱情有所缓解。省农业遥感信息中心抓住时机，积极组织专家会商、分析，以“我省普降小到中雨 旱情得到部分缓解”为题编写《送阅件》，提出虽有降水但降水量仍较少，尚不能完全满足小麦灌浆过程对水分的需求，陕北北部、关中东部旱情仍持续，各地还应酌情浇灌灌浆水。春旱服务得到了副省长张伟的高度赞扬和肯定。省政府办公厅于5月10日下发了“陕西省政府办公厅关于切实抓好抗旱工作 努力夺取夏粮丰收的紧急通知”。

2009年6月，榆林市成立现代农业气象中心，引进DVB-S卫星遥感监测系统，开展土壤墒情动态监测和资料分析，开发《现代特色农业与气象》《春播期气象服务专报》《秋收秋种气象服务专报》《气象灾害评估报告》等专业服务产品，逐步推进农业气象多元化服务。

2010年6月,延安市降水量为26.1～71.1毫米,除安塞、富县较常年同期偏多16%、5%外,其余各县区均比历年偏少7%～58%。据多种干旱指数监测显示,从6月11—28日,延安市未出现有效降水,旱情迅速发展,中旬中后期出现了轻到中旱,下旬初旱情进一步发展,局地出现重旱。尤其7月以来,延安以北各县降水偏少80%以上,明显偏少于历年同期,使北部各县旱情不断加剧,对作物生长发育已产生严重影响。为应对严峻旱情,延安市气象局全力以赴投入到抗旱气象服务工作。6月25日启动气象灾害应急预案干旱Ⅳ级应急响应,并通过报纸、电视台、短信、电子显示屏等向社会公众发布干旱信息,启动应急会商平台,与各地市局电话和网上进行干旱会商交流,严密监视天气变化,积极为增雨抗旱人工作业提供准确天气预报。利用五种干旱指数进行每日监测,及时汇报陕西黄土高原各个县(区)的干旱情况,29日延安市气象局与市农业局进行部门间气象服务会商,及时传递了近期降水天气预报,通报了近期干旱监测信息。7月2日市人影办组织宝塔区、洛川、黄陵、富县开展人工增雨作业,共发射高炮弹961发、火箭弹12发、烟条11条,起到了一定增雨作用。市政府对6月29日—7月3日天气过程预报服务非常满意,对市气象局多次给予表扬。

1980年以来,安康市气象局每年编印发送《气象历》2～5万本。宝鸡市1998年开始编印发送《气象农家历》,商洛市气象局1999年开始编印发送两万册《农家历》,内容包含农业气象知识、长期天气预报及农时活动等,以赠阅件方式在气象宣传日、重大活动现场向群众发放,同时向专业服务对象赠送,直接为农业生产和农民服务。

第十五章　主要粮食作物农业气候区划

为了趋利避害，提高农业生产效益，陕西省气象部门根据全省农业气候条件，主动开展主要粮食作物气候区划和牧草适生区气候区划，为各级政府提供决策服务。

第一节　主要粮食作物气候区划

一、冬小麦精细化气候适宜性区划

2009—2011年，陕西省气象局在农业气候区划中，将全省冬小麦气候适宜性划分为适宜区Ⅰ、适宜区Ⅱ、次适宜区、不适宜区（图15-1）。

适宜区Ⅰ：关中渭河川道冬小麦种植区，包括关中渭河川道和秦岭北坡小流域区；陕南汉江川道春性冬小麦适宜区，包括陕南略阳嘉陵江流域、汉江川道及浅山丘陵区、西乡小盆地、汉阴安康月河、恒河及旬阳旬河川道、镇安乾佑河、金钱河、山阳银花河川道、商洛丹江两岸。

适宜区Ⅱ：渭北塬区冬小麦种植区，包括洛川、黄陵、黄龙、宜君、澄城、白水、铜川、淳化、旬邑、永寿、长武、彬县、麟游、千阳、陇县、韩城、合阳及蒲城北部、富县、宜川塬区；陕南海拔1000米以下的浅山丘陵春性冬小麦种植区。

次适宜区：陕北高原丘陵沟壑区，包括甘泉以北至长城沿线风沙区以南的黄土高原丘陵沟壑区；陕南海拔1000～1500米的巴山山区。

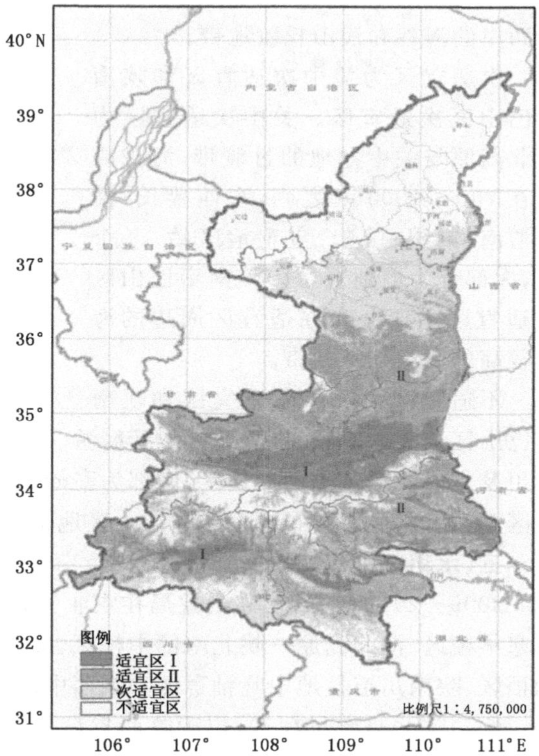

图15-1　2009—2011年陕西省冬小麦气候区划分布图

不适宜区：长城沿线风沙区，包括府谷、神木、榆阳区、横山、定边、佳县、子洲、米脂等地；陕南海拔1500米以上的高山区。

二、夏玉米精细化气候适宜性区划

2009—2011年，陕西省气象局在农业气候区划中，将全省夏玉米气候适宜性划分为适宜区、次适宜区、不适宜区（图15-2）。

适宜区分关中适宜区和陕南秦巴山区适宜区。关中适宜区位于渭河南北两岸,海拔高度在 340～800 米之间,东西横跨 30 个县(区),主要耕地分布在渭河川道及两岸台塬阶地。陕南秦巴山区适宜区分为陕南东部山区丘陵区和汉江两岸浅山丘陵区,前者主要包括商县、丹凤、商南、山阳、旬阳、安康、白河的海拔较低的浅山丘陵地带,一部分为丹江、汉江川道;后者包括略阳、勉县、宁强、汉中、城固、南郑、洋县、西乡、石泉、汉阴、紫阳、镇巴、岚皋、镇坪沿长江两岸的河谷和浅山丘陵地带。

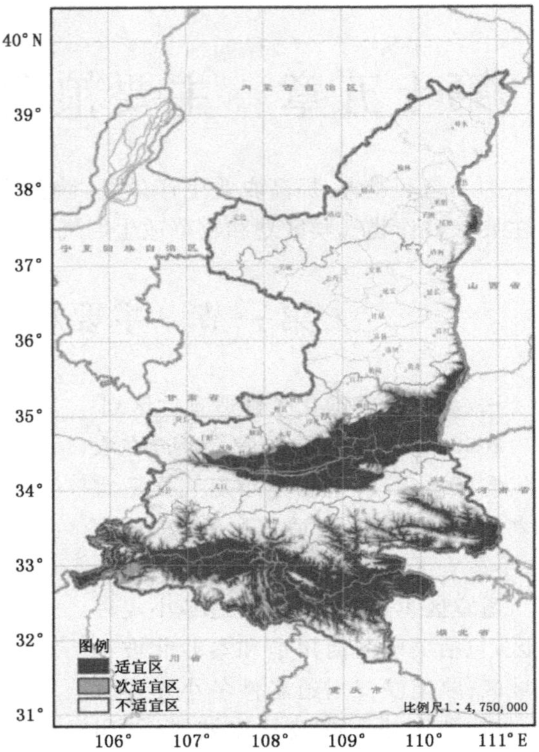

图 15-2　2009—2011 年陕西省夏玉米气候适宜性区划分布图

次适宜区为关中次适宜区和陕南秦巴山区次适宜区。关中次适宜区为陕北高原与关中盆地的过渡带,海拔高度在 700～1000 米之间,东西狭长,横跨渭南、铜川、咸阳、宝鸡地区约 10 个县,大部分为塬地丘陵。陕南秦巴山区次适宜区主要分布在适宜区周边的海拔较高的浅山丘陵地带。

不适宜区为关中不适宜区和陕南秦巴山区。关中不适宜区,北部包括麟游、陇县、千阳、淳化、旬邑、永寿、长武、彬县、宜君、铜川及其以北的黄土高原地区,南部为秦岭山区,海拔高度一般在 900 米以上。陕南秦巴山区不适宜区主要分布在海拔高的山区地带。

三、水稻精细化气候适宜性区划

2009—2011 年,陕西省气象局在农业气候区划中,将全省水稻气候适宜性划分为陕北高寒早粳区、渭北高原—陕北南部中粳区、关中、秦岭低中山籼粳种植区、陕南浅山早中熟籼稻区、陕南川道盆地中晚籼稻区和陕西中高山水稻非种植区(图 15-3)。

(一)陕北高寒早粳区,位于陕西省最北端,包括志丹、安塞、子长、子洲北部、米脂,佳县北部及以北地区。长城沿线以北处在毛乌素大沙漠的南缘,内有草原、海子、下湿滩地。稻田多在滩地或沿河的拉沙淤田。

(二)渭北高原—陕北南部中粳区,分布在自安塞、子长、子洲至佳县南部以南,宜川、黄龙、宜君、淳化北部、麟游、凤翔、千阳到陇县以北地区。就地形地貌而言,包括关中渭北高原、洛川塬和陕北丘陵沟壑区。稻田主要集中在陇山、桥山、黄龙山的一些河流沿河地带,分布零散,一年一熟。

(三)关中、秦岭低中山籼粳种植区,主要包括两部分:一部分是西起宝鸡,东至潼关,北到宜君至韩城以南,南至秦岭北坡;另外一部分为秦岭南坡海拔 800～1400 米中低山区。按地貌可分为渭河川道区、渭北平原区、渭北高原区和秦岭低中山区。按地形地貌和栽培特点的不同可分为两个亚区，即关中籼中粳种植亚区和秦岭中低山籼粳种植亚区。关中籼中粳亚区，位于陕西省中部，西起宝鸡、岐山，东至潼关，北到宜君以南，南临秦岭北麓，海拔在350～1000米，本区大部地方为一年两熟地区。陕南低中山籼粳种植亚区，位于秦岭低中山地带，包括商洛地区大部分和宁陕、佛坪、凤县低山地带及巴山和米仓山浅低山区，海拔800～1300米。此地区为一东西长，南北窄的山区，地形复杂，水田比重较小，分布在山涧沟坝一带，而以一季冬水田居多，低山(800～1000米)是早籼、中山区(1000～1300米)为中粳稻。

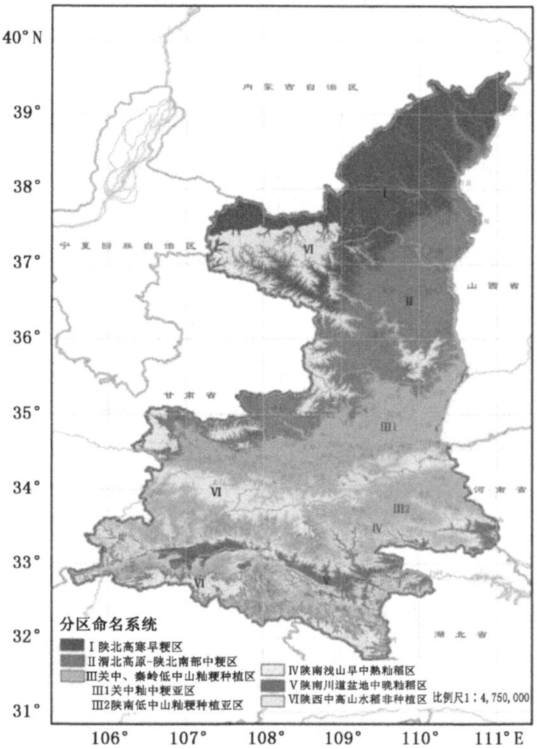

图15-3　2009—2011年陕西省水稻气候区划分布图

(四)陕南浅山早中熟籼稻区，是Ⅴ区外围向山区海拔较高处的扩展，可分为北部与南部两部分。北部包括陕南秦岭南坡的略阳、留坝、商南、平利、洋县(一部分)及商丹盆地、山阳盆地等浅山地区。南部包括巴山海拔600～800米的浅山区。

(五)陕南川道盆地中晚籼稻区，包括汉江、丹江、嘉陵江三个流域的河谷平原和川道，可分为汉中、安康、商洛三个区域。汉中区域包括勉县、汉台、城固、洋县、南郑5县(区)境内的汉中盆地、西乡盆地和略阳、宁强沿嘉陵江的河谷、川道。安康区域包括石泉、汉阴、汉滨3县(区)境内的月河、恒河平原，川道(安康盆地)，紫阳、汉阴境内凤凰山以南的汉江河谷，紫阳任河、平利黄洋河的川道、河谷，以及旬阳、镇安境内的旬河河谷。商洛区域面积较小，包括金钱河流域的河谷、川道，蟒岭与新开岭之间丹江流域的河谷、平原。海拔一般为360～600米，大都在400～500米之间，是全省水稻集中产区。

(六)陕西中高山水稻非种植区，包括秦岭南坡、米仓山和大巴山北坡及秦岭以北各山区海拔1400～1500米以上地区。

不适宜区位于陕北的西部、北部地区以及黄龙山区，包括神木、榆阳北部，横山、富县部分，子长、黄陵西部，宜川西南部，安塞、甘泉、黄龙、靖边大部，志丹，吴起，定边等地。

第二节 牧草适生气候区划

2004年7月,陕西省气象局立项,组建陕西省畜牧业气象服务科研小组,在研发陕西省畜牧业气象服务系统,建立畜牧业气象服务平台,开展畜牧业气象服务工作的同时,进行了牧草适生气候区划(图15-4)。

一、长城沿线风沙滩地耐寒旱生牧草生长区

本区位于陕西省北端毛乌素沙漠的东南部,沿陕西省北界与长城呈东北—西南走向,海拔高度1000～1400米,地势西北高、东南低,包括定边、靖边、横山、神木、榆阳、府谷和佳县7个县(区)的北部地区。

本区草场广阔,牧草种类繁多,其中人工草地50万亩,天然草场900万亩,占土地总面积的32.9%,占全省可利用草场面积的14.2%。依照土壤、温度、水分条件,区内天然草场可分类为梁塬干草原类、农林隙地类、丘陵草甸类、平原草甸类和平原沼泽类等五种类型。牧草种类以冰草、白草、本氏针茅、白羊草及沙蒿、达乌里、胡枝子、柠条等耐严寒旱生类为主。适于人工栽培的牧草主要有沙打旺、白花草木樨、黄花草木樨、毛苕子、红豆草、披碱草、紫花苜蓿及少量的羊草、多变小冠花等耐严寒旱生类。这类牧草草质较好、产量较高。

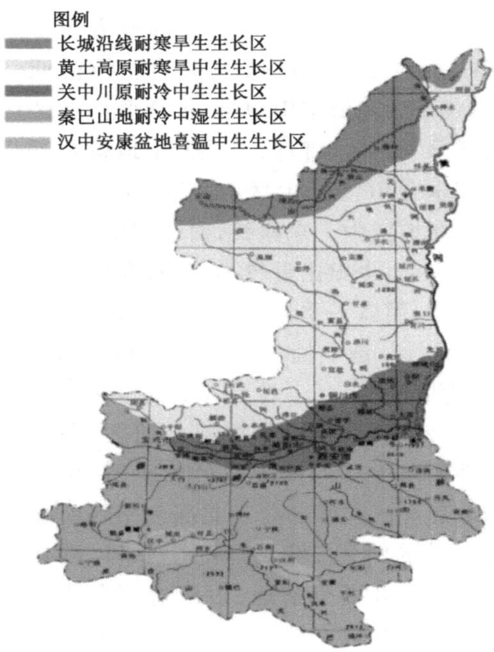

图15-4 2009—2011年陕西省牧草适生气候区划分布图

二、黄土高原丘陵沟壑耐寒旱中生牧草生长区

本区北靠长城沿线风沙滩地,东临黄河,南接关中川原,西以子午岭为界与陇东黄土高原相连,包括榆林、延安、铜川、宝鸡、咸阳、渭南6地市48个县(市、区)。

该区草场总面积3720万亩,占全省的45.6%,主要分布在延安地区和榆林地区的南六县,分别占本区草场面积的50.9%和33.3%,咸阳、渭南、宝鸡三地市北部和铜川市草场占本区草场总面积的15.8%。

本区草场类型以丘陵干草原类、丘陵草甸类和温性灌木草丛类为主,有优良牧草33种,其中禾本科18种、豆科15种。

该区适宜种植的多年生人工牧草以耐寒旱中生牧草为主,主要有紫花苜蓿、草木樨、沙打旺、红豆草、小冠花、白三叶等。可耐－30～－15℃冬季低温,耐干旱能力较强,牧草品质较好。越年生牧草可种植冬牧70黑麦和小黑麦,该品种具有较强的耐寒能力。冬生品种能忍受－25℃的低温,返青早,生长速度快,是很好的早春青饲料。

该区可种植喜温型一年生牧草，主要有抗旱性强的苏丹草、甜高粱等。

该区干、鲜果经济林面积大，采用果、草生态经济模式，在果树行间种植优良牧草，进行果、草间作，是一种可行的牧草生产模式。该模式一是可起到增收牧草、增加果树盛果期到来之前的经济收入；二是可起到生物覆盖作用，减少地面蒸发，改善小气候；三是可控制杂草和病虫害；四是可提高土壤肥力，改良土壤，特别是豆科牧草可固氮，能显著提高土壤有机质及氮素含量。其适宜的牧草品种有紫花苜蓿、红豆草、无芒雀麦、沙打旺、羊草、甘草等。

该区南部属热量一季有余、两季不足的地区，适宜在冬小麦、油菜收获后复种秣食豆短季牧草，达到充分利用热量资源的目的。

三、关中川原耐冷中生牧草生长区

本区位于陕西省中部，西起宝鸡，东至黄河，北邻北山，南靠秦岭，是一个三面环山向东敞开的河谷盆地，地势西高东低，海拔325～800米，东西长约360千米，西部较窄，东部较宽，西安以东最宽处达100千米，渭河横贯盆地中部，形成宽广的阶地平原，全区包括宝鸡市、咸阳市、西安市、渭南市和铜川市的37个县(市、区)。

本区热量条件良好，降水适中，适宜多种优良牧草生长。其天然牧草主要分布在大荔、华县、岐山、陈仓、周至、户县等县(区)，多为300亩以下的零星草场，草场面积260万亩，占全省草场面积的3.2%，草地类型以农林隙地类和山地灌木草丛类为主，草层覆盖度多在75%～80%，草层高度40～75厘米，主要以禾本科、莎科、菊科、藜科和杂草类的白羊草、黄背草、本氏针茅、苔草、沙蒿等耐寒中生牧草为主，豆科牧草较少。人工栽培的多年生牧草主要以紫花苜蓿、白三叶、老芒麦、草地羊茅、串叶松香草、聚合草等耐冷中生型牧草为主，其中紫花苜蓿栽培历史悠久，占人工牧草面积的77%，亩产青草2000～3000千克，高者可达4000千克。一年生牧草主要以饲用玉米、苏丹草、冬牧70黑麦草、毛苕子等喜温中生型牧草为主。

四、秦巴山地耐冷中湿生牧草生长区

本区位于陕西省南部，由秦岭山地和巴山山地组成，有草山草坡2700万亩，占全省草场总面积的33.9%，草场类型主要有温性灌木草丛类、山地稀树灌木草丛类、农林隙地类，主要牧草以白羊草、黄背草、白茅、黄茅、胡枝子、葛藤、苔草、鸡冠草等耐冷中湿类型为主。人工栽培的牧草有多年生黑麦草、无芒雀麦、紫花苜蓿、金花菜、紫云英、葛藤、红三叶、白三叶、百脉根等耐冷中湿型草类。

五、汉中安康盆地喜温中生牧草生长区

本区地处秦巴山之间，由汉江、月河盆地组成，草场总面积66万亩，草场覆盖度57%～74%，主要有山地灌木草丛和山地草丛两个类型，优势牧草有白茅、黄茅、黄背草、苔草、鸡脚草、葛藤、胡枝子等。人工牧草有紫花苜蓿、沙打旺、草木樨、木兰子、饲用玉米、红三叶、白三叶、多年生黑麦草等喜温中生牧草。

第十六章　畜牧业与设施农业气象服务

为了活跃农村经济,帮助农民脱贫致富,丰富菜篮子,陕西省气象部门积极开展全省畜牧业和设施农业高效化服务。

第一节　主要家畜适生气候区划

2004 年 7 月,陕西省气象局立项,组建陕西省畜牧业气象服务科研小组,在研发陕西省畜牧业气象服务系统,建立畜牧业气象服务平台,开展畜牧业气象服务工作的同时,进行了奶牛、秦川牛、关中奶山羊、陕北白绒山羊、陕南白山羊、布尔山羊适生气候区划和牧草适生气候区划。

一、陕西省奶牛夏季高温热应激区划

如图 16-1 所示:

高发区(Ⅰ):热应激持续日数 RD≥60 天;

易发生区(Ⅱ):热应激持续日数 60>RD≥30 天;

较易发生区(Ⅲ):热应激持续日数 30>RD≥5 天;

不易发生区(Ⅳ):热应激持续日数 RD<5 天。

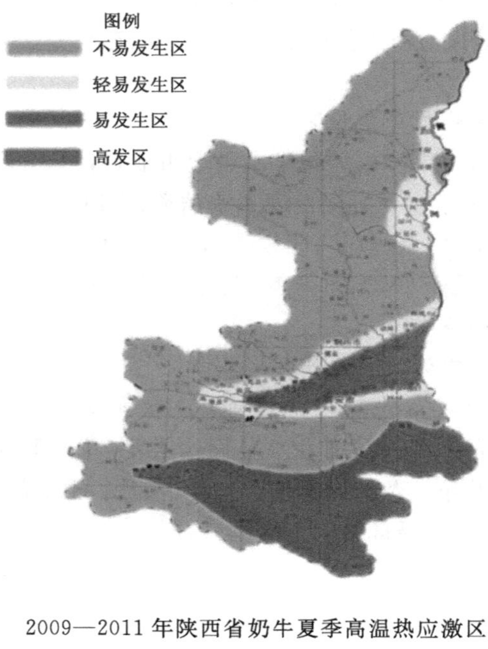

图 16-1　2009—2011 年陕西省奶牛夏季高温热应激区划分布图

二、陕西省秦川牛适生气候区划

陕西秦川牛适生气候区划分为最适宜气候区、适宜气候生长区、弱适宜生长气候区、非适宜气候生长区(图 16-2)。

(一)最适宜气候区(Ⅰ)

秦川牛最适宜气候生长区以关中地区为主体,主要包括礼泉、扶风、华县、兴平、岐山、临渭、华阴、陈仓、长安、凤翔、周至、户县、合阳等 29 个县(市、区)。该区地势平坦开阔,土地肥沃,水利条件较好,农业历史悠久,属暖温带半湿润半干旱气候区,全年≥0 ℃积温 4100～4500 ℃·d,有效生长季 170～190 天,无霜期 200～215 天,可满足秋夏两熟作物种植。年平均气温 11.4～13.4 ℃,最冷月平均气温－3.2～－0.3 ℃,年极端最低气温－14.0～－10.2 ℃,日照时数 1900～2400 小时。其 1 月平均风冷指数－7.3 ℃,7 月温湿指数 75.3,平均年降水 586 毫米,年平均气温 12.9 ℃,与中心产区平均气候相似距离为 0.60。

(二)次适宜气候生长区(Ⅱ)

秦川牛次适宜气候生长区由陕北黄河沿岸地区、渭北旱塬地区、秦岭北坡山地及商洛地区大部构成。依据地理条件差异,该区可分为ⅡA、ⅡB 两个气候生长区。

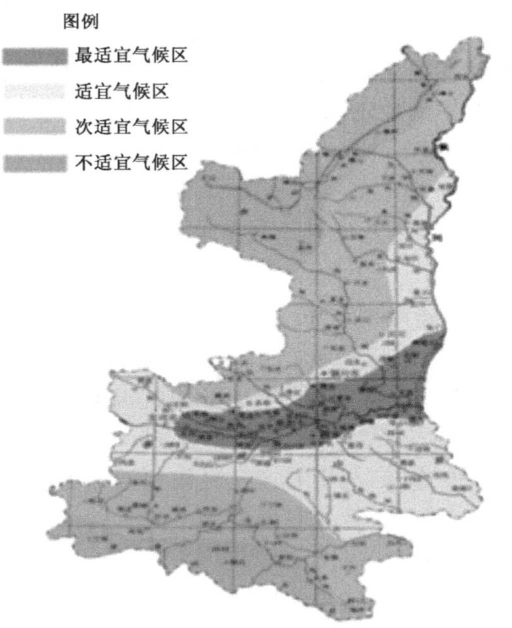

图 16-2　2009—2011 年陕西省秦川牛适生气候区分布划

ⅡA 区,由渭北旱塬、黄河沿岸黄土高原沟壑区构成,涉及彬县、吴堡、白水、延川、千阳、永寿、陇县、延长、王益、印台、宜川、淳化、清涧 13 个县(区)。黄河沿岸区属暖温带半干旱中温气候,热量较陕北同纬度其他地区充裕,雨量稀少,春季降水仅 50～85 毫米,雨水主要集中于 7—9 月,较同纬度西部干旱。年均气温 10～11 ℃,为陕北最暖区,全年积温 3500～4100 ℃·d。渭北旱塬区各县(区)属暖温带半湿润中温气候,西部秋淋、东部伏旱明显,全年积温 3400～4000 ℃·d。该区最冷月平均气温－6.6～ －2.5 ℃,风冷指数

－15.8～ －7.7 ℃,最热月气温 22.8～25.4 ℃、温湿指数 69.8～74.1 ℃,年降雨量 460～650 毫米,年平均气温 9.6～11.4 ℃,与中心产区平均气候相似距离为 1.54。该区年平均气温偏低是秦川牛生长的主要气候影响因素。

ⅡB 区,由秦岭北坡山地、关中西部及商洛地区大部分构成,涉及丹凤、商州、蓝田、渭滨、金台、山阳、凤县、柞水、商南、镇安、洛南 11 个县(区),属暖温带半湿润气候,关中西部地区伏旱严重,秋淋明显。镇安、柞水以东的商洛中浅山区具有北亚热带气候特色,地形复杂,山高沟深,气候垂直变化明显,最冷月平均气温－1.8～1.5 ℃,风冷指数－10.3～－3.4 ℃,最热月平均气温 22.3～26.3 ℃、温湿指数 70.0～76.5,年降水量 630～820 毫米,年均气温 11.0～13.9 ℃,与中心产区平均气候相似距离 1.56。该区降水偏多是秦川牛生长的主要气候影响因素。

(三)弱适宜生长气候区(Ⅲ)

秦川牛弱适宜气候生长区由长城沿线以南的榆林、延安大部分地区和陕南汉江流域广大地区构成。依据地理环境条件,将该区分为ⅢA、ⅢB 两个亚气候生长区。

ⅢA 区,主体由陕北黄土高原沟壑区及铜川、咸阳北部地区构成,涵盖绥德、佳县、富县、子洲、宝塔、子长、长武、安塞、府谷、米脂、麟游、洛川、黄陵、甘泉、旬邑、横山、黄龙、宜君等 17 个县(区),属暖温带半干旱、半湿润温凉气候,海拔 800～1200 米,植被由草原向森林草原过渡,以牧业和牧林业为主。该区冬季漫长而干冷,干旱、暴雨、冰雹灾害频繁,全年积温 3000～3500 ℃·d,平均初霜期 8 月中旬,终霜期 4 月下旬,无霜期 160～170 天,最冷月气温－8.3～－4.2 ℃,风冷指数－16.9～－10.3 ℃,最热月气温 21.2～24.7 ℃、温湿指数 67.7～73.8,年平均气温 8.6～10.0 ℃,年降水量 380～650 毫米,与中心产区平均气候相似距离为 2.56。冬季寒冷及年平均气温偏低为该区秦川牛适宜生长的障碍性气候因素。

ⅢB 区,主体由旬河以西秦岭南坡中浅山区及汉江浅山盆谷地构成。该区北部气候垂直变化大,立体农业景观明显,南部秦岭巴山之间沿汉江盆地及低山丘陵,海拔 800 米以下,属北亚热带气候,水热资源丰富,其最冷月平均气温 0.2～3.4 ℃,风冷指数－0.6～5.5 ℃,最热月平均气温 21.8～27.2 ℃,温湿指数 69.4～78.3,年平均气温 11.4～15.6 ℃,年平均降水量 780～1020 毫米,与中心产区气候相似距离为 2.47。雨水偏多湿度偏大为该区秦川牛适宜生长的主要障碍性气候因素。

(四)非适宜气候生长区(Ⅳ)

秦川牛非适宜气候生长区由长城沿线以北的榆林北部地区和陕南大巴山区两部分构成。依据地理环境条件,该区分为ⅣA、ⅣB 两个气候生长区。

ⅣA 区,位于陕西省最北端、鄂尔多斯高原毛乌素沙漠南缘的长城沿线风沙带,包括神木、榆阳、靖边、志丹、吴起、定边 6 个县(区),海拔 1000～1800 米,地势平坦,沙丘遍布,间有草原、下湿滩地,属中温带干旱季风气候,干寒多风,春旱秋旱严重,为陕西省水热条件最差、风沙最多而光照最充足地带。极端最低气温多年平均为－2.4 ℃左右,极值－2.7～3.3 ℃,最冷月平均气温－9.5～－7.7 ℃,风冷指数－18.5～ －11.6 ℃,负积温－700～－600 ℃·d,是陕西冬季最严寒的地区。最热月平均气温 21.3～23.6,温湿指数 68.2～70.3,年平均气温 7.7～8.4 ℃,年降水量 330～520 毫米,与中心产区平均气候相似距离为 3.82。冬季严寒及干旱少雨为该地区秦川牛生长的主要限制性气候因素。

ⅣB 区，位于陕西省最南端，汉江盆地以南，相当于海拔 1000 米以上的巴山北坡地区，包括岚皋、紫阳、宁强、镇巴四个县。该区山高林密，气候植被垂直变化明显，属北亚热带山地温暖湿润气候。该区最冷月平均气温 −1.5～3.4 ℃，最热月平均气温 23.4～26.0，温湿指数 72.4～76.3，年平均气温 12.9～15.0 ℃，年降水量 1020～1310 毫米，全年日照时数仅 1350～1650 小时，与中心产区平均气候相似距离为 3.75。全年降水偏多湿度偏大为该区秦川牛生长限制性气候因素。

三、陕西省奶山羊适生气候区划

关中奶山羊适生气候区分为最适宜生长气候区、适宜生长气候区、次适宜生长气候区、不适宜气候生长区。

(一)最适宜生长气候区(Ⅰ)

关中奶山羊最适宜生长气候区由乾县以东、渭河以南、渭北旱原以北的广大地区构成，包括富平、韩城、大荔、蒲城、澄城、三原、合阳、临渭、白水、耀州、潼关、礼泉、秦都、渭城、华阴、高陵、乾县、泾阳、临潼 19 县区。

(二)适宜生长气候区(Ⅱ)

关中奶山羊适宜生长气候区以渭河以南的关中中西部，商洛北部、宝鸡、咸阳、铜川北部及延安大部地区组成，依地理环境条件，将其分为ⅡA、ⅡB 南北两个气候亚区。

ⅡA 气候区：该区以奶山羊最适生长气候区以北大部分地区为主体，包括永寿、岐山、彬县、延川、王益、印台、千阳、吴堡、延长、淳化、宜川、陇县、宝塔、清涧、绥德、甘泉、富县、洛川、黄陵、黄龙、宜君、旬邑、长武、麟游 25 个县(区)。

ⅡB 气候区：该区主要由关中中西部及商洛北部两部分构成，包括商州、洛南、长安、眉县、凤翔、华县、武功、兴平、蓝田、山阳、丹凤、户县、周至、渭滨、金台、陈仓 16 个县(区)。

(三)次适宜生长气候区(Ⅲ)

关中奶山羊次适宜生长气候区依地理条件可分为ⅢA、ⅢB 两个亚区。

ⅢA 气候区由延安北部和榆林全部地区构成，包括佳县、安塞、子长、子洲、米脂、府谷、志丹、横山、吴起、靖边、神木、定边、榆阳 13 个县(区)。

ⅢB 气候亚区北起秦岭北麓，南至汉江北岸，由除商洛北部及太白山海拔 1000 米以上高山区以外的秦岭山地构成，包括镇安、柞水、商南、凤县、洋县、旬阳、白河、汉滨、汉台、宁陕、勉县 11 个县(区)。

(四)不适宜气候生长区(Ⅳ)

关中奶山羊不适宜气候生长区由秦岭西部海拔高于 1000 米的山地及汉江以南的盆地和巴山山地构成。

ⅣA 不适亚区由汉江盆地及其以南巴山山地构成，包括南郑、西乡、镇巴三县。

ⅣB 亚气候区由秦岭山脉西部海拔 1000 米以上山地构成，包括留坝、佛坪、太白、宁陕四县。

四、陕北白绒山羊适生气候区划

陕北白绒山羊适生气候区划分为最适宜气候生长区、适宜气候生长区、次适宜气候生长区、不适宜气候生长区。

(一)最适宜气候生长区

该区主体部分为白云山以北的榆林地区,主要包括横山、府谷、榆阳、米脂、佳县、神木、绥德、子洲、定边、靖边、清涧、吴堡12个县(区)。

(二)适宜气候生长区

该区主体以白云山以南的延安市大部构成,包括子长、宝塔、延长、吴起、宜川、富县、安塞、甘泉、延川、志丹10个县(区)。

(三)次适宜气候生长区

该区主要由延安市南部、铜川全部、宝鸡、咸阳、渭南三市构成,包括合阳、黄陵、黄龙、洛川、白水、淳化、澄城、王益、印台、旬邑、长武、麟游、耀州、宜君、永寿、韩城、富平、蒲城、彬县19个县(区)。

(四)不适宜气候生长区

该区由关中大部和陕南全部地区构成,包括潼关、千阳、岐山、凤翔、乾县、大荔、礼泉、秦都、渭城、扶风、陇县、三原、临潼、洛南、高陵、泾阳、蓝田、华阴、临渭、武功、太白、眉县、华县、商州、长安、陈仓、兴平、丹凤、山阳、周至、户县、渭滨、金台、凤县、镇安、柞水、商南、佛坪、留坝、平利、宁陕、镇坪、旬阳、洋县、白河、汉阴、石泉、略阳、宁强、勉县、西乡、汉中、城固、南郑、安康、紫阳、岚皋、镇巴58个县(市、区)。

五、陕南白山羊适生气候区划

陕南白山羊适生气候区划分为最适生长气候区、次适生长气候区、弱适宜生长气候区、非适宜生长气候区。

(一)最适生长气候区

该区以主产区汉滨为中心,有汉江流域大部分地区,包括汉滨、白河、汉阴、石泉、旬阳、平利、紫阳、略阳、岚皋、西乡、洋县、勉县、宁强、镇坪、汉台、南郑、城固、佛坪、镇巴、商南、宁陕、留坝22个县(区)。

(二)次适生长气候区

陕南白山羊次适生长气候区主要包括秦岭山地、关中平原及渭北旱原地区。主要有陈仓、金台、渭滨、眉县、兴平、柞水、长安、镇安、丹凤、临潼、山阳、秦都、渭城、临渭、高陵、泾阳、扶风、华县、蓝田、乾县、三原、华阴、岐山、礼泉、凤翔、商州、大荔、潼关、洛南、富平、耀州、蒲城、陇县、凤县、千阳、永寿、白水、合阳、王益、印台、韩城、淳化、彬县、澄城、麟游、太白等47个县(市、区)。

(三)弱适宜生长气候区

陕南白山羊弱适宜生长气候区主要分布于咸阳、铜川市北部及延安市大部分地区,包括宜君、长武、黄陵、旬邑、宜川、黄龙、延长、洛川、富县、宝塔、延川、甘泉、吴堡、安塞、子长、清涧16个县(区)。

(四)非适宜生长气候区

陕南白山羊非适宜生长气候区涵盖陕北的榆林市大部,包括绥德、佳县、子州、吴起、志丹、米脂、靖边、定边、横山、神木、府谷、榆阳12个县(区)。

第二节　畜牧业气象服务

1992年10月，商洛市洛南县高寒山区的黄龙乡黄龙村，30户村民利用塑料薄膜覆盖猪圈，改善圈舍小气候环境，开展温棚养猪。当年12月，商洛地区畜牧部门总结这一成功经验，在全地区高寒山区推广。

1993年以来，商州市从山东菏泽地区引进小尾寒羊，在全市推广。商洛地区气象局高级畜牧师刘文亚从产（菏泽）、客（商州）两地的地理、气候环境分析入手，在《商洛日报》发表了“从气象论小尾寒羊在商州的发展问题”的文章。随后，商州市召开“小尾寒羊发展问题”座谈会，受市政府邀请，刘文亚在会上论述了小尾寒羊与商州气候的关系，提出了发展小尾寒羊的具体意见，市政府采纳了意见，并做出了在适宜区域继续发展小尾寒羊的决定。

1996年12月，陕西省气象局立项，在洛南县景村镇和丹凤县商镇开展温棚养猪试验，1996年12月取得试验数据。温棚与露天圈舍比较，平均气温高出6.7 ℃，养猪头均日增重多255克，养猪每增重1千克少用饲料2.36千克，养猪提前3个月出栏。随后，商洛畜牧部门在全地区推广温棚养猪，当年温棚养猪31200户。

2004年7月，陕西省气象局立项并组建畜牧业气象服务课题组，深入陕北、陕南和关中农村，深入奶牛、秦川牛、陕南白山羊、陕北白绒山羊等饲养场地，同农民、饲养人员和畜牧科技人员座谈畜牧业生产与气象相关的技术问题，并在咸阳农业气象实验站进行牧草种植试验，开展畜牧业气象工作研究，编写并出版了《陕西省畜牧业气象服务手册》，完成了关中地区中国荷斯坦奶牛、秦川牛及陕南白山羊、陕北白绒山羊及主要牧草适生气候区划，进行了家畜饲养小气候环境调控、畜牧业气象灾害预警及牧事活动等方面的气象服务。

2006年，陕西省经济作物气象服务台建立了省市县三级气象部门共享的全省畜牧业气象服务平台，开展畜牧业气象服务，推广畜牧业气象适用技术，减轻不利气候对畜牧业生产的影响和危害，为陕西畜牧业可持续发展提供气象保障。

2008年3月21日，陕西省经济作物气象服务台与陕西省畜牧局召开畜牧业气象服务业务座谈会。同年9月25—27日，省经济作物气象服务台在榆林市组织召开全省畜牧业气象服务培训会，提出了畜牧业气象服务方案，开展有特色、有针对性的畜牧及牧草预报、预测和预警气象服务，减轻不利气候对畜牧业生产的影响和危害，为陕西畜牧业可持续发展提供气象保障。

第三节　设施农业气象服务

2002年，石泉县气象局在安康月河流域的石泉县堡子村0.87公顷农耕地的26个草莓大棚里开展草莓种植小气候研究，总结提升草莓栽培管理技术，同时，在堡子村第五村民小组租赁0.2公顷的6个大棚，在棚内放置温、湿度观测设备，从当年8月底至次年4月底,进行了 8 个月的气象观测。县气象局针对草莓冬春季低温冻害,利用双层和三层塑料薄膜覆盖,把棚内温度提升到 0 ℃以上。同时,结合草莓栽培技术和草莓从开花坐果到成熟采摘需要 600 ℃·d 的积温,向农户推广大棚小气候调整技术,草莓单产提升到 1500 千克/667 平方米,纯收入 2 万元。2004 年,堡子村草莓大棚发展到 3.33 公顷,石泉县委书记、县长和安康市长先后到大棚考察,给予了很高评价。

2005 年 12 月—2006 年 3 月,陕西省经济作物气象服务台在咸阳市三原县、延安市安塞县各建设一个大棚蔬菜气象观测和服务基地,一边开展棚内外温、湿度对比观测试验,一边编写陕西关中和陕北南部大棚蔬菜棚内最低、最高气温预报模式、服务指标及防御措施。通过《经济作物与气象周预报》《经济作物与气象日预报》服务,指导菜农根据气象条件开展蔬菜生产,做好低温冻害及揭棚前高温热害的防御工作。同时,适时在电视台、广播电台发布大棚蔬菜低温冻害警报。冬季,每日在《农村广播》栏目发布《大棚蔬菜气象服务日预报》服务,内容包括前期气象条件对作物生长的影响,未来 7 天天气形势预报及生产建议。根据蔬菜生产中的突出问题和特殊的天气情况,随时以送阅件形式给政府有关部门提供决策气象服务。

2006 年秋季,陕西省经济作物气象服务台开始在咸阳市三原、泾阳,渭南市等市(县)提供大棚蔬菜气象短信服务。

2008 年新春伊始,陕西省遭遇 50 年一遇大范围连续性强降雪和寒潮天气,局地出现多年罕见的暴雪,积雪厚度达 10～15 厘米,日平均气温下降 10 ℃以上。此次过程导致陕北、关中部分设施蔬菜发生明显冻害,并出现积雪压垮棚架绝收毁棚之灾。1 月 11 日,省经济作物气象服务台紧急将传输实时气象服务信息的电脑等设备送到泾阳县无公害设施蔬菜种植基地。16 日紧急组织多名科技人员,冒雪深入泾阳县蔬菜大棚察看灾情,诊断疫病,指导菜农积极应对,17 日及时向省政府及相关部门报送了《重大农业气象灾害专报》,提供灾情影响分析评估,提出一系列御寒保暖补救措施,力求把灾害损失降到最低。

2009 年 1 月,陕西省经济作物气象台联合泾阳县蔬菜局,成立"陕西设施农业气象科技服务示范基地",成为全省设施农业气象服务的拓展平台。

2009 年 11 月 13 日,陕西省气象局与西北农林科技大学联合,在杨凌区共建省现代农业与气象创新基地。2010 年 9 月,杨凌区气象局在杨凌示范区现代农业产业孵化园区建立了 200 亩现代农业气象服务示范基地,在基地内外设立了两套温湿、地温、辐射小气候观测仪,进行设施蔬菜气象条件监测、分析、研究,最大限度减轻气象灾害的影响,科学利用气候资源,开展设施蔬菜全程化、专业化气象服务,以点带面,在全区发挥设施蔬菜气象服务示范作用。

2010 年,榆林市气象局在榆阳区、靖边县建设设施农业无线远程监控系统两套,利用观测资料,开展温室大棚内外气象要素变化特征分析,研发设施农业气象服务产品,在秋冬春季为全市蔬菜大棚等设施农业生产提供专题气象服务。

第十七章　经济作物气候区划与气象服务

1990—2010 年，陕西省气象部门在全国气象系统率先开展果业、设施农业、中草药、畜牧业趋利避害研究、搭建农业生态气候检测网站、定期通过各种方式及时为政府和相关部门提供不同时间尺度的农用天气预报、气象灾害情报、重大天气事件分析评估等，开展主要经济作物气候区划和专业气象服务。

第一节　主要经济作物气候区划

2009—2010 年，陕西省气象局在农业气候区划中，进行了苹果、白梨、柑橘、猕猴桃、茶树、核桃、红枣等果业气候区划。

一、苹果精细化气候适宜性区划

2009—2010 年，陕西省经济作物气象台利用陕西省 96 个气象站 1981—2010 年气象资料和地理信息数据，选取年平均气温，年降水量、6—8 月平均最低气温、6—8 月平均相对湿度等气象要素，作为陕西苹果气候适宜性区划指标，采用 GIS 技术，将全省苹果气候适宜性划分为最适宜区、适宜区、次适宜区、不适宜区（图 17-1）。

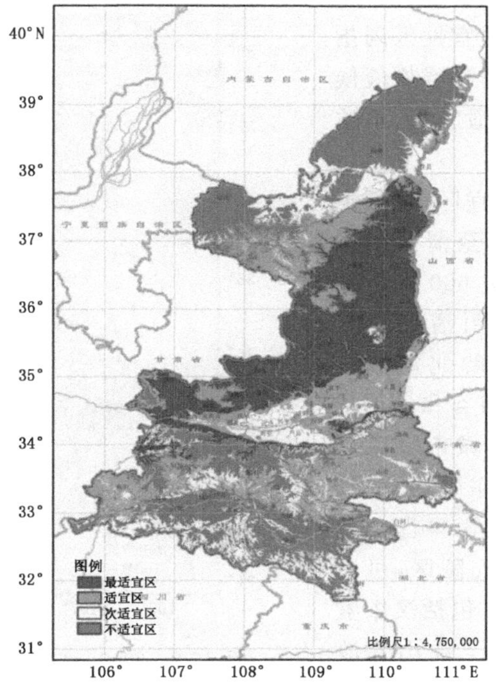

图 17-1　2009—2010 年陕西省苹果气候适宜性区划分布图

最适宜区:南界在北山(陕北高原和关中平原的交接地带)以北,即从宝鸡西部的陇县、千阳、陈仓、凤翔、岐山、扶风、乾县、礼泉一带开始,向东延伸经耀州区、富平至蒲城、澄城、韩城黄河西岸,以此界往北至延安的安塞、子长、子洲、米脂,海拔一般在 800～1400 米。

适宜区:秦岭以北适宜区可分为北部和南部两大区域,北部包括安塞、子长、子洲中北部,米脂大部,佳县南部,志丹、吴起和甘泉,海拔 1000～1400 米的地区;南部包括韩城、合阳和澄城东南部,蒲城、富平南部、大荔大部及凤翔和岐山等地,海拔 700 米以下地区。秦岭以南的商洛大部及汉中、安康海拔 900～1500 米的秦岭山区亦属适宜区。

次适宜区:北部包括定边、横山县东、西部,靖边中北大部,佳县、吴堡中东部,神木、府谷东部,米脂西部,子洲北部,志丹、吴起和甘泉,海拔大于 1400 米地区。中部包括陈仓中部,眉县、华县北部,周至、户县、长安中北部,扶风、乾县、礼泉、泾阳中南部,西安南部,武功、杨陵、兴平全部,咸阳东、西部,高陵大部,渭南、临潼中部等渭河流域地区。南部包括秦岭、巴山山区高海拔地区。

不适宜区:北部南起白于山、横山到佳县白云山以北地区;南部包括秦岭深山区以南的陕南大部分地区。

二、猕猴桃精细化气候适宜性区划

2009—2011 年,陕西省经济作物气象服务台利用陕西省 96 个气象站 1981—2010 年气象资料和地理信息数据,选取年平均气温、年降水量和无霜期作为陕西猕猴桃气候适宜性区划指标,采用 GIS 技术,将全省猕猴桃气候适宜性划分为适宜区、次适宜区、不适宜区(图 17-2)。

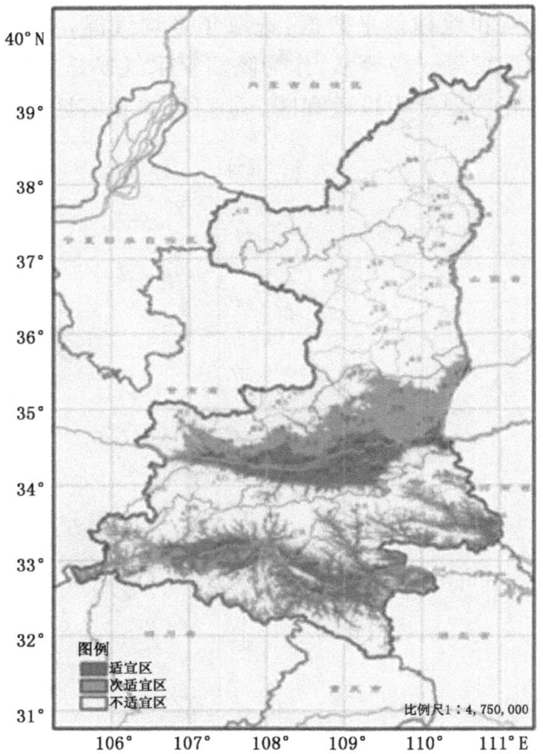

图 17-2　2009—2010 年陕西省猕猴桃气候适宜性区划分布图

适宜区:秦岭以北适宜区,包括秦岭北麓海拔 1200 米以下至渭河北岸以及韩城市城区周边海拔 600 米以下区域。本区西起宝鸡峡引渭工程渠首,东至潼关塬,南起秦岭北麓海拔 1200 米以下的南山支流河谷和山前阶地,北至渭北二道塬。韩城市城区周围海拔 600 米以下区域亦属适宜区。秦岭以南适宜区,包括陕南秦巴山区海拔 780 米以下的浅山丘陵区,可分为:汉中盆地周边适宜区,包括汉中盆地及周边海拔 720 米以下浅山丘陵区;安康盆地周边适宜区,包括凤凰山以北的石泉、汉阴和汉滨区海拔 700

米以下，汉滨区火石岩以东的盆地周边及汉江和支流两岸海拔 700 米以下，凤凰山以南和平利北部海拔 700 米以下的浅山丘陵区；商洛南部适宜区，包括金钱河、丹江及支流两岸海拔 780 米以下浅山丘陵区；汉中市的宁强广坪一带河谷丘陵，海拔 700 米以下的局部地区亦属适宜范围。

次适宜区：秦岭以北次适宜区包括北部适宜区北界渭北二道塬以北到北山海拔 1100 米以下地区。南部自秦岭北麓适宜区以南到南山支流河谷海拔 1400 米以下区域。秦岭以南次适宜区，包括陕南秦巴山区 28 县（区）海拔 1100 米以下的山区，可分为：汉中次适宜区，包括汉中市位于秦岭南坡的汉台区、勉县、留坝、城固、西乡、镇巴、南郑、洋县、略阳海拔 1000 米以下及宁强、佛坪海拔 1100 米以下山区；安康次适宜区，包括石泉、汉阴、汉滨区、岚皋和平利北部海拔 1070 米以下，旬阳大部、镇坪东部 1050 米以下，白河大部和宁陕海拔 1000 米以下适宜区外围的山区；商洛次适宜区，包括商洛地区中南部河谷两岸浅山坡地。分布在旬河、乾佑河、金钱河、丹江流域海拔 930 米以下丘陵地区。

不适宜区：秦岭以北不适宜区，北部主要包括次适宜区北界以北的冷凉干旱、半干旱区，南部主要包括秦岭北麓高海拔地区。秦岭以南不适宜区主要分布在陕南秦巴山区海拔 1100 米以上的深山区。

三、核桃精细化气候适宜性区划

2009—2011 年，陕西省经济作物气象服务台利用陕西省 96 个气象站 1981—2010 年气象资料和地理信息数据，选取年平均气温，年降水量，年日照时数，极端最低气温多年平均，日最高气温≥38 ℃日数等作为陕西核桃气候适宜性区划指标，采用 GIS 技术，将全省核桃气候适宜性划分为适宜区、次适宜区、不适宜区（图 17-3）。

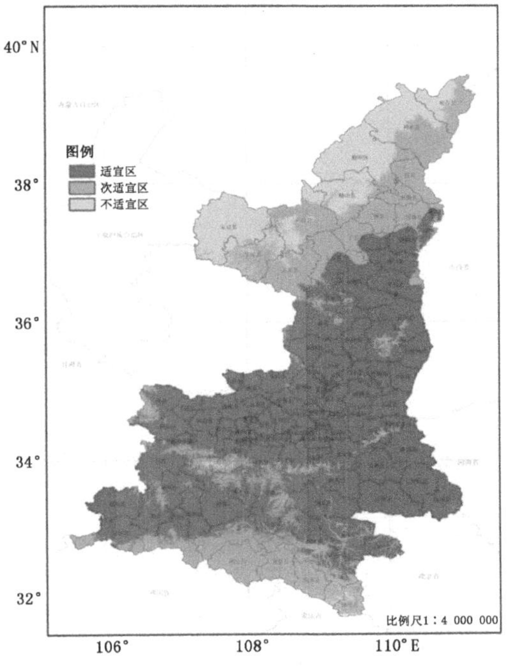

图 17-3　2009—2010 年陕西省核桃气候适宜性区划分布图

适宜区:北起陕北北部的安塞、子长、清涧、吴堡一线,南至陕南汉江河谷,除秦岭、陇山、黄龙山的深山外,陕北沟壑区、渭北塬区、关中平原和秦岭的浅山丘陵区均为适宜区。

次适宜区:分为陕北次适宜区和陕南次适宜区,前者包括适宜区北界至长城沿线区域,后者包括汉江河谷以南大部分地区。

不适宜区:主要包括陕北长城沿线风沙区以北地区。

四、白梨精细化气候适宜性区划

2009—2011 年,陕西省经济作物气象服务台利用陕西省 96 个气象站 1981—2010 年气象资料和地理信息数据,选取年平均气温、1 月平均气温、年降水量、6—8 月平均最低气温和 6—8 月空气相对湿度作为陕西白梨气候适宜性区划指标,采用 GIS 技术,将全省白梨气候适宜性划分为最适宜区、适宜区、次适宜区、不适宜区(图 17-4)。

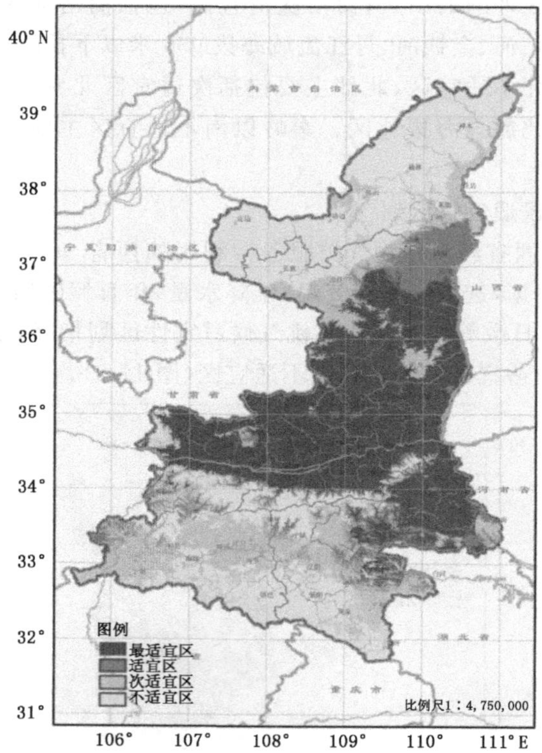

图 17-4　2009—2010 年陕西省白梨气候适宜性区划分布图

最适宜区:陕北南部、渭北旱塬、关中平原和商洛地区北部(黄龙、麟游山区,渭北旱腰带部分地区为适宜区)。

适宜区:陕北的绥德、子洲、子长南部,清涧、延川大部,宝塔、延长北部,黄龙、麟游山区,以及渭北旱腰带的泾阳、富平、蒲城、大荔、合阳部分地区。

次适宜区:北部次适宜区包括府谷、神木、佳县、吴堡黄河沿岸,米脂大部,绥德北部,安塞、志丹、吴起南部地区。南部次适宜区主要分布在陕南海拔 1200 米以下的山区。

不适宜区:北部包括陕北北部的榆阳、横山、靖边、定边,府谷、神木、吴起大部,佳县西部，子洲、子长、安塞、志丹北部，米脂无定河东西两岸黄土高原区域。南部包括秦岭海拔 2000 米以上的深山区，米苍山、大巴山海拔 950 米以上的山地，安康及汉中海拔 500 米以下的盆地。

五、陕北制干红枣精细化气候适宜性区划

2009—2010 年，陕西省在经济作物气候区划中，将陕北制干红枣气候适宜性划分为适宜区、次适宜区、不适宜区（图 17-5）。

适宜区：位于陕北黄河沿岸，海拔高度 800～1100 米滩地、陕北黄河支流河谷、丘陵缓坡区。包括宜川中东部，延长、延川、清涧大部，绥德，吴堡，佳县、神木、府谷东部，宝塔、子洲部分地区，子长东南部，陕北南部的洛河沿岸地区。

次适宜区：黄陵、富县、宜川、榆阳、横山、靖边、安塞、甘泉部分，宜君、宝塔大部，子长中东部，子洲、米脂、佳县西北部，神木东南部，府谷中东部，海拔 1000～1250 米的区域。

不适宜区：位于陕北的西部、北部地区以及黄龙山区，包括神木、榆阳北部，横山、富县部分，子长、黄陵西部，宜川西南部，安塞、甘泉、黄龙、靖边大部，志丹，吴起，定边等地。

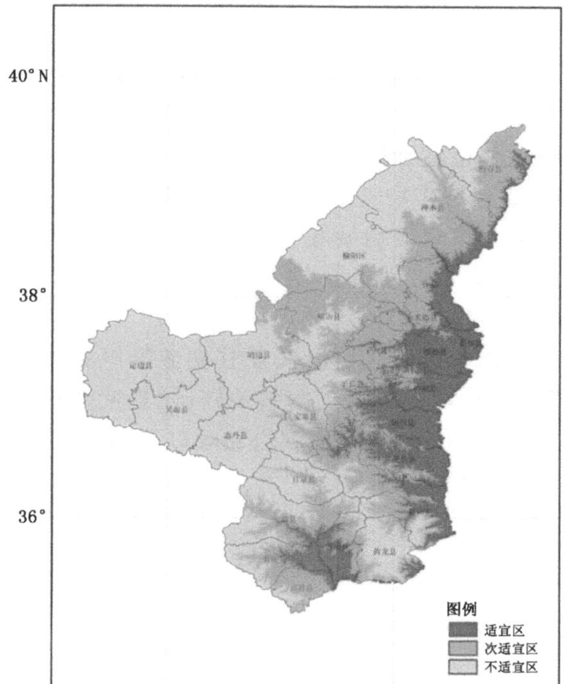

图 17-5　2009—2010 年陕北制干红枣气候适宜性区划分布图

六、陕南柑橘精细化气候适宜性区划

2009—2011 年，陕西省经济作物气象服务台利用陕西省 96 个气象站 1981—2010 年气象资料和地理信息数据，选取年极端最低气温多年平均、1 月平均气温、年平均气温和年降水量作为陕南柑橘气候适宜性区划指标，采用 GIS 技术，将陕南柑橘气候适宜性划分为

适宜区Ⅰ、适宜区Ⅱ、次适宜区、不适宜区。

适宜区Ⅰ:凤凰山两侧适宜区,包括凤凰山北侧自汉阴高粱铺至汉滨区五里镇以西海拔 400 米以下、凤凰山南侧自石泉喜河镇至汉滨区火石岩水坝之间的汉江及其支流两岸海拔 600 米以下的浅山丘陵地区。汉中市的宁强广坪一带海拔 600 米以下河谷丘陵地区亦为适宜区。

适宜区Ⅱ:汉中适宜区,包括汉中盆地及周边海拔 650 米以下,镇巴境内巴山北坡 800 米以下的浅山丘陵地区,宁强广坪一带及嘉陵江河谷丘陵海拔 700 米以下的地区亦属适宜范畴。安康盆地周边适宜区,包括凤凰山北侧适宜Ⅰ区以北的汉阴和汉滨区海拔 700 米以下,汉滨区火石岩以东和汉江及支流两岸海拔 500 米以下,凤凰山以南海拔 800 米以下和平利北部海拔 600 米以下的浅山丘陵地区。汉中洋县、西乡及安康石泉适宜区,包括洋县龙亭镇以西、西乡自骆家坝乡至茶镇镇以北和石泉海拔 650 米以下的浅山丘陵地区。

次适宜区:包括陕南秦巴山区 15 县市海拔 900 米以下(秦岭南坡 800 米以下)的山区。汉中次适宜区,主要包括汉中市位于秦岭南坡的勉县(900 米以下)、洋县(800 米以下)、略阳(900 米以下)浅山丘陵地带及宁强的大安周边海拔 1000 米以下地区。安康旬阳、白河次适宜区,包括旬阳东南部和白河大部海拔 1000 米以下的山区。商洛南部次适宜区,包括镇安旬河、乾佑河河谷两岸、丹江流域两岸、鹘岭南侧海拔 500 米以下的小部分地区。

不适宜区:主要包括陕南秦巴山区海拔 1000 米以上的深山区。

七、陕南茶树精细化气候适宜性区划

2009—2011 年,陕西省经济作物气象服务台利用陕西省 96 个气象站 1981—2010 年气象资料和地理信息数据,选取年极端最低气温多年平均、年平均气温、≥10 ℃积温和年降水量作为陕南茶树气候适宜性区划指标,并采用 GIS 技术,将陕南茶树气候适宜性划分为适宜区、次适宜区、不适宜区(图 17-6)。

适宜区:主要分布在陕南秦巴山区沿汉江及其支流沿岸海拔 950 米以下的浅山丘陵地带。汉中市主要包括宁强县青木川镇到阳平关镇,勉县武侯镇、汉台区汉王镇、洋县黄金峡镇至西乡的茶镇以南,西乡的骆家坝乡到白勉峡以北、勉县喜神坝至宁强胡家坝以北

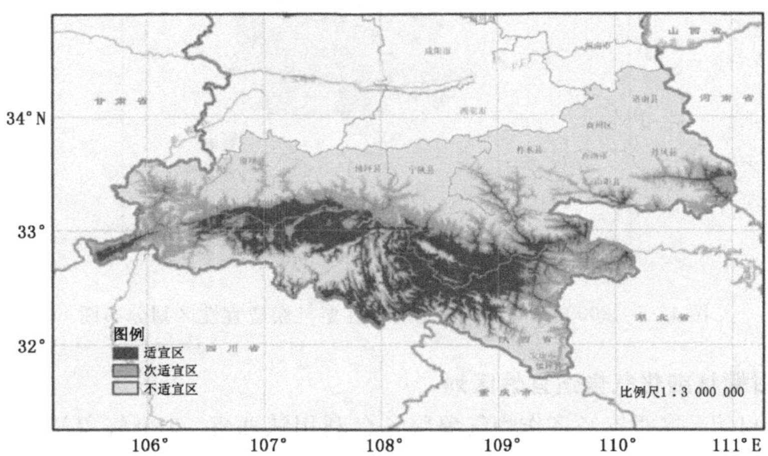

图 17-6 2009—2010 年陕南茶树气候适宜性区划分布图

部分地方、镇巴县南部米仓山南麓浅山丘陵区及褚河中上游沿岸的浅山丘陵地带；安康市主要包括石泉的银龙乡至旬阳白柳镇以南，凤凰山两侧，紫阳大部，岚皋的石门镇至平利东北部部分地区，旬阳的旬河以及汉江两岸；商洛市商南县南部部分浅山丘陵地带。

次适宜区：主要分布在陕南秦巴山区汉中市、安康市和商洛市辖区茶树种植气候适宜区周边海拔 1200 米以下的浅山丘陵区。主要包括宁强的黄坝驿乡到铁锁关镇以北，略阳嘉陵江及其支流沿岸，白河境内大部，山阳漫川关镇一带的河谷，商南试马镇到赵川镇以东的浅山丘陵区，以及汉中、安康、商洛地区适宜区周边海拔 1200 米以下的浅山丘陵区。

不适宜区：主要分布在秦岭和巴山海拔 1200 米以上的深山区。

八、烤烟精细化气候适宜性区划

2009—2010 年，陕西省经济作物气象服务台利用陕西省 96 个气象站 1981—2010 年烤烟主要生育期气象资料和地理信息数据，选取成熟期（7—8 月）平均气温，旺长期（6 月）降水，大田生长期可用时间，大田期日照时数作为陕西烤烟气候适宜性区划指标，并采用 GIS 技术，将全省烤烟气候适宜性划分为适宜区、次适宜区、不适宜区（图 17-7）。

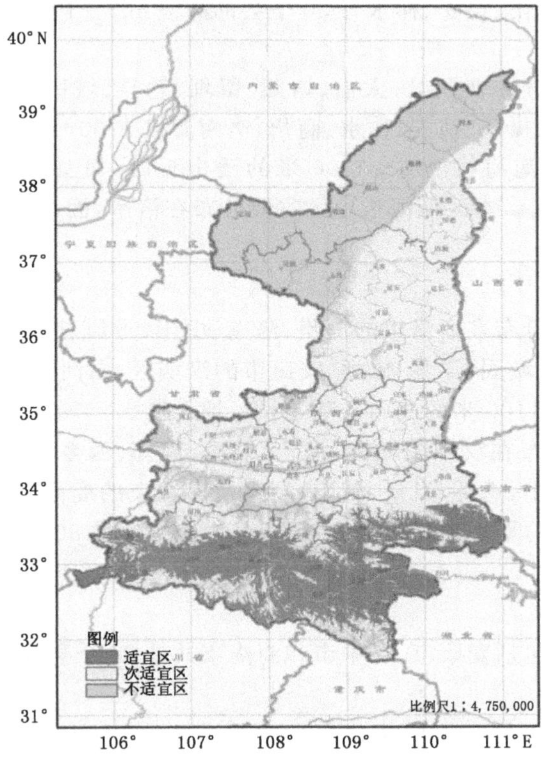

图 17-7　2009—2010 年陕西省烤烟气候适宜性区划分布图

适宜区：包括秦岭以南的汉江及其支流、金钱河河谷两岸 1100 米以下，嘉陵江、丹江流域海拔 1000 米以下的川道、浅山区。

次适宜区：包括秦岭以北西起陇山海拔 1300 米以下山地，东至黄河西岸，南起秦岭北麓海拔 1500 米以下的南山支流河谷和山前阶地，北至白于山以东、长城沿线以南地区以及秦岭以南海拔1400米以下的坡塬、山地。

不适宜区:主要包括陕北西北部和秦岭、米苍山、大巴山高寒山区。

第二节　中药材气候区划

2005年,陕西省气象局成立“陕南秦巴山区中药材气象服务业务系统”课题组,进行了陕南秦巴山区主栽的8种中药材气候区划。

一、丹参

气候适宜区:主要分布在商洛市的商州、洛南、山阳、丹凤、商南、镇安、柞水,汉中市的城固、略阳、勉县、洋县、宁强和安康市的汉滨区、白河、汉阴、旬阳、石泉等17个县区的海拔高度600～1000米的川塬、坡地、坪坝区。

次适宜区:包括安康市的汉滨区、白河、汉阴、宁陕、平利、旬阳、镇坪、岚皋、紫阳、石泉,汉中市的城固、汉台、留坝、略阳、勉县、南郑、西乡、佛坪、洋县、宁强,镇巴,商洛市的商州、洛南、山阳、丹凤、商南、镇安、柞水等30个县的海拔400～1000米的川塬、坡坪区。

二、党参

气候适宜区:主要分布在凤县、太白、略阳、留坝、勉县、城固、洋县、佛坪、宁强、宁陕、西乡、镇巴、平利、镇坪、岚皋、镇安、柞水、商州、洛南海拔1200～1800米中山区。

次适宜区:包括洛南海拔900～1300米的浅山丘陵,凤县、平利、勉县、太白和略阳1700～2200米的中山区。本区低海拔地区主要分布在洛南,面积较小,而高海拔地区面积亦不大且较为零散。

三、桔梗

气候适宜区:主要分布在商洛市的商州、洛南、山阳、丹凤、商南、镇安、柞水,汉中市的略阳、宁强、勉县、留坝、城固、洋县、佛坪,安康市的汉滨区、白河、旬阳、石泉、汉阴、宁陕20个县区海拔高度800～1100米的浅山丘陵、川坪、坡塬区。

次适宜区:主要分布在汉中的城固、汉台、勉县、南郑、西乡、佛坪、洋县、镇巴,安康市的汉滨、汉阴、平利、旬阳、镇坪、岚皋,紫阳、石泉及商洛市的商南和宝鸡的凤县18个县区海拔高度500～800米的平坝和秦岭南坡、巴山及米仓山北坡800～1400米的中浅山丘陵、坡塬地区。

四、柴胡

气候适宜区:主要包括安康市、汉中市和商洛市共计28个县区海拔高度700～1000米的浅山丘陵区。

次适宜区:主要分布在汉中市、安康市海拔700米以下平坝区、凤县1400～1600米的中山区,其他则包括秦巴山区各县海拔高度800～1200米的中浅山、坡塬、沟谷。

五、黄芩

适宜区:分布在汉中市的略阳、留坝,商洛市的商州、洛南、山阳、丹凤、镇安、柞水和宝鸡的凤县、太白,安康市的宁陕11个县区海拔高度900～1300米的中浅山、川坪、丘陵、坡塬区。

次适生区:主要分布在宝鸡、汉中、安康市各区县及商洛商南海拔高度700～1500米的中浅山、川坪、丘陵、坡塬区。

六、元胡(延胡索)

气候适宜区：包括汉中市勉县、南郑、城固、汉台区、洋县和西乡县；安康市的石泉、汉阴、紫阳、汉滨区；商洛市商南县海拔600米以下平坝地带。

次适宜区：包括汉中市勉县、南郑、城固、汉台区、洋县、西乡、略阳宁强；安康市的石泉、汉阴、紫阳、汉滨区；商洛市商南县海拔1000米以下浅山丘陵地带。

七、山茱萸

气候适宜区：主要包括汉中市的城固、汉台、留坝、勉县、略阳、西乡、洋县、宁强、佛坪；商洛市的商州、洛南、山阳、丹凤、商南、镇安、柞水；安康市的汉滨、白河、汉阴、旬阳、石泉、宁陕、平利、紫阳24个县区海拔高度650～1100米的浅山丘陵、坡塬区。

次适宜区：主要分布适宜区所辖县市海拔高度650米以下的平坝和1100～1400米的中浅山、丘陵和坡塬区。

八、绞股蓝

气候适宜区：包括安康地区的平利、汉滨区、汉阴、石泉、紫阳、旬阳、白河，汉中市的洋县、西乡、城固、汉台区、南郑、勉县及商洛地区的商南县海拔500～800米浅山平坝区。

次适宜区：包括安康地区汉滨区大部及汉中市的略阳、宁强海拔900～1100米浅山丘陵、300～500米平坝区。

第三节　主要经济作物气象服务

一、烤烟气象服务

1987年以来，咸阳农业气象研究所，旬邑、宜君县气象局等单位，根据当地农事需要，制作烤烟适栽期气象预报服务材料，提供烤烟规范化栽培气象服务、烤烟一膜两用技术试验示范和推广服务，使烤烟播种和移栽均在高产期，提升了烤烟生产管理水平，使旬邑等渭北烤烟生产处于全省前列。

二、棉花气象服务

1990年，陕西省政府批准，在渭南成立省棉花气象服务台，监测全省棉花气候资源，收集整理全省棉花气象观测资料，开展棉花生产气象问题综合研究，定期发布棉花全生育期气象条件展望、棉花播种期气象条件预报、棉花各发育期气象条件预报、棉花主要病虫害气象条件预报、全省棉花产量预报、棉花各发育期气候评价，示范推广棉花气象适用技术，解决技术措施与气候变化不相适应的矛盾，更好利用气候优势，趋利避害，促进全省棉花生产管理水平的提高和棉花产业的发展。

1992年起，陕西省棉花气象服务台进一步开展棉花播种期低温阴雨、干旱、晚霜冻、秋季连阴雨影响等防灾减灾气象服务。同时，农业气象专家深入田间开展实验研究，进行菱形整枝技术培训。

1997年，陕西省棉花气象服务台在渭南市浦城县原仁乡设“双膜直播棉技术”示范点，进行棉花气象技术示范推广，棉花产量比地膜棉增产28.16%，比直播增产50%～80%，受到当地棉农好评。

1998年,陕西省棉花气象服务台针对棉花生产中的气象问题,继续向地方棉花主管部门和广大棉农提供棉花气象系列化服务,并示范推广了棉花气象适用技术,在渭城区、泾阳、武功、乾县、临渭区、华县、蒲城、户县等产棉区设立示范点,开展纯种双膜棉和双膜瓜棉套种推广技术示范推广和气象服务。

1995年、1997年,陕西省棉花气象服务台被省农业厅评为先进单位,并荣获陕西省气象局1996年度气象科技兴农、扶贫工作一等奖。

三、茶叶生产气象服务

2006年,安康市气象局在紫阳富硒茶基地建设和中国富硒茶农业标准化示范园建设过程中,针对富硒茶对气候及气象条件的需求,开发研究富硒茶生态气候服务产品,建立富硒茶采摘期、春茶产量预报模型、富硒茶生态气候区划和茶业气象服务业务平台,在指导茶树规范种植、优化茶树品种布局、适时采摘及科学防治病虫害等方面发挥了气象科技服务作用。

四、绞股蓝生产气象服务

1995年,陕西省气象科学研究所与安康地区气象局合作,在安康平利开展绞股蓝虫害三星叶甲分布规律及其防治的研究,通过两年时间的监测和防治试验,总结出三星叶甲发生期的主要气象因子,提出了防治措施,并在安康地区绞股蓝生产中推广应用。

五、蔬菜气象服务

凤翔县是陕西线辣椒即秦椒的主产区,辣椒的种植面积10多万亩,成为农民脱贫致富奔小康的重要经济作物。

2002年底,凤翔县气象局承担了中国气象局下达的"关中西部线辣椒规范化栽培气象适用技术研究与推广"课题,与县农业技术推广中心合作,翌年在田家庄镇田西村二组辣椒基地进行气象观测研究,在掌握辣椒生物学特性,弄清降水、温度、湿度、光照等气象条件与辣椒生产关系的基础上,编印"麦辣套种技术规程"、"线辣椒育苗技术"、"辣椒大田管理技术"、"辣椒病虫害防治技术"等资料4000多份,在乡、村两级举办技术培训班10多场、5000多人次,指导椒农使用高纯度的优质品种"2003"、"8819",采用"双膜覆盖,方格点播"育苗技术,培育壮苗;调整辣椒套种耕作带为1.5米,改善通风透光条件,并从辣椒育苗移栽到大田苗期、花果期管理至成熟收获期的各个阶段,利用气候资源优势,扬长避短,趋利避害,提高产量和质量。当年,全县辣椒丰收,亩均产鲜椒1500千克,比往年增产5千克,按当年市场价1.20元/千克计算,亩增值200元,达到了"优质、高产、高效"的生产目标。

第四节　果业气象服务

2000年5月,陕西省气象局顺应陕西农村产业结构调整、加快以苹果为主的果业产业化建设的形势,将省棉花气象服务台更名为省经济作物气象服务台,为陕西林果业、设施农业、畜牧业等特色农业生产服务。

2005年,佳县、吴堡、延安、富县、洛川、陇县、千阳、凤翔、眉县、白水、蒲城、周至、淳化、永寿、洛南、城固、洋县、石泉、平利等55个气象站,开始承担苹果、梨、桃、李、葡萄、猕猴桃、枣、核桃、板栗、石榴、柿子、樱桃、柑橘、杏、花椒等17种经济林果生长发育、生长量监测，监测经济林果发育期生长高度、密度、产量因素等。

陕西省经济作物气象服务台收集整理气象观测资料，开展全省果业生产方面的气象问题综合研究，包括果树花期冻害、高温热害、夏季冰雹、秋季连阴雨、干旱等气象特征及时空分布特点分析，试验研究果树冻害指标和冻害防御方法，建立了苹果产量、面积、物候、气象灾害和气候指标数据库，研究果区气候变化特点，密切关注气候变暖对陕西省苹果、猕猴桃、红枣等产业的影响，积极开发、示范推广果业气象适用技术。

为了充分发挥气象技术和资源的优势，陕西省经济作物气象台制定了"果业气象下乡调查方案"和"果业气象周年服务方案"，定期发布经济作物与气象服务月刊、果业气象周报、经济作物与气象日报、全省苹果产量品质预报、重大气象报告等常规服务产品；以及果树物候期预报，包括果树萌芽、开花、幼果、着色、采收等关键物候期预报，从气象角度为果业生产提出对策建议；另外还有冬春干旱、花期霜冻、夏季冰雹、秋季连阴雨、秋季早霜冻、病虫害等果树气象灾害预报服务产品，定期根据作物生长发育制作果区气候展望。

2001 年，陕西省经济作物气象服务台在陕西白水、礼泉、延安、洛川、旬邑、凤翔等地果区建立起第一批 8 个苹果主产县气象物候观测点，开展果树生长状况和生育期观测、果业气象灾害的监测，开展预测预警、情报服务和决策服务，建立了全省苹果、梨物候观测规范，并在全省范围内进行果树物候观测培训，收集整理了苹果、梨、猕猴桃、枣、柑橘各生育期气象灾害指标，制作了全省苹果、梨等 8 种特色经济作物主产区分布图，还制作了陕西渭北、关中果区 6—8 月高温气候背景图，编写了陕西省苹果优果工程管理月历表，对气象为陕西林果业服务做了大量的准备工作。

从 2001 年起，每年从 3 月 20 日开始到 4 月底，严密监视冷空气活动情况，认真做好果树花期冻害日预报工作，在省电视台《天气预报》栏目发布霜冻日预报，在陕西农民报、农业科技报、陕西广播电台开辟服务栏目，拓展气象为农服务。

2002 年初，陕西省经济作物气象服务台在彬县、旬邑、礼泉三个县部署了 3 个果树花期冻害试验示范点，3 月 27 日在彬县召开了果树防霜冻现场会，由于防霜冻工作得力，使连续 3 年未挂果的彬县梨当年长势良好。彬县、旬邑、礼泉三县试验示范点的防霜冻效果得到当地群众认可，起到示范带动作用，并得到大面积推广，取得明显的经济效益。4 月 7 日，省气象局和省果业管理局联合发出《我省果区将面临严重冻害威胁，各地务必做好防治冻害工作》的文件，要求"各果区高度重视，按照省政办发〔2002〕4 号文件要求，切实采取有效措施，扎扎实实做好冻害防御工作，将灾害损失降低到最小"。2002 年省经济作物气象服务台编发的《山东苹果遭受严重冻害减产已成定局，我省应及早制定今年苹果产销对策》等 3 期送阅件受到省委领导的重视和肯定，时任省委领导批示："省气象局关于我省苹果产销的两条对策建议提得很好"。

2002 年，陕西省经济作物气象服务台和韩城县气象局联合，开展花椒花期冻害气象服务，于 3 月 22 日在韩城桑树坪镇召开花椒花期冻害防御现场会，为群众传授花椒花期冻害的防御措施，提高群众防灾减灾意识，受到韩城政府表彰。

2003 年 2 月开始，陕西省经济作物气象服务台进行每日经济作物气象预报，使用通俗规范的语言，科学、准确、全面的提出分析意见，每天 17:30 通过省广播电台《农村广播》节目向全省发布，每天 12 小时整点滚动播出，节假日不间断，充分满足广大果农的实际生产需求。3月,继续开展果树花期冻害防御试验及试点工作,并增设澄城、蒲城和洛川试验点,按照"避、抗、防、补"四种防御方案,在彬县、旬邑、礼泉、澄城、蒲城和洛川6个县,设立果树花期冻害防御试验点,研究果树花期冻害指标和最佳防御方法,并于3月16—19日在澄城县进行了熏烟防御霜冻试验对比观测。

2006年4月11—13日,陕西省主要果区苹果开花期遭遇最严重的大风、沙尘和强寒潮天气,对果树开花、授粉、受精造成严重危害。4月10—13日,省经济作物气象服务台结合果树花期冻害指标,连续发布"果树花期冻害警报",通过省电视台天气预报栏目和农村广播滚动播放。同时,制作了《受强冷空气侵袭,我省部分果区遭受严重冻害》《我省果区冻害、沙尘灾害调查报告》的送阅件,及时向省委省政府及省果业管理局等相关决策部门提供果区冻害最低气温分布情况及低温持续状况,时任陕西省副省长王寿森在省气象局报送的送阅件上批示:"请果业局各领导阅,并认真研究提出今年防灾保增产的技术、工作措施,及时指导基层工作。"

从2006年5月起,陕西省经济作物气象服务台开始为全省果区联通手机用户推送苹果气象服务短信,内容涵盖果区天气预报、果品价格信息、防灾减灾知识、气象灾害预警等为农服务信息,为全省果业生产,特色经济作物增产增收做好参谋和助手。

2007年,陕西省经济作物气象服务台针对春季气温异常偏高使苹果花期提前的特点,密切关注春季冷空气活动情况,及时报告果业生产主管部门,提请政府提前做好预防工作,并在各大媒体公开发布冷空气预报。同时和省果业局联合制作了专题电视片《果树花期冻害防御》节目,在冷空气过后及时对灾情进行了评估。

2008年,陕西省经济作物气象服务台按照中央一号文件要求,充分发挥气象在指导农业生产中的职能作用,开展陕西特色经济作物种植结构区划与气候变化影响适应性研究,完成了陕南柑橘茶叶种植结构调整、陕北苹果北扩、气候变化对陕西果业的影响调研报告,给政府提供决策建议。2008年9月,时任省政府领导在"陕北优质苹果种植区可适当北扩"重大气象信息专报批示肯定,全省苹果种植北扩200万亩建议被采纳,推广效益显著。

2008年,陕西省果业管理局副局长周智孝代表省果业局和广大果农向省经济作物气象服务台赠送"服务果业,情系果农"的锦旗,感谢陕西气象部门为全省果业提供的优质气象服务。

2009年6月起,陕西省经济作物气象服务台在报纸、广播、手机短信上发布农用天气预报气象指数预报。预报产品包括苹果套袋指数、苹果解袋指数、苹果着色指数、农药喷洒指数、果园冬春灌指数预报,及针对苹果生产灾害防御的低温冻害指数、高温热害指数、苹果生长期干旱指数预报服务,使广大果农受益。同年,陕西气象部门依托气象信息网络,利用气候、物候和生态监测资料,建立了一整套完整的苹果产量预报业务系统,密切关注气象灾害、气象条件和病虫害对苹果产量和品质的影响。每年6月发布苹果产量、品质趋势预报,9月发布当年苹果产量预报。

2009年6月,陕西省经济作物气象服务台首次采用定量与定性相结合的方法组织大规模苹果产量预报实地调查,召开"全省苹果产量预报会商会",进一步优化苹果产量预报模型,使苹果产量预报成为非常有影响力的气象服务产品,为各级政府制定苹果产销计划提供技术支撑。

2009年，陕西省经济作物气象服务台在白水县和渭北优势果区西部的旬邑县，选址进行果园小气候观测，配备了果树冠层分析仪、辐射通量仪、土壤水分自动监测仪等设备，重点开展园区苹果生育期全程生理状况监测、分层小气候要素观测、气象灾害监测、果树生长量、产量、品质与气象条件分析、苹果病虫害气象条件监测等试验观测研究及预报预警服务。并连续多年对果树花期冻害进行预警防御，各级政府及相关部门积极组织果农及时采取熏烟、果园覆草等措施，取得了一定的减灾效果。

在做好省级果业气象服务工作的同时，各设区市气象局也相继成立了为农业气象服务实体，并结合当地生产实际做好果业气象服务工作。

第五节　中药材生产气象服务

2005年，陕西省委、省政府确定建设陕南中草药基地，省经济作物气象服务台先后在商州、洛南、柞水、镇安、山阳、丹凤、商南、留坝、略阳、佛坪、洋县、宁强、镇巴、汉阴、旬邑、平利、镇坪等19个气象站建立了中草药生态监测点，对主栽的丹参、柴胡、桔梗、黄芪、黄芩等20种中草药进行全生育期的生态监测，开展中药材气候生态适宜性区划，建立陕南中药材气象服务业务系统。同年9下旬，省经济作物气象服务台针对连阴雨天气对中草药产量品质的影响，及时制作送阅件，提出了对策建议，缓解阴雨低温对陕南中草药产量的危害。

2006年12月，商洛市气象局在完成商洛市政府下达的《商洛市特种作物农业气候区划》的基础上，进行丹参、黄芩、桔梗等15种中药材和核桃、板栗、茶叶等经济林木种植布局及区划应用。推广中药材栽培适用气象技术，取得年过亿元的经济效益和扶贫效益。

第七篇　气象通信与技术保障

气象通信是保障气象部门收集、传递和交换气象情报、资料等信息的基础设施。1990—2010 年，陕西省气象局建成了以陕西电信和陕西广电数字电路为主、以中国移动电路为备份链路的双路(2×2M SDH)气象宽带广域网，开通了与中国气象局 6MSDH 宽带网，实现了气象通信业务向地面宽带网切换。建立了全省气象信息网络业务综合监控平台，对全省各类气象数据的传入时效及气象宽带广域网运行状态进行实时监控，建成了曙光高性能集群系统，包括 16 个计算节点、2 个管理节点、2 个 I/0 节点，浮点计算能力达到 1.8TFLOPS，有效存储≥10TB，保障了气象业务现代化的正常运行。

第十八章　气象通信

1990—2010年，陕西省建成了覆盖全省的地面通信系统、卫星通信系统，全面接入计算机网络，以此基础，建成了全省视频会议及电视会商系统和高性能计算机系统，气象通信进入计算机网络通信时代。

第一节　气象地面通信

1985年7月，华山气象站开始使用甚高频电台向陕西省气象通信台发报。1990年5月，覆盖全省的辅助通信网(SSB、VHF)基本建成。

1992年8月，陕西省气象台在租用的西安市邮电局载波通信线路上，开通了西安—兰州的两条报路和窄带话路，提高了气象电报的传输能力，方便了省气象台与兰州区域气象中心的通信业务联系。

1992年10—12月，陕西省气象台先后开通了榆林、延安、铜川、宝鸡、咸阳、渭南、商洛、汉中、安康9地市气象台计算机远程通信终端，实现了省气象台与地市气象台的中高速(9600 bps)气象资料的传输。

1994年3月，陕西省气象台投资并安装了Netware Access服务器和OnLAN/PC通信软件，榆林、延安、铜川、西安、宝鸡、咸阳、渭南、商洛、汉中、安康10地市气象台通过远程拨号方式直接向省气象台传输气象资料。

1994年10月，陕西省气象台租用西安市邮电局通信线路，开通了西安—兰州全话路通信，传输速率由75 bps提高到9600 bps，传输信息量增加，同时传输电路由同轴电缆改为光缆，通信线路质量大幅度提高。

1994年10月—1995年3月，陕西省10地市气象台相继开通了速率为9600 bps的x.25专线，改变了省—地气象通信长期依靠气象电报、气象传真、甚高频、单边带等传统的通信方式，市—县气象通信业务逐步采用了电话拨号和x.25专线方式，全省气象通信进入了数字通信新时代。

1995年5月，陕西省气象台开通了中国试飞研究院、民航、空军等同城用户的计算机远程通信，传输省气象台的气象资料。同年8月，陕西省气象台在西安—兰州全话路通信系统、省市计算机远程通信系统及省气象台与同城用户的计算机远程通信系统稳定运行后，撤销了24路QDZZ-Ⅲ型微机自动转报系统，撤销了西安—兰州的音频载波通信系统。

1996年10月—1997年12月，陕西省气象台先后开通了省防汛办、西安市防汛办、省政府办公厅救灾办、农业处等单位的计算机远程通信终端，传输省气象台的天气预报服务产品及卫星云图资料。

1997年5月，陕西省气象台撤销了全省10个地市气象部门的辅助通信网(SSB、VHF)及省气象局通信室。

1999年10月,陕西省华山气象站—省气象台的通信采用电信部门提供的集群无线电话长途拨号方式,传输速率为2400 bps。2000年底,陕西省气象台撤销了与华山气象站的甚高频(VHF)通信。

2000年6月,陕西省气象台调整了气象信息传输流程,撤销了西安—兰州的全话路通信。

2000年7月,陕西省气象局以DDN方式接入了Internet网,传输速率为64K bps。2001年12月,Internet网传输速率升为128K bps。2002年3月,Internet网升级为光纤方式接入,传输速率升为10M bps。2008年7月,传输速率由10M bps提升为100M bps。

2000年8月,陕西省气象局建成了Notes中文电子邮件系统,局机关处室、各直属事业单位均安装了中文电子邮件系统。2002年中文电子邮件系统延伸到设区市气象局,2003年延伸到县气象局,提高了全省气象部门业务管理和行政办公的效率。2006年7月,省气象信息中心开通了互联网访问省气象局办公系统Notes邮件服务器的通道,Notes用户随时随地可以通过互联网进行邮件的收发,保证了各种重要政务信息的及时传递。2008年12月,省气象信息中心对Notes邮件服务器的版本由R5升级到了R8。

2000年3—8月,陕西省气象台与空十一军、中国试飞研究院的通信升级为9600 bps的x.25方式。同年12月,省气象台与民航的通信升级为64k bps的数字数据网DDN电路。

2001年1月,陕西省气象台引进开发了航危报收发系统,对全省的航危报传输路由进行了调整,把全省24个航危报站的航危报先收集到省气象台,再由省气象台分发到各用户,改变了过去由航危报站把航危报发送到电信局,再由电信局转发到用户的传输路由。

2002年5月,陕西省气象局对省气象台到10个市气象台的x.25通信专线速率升级到64k bps。

2003年,陕西省各市气象局相继实现了2M bps接入Internet网,各县气象局以ADSL宽带方式接入Internet网。在此前后,省、市气象部门建设了气象信息网站。2001年,陕西省气象局建成了"陕西气象信息网"和"陕西农网"。2002年,陕西省气象局建成了"三秦气象网"。这些气象信息网站的相继建成,提高了气象部门在社会上的知名度和服务能力。

2003年12月,陕西省气象局与省移动公司建设的全省气象宽带广域网全部建成并正式投入业务运行,使省—市气象信息传输的速率由原来的64K bps提高到了2M bps;市—县气象信息传输由原来x.25、电话拨号或ADSL三种方式转变为2M bps的专用宽带通信,提高了传输速率。省—市气象通信为64k bps的x.25专线,县—市气象通信以电话拨号作为气象宽带通信网备份手段。全省气象宽带广域网的建成,满足了新一代天气雷达、自动气象站、气象卫星、高性能计算机、视频会议及预报会商等气象资料的传输。

2004—2005年,陕西省气象局与省电信公司合作,先后开通了全省省—市、市—县2M SDH宽带电路,全省建成了基于移动和电信数字网络组建的双路气象宽带广域网,在租用的移动信道上传输基本气象信息,在电信信道上主要传输省—市预报会商视频流。2005年,全省省—市—县气象通信撤销了x.25专线方式。2006年,省气象台重新分配了全省气象部门广域网IP地址,把省到市的移动和电信两条线路从物理设备上分开,增加了设备的冗余性，全省气象部门广域网络动态路由自动切换，实现了在全省范围内通信线路自动备份，为气象信息的传输提供了可靠保障。

2004 年，陕西省气象局与 630 试飞院、民航等同城用户建成了 2M SDH 宽带网通信。2005 年，省气象局与省水利厅、民政厅、农业厅、林业厅、地震局、国土资源厅建成了 2M SDH 宽带网。2007 年 5 月，省气象局与省电力设计研究院开通了 100M 电力专线。2007 年 6 月，省气象局与省政府应急办建成了 2M SDH 宽带通信，并调通了视频会议、IP 应急电话等。2008 年 8 月，省气象局与空军某部建成了 2M SDH 宽带网通信，同时撤销了省气象局对外通信的最后一条 X. 25 电路。

2005 年，陕西省气象局建成了与中国气象局 2M SDH 宽带网，2006 年 1 月实现了由卫星网向地面宽带网切换，2006 年 5 月地面宽带由 2M 提高到 6M。

2008 年，陕西省气象局与中国气象局开通了 2M 的 MPLS VPN 地面宽带网，作为应急通信及区域内、流域内省际间的通信。上行信息以 SDH 地面宽带网为主，下行接收以新一代卫星通信气象数据广播系统（DVB-S）为主。

2008 年，陕西省气象局与省广电公司合作，先后建成了全省气象部门省—市、市—县 2M SDH 宽带电路。

第二节　气象卫星通信

1995 年 10 月，陕西省气象局按照中国气象局统一部署，开始和地方政府共同投资建设“9210 工程”，即由 VSAT 系统、PCVSAT 系统、计算机系统和网络、SYBASE 数据库、业务应用软件等部分组成的气象卫星综合应用业务系统。1997 年底，建成了省气象台和榆林、延安、铜川、宝鸡、咸阳、渭南、汉中、安康、商洛 9 个地市气象台的 VSAT 系统。1998 年 10 月，省气象台及各地市气象台先后安装气象卫星综合应用业务系统业务应用软件，“9210 工程”投入业务试运行，天气报路由为地面网和卫星网双轨运行。1999 年 6 月 1 日，9210 工程投入业务使用后，省气象台撤销了西安至兰州全话路通信，省气象台至北京的气象通信以卫星通信为主，以 64K bps 的 X. 25 通信为辅。

1998 年 11 月—1999 年 6 月，陕西省气象台和各地（市）气象台相继建成了 PCVSAT 系统。1999 年 8 月，中国气象局对陕西省气象台和陕西省各市气象台的计算机网络及业务应用软件进行了升级，业务应用软件集成了 PCVSAT 系统，解决了计算机 Y2K 问题。

1998 年 2 月开始，陕西省省、市、县三级气象台站先后安装了中国气象局统一开发的 MICAPS 系统，并进行了二次开发应用。卫星通信系统和 MICAPS 系统的建成和应用，提升了陕西气象部门的预报服务能力和水平。

1998 年，陕西省气象台完成了 9210 工程网络与 NOVELL 网络互相连接，实现了二者之间气象数据资源共享。

2006 年 4—6 月，陕西省气象信息中心完成了省级新一代卫星通信气象数据广播 DVB—S 系统，并投入了业务试运行。2007 年 5 月，全省 10 个地市气象台 DVB-S 系统投入业务运行。DVB-S 系统投入运行后，数据广播速率由 1M bps 提升为 6M bps，同时提供了常规气象信息、卫星观测资料和流媒体等广播资料。2008 年 6 月，陕西省气象信息中心升级 DVB-S 小站接收软件,实现了 FY-2C、FY-2D 卫星双星资料的接收与分发。

2010 年 8—10 月,陕西省气象信息中心完成了新一代国内气象通信业务系统软硬件安装、调试和本地化工作,系统进入准业务化运行。同时,完成了省、市、县三级气象部门新一代卫星广播系统 CMACast 的安装调试,并建成了新一代通信业务系统集群,实现了与新一代国内气象通信业务系统的整合。

第三节 网络建设

1990 年 7—8 月,陕西省气象台投资 4 万元,建成了陕西省气象部门第一个网络系统,并投入了业务运行,1992 年 7 月,升级为以 Netware 3.11 为网络操作系统的计算机局域网络,即 NOVELL 网。

1992—1994 年,陕西省 10 个地(市)气象局先后建成了计算机局域网络。

1994 年 10 月,陕西省气象台按照兰州区域气象中心气象通信现代化建设的发展要求,自行设计开发"西安到兰州全话路通信系统",实现了省气象台 NOVELL 网络与兰州气象中心 DECNET 网的联网通信,可共享气象区域中心网的各种报文信息、格点资料和预报产品。

1995 年 3 月,陕西省气象局建成了计算机中心网络,并通过粗缆与省气象局办公自动化网、人影业务网、遥感业务网、资料信息网及地(市)气象局计算机局域网相连,建立了陕西省气象部门的计算机广域网,实现了全省气象部门气象资料共享。

2001 年,陕西省气象局投资 65 万元,建成了省级气象信息网络系统新型高速局域网,构建了以 CISCO Catalyst 6506 为中心交换机,以多个 CISCO Catalyst 3548 为接入交换机,主干采用速率为 1000M bps 的光纤,超 5 类双绞线到桌面,速率达 100M bps 的交换式网络。

2002—2006 年,陕西省气象台对市级计算机网络系统进行了升级改造,建成了千兆局域网。随着全省气象宽带网的建设,县级气象部门普遍建成了由交换机组成的局域网。

2003 年 6 月 1 日,陕西省气象信息中心撤销了省气象局 NOVELL 服务器。

2007 年 11 月,陕西省气象信息中心对通信网络机房 UPS 电源进行了升级改造,安装了一台 OVERTOP RT 60 KVA 的 UPS 电源。2008 年 11 月,又安装了一台 OVERTOP RT 60 KVA 的 UPS 电源,同时将这两台 UPS 电源连接成双机热备,保障了网络服务器及通信机房的用电安全。

2006 年 12 月,陕西省"省级气象信息网络监控及信息共享平台"建成并投入业务运行。

2008 年 11 月,陕西省气象信息中心对省气象局通信网络机房的网络布线进行了改造,铺设了 6 类双绞线,使通信网络平台的传输速率由 100M bps 提升为 1000M bps。

2009 年 1 月,陕西省气象信息中心对省气象局局域网的核心交换机进行了升级,以两个 CISCO WS-C-6509-E 交换机做双机热冗余替代了原 CISCO Catalyst 6506 交换机单机运行方式,提高了局域网运行的安全可靠性。

第四节　视频会议及电视会商系统

2003年5月—2004年7月，陕西省气象局投资140万元，建成了省气象局至10个市气象局的“全省天气预报可视会商及电视会议系统”，系统由一个MCU和13个会议终端组成。

2005年3—7月，中国气象局投资，陕西省气象局建成了与中国气象局链接的“全国天气预报可视会商及电视会议系统”。同年8月，陕西省气象台将省市视频会议系统和中国气象局视频会议系统链接起来，使中国气象局的视频会议能转播到省气象大厦14楼会议室、12楼培训中心教室及10个市气象局。全国天气预报可视会商及电视会议系统的传输方式以地面通信为主，卫星通信为辅，充分利用了宽带网资源。该系统建成投入业务运行后，为日常的预报会商提供了声音、图像、图形、文字并存的会商环境和直观平台，在预报服务中发挥了重要作用。

2007年6月，陕西省气象局与省政府应急办开通了视频会议系统，并在省公共突发事件如汶川特大地震抗震救灾中发挥了重要作用。

2007年7月，陕西省气象局投资60万元，建成了天气预报会商室大屏幕显示系统，并与电视天气会商系统链接，增强了视频会议及预报会商图像信息的显示能力。

第五节　高性能计算机

2003年6月，陕西省气象局投资47万元，引进华云神箭-100高性能集群计算机系统，在省气象台投入业务运行，开展精细化天气预报。这台高性能计算机有8个计算节点、1个服务和备用节点，16个CPU，浮点峰值速度为640亿次/秒，Linpark实测速度达到358亿次/秒。运行MM5中尺度数值预报模式系统，模拟范围垂直方向23层，最高分辩率15千米，预报时效72小时。按陕西全省的预报范围进行模式并行计算，MM5计算时间为52分钟。参加运算的资料为T213资料和美国的AVN资料。2004年，奥利金公司技术人员对高性能计算机中的数值预报业务系统的软件进行了升级，增加了美国中长期MRF资料下载和运算，使参加运算的资料增加为T213 20时资料、T213 08时资料、AVN 20时资料、AVN 08时资料和MRF资料等五种；新增了中长期预报结果输出，彩图和数值结果采用T213与AVN对比输出；增加了实况对比，分时预报改为分析预报，可以任意输入时间段分析；增加了站点规划功能。

2010年12月，中国气象局投资160万元，陕西省气象局引进曙光高性能计算集群系统，在省气象信息中心建成并投入业务运行。集群系统包括16个计算节点、2个管理节点、2个I/O节点，浮点计算能力达到1.8TFLOPS，有效存储≥10 TB。运行的模式有西安市气象台引进的“短临预报系统WRF-RUC”、省气候中心的“风功率系统”和“辐射反演系统”、省气象台的“SXMB-WARMS中尺度数值模式天气预报系统”、省人工影响天气管理中心的业务模式等。这台高性能计算集群系统每天使用超过22小时。

第十九章　气象技术装备保障

陕西气象技术装备包括气象器材供应、技术保障及气象计量业务，由陕西省大气探测技术保障中心承担。

陕西省大气探测技术保障中心前身是省气象局器材科，成立于 1956 年 6 月，1960 年 1 月更名为陕西省气象局西安器材供应站。历经多次改名，1990 年 3 月更名陕西省气象局技术装备处(以下简称省气象装备处)，1996 年 6 月更名陕西省气象技术装备中心(以下简称省气象装备中心)，2006 年 6 月更名为陕西省大气探测技术保障中心(以下简称省大探中心)。

1990—2010 年，陕西气象部门初步建立了与综合观测系统、信息网络系统相配套的大气探测技术保障业务系统、省级天气雷达技术支持系统和自动化气象计量检定综合实验室，配备先进的测试维修仪器仪表和计量检定试验设备，为全省气象设备运行监控、设备运行评估提供技术保障，为全省气象台站提供气象器材供应、气象仪器计量检定、气象观测设施的检修维护，为全省气象业务的正常运转和气象现代化建设提供了强有力的技术保障。

第一节　气象器材供应

1990 年 12 月，陕西省气象局执行国家气象局《关于加强气象技术装备集中统一供应管理的意见》，由省气象装备处统一实施全省气象观测系统气象器材的集中采购与供应。

1994 年 5 月，陕西省气象局执行中国气象局《关于继续加强气象技术装备管理的通知》，并于 1995 年 7 月制定下发《气象技术装备质量监督管理实施办法(暂行)》和《关于仪器、设备和物资购置的规定(试行)》，由省气象装备处负责实施。

1998 年 7 月，中国气象局批复同意陕西省气象局将西安龙首北路东段 12 号气象器材仓库院规划为家属院。2000 年 6 月 14 日，中国气象局拨付专项资金 40 万元、计量环境改造经费 20 万元，批准陕西省气象局拆除龙首北路东段 12 号院 1132 平方米的器材普通库、精密库，在西安市气象局院内新建 1200 平方米的气象器材装备库和 30 米风洞实验室及水银气压表检定室，2003 年 6 月建成并交付使用。

1990—2010 年，陕西省大探中心对全省 99 个气象台站，按照每站每年“用一备一周转一”的 3 套供应标准，负责全省地面人工观测仪器的采购、供应。其中，供应干湿球温度表 1600 付、最高温度表 1600 支、最低温度表 1600 支、曲管地温表 1600 套、地面温度表 1600 支、直管地温表用表 1600 支、直管地温表 1600 支、双金属温度计 1600 台、毛发湿度计 1600 支、毛发湿度表 1600 支、气压计 1600 台、动槽水银气压表 1600 支、电接风向风速仪 1600 套、雨量器 1600 套、虹吸雨量计 200 套、小蒸发皿 200 个、大型蒸发器 100 套、日照计 1600 套、取土钻 300 支、冻土器 1600 支、数字酸度计 150 台、电导率仪 150 台、木制百叶箱

1600 套、柠檬酸铁胺 12000 瓶、赤血盐 12000 瓶、地面观测记录薄 25000 本、自记纸 300 万张。

1990—2004 年，汉中探空站在使用 701 型测风雷达探空观测期间，省大探中心供应 GZZ2 型(59 型)探空仪 11700 套，750 克气球 11700 只。2005—2010 年，汉中探空站在使用 L 波段雷达探空观测期间，省大探中心供应 GTS1 型探空仪 4680 套，750 克气球 4680 只。

1990—2007 年 6 月，西安探空站在使用 701 型测风雷达探空观测期间，省大探中心供应 GZZ2 型(59 型)探空仪 14430 套，750 克气球 14430 只，300 克气球 7400 只，GTD1 单测风回答器 7400 套，镁电池 7400 只。2007 年 7 月—2010 年，西安探空站在使用 L 波段雷达探空观测期间，省大探中心供应 GTS1 型探空仪 1950 套，750 克气球 1950 只，GTD1 单测风回答器 1000 套，镁电池 1000 只。

1990—2010 年，延安探空站在使用 701 型测风雷达探空观测期间，省大探中心供应 GZZ2 型(59 型)探空仪 16380 套，750 克气球 16380 只。

1990—2005 年，安康探空站在使用 701 型测风雷达探空观测期间，省大探中心供应 GZZ2 型(59 型)探空仪 12480 套，750 克气球 12480 只。2006—2010 年，安康探空站在使用 L 波段雷达探空观测期间，省大探中心供应 GTS1 型探空仪 3900 套，750 克气球 3900 只。

1990—1998 年，西安、延安、汉中、安康四个探空站使用矽铁粉制氢，省大探中心供应矽铁粉、烧碱 34560 千克；1999 年开始，四个探空站陆续建成电解水制氢设备，停止矽铁粉、烧碱供应。2005 年后，西安探空站用氢直接到市场购买。

2002—2010 年，陕西省气象局在全省建设 53 套 DYYZ 型自动气象站、46 套 CAWS600 型自动气象站，按照“每个市气象局至少储备自动气象站设备 1 套、县气象局储备易损传感器各 1 套，省大探中心储备 3～5 整套备件的标准”，省大探中心进行自动气象站的备品备件供应，其中供应采集器 260 个、供电系统 180 套、防雷板 250 块、气压传感器 310 个、温湿度传感器 320 个、风向风速传感器 300 套、雨量传感器 400 套、蒸发传感器 170 套、地温传感器 1700 支、2 芯电缆线 5000 米、3 芯电缆线 5000 米、5 芯电缆线 5000 米、7 芯电缆线 5000 米、10 芯电缆线 7000 米、12 芯电缆线 10000 米和 22 芯电缆线 2000 米。

2003 年，陕西省气象局建成省气象信息数据处理中心和西安市、宝鸡市、汉中市气象局、绥德县、吴起县、宜君县、大荔县、商南县气象局等 9 个子站组成的 ADTD 闪电定位仪观测系统，省大探中心开始供应 ADTD 闪电定位仪备品备件，到 2010 年底，供应 ADTD 闪电定位仪备品备件电子盒 40 个、恒温晶振 50 个、串口通信服务器 60 个、磁环天线 30 个、GPS 天线 30 个、电源盒 50 个。

2005 年起，陕西省气象局在蓝田县、周至县等 72 个县气象局建设了 72 个自动土壤水分观测站，省大探中心供应自动土壤水分站备品备件。到 2010 年底，供应采集器 110 个、太阳能控制器 60 个、专用太阳能板 60 个、专用太阳能板支架 60 个、电源及控制模块 120 个、蓄电池 200 块、传感器 300 个、传感器转接板 100 个、圆头扁平排线 150 个、采集器天线 60 个、作物段串口线 100 个、PVC 管、顶部防护帽、底部密封塞、处理板及结构附件 150 个。

图 19-1　2010 年 2 月,位于延安市宝塔区气象局观测场闪电定位仪

第二节　气象仪器检定

1990 年 2 月,陕西省气象计量检定所(以下简称省气象计量所)修订了《仪器检定质量检验办法》,明确了检验的范围和方法,提出了质量检定的要求。同年 7 月,全省气象部门开始使用国家气象局统一印制的《检定证书》。同年 8 月,省气象局执行国家技术监督局第十四号令《计量违法行为处罚细则》。

1991 年 10 月,陕西省气象局制定《气象物资器材检定工作管理细则》,规定了气象仪器的送检和领检流程。

2003 年 9 月,陕西省气象装备中心在省气象局大院雷达楼建立了温湿度实验室、气压试验室及收发办公室,提升了计量工作效率,方便了对客户的计量服务。

2004 年 4 月,陕西省气象计量所对全省 100 个自动气象站的气压、温度、湿度、风向风速等气象仪器进行了巡回检定。同年 5 月,对 38 个自动气象站气象仪器进行了现场校准。同年 9 月,中国气象局调配给省气象装备中心一辆依维柯气象检定工程车,并随车配备了的气压、气温、蒸发等便携式检定设备。之后,对自动气象站传感器设备每两年实施一次计量校准。

2004 年 11 月,陕西省气象计量所研发建设"省级计量检定业务平台",更新了温度、湿度、气压、风速检定等计量标准器和有关的检定设备。

2002 年 5 月,陕西省气象计量所通过了陕西省技术监督局气象计量认证考核。2005 年,对气象计量检定设备和标准器进行了升级改造,通过了省技术监督局计量标准考核,2008 年再次通过省技术监督局计量标准考核。2009 年开发了检定自动采集和控制系统及其相关软件,建立了气压、气温、湿度、降水等检定项目的标准组和空气流速检定自动化系统,实现了计算机对风机的大小控制、风压、风速的自动计算,实现了风场压、温、湿自动采集、空气密度的自动修正及检定过程和检定数据的自动处理,实现了温、湿、压、风以及雨量等项目检定的部分自动化和完全自动化。

2007 年 10 月，陕西省气象计量所第二次通过省技术监督局气象计量认证考核。

表 19-1　1990—2010 年陕西省气象仪器检定情况统计表

仪器名称	仪器数量(台)	合格率(%)	经维修合格率(%)
温度仪器类	39878	96.9	98.5
湿度仪器类	3054	98.5	99.5
气压仪器类	6199	98.9	99.5
测风仪器类	1589	99.2	99.8
温湿度传感器	329	99.8	99.9
气压传感器	317	99.9	99.9
风速传感器	298	99.4	99.9
风向传感器	302	99.1	99.8
雨量传感器	311	98.6	100

第三节　气象装备技术保障

1997 年，陕西省气象技术装备中心设立技术保障科。同年 8 月，省气象技术装备中心在青海技术装备中心的协作下，对西安、延安、汉中和安康气象观测站使用的 4 部南京大桥机器有限公司生产的 701 型测风雷达进行了大修。

2002 年开始，陕西省气象局实施自动气象站建设并增加沙尘暴观测项目。同年 4 月，省气象装备中心分别建成西安、延安沙尘暴观测站，安装了太阳光度计、浊度仪和大流量计等观测仪器，并如期开展了沙尘暴观测业务。同年 12 月，省气象装备中心在定边、绥德、绥德、洛川、汉中、安康、榆林、横山、延安、吴起、耀县、长武、武功、华山、商州、镇安、略阳、佛坪、石泉、韩城、渭南、大荔、长安、高陵、临潼、西安、永寿、淳化建成陕西首批 28 个自动气象站。

2003 年 9 月，陕西省气象局在西安市气象局大院建成 600 平方米气象器材库房。同年 10 月，省气象装备中心完成了富县、宜川、延长、延川、子长、富平、蒲城、白水、澄城、合阳、华县、柞水、府谷、神木、佳县、子洲、清涧、秦都区、武功、彬县、麟游、岐山、太白、户县、宜君、志丹、安塞、靖边、洋县、城固、西乡、镇巴、南郑、勉县、宁强、留坝 36 个自动气象站建设。同年 11 月，省气象装备中心对汉中、安康气象探空站电解水设备进行了大修，解决了部分零件老化、加压阀、氢放空阀、氧放空阀密封性能弱、水泵垫圈渗水、SQ-0/3 型分析仪不灵敏及电解槽电极板镍丝石棉网污垢过多，储存罐安全阀、垫圈及控制箱玻璃液面计破损等问题，恢复了电解水设备的正常运转。2006 年 12 月，全省 99 个国家气象观测站全部建成自动气象站。

2004 年开始，陕西省气象局实施区域自动气象站建设及闪电定位观测项目。当年，省气象装备中心在太白县鹦鸽镇站、太洋公路站、太洋公路北站、大箭沟站、太洋公路南站等地建设了7套用于太白县生态环境及雨量监测的气象观测站；在华县建成了用于黄河中下游地区两华夹槽水土保持雨量监测的10个单雨量气象站；在宜君、绥德、吴起、大荔、泾河、宝鸡、商南、安康、汉中安装了9个闪电定位仪。同年9月，省气象装备中心研发了闪电定位监控软件系统，并投入业务运行。

2004年7月，西安建成全省第一个新一代天气雷达站并投入使用。同年12月，汉中建成全省第一个探空GFE(L)1型及L波段雷达，这部新型自动化高空气象探测雷达与TGS1型数字探空仪配合，可获取地面至30千米高空范围各层次的风向、风速、温度、气压和湿度等气象要素。

2005年5月，陕西省气象装备中心在秦岭北坡喂子坪(站点海拔高度1358米)、秦岭南坡的旬阳坝镇(站点海拔高度1420米)、秦岭北坡的开天关(站点海拔高度1788米)、秦岭南坡的东河台(站点海拔1526米)，建立了4个秦岭山地气候站(2010年12月停止运行)；同年9月，在西安泾河气象观测站建设黑碳仪、Grimm180、便携式气体采样仪等设备，用于观测西安大气成分的设备，观测数据上传国家气象信息中心；在西安、安康、汉中、延安、榆林地区分别建成了5个自动土壤水分观测站。

2006年4月，陕西省各设区市气象局成立了技术保障科，配备了人员和专用备件，形成了省、市两级管理，省、市、县三级维护的技术保障体系。

2007年，陕西省气象局购置了气象应急保障车(移动气象台)，配置了车载卫星通信、备份通信系统、预报及决策系统、电视会商系统等，提高了应对气象突发事件和气象防灾减灾服务能力。

2003年7月，陕西省气象装备中心自主开发的自动气象站运行监控软件单机版投入业务运行。2006年8月，省大气探测技术保障中心(以下简称大探中心)自主研发的自动气象站监控软件网络版投入运行，全省气象部门的业务管理人员可以通过软件实时了解和掌握自动站设备的运行情况，保障人员可在第一时间发现设备故障，及时排除故障，保障设备正常运行。2007年，省大气探测中心自主研发了具有故障报警、及时报排行榜、迟报警示榜、缺报警示榜、综合统计表、站点信息、系统维护添加等功能的区域自动气象站监控系统软件，可远程监控、及时掌握区域气象站设备运行状况。2008年1月，省大探中心对自动站监控网络版软件进行再升级，增加了新一代天气雷达、L波段探空雷达运行实时监控功能，可定时将各个雷达站的运行状态及故障检测等信息收集到省大气探测技术保障中心服务器；实时自动对各类状态信息进行分析、判断，以地图形式定位故障站点，以显示窗列表的形式定位通信、供电、软件、设备等故障类型及故障范围；具备雷达基础资料及工作运行状态的查询功能，提供按台站名称、按时间段等进行历史信息查询的功能；可实时显示雷达24小时内的发射功率、机内噪声系数的主要指标信息，并可设置动态曲线参数；具备故障报警功能，可进行雷达故障信息的查询，以短信等通信方式第一时间通知台站值班负责人及技术保障人员，以实现各雷达站视频监控信息的实时传输，实现远程显示雷达运行状态和进行远程视频维护支持等功能。

2008年12月，陕西省大探中心组织编印了涵盖自动站、天气雷达、L波段雷达、特种观测和常规观测等内容的《气象装备技术保障规范》，共7册，40多万字。

图 19-2 2007 年 4 月,陕西首台气象应急保障车投入使用

2009 年 3 月起,陕西省气象局利用汶川地震国家灾后重建资金 549 万元,实施全省气象业务系统恢复重建工作,省大探中心对 51 个地面气象观测场进行了风塔改造、观测场围栏改造、场室防雷设施改造及 UPS 电源更新。

2009 年 5 月开始,陕西省大探中心组织科研力量,陆续建立 21 个观测设备运行质量评价指标体系,形成了《2008 年全省大气探测设备运行评估报告》《2008 年度全省大气探测设备维修年报》《2009 年度上半年全省大气探测设备运行评估报告》《月度设备运行评估报告》等。同年 11 月,在宝鸡凤县气象局老站址、西汉高速秦岭服务区、西康高速东坪服务区建设了 3 个无人值守区域气象站,并首次采用北斗卫星通信。

2010 年 11 月 1 日,中国气象局统一下发的综合气象观测系统运行监控平台在陕西投入业务化运行,省大探中心自主研发的网络版监控软件停止使用。

2010 年 7 月,陕西省大探中心对全省 53 个不具备分钟数据存储且不具有草温监测的自动气象站采集器进行系统升级。同年 8 月,将甘肃省华家岭覆冰站原观测地改迁至陕西省太白县气象站,建立了陕西省气象局第一个也是唯一的一个大型覆冰观测站。同年 10 月,组织编写的《自动站技术保障手册》《气象装备技术保障手册一天气雷达 CINRAD/CB 型》下发全省各气象站。

第八篇　生态监测与气象防灾减灾

1990—2010年，陕西省气象局顺应社会经济发展对气象服务的需求，加强气象防灾减灾体系建设，依托国家气象事业，依靠政府投资，先后建立了与国家气象事业相适应的省农业遥感信息中心、省人工影响天气办公室、省棉花气象服务台（后来变更为省经济作物气象服务台）、省防雷中心等地方编制气象事业单位。全省各市、县气象部门在同级党委政府的重视支持下，先后也建立了相应机构，对于充分发挥气象事业工作的总体效益，增强地方防御气象灾害能力，促进地方经济建设和社会事业的发展，起到了非常重要的作用。

第二十章 农业卫星遥感

1990—2010 年，陕西省农业遥感信息中心运用现代卫星遥感及现代通信等高技术手段，为政府部门加强宏观管理和科学决策提供科学依据，为全省森林火情、农业干旱、秸秆焚烧、积雪洪灾害、生态环境进行卫星遥感监测服务，开展生态环境评价工作。

第一节 生态环境卫星遥感监测

1991 年 5 月 11 日，陕西省气象局主持完成的《陕西省生态环境遥感综合评价系列图》在北京人民大会堂通过国家级评审鉴定。该系列图之一的《陕西省 1∶20 万生态环境遥感综合评价图》，综合了气候、水文、土壤、植被、地貌等生态环境要素和多学科的研究应用成果，把“空间遥感技术应用于环境科学，在深度、广度、科学性、系统性等方面都处于国内领先地位”，该图对陕西国土资源开发、环境治理和决策管理具有重要意义。

1997 年底，陕西省农业遥感信息中心向省计划委员会提出，利用卫星遥感技术进行生态环境现状的本底调查和动态监测的项目建议。1998 年省计委原则同意，经省政府批准立项后，省农业遥感信息中心承担了“陕北黄土高原干旱、半干旱地区生态环境遥感本底调查研究”项目调研工作。

1999 年，陕西省发展计划委员会立项投入 130 万元，由省农业遥感信息中心用于实施“陕北黄土高原干旱、半干旱地区生态环境遥感本底调查研究”工作。编制了《生态环境遥感本底调查和动态监测项目建议书》《延安市、安塞县植被、土地利用类型和土壤侵蚀遥感调查实施方案》《外国专家需求表》《生态环境卫星遥感动态监测技术改造项目可行性研究报告》。

2000 年，陕西省农业遥感信息中心利用陆地资源卫星 TM 和 SPOT 遥感资料完成了延安市宝塔区的土地利用、植被类型和植被覆盖度的遥感调查，实现了 1∶25 万地形图的拼接，生成了地形数字模型；完成了数字地图、TM 影像地理精校正及 TM 影像土地利用初步分类；利用虚拟地理信息系统技术建立了 TM 影像的三维飞行模型。同年，完成了安塞县生态环境遥感本底调查和中国北方地区植被盖度遥感调查及制图工作。

2001 年，陕西省发展计划委员会再次投入 130 万元，用于陕北地区生态环境本底调查。省农业遥感信息中心利用陆地资源卫星 TM 资料及地理信息系统和全球卫星定位系统技术，对榆林、延安、铜川三市的 28 个县的土地利用类型、植被类型及植被覆盖度进行了遥感调查，覆盖面积 84000 平方千米，调查结果按 1∶10 万比例成图。同时利用数字高程模型，对遥感调查结果进行了三维分析，得到了生态环境工程建设所需的坡耕地分布及统计数据。

2001 年 6 月 23 日，陕西省农业遥感信息中心受省政府委托，主持起草陕西省地方技术标准《生态环境建设工程 3S 技术监测规程》，于 2003 年 6 月 20 日通过了省质量技术监督局主持的地方标准审定会的审定，成为我国第一个关于3S应用方面的技术标准。

2002年，陕西省农业遥感信息中心编写了《陕北黄土高原干旱、半干旱地区生态环境遥感本底调查研究技术报告》，形成了一系列总结材料。该项目于8月26日在北京通过了由中国气象局组织的科技成果鉴定。10月17日，该项目完成验收。

2002年4月，陕西省农业遥感信息中心以送阅件的形式将陕北地区生态环境遥感调查情况向省政府作了汇报。副省长王寿森在送阅件上批示：这个本底调查基期是1997年，可否考虑五年为一个阶段，每五年做一次动态监测，以此来检查我们生态环境建设(或山川秀美工程)进展情况。在延安市宝塔区生态办的协助下，对该区生态环境建设情况进行了全面详细的分析，并将各类成果数据录入建库，形成了2001年延安市宝塔区1∶10万遥感综合调查成果、植被盖度图、坡耕地分布图、植被类型分布图，为全面开展陕北地区生态环境遥感生态监测打好了基础。

2003年2月18日，陕西省政府召开专门会议，研究生态环境动态监测问题。2002年12月，省气象局提出生态环境动态监测报告，之后向省计划委员会提出了工作建议。

2004年9月，由省气象局与省发展和改革委员会(以下简称发改委)联合申报的“陕西省生态环境遥感动态监测”项目经省政府及有关部门审批通过后，遵照省政府领导对开展生态环境遥感动态监测的批示精神，省发改委2004年10月正式批复了陕西省气象局上报的“陕西省生态环境动态监测实施方案”，计划总投资510万元(建设资金由省发改委分年度安排)，2004度投资300万元，省农业遥感信息中心立即组织了项目的实施，进行了地面生态环境定位监测点建设，完成了对计算机、遥感图像处理和地理信息系统等软硬件的升级改造，购买了陕北2004年夏季陆地资源5号卫星遥感图像资料以及其他相关数据。随后，省农业遥感信息中心在对2004年TM卫星遥感图像的定位校正、拼接等技术处理，与1997年TM卫星遥感资料进行对比分析的基础上，2005年7月11—16日、8月15—19日、11月14—17日、12月5—11日进行了4次陕北生态环境地面调查，涉及陕北所有县(市)，采集地面样本点300多个。

2006年5月12日，国家卫星气象中心与省气象局在西安签订合作协议，在陕西省建立“国家卫星气象中心黄土高原生态环境遥感动态监测应用试验基地”。

2007年2月7日，陕西省气象局向省政府报送了《关于陕北地区1997—2004年生态环境遥感动态监测结果的报告》。《中国最大的沙漠淡水湖红碱淖水域面积持续萎缩》专题服务材料被刊登在新华社内参上，并被中国气象局作为重大决策服务材料上报国务院。

2008年6月初，陕西省农业遥感信息中心为宝鸡市、汉中市及所辖地震受灾最严重的太白县、陈仓区、宁强县、南郑县、略阳县等5个县(区)制作了遥感影像图和地形晕宣图；年内又分别为宝鸡市的凤翔县、铜川市、汉中市的西乡县、商洛市所辖的7个区县气象局制作了遥感影像图和地形晕宣图。

2009年6月17日，“陕西省生态环境遥感动态监测”项目，经陕西省发改委组织省财政厅、农业厅、林业厅、水利厅等单位和专家验收，认为项目的实施“极大地提升了我省生态环境遥感监测能力与技术水平”。

2009年10月，陕西省农业遥感信息中心利用10年来积累的卫星遥感资料，对2000—2009年全省植被覆盖状况进行动态监测，制作出陕西10年植被覆盖动态变化图集，客观、直观反映出了陕西省10年退耕还林等生态建设工程的巨大成就。该图集得到副省长姚引良的极大重视与好评，并先后呈送国家林业局长贾治邦、省委书记赵乐际、省长袁纯清以及省发改委、财政厅等部门，也促成了省农业遥感信息中心与林业部门的合作。

2009年11月17日，国务院新闻办公室举行新闻发布会，国家林业局局长贾治邦在公布第七次全国森林资源清查结果时，运用了2009年与2002年陕西省遥感植被覆盖度的对比图片（图20-1）。

图20-1 2009年11月，国家林业局局长贾治邦在国务院新闻办公室新闻发布会上，使用陕西省农业信息遥感中心制作的卫星遥感图对比2002年与2009年陕西植被覆盖度

2010年1月6日、8日副省长姚引良在省农业遥感信息中心制作的《关于陕西省植被覆盖变化遥感监测报告》上两次批示。《关于陕西省植被覆盖变化遥感监测情况的报告》入选中国气象局减灾司编辑出版的《2010年全国优秀决策气象服务材料汇编》，在全国部门交流学习。

2010年11月，陕西省农业遥感信息中心中心制作《2000—2010全省植被覆盖度卫星遥感检测报告》反映了陕西省西部大开发十年来生态建设取得显著成效。对红碱淖水体面积进行了遥感动态监测，监测结果表明：1986—1997年间，水体面积基本保持稳定；1997—2007年间，红碱淖水体覆盖面积开始急剧减少；近3年红碱淖水体面积加速萎缩。

从2010年开始，陕西省政府每年增加预算90万元用于开展生态环境遥感动态监测业务，实现了陕西省生态环境遥感本底调查和动态监测科研项目的成果转化。省农业遥感信息中心与榆林市气象局合作开展榆林市植被覆盖动态变化卫星遥感监测，监测产品得到了榆林市政府的高度重视，获得到了市政府的专项经费支持，并初步确立了定期实施全市植被覆盖动态变化卫星遥感监测工作计划（图20-2）。

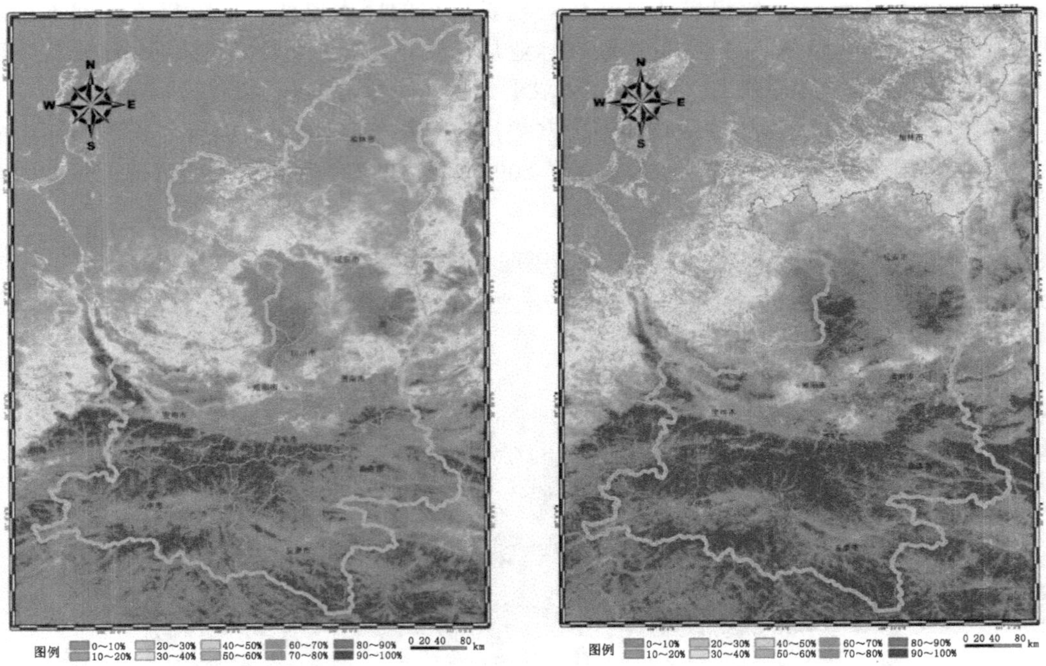

2000年陕西省植被覆盖度　　2009年陕西省植被覆盖度

图 20-2　2000 年与 2009 年陕西省植被覆盖度对比图

第二节　森林火情卫星遥感监测

1990 年 1 月,引进多功能气象卫星接收和处理系统,经过安装、调试,于 4 月正式接收 NOAA 极轨高分辨气象卫星资料,进行森林火情监测服务。

1991 年,从省军区购进 1∶10 万陕西省分幅地图,将原来只确定着火点经纬度的火情信息改变为经纬度与乡村地名相结合的火情信息,便于确定火点和森林防火部门组织扑救。

1993 年,开发了陕西省森林火情卫星遥感监测服务系统。12 月,通过省气象局组织的鉴定,认为该项目填补了陕西省空白,在整体水平上达到了国内同类工作的先进水平。

1994 年,建立监测火点 63 个,经省防火办验证,准确率达 95%以上,为陕西省的森林防火工作提供了及时可靠的信息,得到省防火办的好评。

1995 年,将森林火情实时局地图像数据传输系统从遥感中心与森林防火指挥部之间的点与点传输,扩展到可与省政府有关部门、各地(市)气象局及森林防火部门之间的多点实时传输。全年共监测到陕西省境内火点 89 处,准确率在 96.5%以上。11 月,发现周至和宁陕林区有火情,结合气候资料分析,及时地向有关部门提醒:各地降水持续偏少,气候干燥,火险等级偏高,林火高发期比往年来得早,建议各地加强防火工作。

1997 年,进行卫星设备更新调研,选定极轨气象卫星接收处理系统进行森林火情遥感监测。同年,开通 Internet 遥感森林火情监测信息传输业务,改变了点对点图像传输速率低、质量难以保证等弊端,加速了遥感监测信息的传输。同年 12 月,先后发现森林火情十余起,及时制作了图像,并通过 Internet 传输到省防火办,得到省防火办的多次表扬与感谢。

2001 年,全年共监测到林火 23 个,准确率达 85%。省农业遥感信息中心被省政府评为 1997—2000 年防火先进集体。

2002 年年初,完成了西安市气象局院内新建卫星接收机房全部用电设备和就位布局设计,实施了配电、市话、通信网络、CATV 工程。5 月 20 日,完成了 EOS/MODIS 接收处理系统,并投入业务试运行。针对 2002 年冬季西安地区大雾天气,首次开展了大雾监测并提供服务。2002 年,省农业遥感信息中心监测林火 2 起,非林火 5 起。

2003 年 1 月,完成了 EOS/MODIS 接收处理系统的软、硬件环境验收测试工作,并与省气象局的网络正式联通投入业务使用。3 月 28 日,在汉中市佛坪县城关镇特大森林火灾和宁强县燕子砭镇、镇安县回龙乡、凤县麻峪河和洛川县吴家河等多起森林火灾的监测中,定位准确、服务及时,第一时间向省政府领导和省防火办提供了火情遥感监测图像、火灾面积等相关信息。同年 1—5 月的森林火情监测期内,省农业遥感信息中心共监测到火点 11 处,其中林火 10 处、荒火 1 处。

2004 年 2 月 5 日,陕西省农业遥感信息中心编发题为"气候干燥、火情频发、防火形势严峻"的《送阅件》,得到了省委、省政府等领导的高度重视,省委书记李建国即对《送阅件》作了"严密部署、落实各项措施、常抓不懈、严阵以待"的重要批示。在 2004 年的火情监测期内,共监测到火点 21 处,其中林火 16 处、荒火 5 处,准确率达 95%。

2006 年,遥感监测共发现火情 22 次,其中草场火情 14 次、森林火情 8 次,为森林、草原防火部门及时提供了准确的监测信息,为扑火救灾赢得了时机。

2007 年,遥感监测共发现火情 18 次,其中草场火情 12 次、森林火情 6 次。

2008 年,在森林草原防火期内,监测到森林火情 20 多起,及时向省防火办报告。

2009 年,遥感监测到地表热源点 120 多个,其中林区火点 30 多个,60 个其他热源点,发现火情后立即向防火办报告,并获取反馈信息,为及时扑救火灾赢得了宝贵的时间。

2010 年,制作遥感监测信息服务材料 12 期,全年监测到林区火点 70 多个。

第三节 农业干旱卫星遥感监测

2001 年开始,陕西省农业遥感信息中心进行"陕西省干旱遥感动态监测试验研究"。当年,全省发生大面积干旱,省农业遥感信息中心对干旱过程进行了较完整的监测,为政府有关部门安排抗旱工作及时提供了科学有效的信息,效果良好。

2003 年 9 月 1 日开始,陕西省农业遥感信息中心每旬发布《陕西省土壤墒情综合监测》报告。

2004 年共发送"陕西省土壤墒情综合监测"材料 28 期。为进一步深化服务,2004 年 5 月 1 日起在原有"陕西省土壤墒情综合监测"服务材料中,加入干旱预警信息。同时配合省气象局决策服务小组,发布与干旱有关的《重要气象信息》2 期。

2005年,陕西省春、夏两季发生了较严重的干旱,关中和陕北部分地区出现了严重的春夏连旱,共发布《土壤墒情综合监测报告》34期、《陕西省遥感干旱监测报告》1期、干旱《送阅件》1期、干旱预警信息1次。

2006年4月2日发布了当年首次"干旱预警信息",指出陕北和渭北的旱情有继续发展的趋势,建议浇好小麦拔节水。8月中旬,陕西省陕北北部、关中中东部、陕南大部出现轻到中旱,其中,陕北长城沿线、渭北地区东部和汉中、安康的浅山丘陵部分地区出现重旱。8月15日,发布了2006年第二次干旱预警信息,建议各地要加大抗旱工作力度,动员一切水利设施千方百计扩大抗旱面积,并要将有限水源浇灌急需的田块。对已绝收的田块,要及早改种蔬菜和秋杂作物,努力减少旱灾造成的损失。

第四节 秸秆焚烧卫星遥感监测

2004年6月8日,陕西省农业遥感信息中心利用EOS卫星资料制作了关中地区焚烧秸秆遥感监测图像并进行了专题分析,从卫星遥感图像上可以明显看到焚烧区的分布情况和焚烧所带来的烟雾,并可以准确地标定着火点或区域的位置及着火面积。监测发现关中大部分地区焚烧秸秆现象较2003年严重。

2005年6月7—14日,陕西省农业遥感信息中心根据NOAA系列卫星资料以及MODIS遥感资料监测到关中地区麦秸秆燃烧情况严重,迅速联系了陕西省电视台等媒体,在陕西卫视的"现在播报"以及"陕西新闻"以及西安电视台的"都市快报"等栏目多次对该监测结果进行了报道,产生了较大的社会反应。开展了水体、气溶胶、大雾等的MODIS遥感监测研究。

2006年夏季,陕西省农业遥感信息中心与刚成立的西安市秸秆禁烧领导小组办公室合作,使用遥感技术,通过卫星遥感资料对各区(县)焚烧秸秆情况进行实时监测,及时将监测结果向省、市环保局报告,大大提高了检查、督察的效率,得到了媒体的广泛关注。

2007年5月28开始,陕西省农业遥感信息中心利用气象卫星进行全省"三夏"期间麦秸秆燃烧情况监测,共监测到较大面积的秸秆燃烧40余起,6月3日,由于西安市近郊秸秆燃烧情况较严重,同时受气象条件影响,秸秆燃烧的烟雾不能及时扩散,造成西安市区内污染严重,对居民的生活造成很大影响。仅6月4日一天,监测到秸秆燃烧高达到25起。

2008年,陕西省农业遥感信息中心同西安市环保局合作,对西安近郊秸秆燃烧情况进行动态监测。三夏期间,中心每天实时向市环保局提供监测结果,共监测到秸秆焚烧区域170多个,其中6月13日临潼区出现大面积焚烧现象,中心及时向市环保局提供监测结果,同时在当日下午派技术人员赴临潼任留乡进行地面定位调查,验证定位精度。

2009年6月12日,陕西省农业遥感信息中心利用卫星遥感监测到陕西省关中地区秸秆焚烧火点突然增多,出现了大范围秸秆焚烧的情况,仅关中地区就出现了56个焚烧点。中心紧急组织编写《重大气象信息专报》,引起了省长袁纯清的高度重视并作重要批示。12日晚,全省有关部门立即行动,根据遥感监测信息,迅速赶赴各火点,进行拉网式检查。13日14时,卫星遥感监测到的关中地区火点数已经减少到了1个,焚烧秸秆现象得到有效遏制。

2010年，陕西省农业遥感信息中心继续同西安市环保局合作，开展秸秆焚烧卫星遥感监测，作为行政执法监督的依据。

第五节　积雪洪涝灾害遥感监测

2003年8月24日，陕西省渭河流域发生了1954年以来最严重的洪涝灾害。对此，省农业遥感信息中心利用最新引进的EOS/MODIS卫星遥感技术对水情进行了追踪监测，及时把渭河洪涝灾害EOS/MODIS遥感监测图像和分县面积量算结果送到了省委、省政府有关领导手里，为省政府领导进行防汛决策提供了重要依据。

2008年伊始，陕西省大部分地区发生了雨雪冰冻灾害，省农业遥感信息中心利用遥感监测信息，及时对积雪深度和地表温度反演，向政府和有关部门提供监测信息，为政府及时组织救灾赢得了时间，减少了雨雪冰冻灾害造成的损失。

2010年初，陕西省农业遥感信息中心对黄河大荔段现场调研，随后利用SPOT卫星影像对黄河河道进行变化监测，制作了《近10年黄河大荔段河道西摆加剧》的决策服务材料，获得省委书记赵乐际的批示，水利厅、渭南市立即采取了工程措施，减少了陕西省损失，取得很好的决策服务效果。

第六节　生态环境评价

2002年，陕西省农业遥感信息中心完成陕西省发改委生态建设项目“陕北黄土高原干旱、半干旱地区生态环境遥感本底调查研究”，项目利用3S技术，以1997年为基准年，开展了陕北地区生态环境本底调查，制作了1∶10万陕北地区各县植被类型、植被覆盖度和土地利用类型等各个专题遥感调查图共计252幅（以县级行政区划为分幅标准），统计了各种土地利用类型面积。在此基础上，利用数字高程模型，对遥感调查结果进行了三维分析，提取了不同坡度等级的坡耕地、坡林地、坡草地、坡园地和未利用坡地分布及其面积，得到了生态环境工程建设所急需的重要成果，形成了陕北地区生态环境3S技术本底调查数据集和系列图集。调查成果按1∶10万比例尺成图。项目所取得的成果已在省政府有关部门制定退耕还林计划、安排生态建设工程中得到应用，为陕西省生态环境建设工程及规划服务。

2006年，陕西省农业遥感信息中心对陕北地区进行了生态环境综合评价。对陕北地区28个县市1997年、2004年的生态环境质量进行综合评价，并将生态环境质量分为优、良、一般、较差、差五个等级。结果显示：2004年陕北地区生态环境质量整体得到改善，黄龙县、黄陵县的生态环境质量被评为优；有13个县的生态环境质量上升了一个等级，其中延长县、延川县等12个县、区的生态环境质量增长率超过40%，占陕北地区总面积的40%。

2007年初，陕西省农业遥感信息中心实现了实时气候资料计算机自动处理后，从湿润指数、土地退化指数、水体密度指数、植被覆盖指数、灾害指数以及综合指数六个方面对全省每各县的生态质量进行评价,按时发送季报4期,年报于12月20日准时发送。

2009年陕西省农业遥感信息中心完成陕西省发改委项目生态能力建设项目“陕西省生态环境遥感动态监测研究”。项目形成主要内容包括(1)分析研究了近50年全球气候变化背景下的陕西省气候变化;(2)通过研究资源卫星几何精较正方法、提高分精度方法等一系列研究工作后,建立了第一个基于资源卫星图像的陕西省生态环境遥感动态监测体系,并利用该体系完成了1997年、2004年陕西省20万平方千米范围内的遥感图像全要素分类工作,形成了土地利用变化、植被覆盖变化、土壤侵蚀变化、坡耕地变化以及各个分生态系统变化监测结果数据集以及1∶10万成果图集,并在各项监测结果的基础上,提出了相应生态环境治理建议;(3)研究并建立了基于极轨卫星图像的陕西省生态环境宏观监测业务体系,并利用该业务体系,使用混合像元分解模型的方法,首次对陕西省全省近10年(生态环境脆弱区—黄土高原丘陵沟壑区、长城沿线风沙区近20多年)的逐年植被覆盖变化进行了动态监测,客观反映了“退耕还林”工程实施以来陕西省的植被变化情况,并对植被变化的主要驱动力进行了分析;(4)通过大量的对比分析工作,建立了基于主成份分析法的适合陕西省生态环境质量综合评价的业务体系,并利用该评价体系,以各行政县、区为基本评价单元,对陕西省1997年、2004年全省99个区县的生态环境质量进行综合评价,首次客观、准确地反映出“退耕还林”工程实施前后,陕西省各个区县生态环境质量的变化规律;(5)基于以上监测结果,建立了三维GIS数字生态系统,可直观、清晰地展示监测结果。项目的完成标志着陕西省农业遥感信息中心具有大面积生态环境遥感本底调查和动态监测业务能力。该项目获得陕西省科学技术二等奖。

第七节　无人驾驶小飞机遥感科学试验

2003年9月1日至8日,陕西省农业遥感信息中心在完成无人飞机航空遥感调研和论证的基础上,在陕北和关中地区成功进行了无人驾驶小飞机遥感试验。飞行区域选择在生态环境变化较大或因地面情况复杂而陆地资源卫星影像难以解译的区域。试验共飞行4个架次,飞行149分钟268千米,获得照片916张,照片清晰,质量符合设计要求。

2007年,陕西省农业遥感信息中心陆续开展小飞机遥感作业,取得了渭河干流河道航拍、渭南赤水河航拍、西安南郊杜陵遗址航拍等低空遥感资料,解译分析了陕西境内局部生态环境的变化,为政府部门决策提供了翔实的遥感监测信息。

2008年,陕西省农业遥感信息中心利用无人驾驶小飞机,分别对渭河西咸交界段、西安市杜陵等进行了航拍作业,对获得的大量航拍照片进行了校正、拼接,制作了1∶1万的渭河西咸交界段的航拍影像图。6月上旬,省农业遥感信息中心在蒲城县进行了为期8天的无人机应急气象服务的模拟训练,科目包括滑跑起飞和降落、弹射起飞、拍照、航线的设计与发送、遥控与飞控的转换与互动等。

2010年,陕西省农业遥感信息中心引进无人驾驶直升机,作为省气象局防灾减灾应急救援的组成部分,在陕西省应急救援总队成立大会上进行了飞行演示。

第二十一章　人工影响天气

1990—2010年，陕西省建成了覆盖全省的飞机增雨与地面人工增雨防雹相结合的人工影响天气作业指挥系统，综合利用雷达探测、各类气象资料信息进行人工影响天气作业预警、制定作业方案、发布作业指令、监控作业状态、评估作业效果。建立了省级管理指导、市级协调指导、县级组织实施、作业点负责作业的管理模式。人工影响天气效益十分显著。

第一节　人工影响天气作业装备

一、人工影响天气作业装备

(一)飞机增雨作业装备

1990年，陕西省气象局根据抗旱需求，在租赁的一架空军第十六领航学院伊尔-14飞机上，加装盐粉播撒漏斗，作为全省增雨作业飞机。

1993年，陕西省气象局将租赁的增雨飞机改租为性能更好的安-26飞机。1994年，在租赁的安-26飞机上安装了一台机载碘化银-丙酮溶液播撒器。

2001年，陕西省人工影响天气工作领导小组办公室(以下简称陕西省人影办)开发并在租赁的增雨飞机上安装了一套可调试液态二氧化碳(LC)播撒设备，应用在飞机增雨作业上。

(二)地面人工增雨作业装备(表21-1)

1990年，陕西省拥有云南省866厂生产的JFJ-1型火箭架30套，到2001年，全省JFJ-1型火箭架增设到200套。因JFJ-1型火箭架射程低、弹道不稳，安全隐患较多，到2005年，JFJ-1型火箭架被全部淘汰后，被WR-1B型火箭所替代。

1990年以来，陕西省气象局陆续增添“三七”高炮，用于地面人工增雨防雹作业，到2010年年底，全省拥有“三七”高炮358门。

1997年，陕西省气象局开始采用航天工业公司41研究所(即中天火箭厂前身)生产的WR-1B型火箭发射系统，进行地面人工增雨作业。到2010年年底，全省拥有WR-1B型火箭发射系统292套。

表21-1　1990—2010年陕西省高炮、火箭数量统计表

年份	高炮(门)	JFJ-1型火箭(套)	WR型火箭(套)
1990	139	30	
1991	143	84	
1992	143	89	

续表

年份	高炮(门)	JFJ-1型火箭(套)	WR型火箭(套)
1993	168	99	
1994	181	116	
1995	206	116	
1996	261	192	
1997	294	194	12
1998	304	197	27
1999	320	221	55
2000	378	9	90
2001	420	11	98
2002	415	141	113
2003	459	68	125
2004	447	17	137
2005	440		171
2006	436		175
2007	428		211
2008	420		219
2009	384		259
2010	358		292

二、人工影响天气探测设备

1991年,陕西省人工影响天气办公室(以下简称陕西省人影办)在租赁的增雨飞机上加装前苏联含水量仪、云滴谱仪、铝箔冰雪晶取样器等云物理探测设备,获取了层状云含水量、云滴谱、云中冰雪晶和大粒子分布等飞机探测资料。

1991年,陕西省人影办购买了一部711雷达,主要用于监测旬邑、长武、彬县冰雹天气。1999年,商洛地区行署投资,商洛地区气象局购置了一部711数字化雷达,用于监测天气,实施地面人工影响天气作业。

1995年,陕西省人影办在长武、彬县、永寿、淳化、旬邑县布设两台雹雨分离器,把冰雹和雨分开并进行分别测量,用于人工防雹科学研究。

1998年,陕西省人影办在旬邑县境内设置了19个测雹板地面观测点,估测雹块撞击强度,开展冰雹谱特征和防雹效果分析。同年,在长武县建立双波长地基微波辐射计观测站,获取从地面到高空区域范围内温度、相对湿度、水汽密度和液态水廓线数据,在国内第一次采用全自动控制地基微波辐射计探测,并自创了一套辐射计的维护方法。

2000年,陕西省人影办在租赁的增雨飞机上安装北京大学地球物理系研发的“飞机增雨定位探测系统"机载温、湿度测量仪，加挂中科院大气所美制 PMS 粒子测量系统、国产机载微波辐射计、GPS 卫星全球定位系统、温度测量仪、湿度测量仪、热线含水量仪和省人影办与西安精博科技公司合作研发的《飞机人工增雨空地传输网络系统》，采用美国增雨催化专利技术，向云中直接喷洒液态二氧化碳，并获取云物理探测资料。同年 5 月，陕西省首台县级 711 数字化雷达在洛川县建成，主要用于冰雹云监测和防雹指挥工作。

2007 年，陕西省气象局按照省政府批准的《渭北优势果业区人工防雹增雨及气象灾害防御体系建设》项目，在洛川、富县布设了 2 部 711 数字化天气雷达，在延长、宜川、黄陵、富平、澄城、韩城、陈仓、凤翔、长武、永寿、淳化、宜君、耀州等地布设了 13 部 TWO1 小型雷达，对冰雹云移动的监测覆盖延安、咸阳、宝鸡、铜川、渭南五市。

三、人工影响天气通信设备

1991 年，铜川市和陇县、旬邑、三原县利用高频通信设备指挥人影地面作业；榆林、宝鸡等地市利用单边带通信设备指挥人影地面作业。1996 年，榆林、宝鸡、铜川等地市和旬邑、三原县及洛南县，配备了对讲机，指挥人影地面作业。

2000 年以后，高频、单边带、对讲机等通信设备逐渐被手机所取代，市县人影地面作业采用手机进行通信指挥。

2002 年，陕西省人影办借助国家科技部"十五"国家"西部开发科技行动"攻关项目"黄河中游(陕甘宁)干旱半干旱地区高效人工增雨(雪)技术可发与示范"课题在陕西省开展飞机探测实验，在租用的运-12 人工增雨作业飞机上安装了甚高频电台。通过在延安机场、洛川县气象局、省人影办指挥中心建设地面中转站并布设电话线建立组网，实现了飞机增雨的空地传输。

2007 年，陕西省人影办更新了甚高频电台系统，提升了空地通信传输能力；同年，在租用的运 07 和安-26 人工增雨作业飞机上安装了北斗卫星导航系统，实现了空-地间的数据语音、温压湿、高度等数据传输。

第二节　人工影响天气作业

一、人工增雨作业

(一)飞机增雨作业

1990—2010 年，陕西省开展飞机增雨作业累计飞行 549 架次，累计作业及影响面积 225 万平方千米(表 21-2)。

1990 年，陕西省人影办改装空军第十六领航学院伊尔-14 飞机，加装盐粉播撒漏斗，分春、秋季开展全省飞机增雨作业，飞行 6 架次，作业影响西安、榆林、延安、宝鸡、咸阳、渭南、铜川等地市，作业及影响面积 2.4 万平方千米，增加降水 0.4 亿吨。

1993 年，陕西省人影办租用安-26 飞机在凤翔机场起降，播撒催化剂苯酐 700 千克，飞行 6 架次，作业影响西安、宝鸡、咸阳、渭南、铜川等地市，作业及影响面积 3.1 万平方千米，增加降水 1.1 亿吨。

1994 年，陕西省人影作业飞机装备机载碘化银—丙酮溶液播撒器，通过燃烧法播撒碘化银，时长 2～6 时/次，催化效果佳。全年共播撒碘化银 690 千克，飞行 9 架次，涉及到延安、宝鸡、渭南、咸阳、铜川、西安等地市，作业及影响面积3万平方千米，增加降水1亿吨。

1995—1999年，陕西省人影办租用空军第16飞行学院、航测团、广空13师“安-26”、“运-7”、中国飞龙专业航空公司运-12飞机，在临潼、武功、户县、凤翔、镇川堡、延安、汉中等机场起降，飞行124架次，作业影响全省十地市，作业及影响面积48.5万平方千米，增加降水19亿吨。

2001年3月5日，陕西省人影办租用航测团安-26进驻临潼机场，在关中和陕南地区增雨作业。同年4月24日，租2架兰运团运-7飞机，与宁夏气象科学研究所合作，在延安以北地区开展跨省联合增雨作业。共飞行46架次，作业影响全省十地市，作业及影响面积15万平方千米，增加降水12.2亿吨。

2002年，陕西省人影办租机3架，采用美国增雨催化专利技术，分别于3—6月和9—10月向云中直接喷洒液态二氧化碳，共飞行36架次，作业影响全省十地市，作业及影响面积18.4万平方千米，增加降水12.8亿吨。

2004年，陕西省人影办租用飞龙公司3819号专机于3月15日至5月20日，实施14架次云物理探测飞行，开展全省增雨作业，飞行30架次，作业及影响面积16.3万平方千米，增加降水10.5亿吨。

从2005年起，榆林市政府租用空军飞机以镇川为起降场，榆林人工影响天气办公室与宁夏人工影响天气办公室合作，在陕西、宁夏、甘肃三省(区)交界地区每年开展为期4～6个月的榆林及周边区域飞机增雨作业。2009年，增加3个月的冬季飞机增雪。

图21-1　2009年4月，陕西省人影办工作人员在人影作业飞机上指挥作业

2000年3月17—19日，陕西省人影办组织7架次飞机在西安、宝鸡、咸阳、铜川、渭南、安康、商洛、汉中、延安等地增雨作业，有效缓解了旱情。图21-1为陕西省人影办工作人员在人影作业飞机上指挥作业。

表 21-2　1990—2010 年陕西省飞机增雨作业情况统计表

年份	架次	影响面积(万平方千米)	平均增水(亿吨)
1990	6	2.4	0.4
1991	14	2.9	0.5
1992	8	2.1	2.9
1993	6	3.1	1.1
1994	9	3.0	1.0
1995	19	8.2	3.8
1996	22	9.5	2.3
1997	22	7.0	1.3
1998	13	6.0	1.8
1999	48	17.8	9.3
2000	48	15.8	8.1
2001	46	15.0	12.2
2002	36	18.4	12.8
2003	29	13.5	7.8
2004	30	16.3	10.5
2005	30	16.8	12.5
2006	42	17.4	16.7
2007	34	12.6	15.6
2008	27	12.0	12.0
2009	25	10.1	12.0
2010	35	15.7	17.4
合计	549	225.6	162

(二)地面人工增雨作业

1990—2010 年,陕西省各级人工影响天气部门在全省范围内组织开展地面人工增雨作业 4214 次,累计发射炮弹 154977 发,火箭弹 9399 枚。

1997 年 8 月 6 日 11 时 30 分至 45 分,麟游县首次实施 WR-1B 型火箭增雨作业试验,用弹 6 枚,持续 3 小时降水 20 毫米,火箭点下风方受益区雨量 32 毫米。同年 9 月 11—13 日,旬邑县和西安市实施火箭增雨作业 。

2005 年 6 月 23 日傍晚,黄龙县瓦子街乡与砖庙梁乡之间一山腰发现火情,省人影办组织黄陵、洛川及黄龙县气象局首次开展森林火灾人工增雨服务,共发射了 5 枚火箭弹,火灾现场下了中雨。

2006年初,全省多地出现旱情,西安、渭南、商洛等市人工影响天气办公室及时组织增雪作业,共发射火箭60枚,作业及影响区普降大雪,局地出现暴雪。《陕西日报》1月5日在头版配图刊登了题为《我省首次实施大规模人工增雪——三秦大地喜降瑞雪》的报道,《西安晚报》《华商报》、西安电视台、渭南电视台、柞水县电视台对这次人工增雪进行了跟踪报道。

2007年2月6日晚9时开始,西安、宝鸡、咸阳、渭南、铜川、汉中、安康、商洛8市41个县(区)105个作业点从长武、陇县自西向东开始增雨作业,共发射炮弹1121发、火箭弹126枚,全省普降小到中雨雪,其中陕北5~13毫米,关中1~5毫米,陕南3~10毫米。同年五月中旬,秦岭北麓华阴段接连发生三次大面积森林火灾,过火面积约15.9公顷,渭南市及所属县、区相继开展增雨作业,作业区普降小到中雨,最大降雨量达到了29.4毫米,遏制了森林火灾蔓延。

2009年2月7—18日,陕西省人影办针对早春特大干旱,先后3次组织开展地面人工增雨作业,全省10地市、81县区人工影响天气办公室共发射火箭弹841枚,炮弹5683发,作业影响面积18.6万平方公里,增加地面降水2.2亿吨,缓解了旱情。

二、人工防雹减灾作业

1990—2010年,陕西省各级气象部门在全省范围内组织开展地面人工防雹作业共17018次,累计发射炮弹808708发,火箭弹11974枚(表21-3)。

2002年7月23—29日,全省连续4天出现冰雹,延安、铜川、咸阳、宝鸡、渭南、西安、商洛7个市31个区县积极组织防雹增雨作业,耗弹近万发,火箭弹33枚,作业区内基本无灾。同年8月14—18日,延安、铜川、咸阳、宝鸡、渭南、西安6个市局地出现冰雹天气,省人影办及时组织市人影办进行防雹作业,共耗弹3751发,火箭弹13枚,作业区内基本无灾。

2005年4月30日,受西北气流和高空冷平流影响,咸阳北部个别区县出现冰雹,大风等强对流天气,咸阳市人影办29日下午发布指令,永寿、淳化、旬邑等地实施高炮、火箭防雹作业,耗弹221发,旬邑县个别地方出现软雹,未造成灾害;永寿县高炮未设防区的个别乡镇出现冰雹。5月30日—31日午后到夜间,陕西省陕北和渭北出现了冰雹天气,此次冰雹过程中,榆林、延安、咸阳、渭南4个市的20多个县积极组织了防雹作业,共耗弹7580发,火箭弹46枚,由于警报发布及时,各县组织得力,作业区内大多数炮点未降冰雹。8月3日,受华北冷涡和高空冷槽的共同影响,3日午后到夜间,陕北南部和关中的一些地方出现冰雹天气,3日11时发布警报,延安、铜川、咸阳、宝鸡、渭南、商洛等7市21个县组织了防雹作业,共耗弹2317发,火箭弹31枚;除商洛未出现降雹,其他地区均出现了冰雹天气,作业区内绝大多数炮点未降冰雹或仅降零星冰雹。由于对流云极为强盛,造成咸阳礼泉、淳化、永寿、乾县、旬邑、合阳等地不同程度降雹。

2006年8月2日凌晨,陕北、渭北相继出现了较大范围的强对流天气,省人影办于8月1日11时发布防雹预警,延安、铜川、咸阳、宝鸡、渭南、西安6市19县开展了高炮火箭防雹作业,共发射炮弹5928发,火箭弹60枚,遏制了冰雹云的发展,减轻了冰雹损失。

表 21-3　1990—2010 年陕西省人工防雹作业统计表

年份	作业次数	耗弹量（发）	耗箭量（枚）
1990	257	4919	—
1991	403	17600	—
1992	644	20000	—
1993	361	10228	—
1994	289	25300	—
1995	151	13372	—
1996	720	25905	—
1997	348	24000	186
1998	335	33740	372
1999	1000	45000	1590
2000	845	51338	275
2001	623	54315	181
2002	1140	52246	386
2003	1690	60385	325
2004	1983	58713	324
2005	1263	57477	528
2006	480	78000	790
2007	1120	51415	647
2008	1224	42913	966
2009	306	32668	2860
2010	1836	49174	2544
合计	17018	808708	11974

注："—"表示无统计数据。

三、人工影响天气拦截式消减雨作业

2006 年 10 月 20 日，陕西省在西安举办"2006 盛典西安"大型文化活动。会前，根据天气预报，活动期间可能出现降水，于是，省人影办采用过量催化、提前降水的技术方案，从西向东设置三道防线，从 18 日 14:00 开始，至 21 日 23:00 结束，共发布了 3 次作业指令，组织西安、宝鸡、咸阳、铜川 4 个市的 25 个区县 32 个高炮作业点，共 45 个火箭作业点和 13 个移动火箭车投入人工消雨作业，共发射炮弹 6400 发、WR-1B 型火箭弹 720 枚。第一次人工消雨作业后，耀县城关镇雨势减小，淳化云体开始消散，周至、户县降水停止；第二次作业后，礼泉、兴平云层变薄，有裂缝，可见阳光。周密部署及有效实施消减雨，保障了

“2006盛典西安”活动的顺利开展。

2007年8月26日，榆林市委、市政府举办旅游文化艺术节开幕式，根据全市24—27日将有一次明显的降水过程的预报。为保障艺术节开幕式顺利进行，榆林市人工影响天气办公室将全市68门高炮和14付火箭组成三个作业梯队，从24日开始，到26日共发射“三七”炮弹576发、WR 1—B火箭弹53枚，榆阳区降水过程提前结束，保证了开幕式如期进行。

2008年4月4日，“中国东西部合作与投资贸易洽谈会”在西安开幕，为了做好开幕式气象服务保障工作，4月3日省人影办召开紧急会议，安排部署人工消雨作业服务，并于当天晚上发布了人工消雨作业指令。4月4日上午，西安市人工影响天气办公室所属的周至县马召、户县蒋村作业点做好了地面火箭人工消雨准备，择机实施人工消雨作业。省人影办飞机作业人员和机组上午进驻临潼机场，从14:35时开始在西安上游武功、宝鸡、陇县、麟游、淳化、富平等地进行了一架次的飞机人工消雨作业。此次消雨作业，较大地降低了空气中的水分含量，对后期降雨有一定的抑制作用。

2008年7月3日晚，北京奥运会奥运火炬由咸阳传递至西安市，20:30—21:00，西安市将在南门进行隆重的入城欢迎仪式，7月4日奥运火炬在西安传递。根据4日西安有小到中雨的天气预报，西安市政府要求开展人工消雨作业。7月3日西安市人工影响天气办公室制订了人工消雨作业方案，召开了奥运火炬传递人工消雨作业电视电话会议，周密部署了人工消雨工作，利用卫星云图、多普勒天气雷达和自动气象站资料等密切监视天气，3日夜里实施了火箭人工消雨作业。7月4日上午西安城区阴天，火炬传递活动顺利进行。

2009年5月9日，“合十舍利塔落成暨佛指舍利安奉大典”在佛教圣地扶风县法门寺隆重举行。根据前期陕西省气象台的会商结果，本次活动进行过程中阴有阵雨，对大典活动将造成影响。针对这次重大社会活动的气象保障服务，陕西省气象局领导高度重视，成立气象保障服务领导小组及四个工作机构，组织协调气象保障服务工作，宝鸡市气象局、陕西省气象台、省人影办等单位参加了5月7—11日的“合十舍利塔落成暨佛指舍利安奉大典”现场气象服务与应急保障活动。

本次人影保障在宝鸡及上游地区实行省际跨区域联防、空中和地面立体作业。承担本次飞机消减雨作业单位为省人影办，地面高炮、火箭作业甘肃防线的为甘肃省的平凉和天水市，陕西防线为陇县、千阳、凤翔、麟游、陈仓区、岐山、扶风、眉县8个县区。累计消耗炮弹2642发、火箭弹212枚，省人影办增雨飞机开展了2次飞机催化作业，主要飞行区域为宝鸡上游地区和东南区域。

第三节　人工影响天气外场试验

1991年，陕西省人影办在租用的增雨飞机上加装苏联含水量仪、云滴谱仪、铝箔冰雪晶取样器等云物理探测设备，结合抗旱作业开展“陕西层状云系水资源和云降水物理模式的研究”课题研究工作，全年催化范围达到52个县市，增雨有效率约为78.6%，并获取部分飞机探测资料。

1998年，陕西省人影办在旬邑县境内设置了19个测雹板地面观测点，开展冰雹谱特征和防雹效果分析。根据1998年7—9月在旬邑首次取得6次冰雹过程的地面雹谱资料，通过统计分析得出冰雹谱分布特征。以冰雹落地动能、冰雹质量等特征物理量为评价防雹效果的统计量，用物理检验法对一次降雹过程的防雹效果做个例分析。得到防雹作业区比对比区动能、质量、动能通量和质量通量分别减少75%、58%、41%和55%，说明防雹效果是明显的。

2002年12月13日，陕西省人影办在临潼机场使用自主研发的液态二氧化碳播撒设备，进行首次人工消雾试验。消雾作业从08时30分开始到10时50分结束，累计播撒液态二氧化碳400余千克。作业期间，西安市气象局在试验区的上风方，中心区及影响区布设地面风、温度、能见度、降雪观测点，并进行实时摄影、录像。经现场综合观测，作业20分钟后，距离作业现场下风方1.2千米处开始降米雪，平均降雪厚度为1.5毫米，12时以后逐渐结束，整个降雪时间持续了约3小时，现场能见度明显变好，人工消雾获得成功。

第二十二章 防雷减灾

1999—2010年,陕西省境内出现雷击事故800多起,死亡35人,击伤270多人;损坏通信设备、广电网、房屋等,直接经济损失近8000万元。

面对严峻的防雷减灾形势,陕西省气象部门建成了覆盖全省的闪电定位监测网、环绕西安的大气电场观测网和陕西省雷电防护综合业务平台,开发了基于大气电场的雷电临近预警专业服务系统、防雷业务信息管理系统等应用软件,积极开展雷电监测预警预报、雷击风险评估、防雷设计技术评价、防雷装置检测、雷电防护工程、雷电灾害调查鉴定等业务,各市县防雷机构也发挥各自人才与技术优势,开展全方位的防雷业务,极大地减轻了雷电可能造成的灾害,为保护人民生命财产安全做出了贡献。

第一节 雷电监测预警预报

雷电监测预警预报是根据陕西省地理环境和气候特点,在全省布设闪电定位监测网,在西安市周边布设大气电场仪,形成完整的雷电监测、预警、预报服务体系,对发生在陕西省境内的闪电进行无缝隙全天候的实时监测、预警、预报。

图22-1 2004年9月建成的陕西省雷电监测预警中心

2004年3月,陕西省气象局在安康、宝鸡、大荔、汉台、商南、绥德、吴起、泾河、宜君气象站共建了九部ADTD型号闪电定位仪,当年6月1日投入雷电监测预警预报。2008年5月12日,陕西省防雷中心开展汶川地震灾区雷电监测,每天10时30分和16时发布雷电潜势预报,12时和18时发布预警预报。5月12日—9月30月,省防雷中心发布了241期抗震救灾专题雷电预报、9期《重要电警监测信息》;省气象台发布了5期《雷电预警信号》,通过自动传真、气象信息网向政府及其有关部门服务,通过手机短信、12121电话、电视和广播进行社会公众服务。

2004年10月,为加强雷电监测、预报、评估相关工作和能力,陕西省气象局立项《陕西省雷电监测、预报、评估系统》重点科研项目。历时一年半，形成多项科研成果。包括：雷电天气客观预报业务系统、陕西省雷电潜势预报实时业务系统、雷电灾害天气诊断分析业务系统、雷电数据自动成图系统、雷电预报业务的构成和预报流程、雷电监测资料网上查询系统和雷电监测资料处理方法与评估研究。

2009 年 4 月，陕西省气象局利用中央汶川地震灾后重建资金 15.2 万元，从北京华云东方探测技术有限公司购置了 4 台 DNDY 大气电场仪，分别安装在华山、秦都区、长安区、临潼区气象站，提升了雷电监测预警预报的能力。

第二节　雷电防护装置检测

雷电防护装置检测主要针对国家、省、市重点项目、石油化工、易燃易爆场所、建筑工地、文物旅游景点的需求，开展雷电防护装置安全检测，减轻或避免了雷电可能造成的灾害。

1990 年 10 月，陕西省避雷装置检测中心成立，负责雷电防护检测工作。当年 10 月至 2000 年 9 月，省避雷装置检测中心使用北京 ZC-8 型接地电阻测试仪（俗称摇表），对建筑物雷电防护装置进行定期检测。

1997 年 6 月，西安市防雷设施技术检测服务中心对汽车加油站开展防雷、防火、防爆安全检测的业务项目，在当时属全国首创，广东、重庆、上海等十个省（市）的气象防雷同行专程来西安观摩学习。

2000 年 10 月，陕西省防雷中心重新组建。2001 年 9 月 1 日，《陕西省气象条例》颁布实施，防雷检测环境逐步优化，全省防雷检测业务由单一的建筑物雷电防护装置定期检测扩展到对建（构）筑物、危化场所、电子信息场地的防雷装置进行定期检测。

2004 年 7 月，全省各检测机构开始对新建建（构）筑物雷电防护装置进行随工检测和竣工检测，防雷检测业务量以 30%～40%的年增长率上升。同年，陕西省气象部门引进了日本共立 4102-a 等电子仪器设备进行雷电防护装置检测，摇表退出历史舞台。

表 22-1　1990—2010 年陕西省雷电防护装置检测统计表

单位：件

年份	省局西安	榆林	延安	铜川	宝鸡	杨凌	咸阳	渭南	汉中
1990	83	0		0	33	0	20	78	0
1991	120	0		0	36	0	30	101	0
1992	160	0		0	41	0	40	118	0
1993	181	0		0	43	0	45	148	0
1994	382	0	25	0	39	0	50	153	0
1995	360	0	35	0	45	0	55	151	0
1996	374	0	47	0	47	0	60	195	0

续表

年份	省局西安	榆林	延安	铜川	宝鸡	杨凌	咸阳	渭南	汉中
1997	451	0	48	0	54	0	63	218	0
1998	427	0	51	0	56	0	70	260	22
1999	588	0	53	0	79	0	80	257	126
2000	677	0	54	0	86	0	95	237	141
2001	634	115	61	50	84	0	105	259	326
2002	749	225	63	86	88	0	110	273	421
2003	801	357	65	128	78	0	115	295	589
2004	824	498	69	185	83	0	116	398	626
2005	865	668	81	210	89	0	120	459	630
2006	879	768	121	232	95	0	130	603	574
2007	916	874	153	248	98	10	135	908	797
2008	967	1137	211	315	134	35	145	941	954
2009	1031	1244	289	245	107	42	150	985	960
2010	1351	1349	331	370	110	39	160	966	981
	12820	8211	1757	2069	1525	126	1894	8002	7147
	49378								

第三节 防雷电工程图纸设计审核

2002年3月5日,陕西省气象局与省建设厅联合下发《关于加强建(构)筑物防雷安全管理工作的通知》,就加强陕西建(构)筑物防雷安全管理工作,确保建(构)筑物防雷设计、施工质量,提出了相关要求。同年3月,陕西省防雷中心派技术人员赴广东学习考察后,组建监督审查科,对西安市区部分新建建筑项目的防雷电工程图纸设计进行审查(图22-2),出具防雷专项审查意见书,并在施工阶段对其防雷电装置进行随工检测。

2007年,陕西省境内的防雷电工程图纸设计审查交于社会建筑物施工图审查公司,省防雷中心监督审查科撤销。

图 22-2　2005 年 4 月陕西省防雷中心科技人员审查防雷电工程图纸

表 22-2　2001—2010 年陕西省防雷电工程图纸设计审核统计表

单位:件

年份	省局西安	榆林	延安	铜川	宝鸡	杨凌	咸阳	渭南	汉中
2001	0	0	0	0	0	0	0	10	0
2002	0	0	0	0	0	0	10	30	0
2003	25	0	0	0	38	0	15	40	0
2004	21	0	35	0	64	0	20	50	0
2005	116	7	61	0	63	0	25	62	51
2006	223	15	68	0	67	0	30	64	113
2007	130	37	90	181	48	3	35	63	532
2008	10	79	106	132	56	46	35	100	393
2009	0	95	146	170	67	49	40	135	889
2010	0	120	166	63	67	93	45	177	768
	525	353	672	546	467	191	255	731	2746
	7915								

第四节 雷电防护工程

1999年5月起,陕西省防雷中心工程部开展雷电防护工程设计、施工,亦称防雷电工程。

2001年3月,陕西省防雷中心和陕西华云经济技术公司联合注资成立陕西华安防雷电工程技术有限责任公司(以下简称华安公司),并获得中国气象局颁发的防雷电工程设计和防雷电工程施工乙级资格证书。2004年3月,华安公司获得中国气象局颁发的防雷电工程甲级资格证书,到2010年底,华安公司共承接防雷电工程300余项,其中大型工程有陕西广电中心秦岭光秃山9号发射台防雷电工程、陕西天然气公司管网综合防雷电工程、西北民航场站综合防雷电工程、陕西气象系统新一代天气雷达综合防雷电工程等。

汶川地震发生后,陕西省气象局于2008年5月29日制定了《地震过渡安置房防雷技术规范》,6月4日省质量技术监督局发布《救灾过渡安置房防雷技术要求》为陕西省地方标准(标准编号为DB61/T438—2008),自发布之日起实施。6月10日,省气象局向各有关单位发出通知,要求在今后救灾过渡安置房防雷设计、安装、检测中,严格按照该标准执行。

2008年5月24日,陕西省气象局向全省各防雷企业、各防雷公司发出了《"为地震灾区捐献爱心捐赠"倡议书》,得到了23家防雷企业的支持,并为灾区援建200多根避雷针,价值40万元。

表22-3 1993—2010年陕西省防雷电工程统计表

单位:件

年份	省局西安	榆林	延安	铜川	宝鸡	杨凌	咸阳	渭南	汉中
1993	0	0	0	0	0	0	0	0	0
1994	0	0	0	0	0	0	0	0	0
1995	0	0	0	0	0	0	0	0	0
1996	0	0	0	0	0	0	0	0	0
1997	0	0	0	0	0	0	0	0	0
1998	0	0	0	0	0	0	0	0	0
1999	0	0	0	0	0	0	0	0	0
2000	0	0	0	0	0	0	0	0	0
2001	0	0	0	0	0	0	0	0	0
2002	0	0	0	0	0	0	0	0	0
2003	0	0	0	0	0	0	5	12	0
2004	36	10	2	0	31	0	10	19	0
2005	38	16	3	0	22	0	10	47	0
2006	55	16	4	0	19	0	15	62	0
2007	44	29	5	6	24	0	15	61	33
2008	43	94	9	5	28	0	10	47	50
2009	52	84	11	20	35	0	9	72	52
2010	52	95	12	32	17	0	10	49	84
	320	344	46	63	176	0	84	369	219

第五节　雷电灾害风险评估

雷电灾害风险评估是防雷电工程实施前，通过对建设项目可能遭受雷击的概率及雷击后果进行分析计算，提出防护措施的可行性意见。

2006 年，安康市防雷中心对安康汉江三桥进行雷电灾害风险评估，随之制作《雷电灾害风险评估报告》，内容包括建设项目概况、评估目的、评估依据，提出雷电损害风险、防御或减轻雷电灾害的对策和建议等。

2007 年 10 月，全省防雷单位对陕西境内能源化工等国家重点建筑项目进行雷电灾害风险评估，为其选择科学合理、经济安全的雷电防护措施。

2008 年底，陕西省防雷中心完成了省气象局科技创新基金项目“陕西省雷电灾害易损性分析、评估及易损度区划”，在雷电灾害易损性分析、评估及易损度区划方面边研究边应用。根据雷电灾害统计资料，结合陕西各市的经济和人口密度特征，提出了雷暴日数、雷电灾害频度、生命易损模数及经济易损模数作为各市雷电灾害易损性评估指标。

截至 2010 年底，陕西防雷中心先后为陕化合成氨生产线新建项目、勉县武侯祠（墓）、延长集团兴化扩建项目、靖边至西安天然气输气管道三线系统工程、陕西金源集团榆林金源天然气有限公司、子州天然气综合利用存储调峰液化项目、常家梁煤矿、西安大明宫万达广场等 140 余个重点项目进行了雷电灾害风险评估（表 22-4）。

表 22-4　2005—2010 年陕西省雷电灾害风险评估统计表

单位：件

年份	省局西安	榆林	延安	铜川	宝鸡	杨凌	咸阳	渭南	汉中
2005	1	—	1	—	1	—	—	—	—
2006	4	—	—	—	—	—	—	—	—
2007	6	—	1	—	—	—	—	—	—
2008	3	—	1	—	—	—	—	1	2
2009	13	—	2	2	—	—	—	5	4
2010	27	—	4	2	1	—	—	6	6
	1	—	1	—	1	—	—	—	—
142									

第九篇 气象服务

1990—2010 年，陕西省气象部门始终把气象服务作为气象事业的立业之本，恪守“气象为人民服务、为经济社会发展服务”的宗旨，坚持“服务引领，需求牵引”的工作方针，加强和完善公共气象服务业务体系建设，把为党委政府决策服务放在首位，全力做好暴雨、干旱等重大灾害性天气和指挥抢险救灾气象保障服务；完善服务体系，丰富服务手段，认真做好公众气象服务；针对社会需求，拓宽气象服务领域，全力做好农业、林业、畜牧业气象服务，做好城市、旅游、能源、交通、航空、军事气象服务，做好抢险救灾和重点工程建设气象服务，不断改进和丰富气象服务产品，全面提升气象服务的水平。同时，陕西省气象部门还依托气象基本业务，依据国家政策发展气象科技服务，通过市场机制开展专业气象有偿服务，增加了部门创收，填补了事业经费缺口，加大了对气象事业的资金投入，推进了陕西省气象事业的快速发展。

第二十三章　决策气象服务

1990—2010年，陕西省气象部门秉承“主动、及时、准确、科学、高效”的宗旨，坚持做好决策服务，为省委、省政府及相关决策部门和全省市县党委，政府科学应对干旱、低温霜冻、暴雨洪涝、高温热害、冰雹大风等气象灾害，指挥防灾减灾救灾提供高密度、多形式、全方位的超前准确的科学决策参考及气象保障服务。2010年，陕西省气象信息为省政府决策工作提供气象信息的满意度指数为98.1%。

1997年2月18日，陕西省副省长王寿森在省气象局检查指导工作时讲：“每在关键时期，省气象局都能提供主动、及时、准确的服务，每当领导决策最需要的时候，气象信息就出现在领导桌上，很难能可贵”，并表示省政府拿出三万元奖励省气象局。

2003年9月18日，在陕西省政府救灾工作会议上，省委书记李建国、省长贾志邦讲，“气象部门雨情汛情的准确预报和及时保障，是取得抗洪抢险胜利的重要前提和基础，各级气象部门为防汛指挥系统科学决策提供了充分依据”。

第一节　灾害性天气决策服务

1990—2010年，陕西省气象台制作发布《重要天气报告》等预报决策服务材料近540期，其中涉及干旱20期、暴雨150期、寒潮50期、低温降雪50期、大风冰雹40期、沙尘暴15期、高温60期、雷电15期、连阴雨60期、专题80期。

1990年3月27日，陕西省气象台发布《重要天气消息》，指出春耕、春播期间空气湿度大、温度高，须注意防范病虫害滋生蔓延等建议。3月28日，省政府领导批示将消息由省广播电台对社会发布。3月29日，徐山林副省长召开省长办公会，安排部署全省春耕生产。

1990年5月28日，陕西省气象台发布《重要天气报告——三夏展望》，指出三夏期间全省小麦主产区降水量比正常年偏多2～4成，并有连阴雨。省、市领导当即批转各地，并抽调干部深入基层帮助群众搞好“三夏”工作。

1991年5月23日，陕西省气象台发布《暴雨消息》，指出关中、陕南部分地区有大雨到暴雨，省委书记张勃兴、副省长王双锡批示，要求防汛办昼夜值班，注意雨情，以防不测。《暴雨消息》发布后，全省有16个县降暴雨，其中彬县12小时降水量97.4毫米，引起山洪暴发。7月10日，省气象台发布《重要天气报告》，预报7月中旬全省降水偏少，建议抓紧抗旱。7月12日，省政府召开抗旱防汛紧急电话会议，要求全省紧急行动，采取有效措施，迅速掀起抗旱保秋高潮。

1992年3月上旬，陕西省气象台准确预报久旱转雨(雪)天气过程，后又连续准确预报3月中旬连阴雨天气和4月上旬雨(雪)天气过程，省经委根据气象预报意见，调整了工农业用电，减少工业损失3000万元。

1992年8月1日,陕西省气象台预报陕北、关中局部有暴雨。8月12日,省气象台发布"暴雨和大暴雨消息",并与防汛部门会商,提出本次暴雨会引发江河洪水,渭南地区汇流成灾的可能性大,并向王双锡副省长汇报,省委、省政府及时下达二华夹槽地区返库移民撤离命令。8月8—13日,关中、陕南和陕北南部出现25站暴雨和大暴雨,致使泾河、洛河、渭河相继暴发洪水,全省受灾人口30万,经济损失6亿元。而渭南库区三乡2万多人在洪水到来之前安全撤离,无一伤亡。

1993年5月27日7时,陕西省气象台通过省电台发布"陕北、陕南局部地区有冰雹,关中渭北部分地区有冰雹"预报,为省人影办组织防雹作业提供了可靠信息。5月27日11时到17时,关中9县、陕南2县出现冰雹,富平、蒲城等防雹点开展人工防雹作业,效果较好。省委书记张勃兴专程到省气象局视察,对这次气象服务工作给予充分肯定。

1994年7月中旬到10月上旬,陕西省发生夏秋连旱,秋播困难。10月6日,省气象台发布"久旱转雨"重要天气报告,预计9—10日全省有小到中雨过程,15日还有一次降水,建议抓住时机做好雨前抢播。随后,省气象台连发五期《重要天气报告》。由于气象预报及时,全省多播小麦300万亩,90%以上的小麦种在了高产播期。省领导和农业部门称赞预报准确、服务及时,省委书记张勃兴感谢省气象台为农业服务所做的工作。

1994年冬季到1995夏季,陕西省冬春连旱200多天,受旱面积3800万亩,中小河流大部干涸,全省库塘蓄水量仅为上年同期的1/3,360万人、10万头大牲畜饮水困难,西安77家大中型企业停产。干旱持续,气温居高不下,全省月平均气温较常年偏高2～3℃,6、7两月关中、陕南38℃以上高温达14天,其中4天在40℃以上。干旱与高温给工农业生产和人民生活造成困难,森林火险也多次出现,其中5月的黄陵桥山森林大火最为严重。面对严峻旱情,省气象台一面抓好降水天气过程的预报,及时向省政府和农业、防汛、抗旱等部门提供雨情,一面为人工增雨作业提供有利时机,为全省抗旱、防汛和减灾工作做出了贡献。

1995年8月6日、7日、9日,陕西省气象台均预报9—10日陕北、渭北有大到暴雨,提请"二华夹槽"地区做好抗洪救灾准备。10日上午,省气象局向王寿森副省长汇报,指出黄河可能出现险情。8月9—11日,陕、蒙、晋交界地区突降暴雨,黄河出现入汛以来的最大洪峰,龙门站流量11300米^3/秒,超过8000米^3/秒的保证流量。王寿森副省长说,由于雨情、水情的准确超前预报,使得黄河洪峰顺利通过我省,低洼地区群众提早撤出,基本没有遭受损失。

1997年7月中旬后,陕西省发生50多天的持续干旱、高温天气,严重影响秋粮生长和秋播工作。在此严峻形势下,省气象台密切注视天气变化,在月、旬预报中指出9月12—15日有全省性小到中雨过程,并符合人工增雨作业条件。王寿森副省长立即要求各地抓住有利时机搞好人工增雨作业。雨后,全省抢时播种了小麦。

1998年7月7日晨,陕西省气象台预报陕南部分地方有暴雨,提请省、市防汛办加强防汛和城市防洪。7—9日,关中、陕南发生70站次暴雨,其中大暴雨11站次,致使陕南嘉陵江、汉江及支流洪水猛涨,35个县(市)、130多万人及6.28万公顷农田受灾,堤防178处决口,50多条公路被迫中断,81人因灾死亡,45人失踪,直接经济损失4.8亿元以上。

2004年9月18日上午,陕西省气象台发布《暴雨消息》。9月18日20时到19日20

时，陕南出现5站暴雨、1站大暴雨(镇巴119毫米)。由于预报准确、服务到位，防汛指挥部门及暴雨区域及时组织群众防御，没有人员伤亡。

2005年9月30日下午，渭南市长曹莉莉到市气象局了解国庆期间的渭河流域天气情况和汛情。市气象台预报了国庆期间渭南市有强降水过程及可能出现的汛情，市委、市政府随即发出紧急通知，果断取消了全市干部职工的国庆休假，迎战即将到来的洪水。10月1日10时，省气象台发布《暴雨预报消息》，指出未来36小时内关中南部、陕南有区域性暴雨，请有关部门做好预防工作。10月1日白天和晚上，渭南市气象局领导多次当面向市政府领导报告渭河中上游出现的大范围强降水，未来仍有大到暴雨的信息。市政府于2日凌晨紧急启动三号防汛预案，撤离群众18万人，并组织了8万人的守堤大军昼夜巡堤查险，确保了200多千米的渭河干、支堤安全。

2007年7月28至29日，商南县普降中到大雨，局地大暴雨，城区降水量152.5毫米，30日凌晨2时30分，县河水库水位上升至130.6米，即将翻坝。县气象局预报员及时与市气象台会商天气，向县委、县政府领导汇报了“雨势转小并很快停止”的预报。县委、县政府听取气象局的预报，采取了保坝方案，避免了炸坝泄洪造成的巨大损失。准确及时的气象决策服务，得到了县委、县政府的肯定与表扬。

2008年12月17日，渭南市气象局发布“20日到22日我市将出现一次强降温和大风天气过程，预计过程降温11～14 ℃；受冷锋过境影响，21日到22日，有5～6级偏北风。”12月21—22日，渭南市最低气温普遍低于－10 ℃，白水、澄城北部低于－18.0 ℃，最大阵风7～8级。由于降温过程明显，市气象局建议加强设施农业保温工作，以降低和避免降温、大风和降雪天气带来的不利影响。12月18日，市委书记梁凤民在《设施农业灾害警报》上批示，省政府安排部署，电视台、广播电台加大宣传，提高防灾能力、降低损失。市政府及时通知市县农业部门做好防范、落实。通过全市努力，提前采取措施，把灾害损失降低到了最低程度。

2009年7月7日11时，陕西省气象台发布《汛雨消息》，副省长姚引良批示，要求全省各相关市防办做好防汛预案，特别要做好地质灾害隐患点的巡查和排险工作，省防总及时下发“关于切实做好7月7—9日强降雨过程防汛减灾工作的紧急通知”的明传电报。由于防灾措施得力，及时撤离危险区群众，取得明显防灾减灾效益。

2009年8月28日9时，陕西省气象台发布“暴雨消息”，指出当天下午开始到29日全省自西向东有一次明显降水天气过程，主要降水时段在28日晚上到29日上午，预计陕北小到中雨或雷阵雨，南部局地有大雨，关中、陕南中雨或雷阵雨，关中南部、陕南中东部部分地区有暴雨，局地有大暴雨，提醒各地继续加强对地质灾害隐患点及病险水库的监测，特别是秦岭沿线各地须重点防范强降水可能引发的山洪、山体滑坡、泥石流等次生灾害。当日姚引良副省长在《重要天气报告》上批示：据报本次降水过程可能持续时间较长，雨量较大，请尽快通知相关市县做好预报及相关防汛防滑预案，以备不测。8月28—29日，关中南部和陕南中东部22站出现暴雨，但无一人伤亡。

2010年4月8日，渭南市气象局发布《果树花期冻害警报》，预计12日晚至15日早晨全市出现低温、霜冻和雨雪天气过程，最低气温－4～0 ℃，降幅10 ℃左右。时值小麦拔节、油菜开花、苹果萌芽显蕾期、梨、桃、杏幼果期，低温天气对冬小麦和果业造成严重冻害。面对低温霜冻天气，市气象局提前向徐新荣市长、主管副市长汇报，市领导立即安排部署，省政府办公室发出紧急通知，要求各级领导和有关部门采取有力应对措施，及时组织好防御工作。由于预报准确，汇报及时，政府应对措施得力，有效减轻了强降温天气的危害。

2010年6月24日，陕西省经济作物气象服务台向省委省政府呈报了“狠抓抗旱保果，缓解高温危害”的重大气象信息专报，副省长姚引良当即批示：“送果业局参阅，指导果农做好相应管理工作，尽可能减少损失”。

2010年7月16—19日，陕南出现强暴雨天气过程，陕南6县(区)出现大暴雨，南郑、山阳突破日最大降水量历史极值，镇巴县仁村过程雨量达408.6毫米。7月22—25日，关中、陕南再次遭受强降水袭击，陇县、洛川、宜君、长武、彬县、潼关、华山7县日降水量突破历史极值，陇县东风镇过程雨量高达406.9毫米。两次暴雨叠加，致使汉江干流发生50年一遇洪水，渭河支流罗敷河发生决口。在这两次强降水及防抗暴雨洪涝过程中，省、市气象台制作发布暴雨、雷电预警264期，其中发布最高级别的暴雨红色预警、预警信号18次，报送决策气象服务材料383期，发送决策短信56万人次，发送公众预警短信1100万人次，各级提前转移汉江沿江城镇人口8.3万人，紧急转移渭河支流危险区群众59万人，最大限度地确保了群众生命安全，省委书记赵乐际、副省长姚引良先后15次在气象决策材料上作出批示，对气象服务工作给予高度赞扬。

第二节　气候决策服务

1990—1999年3月，陕西省气候监测和重大气候事件评估方面的决策服务由省气候资料室(省气候应用所)承担，短期气候预测决策服务由省气象台承担。其中，省气候资料室承担的决策服务任务主要有前期气候特点分析、气候及重大气候事件影响分析、灾情分析和气候异常诊断分析。同时，开展重大气候事件可能产生的影响方面的预评估分析。服务对象主要为省委、省政府及相关部门领导。服务产品有定期和不定期两种，定期产品有“陕西省月气候监测公报”、“上半年和全年气候影响评价”、“气象异常年表分析”等；不定期产品有专题汇报材料和依据需求提供给媒体或者期刊的材料等。定期服务产品在固定时间报送，提供领导决策时参考。这部分资料除领导参阅外，还被陕西省委政策研究室编撰的《陕西农村年鉴》或《陕西科技报》等刊物引用。

1997年汛期的5—10月，陕西省降水异常偏少，引发特大干旱，水源严重不足。省气候资料室及时分析了当年降水偏少的持续时间、偏少的范围、汛期全省平均降水量偏少的幅度，结合陕西冬春季降水总量少的特点，得出冬春季水源短缺已成定局的结论，随之制作发布《我省汛期降水异常偏少，今冬明春水源短缺已成定局》的专题分析材料，建议提早采取措施，尽量减少由此造成的影响。

1992年陕西气候异常。6月下旬至7月，主要产棉区降水量偏少，棉花受旱，棉铃虫大面积发生；8月气温偏低，降水偏多，日照偏少，暴雨成灾，棉铃虫危害加重；9月出现严重秋淋灾害，棉花霉桃、烂桃严重，采摘晾晒受到严重影响。当年全省棉花总产70万担、亩产15～30千克，均比常年减少5成左右，多数棉农入不敷出，影响了棉农生产积极性。1993年夏季没有高温天气，减少了落蕾，有利于结桃、增产，9月天气晴好，对棉花采摘、晾晒极为有利，当年棉花产量增长。省气候资料室从 1993 年气候影响产量、进而影响棉农收益和来年棉花种植面积的角度考虑，制作了《今年气候将影响明年棉花种植面积》的专题分析材料，报送省气象局领导，并在 1993 年 11 月 22 日《陕西气象简讯》(第 45 期)刊发，引起了省领导重视。

1993 年以来，陕西省气候资料室利用社会关注度较高的《陕西科技报》和《陕西农业》刊物，刊登气候决策服务材料，为各级领导和广大农民提供气候决策服务。1995 年 9 月 7 日在《陕西科技报》刊发《果园铺反光膜，改善苹果着色》；1998 年 1 月 1 日在《陕西科技报》刊发《抓紧小麦冬灌》；1998 年 4 月 11 日在《陕西科技报》刊发《旱象缓解、农田管理更要抓紧》；1998 年 9 月 12 日在《陕西科技报》刊发《今年是我省暴雨最多的年份》《陕西农业》《西北园艺》《北京农业》也刊发或者转发了部分材料。

1999 年 4 月，陕西省气象台在气候室资料室的基础上组建气候农气科，承担气候监测分析、重大气候事件、气象灾害影响和诊断分析、短期气候预测和农业气象情报分析业务和服务工作。同年 7 月，省气象台创办决策服务刊物《陕西气候与农情》，期刊常设前期气候、农情分析、未来天气、生产建议、热门话题、气象资料共六个栏目，每月月初发布，报送省政府相关部门，副省长王寿森为期刊题写了“利用气象科技信息，为陕西农业服务”的刊首语。《陕西气候与农情》每月制作发布 1 期，全年 12 期，到 2006 年 6 月共制作发布了 80 余期，气候和农情信息深得农业部门的喜爱。《陕西农业》在 2000 年第 2 期至第 12 期，以及 2001 年《农友》(为《陕西农业》更名)第 1 期开辟每月气候专栏，刊发当月常年气候特点共 12 篇，刊发“1964 年 5 月雨涝”“6 月阴雨及其影响”“‘77·07’陕北暴雨”“‘81·08’陕西西部暴雨洪涝灾害”“1984 年 9 月阴雨”和“陕西秋季降水变化的一个特点”等材料共 6 篇。

2006 年 6 月，陕西省气候中心成立，气候决策服务工作进一步加强，气候决策服务的短期气候趋势预测深受政府部门重视。2008 年 4 月 16 日，副省长姚引良在 2008 年 3 月 30 日发布的《2008 年春季(4—5 月)短期气候预测》上批示：“此次降雨和降温对果区有何影响，请果业局咨询专家，必要时采取措施，以防不测”。

图 23-1　2010 年 4 月，咸阳市旬邑县气象技术人员开展果园小气候观测

进入21世纪,沙尘暴天气多发,严重影响工农业生产和人民群众生活,引起政府部门高度重视。省气象台组织相关人员开展陕西沙尘暴监测评估、趋势预测和预报预警方面的研究,于2003年1月29日制作发布了陕西省第一份春季沙尘暴趋势预测产品《2003年春季沙尘暴趋势展望》。此后,每年年初制作发布春季沙尘暴趋势预测产品,报送政府相关部门。2009年2月3日,省长袁纯清在省气候中心制作发布的《陕西省2009年春季沙尘暴趋势展望》上批示:"请引良同志早做准备,防止苹果等果树因此受到不利影响"。

第二十四章　公众气象服务

1990—2010 年，陕西省气象部门把公众气象服务作为气象服务的主战场，不断完善服务体系，积极采取现代化的服务手段，提升电视天气预报服务、广播报纸网络气象服务、声讯气象服务、手机短信气象服务的水平和效益，其中电视天气预报逐步成为公众最喜爱和收视率最高的电视节目。

第一节　电视天气预报服务

一、预报天气服务

1992 年 12 月，陕西省气象台成立气象台声像室，主打西安电视台《气象与导游》节目为主的电视天气预报节目制作，为社会公众提供天气预报服务，并开展影视广告业务创收。当年 12 月 1 日，西安电视台《气象与导游》节目开播。节目主要制作陕西著名旅游景点天气预报，播出时间为每天 19:50。

1993 年 3 月底，陕西省气象台声像室制作陕西电视台一套（4 频道）播出的《天气预报》节目。节目主要为全省十地市天气预报，播出时间为每天 19:58。

1994 年 4 月，陕西省气象局以省气象台声像室为主体，注册成立了陕西气象广告公司，经营以陕西电视台电视天气预报节目广告为主，并代理陕西电视台及央视天气预报节目广告，包括广告设计、制作、代理、发布；开展礼仪庆典服务；开展除金融、证券、期货、基金投资咨询等专控以外的商务信息咨询业务；开展仪器仪表及零配件购销业务。

1995 年 8 月 20 日，陕西气象广告公司在陕西电视台《天气预报》节目中推出以主持人形式播出天气预报节目。

1997 年 12 月，陕西气象广告公司在陕西电视台卫视频道新增《天气预报》和《气象旅游服务》节目。制作设备由 U-matic 3/4 带形式升级为 Betacam SP 1/2 金属带制作，并逐渐引进电视非线性编辑制作业务。

1999 年 3 月，陕西省气象局组建陕西省专业气象台，省级电视气象服务业务和西安市级气象服务业务分开，对口开展电视气象预报服务。

2001 年 12 月，陕西省气象局成立陕西华云总公司（即陕西省气象科技开发中心），开展省级电视气象节目制作和节目广告经营业务。

2004 年 5 月 8 日，陕西华云总公司制作的《天气预报》节目，在陕西电视台播出时间由 19:58 调整到 19:22。

2008 年 6 月，陕西省气象局与陕西广电网络公司合作，使中国气象频道在陕西落地，同年 12 月《中国气象频道陕西本地化插播业务系统》建设完毕并以每整点 26 分、56 分插播本地制作、发布本地气象信息的 3 分钟气象节目。每天插播节目有《早间天气预报》、一带一路《丝路天气预报》（分午间巡游版、晚间主持人版）、《旅游天气预报》、《午间天气预报》《农情气象》《晚间天气预报》节目等,从每天7:26第一次插播,22:56最后一次插播,全天插播、首播和重播32档。

2009年3月,陕西省气象局成立省气象影视和宣传中心,建设完成了《陕西新影视制作平台》项目,引进了功能强大的美国WeatherCentral三维虚拟背景图像制作系统播出系统,提升了电视气象节目制作质量,省级电视气象服务迈入了数字化演播室时代。

2010年3月30日18:00起,陕西电视台电视气象节目首播和加重播达19次。其中陕西卫视频道《三秦早间预报》07:24播出,《午间预报》13:01播出,《气象与旅游》18:54播出,《天气报道》23:15播出;农林卫视频道《农情气象》早间版09:08播出,《农情气象》午间版11:57播出,《农情气象》晚间版19:06播出;陕西一套《天气预报》18:47播出;陕西二套《都市天气》09:04播出第1次,10:11播出第2次,11:17播出第3次,17:27播出第4次,19:30播出第5次,23:43播出第6次;陕西三套07:55播出《三秦早间预报》,22:51播出《公路气象》;陕西五套10:38播出《公路气象》,17:55播出《都市气象站》,22:27播出《旅游气象站》。

二、旅游气象服务

1990年4月,商洛地区气象局配合柞水溶洞旅游管理部门,在柞水溶洞的洞口外、洞口内、底洞口、底洞设四个观测点,开展小气候监测,到1991年10月结束。观测表明,柞水溶洞冬暖夏凉,洞内的气候适宜游人参观游览。随后,柞水县利用气象监测资料,大规模开发旅游资源,推进了溶洞旅游业的发展。

1991年9月9—15日,西安市举办古文化艺术节和临潼石榴节。艺术节前,西安市委副书记傅继德等人来到省气象台,要求省气象台为艺术节开幕式提供气象服务保障。省气象台迅速成立艺术节气象服务领导小组,从9月6日起每天三次向艺术节组委会提供西安当天至十五日的逐日预报和临潼县城预报,保证了古文化艺术节开幕式的顺利进行。艺术节组委会原定9月10日晚举办焰火晚会,因省气象台预报10日上午有小雨,11日降水停歇,决定焰火晚会推迟到11日晚进行。此次气象保障工作受到了省、市领导好评,省气象台被组委会评为"古文化艺术节保障先进集体"。

1992年12月1日,陕西省气象台制作的《气象与导游》节目在西安电视台19:50开播,时长2分钟,播出华山、华清池、黄帝陵、壶口瀑布、翠华山等陕西主要旅游景点未来24小时天气预报。1993年12月,《气象与导游》节目获西安电视台优秀栏目奖。

1997年3月18日,陕西卫视上星开播,陕西省气象台同步制作并在陕西卫视播出《气象旅游服务》节目,19:20开播,时长2分钟,播出华山、华清池、黄帝陵、壶口瀑布、翠华山、武侯祠、红碱淖、太白山等陕西主要旅游景点未来24小时天气预报。1998年10月,《气象与导游》节目获第二届华风杯全国电视天气预报节目观摩评比专业节目二等奖。

1999年3月,陕西省专业气象台成立后,省气象台旅游气象服务移交省专业气象台。省专业气象台在陕西卫视19:20继续播出华山、华清池等八景点气象旅游服务节目,同时新开发了乾陵、嘉陵江源头、骊山等景点未来24小时天气预报。同时,省气象台1992年12月为西安电视台制作始播的《气象与导游》节目,交由西安市气象局继续制作与播出。

2000年开始,安康市政府每年端午节节假日期间举办龙舟节系列活动,安康市气象局为龙舟节活动进行气象保障服务。提供长期气候预测、短期天气预报,在活动举办过程中,现场提供专项预报。2006年以后,市气象局借助数值天气预报、新一代多普勒天气雷达观测等手段，为龙舟节系列活动提供精准的定时定点预报，保障了龙舟节活动的顺利进行。

2001 年 12 月，电视气象服务业务由陕西华云经济技术总公司下设的陕西气象影视和宣传中心负责，《气象旅游服务》节目继续在陕西卫视 19:20 播出，时长 2 分 30 秒，同时在原景区天气预报前增加了 10 个地市天气预报，在播出景点的天气预报中新增了关山草原、瀛湖、司马迁祠等旅游景点的天气预报。2008 年 6 月 24 日，中国气象频道在陕西开播，每天插播三档《气象与导游》节目，节目内容与同期在陕西卫视 19:20 播出的《气象旅游服务》节目相同。

2006 年 3 月，陕西汉阴举行首届"油菜花节"，主题为"观花海人家，赏民俗文化，游园林县城，品特色小吃"。安康市和汉阴县气象局组成气象服务小组提供活动现场气象保障服务工作，保障活动顺利进行。

2009 年 3 月，陕西省气象影视和宣传中心除在陕西五套开设《旅游气象站》节目外，继续在陕西卫视 18:54 播出《气象旅游服务》节目，服务对象增加到 20 多个景区，包括陕西的 5A 和 4A 景点，还包括周边省份崆峒山、王家大院、皇城相府等景区，播出时长 2 分 30 秒。

2010 年开始，汉中市气象局开展油菜花海旅游气象服务，当年 2 月底至 3 月初，制作"油菜花期预测气象服务"材料送至市委、市政府领导及相关部门，为油菜花海旅游活动提供科学依据。汉台区气象局在油菜花节期间，每日通过微信、QQ 将天气预报传送至区旅发委油菜花节组委会。城固县气象局每年 3—4 月开展油菜花节专题气象服务，利用电视、显示屏、传真等方式发布油菜花节专题预报。洋县 3 月进入油菜盛花期，县气象局制作《油菜花海专题气象预报》，精准预报观花时段内天气、温度、湿度、风速、能见度等要素，并通过手机短信、电视、官方政府网站等媒介传播，方便游客了解本地天气信息，观赏金色油菜花海。

第二节　广播报纸网络气象服务

一、广播气象服务

1988 年，陕西省气象台以信件形式向陕西省人民广播电台邮寄中长期天气预报并通过气象警报接收系统发送短期天气预报，省人民广播电台通过不同频道对外播出接收到省气象台的天气预报信息。信件及预警接收机同步并用接收气象信息。

1990 年，陕西省气象台建立了气象警报发射与接收系统，通过无线警报发射机和接收机播报和接收天气信息，由省气象台播音员在播音室通过无线警报发射机播报天气信息，每日定时三次，遇到重要天气、突发性等天气时临时加播天气信息，用户通过无线接收机收听气象信息。

1991 年，陕西省气象台发展气象警报接收机 27 台。1995 年 5 月 1 日，省气象台建立陕西省气象广播电台，开播气象常识栏目，年播出 4000 多条，收听用户从六村堡村委会发展到砖厂、建筑公司、防汛办、电台、媒体等近 200 家专业用户。随着通信手段的发展，气象警报发射与接收系统被传真、手机短信、网络等取代。

2002—2005 年，随着传输信息手段的快速发展，气象警报接收机用户逐步减少，陕西省气象广播电台，主要采用传真、短信、信件等方式传递服务信息。

2005 年，陕西省气象科技服务中心开发了陕西省人民广播电台预报服务终端系统，通过 FTP 传递天气预报信息,2005 年初开通了预报员走进直播间播出天气预报,并通过电话连线在经济频道和生活频道对外直播,以通俗、易懂、生动的形式直播与天气有关的气象信息,每天 1 次录播、2 次直播。同年,省气象科技服务中心与陕西人民广播电台合作,在 6 个频道的气象信息服务栏目中增加了高速公路天气预报、空气质量预报、双休日天气预报、生活健康指数预报等气象信息。2006 年气象警报发射接收机退出历史舞台。2006 年,陕西省气象科技服务中心撤销陕西省气象广播电台。

2006—2010 年,通过"三秦气象"网站为交通、电力、石油、天然气、林业等行业 27 家用户服务,服务范围有全省公路、铁路沿线、电力调度、天然气调度、采油区、林区,服务产品有公路沿线预报、铁路沿线预报、汉江流域面雨量、天然气输送管道沿线预报、长庆采油区预报、森林火险等级预报和全省重要天气报告、预警信息。

陕西省人民广播电台气象信息专用页面提供气象服务信息,涉及广播电台十个频道,为不同的频道提供不同的气象信息,由省人民广播电台的播音员播出天气预报有关内容。如遇预警消息或重要天气报告,采用电话、传真进行传输,省人民广播电台通过所有频道加播气象预警信息、重要天气报告等。

二、报纸气象服务

1990—1994 年,陕西省气象台以公益性服务为主,开展报纸气象预报服务,以报纸刊登天气预报为主。

1995—2004 年,陕西省气象台逐步为《华商报》《三秦都市报》《阳光报》提供天气预报专业有偿服务,服务内容涵盖陕西省各地市中短期天气预报、省内外部分旅游景点、全国重点城市短期天气预报及生活指数预报、上周天气回顾及下周展望等,并在突发性、灾害性及转折性天气前后提供咨询、专家访谈等气象服务,服务手段从文字报告、电话通知逐步过渡到网络服务。

2004—2010 年,《华商报》《三秦都市报》《阳光报》除刊登天气预报以外,2004 年《华商报》开办气象信息专版,由预报员把专业性很强的术语转化成通俗易懂的语言文字,撰写的内容涉及气象新闻、气象常识、气象科普、天气预报等读者关注的气象热点。每天撰写一篇气象新闻专稿给华商报社编辑,由华商报社编辑根据版面需要及热点再次编辑刊登,刊登内容包括旅游景点、全国主要城市等预报内容。遇到特殊天气、气象热点等读者关注的内容,采用专家专访或命题撰稿。《华商报》气象专版从 2004 年开始,持续不断。《三秦都市报》以记者采访领班及提供相关预报内容为主,由记者撰稿刊登。《阳光报》以省专业气象台提供天气预报内容为主,由阳光报记者根据天气预报内容撰写气象专稿。2007 年 8 月 23 日陕西省专业气象台针对华商报的气象新闻专版开通了《气象 QQ》栏目,通过 QQ 为读者解答关注的热点及相关气象知识,搭建了记者与气象的沟通桥梁。

三、气象服务新闻发布会

2001 年以来,省、市气象局每年均在夏收、高考、重大天气过程前夕召开新闻发布会,邀请各方新闻媒体参加。新闻发布会主要发布未来一段时间天气状况和防御措施建议。

四、网络气象服务

2002 年,陕西省专业气象台开发了"三秦气象"网站,主要栏目有西安地区中、短期天气预报,陕西省中、短期天气预报,全国全省城市天气预报,陕西省旅游景点天气预报、专题天气预报，天气实况、环境气象、生活指数等。

2009年，陕西省气象科技服务中心引进 Visual SiteBuilder2008 网站综合管理平台，对“三秦气象”网站主页和分级页面进行了改版和升级，开发内容包括数据库、网站首页、专业用户页面、数据统计、应用、系统管理、栏目建设、功能模块、气象信息产品九部分。其中“长庆油田气象服务”页面以长庆油气区分布图作为底图，叠加油气区天气预报和自动气象站实况资料，动画显示，直观明了，信息容量大、涵盖面广，获取方便。当年，专业用户达到30多家。

2010年8月18日，陕西省气象局和中国气象局公共气象服务中心建设的中国天气网陕西站运行，共开设9个频道，其中交通气象、旅游气象和森林火险3个频道贴近百姓生活，受到用户欢迎。

第三节　声讯气象服务

1997年，陕西省气象台正式建立并启用以公众气象服务为主的“121”电话语音自动答询系统。

1999年，陕西省专业气象台组建以后，筹资20多万元引进更为先进的北京双顺达“121”数字电话自动答询系统，并与西安市电信局开通中继线为60路信道的语音信箱，内容包括省市天气预报、旅游线路天气预报、生活气象、节假日天气预报及气象科普知识等。

2002年，陕西省专业气象台成立“121”气象信息咨询部，新增了气象与农事、生日历史档案、天文信息、气象与生活等信箱内容，60路中继线信道经常爆满。

2003年，陕西省专业气象台对“121”信箱改版，拓展内容，新增全国及全省主要城市天气实况资料信箱、“三夏”和高考期间天气预报服务热线，开通人工座席和现场播音等功能。同年，省专业气象台筹资近20多万元购买了3套7号信令30路“121”声讯平台设备，扩容“121”声讯平台中继线，中继线总数达150路，实现了与陕西移动和联通公司“121”业务的无缝对接，手机用户可直接拨打“121”电话。

2004年11月底，陕西省专业气象台按照国家对移动通信行业规范化和“121”短号码升位改号的要求，完成了“121”三位升至“12121”五位的新旧号码的交割转换。

2006年，陕西省专业气象台引进中科大讯飞公司的语音合成软件(TTS)用于“12121”节目制作，提升了语音服务质量，当年6月拨打量突破100万次，2007年年拨打950万次、同年7月拨打150万次，同年5月29日一天拨打8.9万次。

2008年，陕西省专业气象台对“12121”设备升级扩容，中继线路由150路扩充到300路，服务能力翻番，服务内容新增了“春节黄金周”、“五一黄金周”、“三夏期间”、“高考期间”专题服务信箱，并与省公路局合作开通“12121”电话《路况出行》信箱，新增电视版面广告宣传，年拨打量980万次，同年6月5日拨打12万次。当年5月12日四川汶川特大地震发生后，陕西震感明显，在当时西安地区其他有通信线路全部中断的情况下，“12121”电话线路保持畅通，在省政府组织抗震救灾中发挥了气象服务的重要作用。

2009年，陕西省专业气象台“12121”业务与全国气象热线“400—8990—121”融合开通人工坐席服务。

图 24-1　2006 年 5 月,陕西省专业气象台创建省级声讯气象服务平台

2010 年 11 月,陕西省专业气象台开通“12121”声讯电话,实现 400—6000—121 气象服务热线系统的业务整合,当年“12121”年累计拨打量 1400 万人次。

第四节　手机短信气象服务

2003 年,陕西省专业气象台投资 11.8 万元引进“双顺达公司”短信息服务平台软件设备,通过光纤铺设、软件安装、调试、业务测试等系列工作,陕西移动气象短信业务上线运营,天气预报短信下发代码“01218”。

2004 年 3 月,陕西省专业气象台分别与中国电信西安分公司、中国联通陕西分公司合作,开展气象短信服务。

2005 年 5 月,陕西省专业气象台与省电信公司合作,开通了全省灵通气象短信服务。随后与移动、电信、联通三大运营商建立战略合作关系,开通移动“气象站”、电信“天翼气象站”、联通“气象导报”、农信通、短信群发、外呼、体验平台等,还开展了“报行天下”路演和“便民体验”“校园推介”“气象伴我行”等主题营销活动,气象短信订制渗透率达 12.6%。

2006 年 3 月 1 日起,陕西省专业气象台使用短信发布预警信号、短时临近预警、重要天气报告、雨情分析。遇有重大灾害性、转折性、突发性天气或有临时决策服务任务随时发布预报信息,进行气象决策服务。

2007 年 12 月 1 日,陕西省专业气象台按照省通信管理局要求,天气预报短信下发代码由原来的“01218”改为四网合一的“10620121”下发代码。

2008 年 3 月,陕西省专业气象台与陕西彩梦合作,开通了网通气象短信,实现了气象短信服务在各大通信运营商的全接入。2008 年“5.12”汶川特大地震发生后,陕西省第一条震情告知短信从气象短信平台首发成功,5 月共发布震情告知短信 10 次,受众达 1600 万人次。

2009 年,陕西省专业气象台开通了陕西联通、陕西移动天气预报彩信业务。到 2010 年底,全省气象短信、彩信用户达 200 万个。

第二十五章　专业气象服务

1990—2010 年，陕西省气象部门利用气象科技优势和专业人才优势，面向市场需求，不断拓宽专业气象服务领域，积极主动为能源、交通、旅游、城市等专业用户提供服务，为抢险救灾、重大社会活动提供应急保障服务，取得了积极的社会经济效益。

第一节　能源气象服务

1990 年 3 月，陕西省气象台在能源行业的专业服务用户有长庆油田、省市供电局、省农电管理局、西北电管局。

从 1990 年长庆油田在西安市北郊成立筹备处开始，到 1992 年长庆油田办事处成立，陕西省气象台一直为其提供中长期专业气象预报和预警服务。

从 1993 年 4 月开始，延安市气象局为陕西延长石油集团所辖的 10 个大型采油厂和长庆集团的 10 个大型采油厂共 300 个站点以及 1000 多口油井采油提供短期、周、月天气预报以及灾害性天气的预警预报服务和气象资料服务。

1995 年开始，安康地区气象局为当年竣工投产的安康水电站进行气象服务。按照行署防汛工作要求，安康地区气象局及时为安康水电站提供 48 小时、72 小时天气预报及灾害性天气预报；未来一周重大天气过程预报及影响预报；旬、月天气预报及灾害性天气预报；3 小时、6 小时、12 小时的临近预报和灾害性天气预警；降水过程期间的跟踪滚动预报和雨情服务，气象服务工作得到了行署防汛部门及水电厂的肯定。

1999 年，陕西省专业气象台对省天然气公司开展专业气象服务。

2002 年，陕西省专业气象台为渭河电厂、石泉水电厂提供专业气象服务。同年，省专业气象台开始给省天然气公司、长庆油田、农网等用户制作专题天气预报，进行专业气象服务；开发了西安高压供电局和陕西电力调度中心专题预报业务系统，为西安低压供电局制作了专业服务网页。

2003 年，陕西省专业气象台和长庆石油勘探局签订合作协议，进行专业气象服务，并开始了为川庆钻探公司进行专业气象服务。

2004 年，陕西省专业气象台给长庆油田制作网页改进服务方式，充实服务内容。

2005 年，陕西省专业气象台针对省天然气公司、长庆石油勘探局、西北电管局等特殊用户的要求完成了非常规气象预报的制作工作，并为省天然气公司、国电西北公司气象信息网站开发完成了中、长期专题天气预报录入数据库任务，实现了网路数据传输自动化。同年，省专业气象台为省天然气公司进行计算机远程网络服务，开发了陕西省清水川发电有限公司重要天气报、短时预警预报和中长期预报的网站服务。同年，省专业气象台与长庆油田建立了《长庆油田油气区天气实况自动监测及报告系统》的合作项目，为长庆油田提供精细化、专业化的天气预报等服务。

2006年，陕西省专业气象台完成了“三秦气象”网站的开发，省天然气公司、国电西北公司的气象信息网站实现了沿线自动站实时数据网络传输自动化。随后，开展了黑河供水有限责任公司、大唐略阳发电有限责任公司、陕西德源能源有限责任公司府谷电厂和陕西省电力公司网站专业气象服务。同年3月30日，省专业气象台在府谷电厂建立临时气象观测站。同年4月，省专业气象台研制开发能源气象服务子系统——“长庆油田自动站实时系统”，在油田沿线建设12个两要素自动站和中心站，针对29个自动站的实时数据开发数据展示系统，使专业气象服务产品在“精、细、专”上迈上新的台阶，受到了长庆用户的好评。

图25-1　2006年3月，延安市气象局技术人员在长庆油田安装二要素气象观测自动站

2007年，陕西省专业气象台通过“三秦气象”网专业用户气象信息二级页面，向电力、石油、天然气等用户提供交通、旅游、农业48和72小时气象预报、重要天气报告、专题、专项的气象信息服务，并随时加密、滚动更新短时临近预报、灾害性天气预测、预警信息、实时气象要素信息服务，截至2007年11月底，服务专业用户25家，FTP远程用户35家。同年，省专业气象台服务灞桥热电厂、渭河发电厂。

2008年与川庆钻探工程有限公司签订自动站项目维护及预报服务合同，与宝鸡热电厂签订了新的服务合同。

2008年，陕西省专业气象台以“科技支撑、项目带动、行业突破”为思路，以“长庆油田气象监测预报服务系统”项目建设为契机，采取邀请视察、参观交流、展示实力、洽谈合作、编写方案、组织论证等举措，在长庆油田建立了气象监测预报服务系统，并在油田沿线建设了10个两要素自动站和中心站。

2009年，陕西省专业气象台加强与重点行业用户沟通与交流，先后与西北电网、省电力调度中心、长庆油田等加强专业气象服务的交流与合作，完成了《陕西电网短期区域精细化气象预报服务系统可行性分析报告》，实现了电力行业气象服务重大突破。

2010年，陕西省专业气象台完成了《陕西省天然气气象监测预报预警服务系统》《西安地区精细化电力负荷预报方法研究》等服务方案的编写，完成了新的专业预报平台即“陕西省公共气象信息预报(警)服务系统”建设、三秦气象信息网站的改版以及长庆油田、电力、天然气等27家专业用户网页的改版升级。

同年，省专业气象台与省电力设计院合作开展“陕西省电线积冰区划”项目，对全省架组线路布局的设计运用沿线30年的风向风速、温度和结冰等气象要素测算铺设线路和架设铁塔的技术参数，架组线路布局设计获得国家电力设计科技进步三等奖。

第二节 城市气象服务

1990年，陕西省气象台开展城市气象服务，主要对象有省防旱指挥部、新城区防汛办、碑林区防汛办、西安市房管所、西安市粮库、砖厂等，1992年增加未央区政府城建局防汛办。服务项目主要集中在城市暴雨、沥涝、城市建筑等方面，服务内容除常规天气预报中发布的长、中、短期预报项目，还包括重大天气灾害预警及短时天气预警服务。

1990—2010年，陕西省气象台(1999年3月调整至陕西省专业气象台)对西安市粮库、房管所提供专业气象服务，服务内容包括西安地区周、旬、月、季、年天气预报，遇气象灾害预警信息，电话第一时间告知用户。

1990年，陕西省气象台(1999年3月调整至陕西省专业气象台)对西安市政工程管理、省第三建筑工程公司、第五建筑工程公司开展城市建设气象服务。每日早晚通过“气象警报器”向用户语音播报当天天气预报，此外通过信件向用户提供周、旬、月、季、年天气预报产品，遇强降水、大风、连阴雨、大雪、大雾等灾害性、突发性天气出现时，通过电话第一时间将预警消息告知用户，并及时答复用户提出的天气咨询。

1999年9月11—20日，全国第四届城市运动会在西安举行，陕西省气象台及时准确开展气象保障服务，获得省委、省政府以及四城会组委会的高度赞扬。

2002年，陕西省专业气象台在城市气象服务中增加了紫外线、负离子、花粉等指数预报及空气污染潜势预报和空气污染物浓度预报等城市空气污染预报，通过网站、LED显示器、大喇叭等面向公众进行服务。

2009—2010年，陕西省专业气象台为大明宫遗址公园建设提供气象保障服务，主要提供施工期间西安地区短期天气、周天气预报及重大天气灾害预警服务。

第三节 航空气象服务

1990—2004年，陕西省榆林、安康、宝鸡、略阳、镇安、渭南、蒲城、韩城等24个气象台站向中国人民解放军总参谋部、空军气象中心、部队机场、民航机场提供航空报、航危报、全球地面、高空观测资料及雷达、卫星、数值预报为主要内容的航空气象服务。其中提供航危报服务的时次为每天每小时一次，遇有危险天气则随时加发危险报，并在危险天气过后加发危险天气解除报。

2008年5月12日—10月14日,汶川特大地震抗震救灾中,陕西省气象部门进行航危报加密观测报告。榆林市气象局、延安市洛川县气象站、华山气象站每天24小时、韩城市气象局每天08—20时给北京OBSZC 1小时发1次航危报;铜川市耀州区气象局每天24小时、韩城市气象局、渭南市蒲城县气象局每天08—20时、华山气象站每天04—20时给北京OBSAV 1小时发1次航危报;华山气象站每天24小时给郑州OBSAV 1小时发1次航危报;商洛市商州区气象局、咸阳市长武县气象局每天24小时、榆林市靖边县、延安市洛川县、吴起县、铜川市耀州区、宝鸡市陇县、咸阳市永寿县、安康市、安康市石泉县、汉中市略阳县、佛坪县气象局、华山气象站每天06—20时给西安OBSAV 1小时发1次航危报;华山气象站每天24小时给北京OBSPK 1小时发1次航危报;宝鸡市、洛川、淳化、华县、蒲城县气象局每天06—20时给阎良OBSAV 1小时发1次航危报;安康市气象局每天06—18时给老河口OBSAV 1小时发1次航危报。

1990—2004年,榆林市气象台与榆林民航气象台以电话会商天气为主,遇有特殊天气,榆林气象台随时通知对方。2005—2010年,榆林气象台与民航气象台架设通信专线,将雷达产品及常规天气资料直接传送榆林民航,民航气象台如遇特殊天气,需与市气象台会商,双方依然采用电话进行。

2008年5月12日—10月14日,汉中市气象科技服务中心向汉中民航站每日提供卫星云图资料,每日7时前提供5时地面与前一日20时高空探测资料,每日10时前提供8时地面、高空资料。如遇强对流天气,还送达天气实况和预报,为民航站救灾飞行安全进行气象保障服务。

第四节　交通运输气象服务

1990年以前,陕西省气象台针对陕西省境内铁路、高速公路及国、省道交通运输安全及道路养护进行气象服务,提供全省及道路沿线市、县区域未来三天的天气预报、预警产品。

1990年,陕西省气象台主要向西安市铁路局、陕西省公路局通过气象警报接收机、电话、广播等方式提供全省短期、中期、长期常规天气预报及灾害性天气预警等气象服务产品。

1993年,陕西省气象台对陕西高速集团西宝分公司进行公路气象服务,提供西宝高速公路沿线市、县区域未来三天、周、旬、月、季、年天气预报,遇气象灾害天气,提前电话告知西宝分公司相关负责人。

1997年,陕西省气象台采用现代化监测手段和信息网络通信方式,在原有服务手段的基础上,新增了计算机远程终端服务,通过FTP向西安铁路局远程传输短期、中期、长期天气预报服务及天气预警服务。

2001年,陕西省专业气象台在交通气象服务中增加了陕西高速集团西渭分公司为服务对象,提供西渭高速公路沿线市、县区域未来三天、周、旬、月、季、年天气预报,遇气象灾害天气,提前电话告知西渭分公司相关负责人。

2004年,陕西省专业气象台增加了安康铁路分局(现为西安铁路局)、陕西机务段铁路服务中心、陕西高速集团西延分公司西安至延安高速公路、延安至神木高速公路、西柞高速公路建设指挥部、西康铁路和西宁公路安全管理部门、榆靖公路建设指挥部等用户，并对这些用户提供周、旬、月等常规气象服务，还对西康铁路安全管理部门提供西康铁路沿线 24 小时、48 小时、72 小时天气预报。

2005 年，陕西省专业气象台以数据库为基础，完成了西安铁路局气象信息网站的开发，通过网站向用户提供短、中、长期天气预报、铁路沿线 24 小时、48 小时、72 小时天气预报及暴雨、大风、寒潮等天气预警信息，实现了网络自动化传输。

2006 年，陕西省专业气象台研发了省公路局交通气象服务互联网、内网子系统，直接为西汉、西宝、西禹、西潼、包茂、沪陕 6 条高速和 G108、G211、G210、G307、G309、G310、G312、G316 等 8 条国道及 S101 西小线、S102 西旬线、S104 西千线、S106 西澄线等 33 条省道提供未来 72 小时天气预报、交通气象预警信息和交通气象安全指数预报等气象信息。

2007 年，陕西省专业气象台在原服务基础上，研发了通过专业用户网站向西安铁路局提供陕西和邻近省铁路站点的短期、中期、长期天气预报预测和重大气象信息及交通预警信息。同年，省专业气象台与省公路局合作，在陕西卫视五套 11 时左右播出公路路况信息及陕西公路信息网发布的陕西各公路路段未来 24 小时交通天气预报；每天通过交通广播电台提供陕西境内西汉、西宝、西禹、西潼、包茂、沪陕等主要高速公路沿线 3 小时短时天气预报；通过 FTP 方式向各主要高速公路提供公路沿线、短期、中期、长期天气预报。

2008 年，陕西省专业气象台在与省公路局合作的基础上增加了 12121 电话、短信合作内容，并在 12121 电话里开通了公路路况信息，设置了专门的服务信箱，方便了出行人员掌握公路出行信息。在陕西省境内安康到毛坝高速公路施工中，经与陕西省交通厅外资办安毛高速公路项目管理处合作，签订高速公路施工服务合作协议，专门制作了施工现场的天气预报服务的专用网页，除了提供陕西境内的天气预报，还涉及到四川万源地区的天气预报。

2008 年汶川特大地震抗震救灾中，陕西省专业气象台面向用户单位做好抗震救灾气象服务工作，收集用户抗震救灾相关需求情况，除常规预报、预警产品外，临时增加制作西安—汉中，汉中—宁强、宝鸡—汉中等公路气象信息，并及时提出抗震气象服务意见，服务过程中没有出现漏报、迟发等现象。

2009 年，陕西省专业气象台贯彻“科技支撑、项目带动、行业突破”的专业气象服务发展新思路，与省公路局调度指挥中心合作，在继续做好公路气象电视节目的同时，开发了西汉、西商高速公路气象服务网站，发送西汉、西商公路沿线 24 小时、48 小时、72 小时天气预报、天气预警及周、旬、月天气预报等。

2009 年 12 月 26 日，十天（十堰到天津）高速安康至白河段工程开工，安康市气象局组建高速公路气象服务小组，为工程建设提供 48 小时、72 小时天气预报；未来一周重大天气过程预报及影响预报；旬、月天气预报及灾害性天气预报；降水过程期间的跟踪滚动预报和雨情服务，服务工作得到了各标段和建设指挥部的好评。

2010 年，陕西省专业气象台与陕西省公路局合作，编写了《陕西省交通气象监测服务系统项目》说明书，向西汉高速公司提交了《西汉高速公路气象监测预报预警服务系统研究》课题项目,完成了西渭、西延高速公路气象服务网站的开发,通过网站发送天气预警、西渭、西延沿线 24 小时、48 小时、72 小时预报、专题周、旬、月预报等。

第五节 重点工程建设气象服务

1990—2006 年,陕西省气象台(1999 年 3 月调整至陕西省专业气象台)为西安火车站地下隧道扩建、兵马俑博物馆建设等项目提供西安、临潼未来三天、周、旬、月、季、年天气预报,遇重大天气过程,提前电话告知用户。

2000—2004 年,陕西省专业气象台为咸阳国际机场扩建提供气象服务。提供西安、咸阳未来三天、周、旬、月、季、年天气预报。遇重大天气过程,提前电话告知用户。

2009—2010 年,陕西省专业气象台为大明宫遗址公园建设工程提供长期、中期、短期天气预报等各类气象服务信息服务,并在第一时间通过电话、传真、手机短信和电子邮件等方式传输给工程建设方。

2009 年,安康机场有限公司在汉滨区五里镇富强乡朱家湾村征地新建安康机场,要求安康市气象局提供机场气象观测资料。同年 8 月 1 日,安康市气象局利用市政府 40 万元专项资金,在规划的新建机场按照标准规范建立气象观测站,对场址的气象要素和天气状况进行连续观测。2010 年 8 月 1 日,机场气象站建成并按《地面气象观测规范》由自动气象站进行气温、湿度、气压、风向、风速、雨量、能见度连续自动观测并记录,天气现象在 8—20 时连续人工观测并记录,并于每天 8、14、20 时进行所有项目的人工观测,为机场建设提供完整的气象资料,满足机场建设的需要。

2010 年起,陕西省专业气象台为引汉济渭工程提供气象服务。专业气象台签订服务合同后,建立了工程施工期气象预报预警移动平台以及在秦岭隧洞 3 号、6 号分别建设一套六要素自动气象站,实现在任何地方任何时间获取各类气象信息、气象灾害预警信息及其防御指导信息,用户通过该平台可以方便快捷地得到所需要的气象信息。平台所展示的气象信息为天气预报、预警信号、天气实况、卫星云图和雷达图;监测预报范围为全省十地市、引汉济渭工程区域和秦岭隧洞 3 号、秦岭隧洞 6 号。

第六节 抢险救灾气象服务

2003 年 8 月下旬至 10 月上旬,渭南市连续降雨,降水量高达 390.5～487.5 毫米,渭河发生特大洪水,先后形成 5 次洪峰,渭河流域渭南段数百千米的河堤在长时间高水位的浸泡下险象环生,石堤河、方山河、尤孟河等 12 条南山支流堤坝决开 10 多道口子,淹没了临渭、华县、华阴、大荔、潼关等县市 102 万亩农田和 55 个村庄,面积达 250 平方千米,30 万灾民被迫离开家园。面对渭河洪水,市气象局业务技术人员准确测报雨情、汛情和天气演变,为市委、市政府领导指挥抗洪救灾提供科学决策依据,为渭南市实现“确保渭南城区不进水、渭河大堤安全和人民生命安全”的目标做出了贡献。

2006 年 4 月 30 日 18 时,镇安县黄金矿业有限责任公司黄金尾矿库发生溃坝事故,溃坝事故引起了党中央、国务院的高度重视，胡锦涛总书记和温家宝总理分别作出重要批示。省气象局启动省、市、县气象部门重大突发性公共事件应急气象服务预案。镇安县气象局在溃坝发生地的米粮镇红卫村安装了雨量器、风向风速仪、温度表等观测仪器，建立了临时气象观测站，开展观测业务。市气象局配置电脑、传真机、打印机等办公设备，开通ADSL宽带业务，建立现场应急服务“虚拟气象台”，安装6要素无人值守自动气象站，建立了远程可视化会商系统。

抢险救灾期间，市、县气象局以《重要气象信息》向市、县政府提供天气预报，内容包括中期、短期、短时天气预报、雨情通报等，为事故抢险救援工作的正确决策提供了科学依据，抢险救援指挥部及时调整抢险救援工作部署，加强加快了紧急抢险救援工作，使事故损失和环境污染控制在了最低程度。

2008年5月12日14时28分，由宝鸡开往成都的40节21043次货运列车行进到甘肃徽县境内150千米+340米处的109隧道时，因地震山体滑坡，滚落的巨石与列车相撞，机车头部发生火灾，被堵埋在隧道里的12节油罐起火，致宝成线中断。滚落山石将嘉陵江堵住形成了回水长7800米、宽200米、深20米以上的堰塞湖。当日，甘肃省徽县水利局请求地处嘉陵江源头的陕西省凤县气象局为抢险和排除堰塞湖提供气象信息，凤县气象局立即成立109隧道气象服务小组，从5月12日开始以传真方式向109隧道抢险指挥部提供逐日天气实况、雨情通报和天气预报，到6月20日，共提供天气实况、雨情通报和天气预报123期。

2008年5月12日四川汶川发生8.0级特大地震，陕西省汉中、宝鸡市等地受灾严重。省气象局启动紧急应急预案，及时开通与省应急办连接的视频会商系统并保持24小时开通状态，当日利用气象电子显示屏及气象手机短信平台向公众发布有关地震信息。省气象台启动应急气象服务，组建应急气象服务团队，省气象信息中心和西安市气象局开展风云二号双星加密观测资料的接收和应用，开展抗震救灾气象服务工作。当日17时发布了第一期抗震救灾专项天气预报，并在省电视台晚间19:00“陕西新闻联播”节目中进行专题报道，此后每天6:30、10:00、16:30三次向省政府应急办和中国气象局滚动制作发送《震后专题天气预报》，共发布《震后专题天气预报》38期、《抗震救灾专题天气预报》200期、各类《预警信号》32期、《震后灾情简报》5期。5月24日，省移动气象台开赴汉中，开展帐篷温度预报等工作。汉中市气象局在全市电力中断、通信受阻及略阳县、宁强县气象局网络中断的紧急情况下，启动应急预案，按照市政府抗震救灾工作要求，组织市县两级气象部门做好抗震救灾气象保障服务。宝鸡市气象局召开科级干部会议，安排抗震救灾和应急响应工作，组建气象应急服务小分队，开展抗震救灾气象保障服务。略阳县气象局召开紧急会议安排抗震自救和气象服务，检修仪器设备和通信线路，在搭建的临时帐篷中制作《抗震救灾专题天气预报》，用电话向全县21个乡镇和有关部门传递，并派专人送达县政府和抗震救灾指挥部。全省各级气象台站进行地震灾区降雨量加密观测，每3小时提供一次地震灾区降水量资料，为抗震救灾提供气象保障服务。

2009年10月20日20时05分，广东省大埔县大疆燃气公司一辆载有19.68吨液化天然气的罐装车驶至312国道商洛段发生翻车事故，致使液化天然气严重泄漏，事故现场1千米附近200多名群众连夜被紧急疏散。21日晚，商洛市气象局接到市政府的紧急通知,立即启动应急气象服务预案,组织应急小组现场开展抢险气象服务,进行现场监测,向抢险总指挥汇报风向、风速、温度等天气实况。省气象局接到事故报告后,立即派出应急移动气象台赶往事故现场,省气象台、大探中心和信息中心专业技术人员指导、协助市气象局进行应急保障服务。经过8个小时的天然气倒罐和氮气置换过程,险情排除,省市联合气象保障服务取得圆满成功。

2010年7月24日,在渭南市组织罗夫河决堤抢险中,陕西省移动气象台开赴抢险现场,进行气象保障服务,并向现场检查指导工作的副省长姚引良汇报天气情况。

第七节　重大活动应急保障服务

2006年10月20日,陕西省在西安举办"2006盛典西安"大型文化活动。会前,根据天气预报,活动期间可能出现降水,陕西省人影办采用过量催化、提前降水的技术方案,从西向东设置三道防线,从18日14:00开始,至21日23:00结束,共发布了3次作业指令,组织西安、宝鸡、咸阳、铜川4个市的25个区县32个高炮作业点及45个火箭作业点和13个移动火箭车投入人工消雨作业,共发射炮弹6400发、WR-1B型火箭弹720枚。第一次人工消雨作业后,耀县城关镇雨势减小,淳化云体开始消散,周至、户县降水停止;第二次作业后,礼泉、兴平云层变薄,有裂缝,可见阳光。周密部署及有效实施消减雨,保障了《2006盛典西安》活动的顺利召开。

2007年8月26日,榆林市委、市政府举办旅游文化艺术节开幕式,根据全市24—27日将有一次明显的降水过程的预报。为保障艺术节开幕式顺利进行,榆林市人影办将全市68门高炮和14付火箭组成三个作业梯队,从24日开始,到26日共发射"三七"炮弹576发、WR 1-B火箭弹53枚,榆阳区降水过程提前结束,保证了开幕式如期进行。

2008年4月4日,"中国东西部合作与投资贸易洽谈会"在西安开幕,为了做好开幕式气象服务保障工作。4月4日上午,西安市人影办所属的周至县马召、户县蒋村作业点做好了地面火箭人工消雨准备,择机实施人工消雨作业。省人影办飞机作业人员和机组上午进驻临潼机场,从14:35时开始在西安上游武功、宝鸡、陇县、麟游、淳化、富平等地进行了一架次的飞机人工消雨作业。此次消雨作业,较大地降低了空气中的水分含量,对后期降雨有一定的抑制作用。

2008年7月3日晚,北京奥运会奥运火炬由咸阳传递至西安市,20:30—21:00,西安市将在南门进行隆重的入城欢迎仪式,7月4日奥运火炬在西安传递。根据4日西安有小到中雨的天气预报,西安市政府要求市人影办开展人工消雨作业。7月3日西安市人影办制订了人工消雨作业方案,召开了奥运火炬传递人工消雨作业电视电话会议,周密部署了人工消雨工作,利用卫星云图、多普勒天气雷达和自动气象站资料等密切监视天气,3日夜里实施了火箭人工消雨作业。7月4日上午西安城区阴天,火炬传递活动顺利进行。

2009年5月9日,"合十舍利塔落成暨佛指舍利安奉大典"在佛教圣地扶风县法门寺隆重举行。根据前期省气象台预报本次活动过程中阴有阵雨,对大典活动将造成影响,省气象局立即成立气象保障服务领导小组及四个工作机构,组织协调气象保障服务工作,宝鸡市气象局、省气象台、省人影办和甘肃平凉、天水市气象局及陇县、千阳、凤翔、麟游、陈仓区、岐山、扶风、眉县8个县气象局在宝鸡及上游地区实行省际跨区域空中和地面立体消雨作业，累计消耗炮弹2642发、火箭弹212枚，飞机作业2次。人影作业后，扶风周边地区雨量明显大于扶风法门寺雨量。

第八节　森林防火气象服务

20世纪80年代初，陕西省气象局把森林火险预报服务作为林业气象服务的重要组成部分纳入了气象服务范畴，其服务内容以常规天气预报为主，主要依靠电话通知和电报传送。

1986年开始，与陕西省林业厅防火办开展森林火险气象预报服务合作，提供全省中、长期天气预报内容，通过书信邮寄以及传真服务方式定期发送。

20世纪90年代初，随着科技进步发展，省气象局利用气象卫星遥感手段开展森林火情监测业务和森林防火气象服务，研发在DOS系统下制作八大林区火险预报。后因林区面积扩大，预报方法和业务操作系统不能满足需要，2006年陕西省专业气象台与林业厅合作开发全省到各县森林火险等级预报，并划分为5个等级，2008年该系统正式投入业务化运行至今，并荣获陕西林业厅科技进步二等奖。

合作期间，省气象局与省林业厅依托媒体资源不断拓展森林火险等级预报服务，在陕西电视天气预报栏目中开设森林火情电视专栏，当高森林火险等级时对外发布。每年清明前，陕西省林业厅和陕西省气象局联合通过召开新闻发布会，提醒公众注意火源的管理，加大宣传力度。每年10月至次年的5月，森林火险气象等级比较高时，通过气象部门的短信平台给林业部门的相关人员发布森林火险气象手机短信预警，引起林业部门对防火管理的高度重视。

1999年，陕西省专业气象台将陕西的林区划分为桥山、黄龙、关山、秦岭北坡、秦岭南坡西段、秦岭南坡东段、巴山西段、巴山东段8个森林小区，选用气象因子、物候因子和火源因子建立了全省森林火险预报方程，开展了陕西省八个林区森林火险等级预报。

2006年，陕西省专业气象台与陕西省林业厅森林防火办合作，以容易引起森林火灾的主要气象要素温度、相对湿度、风、降水等为重要影响因子，建立了森林火险高发期10月至来年5月的森林火险气象等级预报系统，包括森林火险等级色斑图和应对机制，研发了未来3天火险等级预报、决策服务材料(趋势预报)等预报服务产品，开展了全省98个县区森林火险气象等级预报、预警服务工作。通过华商报气象专版、手机短信、12121声讯电话、森林火情电视专栏发布高火险等级预报，并通过新华网，广播电台等媒体根据火险状况不定时发布防火宣传信息，加大宣传力度。

2007年、2010年先后被省森林防火指挥部评为“陕西省森林防火工作先进单位。

除与陕西省林业厅防火办开展合作之外，1996年陕西省专业气象台与陕西省飞机播种造林工作站飞播站开展专业气象服务合作，向飞播站提供全省中长期天气预报以及全省各县每月实际降水过程及降水量，并依据省飞播站任务需求提供全省飞播区域的月专题天气预报，合作初期预报服务主要通过电话、传真等方式。2003年，为省飞播站开发三秦气象网网站，通过网络技术提升气象服务效率。

2008年陕西省专业气象台与陕西省林业防火指挥办公室联合申请并研发了陕西省森林火险气象等级预报系统。2009年荣获陕西省林业厅科技进步二等奖。

第九节 气象科技服务与产业

1990—2010年,陕西省气象局在保障气象公益服务前提下,依托气象基本业务,依据国家政策发展气象科技服务,通过市场机制开展多种经营,增强气象部门创收能力,在补充、解决气象事业经费缺口的同时,增加了气象事业的资金投入,推进了陕西气象事业的全面发展。

一、专业有偿服务

1985年3月,《国务院办公厅转发中国气象局关于气象部门开展有偿服务和综合经营的报告的通知》(国办发〔1985〕25号),提出了“有偿专业服务包括农业、工矿、城建、交通运输、海洋开发、水利电力、环境保护、财贸、旅游以及文化教育等行业的企事业单位和个人提供的各种专业专项服务”,并对气象部门公益服务和有偿服务进行了明确的界定,批准气象部门开展有偿服务和综合经营。当年,陕西省气象局有偿服务和综合经营开始起步。

1990年,陕西省气象台以警报接收器为主,为解放军某研究所提供中长期天气预报、重要天气报告及重大活动气象保障服务。

1995年1月,陕西省气象局利用气象业务服务产品、科研成果和资产等国有资源,在保障气象公益服务前提下,根据社会经济发展和市场需求,依据国家政策和法规开展以气象信息服务为主的各类气象科技服务。

1997年,陕西省气象局在礼泉县召开全省气象科技服务与产业发展研讨会,号召全省干部职工“从主业与辅业的争论中解放出来,像抓基本业务一样抓科技服务与产业发展”。

1998年1月,陕西省气象局制定《陕西省气象局深化改革配套政策》,明确提出“通过内部结构调整实现分流转岗而不是下岗”,解除了干部职工的思想顾虑,使之积极投身科技服务与产业发展。到1998年底,全省从事科技服务与产业的人数上升到48%。

2000年1月1日施行的《中华人民共和国气象法》,提出了发展气象信息产业,“气象台站在确保公益性气象无偿服务的前提下,可以依法开展气象有偿服务。”当年,陕西省气象局进行事业结构调整,省气象局重组省气象台、省专业气象服务台和省气象科技开发中心,全省气象部门形成了界面清晰的基本业务、科技服务、综合经营“三大块”结构。当年开始,省专业气象台和西安卫星测控中心签订合作协议,开展专业气象服务。主要提供全省和西安地区长期(未来一月)、中期(未来一周)、超长期(年、季)天气预报以及卫星测控中心在大型户外活动时的天气状况。

2000年3月,陕西省气象局实行聘用制和财务制度改革,加大了人员转岗分流力度,为科技服务与产业向企业转制奠定了基础。

2005年6月3日,陕西省专业气象台接到卫星测控中心“开拓者一号”固体火箭飞行试验中的气象保障任务后,面对卫星、火箭发射对天气要求比较严格的实际情况,织织精干气象专题保障小组,于6月3—9日制作了7份陕西东南部山阳县、商南县与湖北省陨县交界区域的中、短期天气预报,内容包括云、风、气温、能见度及天气现象,重点关注灾害性天气，圆满完成了气象保障服任务，受到了西安卫星测控中心的表扬和感谢。6 月 13 日，西安卫星测控中心派人专程将感谢信送到了省气象局。

2006 年开始，陕西省专业气象台与中国人民解放军某基地签订协议，并通过传真、电话等形式于每天下午 17:00 提供全省、关中地区未来七天的天气预报；每旬的旬初提供全省旬天气预报；每月的月末提供全省及西安市月预报；及时答复该基地提出的天气咨询和专题服务。

2007 年 6 月，榆林市专业气象台与中国移动榆林分公司合作，开通气象短信服务用户 4.7 万个；与中国联通榆林分公司合作，开通气象短信服务用户 3.4 万个；与中国电信榆林分公司合作，开通气象短信服务用户 4.9 万个。到 2007 年年底，气象短信用户发展到 13 万户，当遇有重要天气过程，市专业气象台通过移动、联通、电信进行全网群发天气预报。

1990—2010 年，陕西省气象局依托气象基本业务，利用气象业务服务产品、科研成果和资产等国有资源，在确保公益性气象服务的前提下，根据经济社会发展和市场需求，依据国家有关政策和收费办法，通过市场机制，发展以气象信息服务为主的气象影视、气象声讯、防雷检测、气象仪器计量检定等为主的各类气象科技服务。2000 年以来，防雷技术服务不断发展，防雷技术服务从单一的防雷检测发展到防雷图纸审核、防雷工程竣工验收、防雷电工程设计和施工，以及雷电监测、预警、雷电灾害风险评估等业务，防雷技术服务成为气象部门提供气象有偿服务和创收的重要手段。

二、综合经营

《国务院办公厅转发中国气象局关于气象部门开展有偿服务和综合经营的报告的通知》(国办发〔1985〕25 号)提出，“全国各级气象部门要在完成气象业务、服务和科研教学任务的前提下，围绕气象事业的发展需要，因地制宜地积极开展种植、养殖、加工、旅游和生活服务等多种产业。经营这些产业的单位在经济上同原单位脱钩，逐步实行独立核算，自负盈亏，企业经营。”当年 10 月，省气象局贯彻中国气象局关于综合经营的有关文件精神，成立劳动服务公司、气象印刷厂、气象招待所，开展多种经营。同年 11 月，省气象局组建省气象避雷检测中心，参与单位有省气象科学研究所、气象资料室、气象台和西安市气象局四防监测中心。参与单位各成立一个防雷检测队，分片负责西安地区防雷装置检测工作。

1986 年 7 月，陕西省气象局利用原陕西省气象通讯台在乾县的闲置场地，创办乾县“三八”鞋厂，属省气象局劳动服务公司管辖的集体企业。“三八”鞋厂作为北京“三八”鞋厂陕西生产基地，1980—1990 年间，其生产规模和效益可观，在厂工人最多时达到近 100 人，生产的布鞋曾荣获省优、部优称号。

1989 年 8 月，陕西省气象局成立气象饮料厂，生产“气象牌”汽水和大豆冰淇淋，代理经销北京“步步高”饮料。

1992 年，陕西省气象局设立科技经营处，负责全省气象部门气象综合经营的行政管理。同年，省气象局成立气象物资公司，经营气象仪器设备，经销机电产品等物资；成立彩球中心，开展彩色广告气球销售和施放。参与单位有省气象资料室、气象科学研究所、气象招待所、气象装备中心等省气象局直属单位。

1996 年 5 月，陕西省气象局设立科技产业与装备处，负责全省气象部门气象综合经营的行政管理。

1997年9月,商洛地区气象局从东龙山搬进商州市区过渡办公后,腾出原东龙山上的气象办公楼,出租给商州市未来小学。

1998年8月,渭南市气象局成立华山气象经营管理处,在华山脚下的华山镇开办气象招待所。

1999年5月,陕西省气象局同意省华云经济技术开发公司增加无线寻呼和房屋租赁两个经营项目,并在陕北投资打油井。

2000年4月,陕西省气象局设立政策法规处,负责全省气象部门气象综合经营的管理。

1990—2010年,陕西省气象部门经过多年的积累探索,走出了结合部门实际发展气象科技服务与产业的路子。省专业气象台的影视服务、手机短信、"12121"信息电话等气象信息服务,省防雷中心的防雷技术服务等与气象业务联系紧密、部门经营有优势的项目逐渐形成规模,带动全省气象科技服务与产业取得了较好的经营成果和社会经济效益,支撑了气象事业的快速发展和气象职工生活水平的提高。

第十篇　气象科研与教育

1990—2010年，陕西省气象部门围绕陕西经济、社会发展需求，结合气象业务工作实际，开展气象科学研究和科研成果有效转化，培养了一批高层次的科研骨干和业务技术人才，促进了气象科技进步，提高了气象业务服务水平。同时，利用教育培训基地，开展学历教育和气象业务培训，着力提高气象职工的学历层次和业务水平；发挥各级气象学会职能，开展国内外学术交流活动和气象科普活动，取得了显著成效。

第二十六章　气象科学研究

1990—2010年,气象部门围绕经济社会发展需求,狠抓科学研究和科技创新,大力实施"科技兴气象"战略,发挥科技创新基地的引领示范作用,气象科研和科技创新工作取得了长足进步。

第一节　气象科研创新基地

2002年3月5日,陕西省气象局成立科技创新基地筹备小组,7日印发《陕西省气象科技创新基地组建实施方案》,省气象科学研究所(简称省气科所)按照创新基地方式进行重组后,创新基地成为陕西气象部门推动科技研发与业务有机结合的协作平台。

创新基地管理省级的所有纵向课题,包括科技部、省科技厅、中国气象局、省气象局下达的所有科研课题,依托科研课题培养优秀科技人才,创新基地开放实验室设立天气与气候研究开发实验室、人工影响天气开放实验室、生态遥感研究开放实验室,承担科研课题的研究、开发、试用与转化任务。

创新基地实行固定岗位和流动岗位相结合的办法,业务工作实行"开放、流动、竞争、协作"的运行机制,课题实行主持人负责制,对人员实行考核与聘期相结合的方式管理。

第二节　气象科研项目与成果

1990—2010年,陕西省气象部门依托省气象科技创新基地,组织气象科技人员进入科研主战场,承担6个国家级、58个省部级气象科研课题,集中开展气候资源利用研究、人工增雨科学研究和农业气象适用技术研究与推广等方面的气象科研工作,其中云物理卫星反演技术和软件开发方法走在全国前列,开发完成了微机版多系列卫星(NOAA、MODIS、FY-3A、FY-3B)和静止卫星(FY-2C / D)云物理反演软件,发展完善了卫星多光谱综合分析方法,实现了业务化的定量卫星云微物理特征反演,应用于人工影响天气、灾害天气、气溶胶影响云降水、强对流天气预警等方面。

一、承担的国家级项目

(一)1989—1990年,由陕西省农业遥感信息中心主持、陕西省气象科学研究所参加的国家级项目"陕西省1∶20万国土资源遥感系列图"课题,综合了气候、水文、土壤、植被、地貌等生态环境要素和多学科的应用研究成果,把"空间遥感技术"应用于环境科学,在深度、广度、科学性、系统性等方面都处于国内外领先地位,对陕西国土资源开发、环境治理和决策管理具有重要意义。

(二)陕西省人影办和陕西省气象科学研究所共同完成的科技部"西部开发科技行动"攻关项目《黄河中游(陕甘宁)干旱半干旱地区高效人工增雨(雪)技术开发与示范》,系统归纳了黄河中游(陕甘宁)地区降水天气类型，总结了降水云系宏微观特征，并根据研究结果提出了开发空中水资源规划；对人工影响天气作业工具、催化剂、催化部位、时机与用量等催化技术进行了引进、开发和试验；有机结合机载 PMS、微波辐射计及热线含水量仪、地面雷达及探空、雨滴谱和地基微波辐射计等多种宏微观探测手段，获取了一定数量的有价值的宏微观探测资料；在数值模拟的基础上，研究得出播云催化剂产生的播云面积、体积、宽度、厚度、扩散速率、播云影响和作用时段等物理量的空间分布和时间变化，给出这些物理量的平均值作为参考，旨在指导增雨实践，减少作业的盲目性，为人工增雨作业提供了定性和定量依据；结合现代化通信手段和互联网公共平台，开发出一套稳定实用的人工增雨作业技术系统；针对云微物理背景探测、人工增雨作业和作业对比探测的需要，有目的的在探测、作业飞行前，利用 GPS 技术对航线进行科学的设计，综合运用研究成果，开展示范应用。

(三)2002 年 10 月—2004 年 12 月，陕西省气象科学研究所余兴主持完成的科技部公益项目“人工消冷雾新技术试验”，引进犹他大学福古塔教授 1997 年人工消冷雾的美国专利技术；研制开发了实用的、达到各项技术指标的液态二氧化碳(LC)消雾播撒装置；用 FSSP-100、2D-C 粒子测量仪、三用滴谱仪及能见度仪等设备测定了 LC 播出物的相态、粒子形状和尺度谱，为使用 LC 作为冷云催化剂提供了可靠依据，为开展人工消冷雾作业提供了合适的催化技术；完成了催化剂用量、播撒高度、播撒密度、播撒流量等的测试试验，提出了催化剂用量的理论计算公式，提出了一套较为系统的、完整的、科学的人工消冷雾播撒和催化方法；在地面测试试验基础上，2002 年 11 月—2003 年 2 月、2003 年 11 月—2004 年 1 月、2004 年 12 月—2005 年 2 月在临潼机场开展了多次外场消冷雾试验，获取了一批有价值的科学试验资料，得到了消冷雾有效的一些客观事实；改装撒播设备，配备了多种型号的播撒喷头，应用于飞机人工增雨作业外场试验中，进一步扩大了液态二氧化碳催化的应用范围，满足了不同的应用要求。通过机载粒子测量系统(PMS)、地面雷达和其他配套设备观测结果，获取了催化云中多尺度(时间、空间)LC 催化有效的物理响应证据；制作了电视科普教育宣传专题片，从大雾的形成、对生产生活的影响、消雾原理、步骤、试验、效果等方面来普及消雾知识，并在省市电视台播出。

(四)2005—2006 年，主持完成科技部社会公益项目“云物理特征极轨卫星遥感反演技术应用研究”。项目引进了 SGI 工作站版本的 NOAA 极轨卫星遥感反演技术和软件，注重技术的吸收、掌握和提高，自行开发完成微机版极轨卫星(NOAA、MODIS 和 FY-3A)和静止卫星(FY-2C)云微物理反演软件，为卫星反演技术的业务化应用奠定了基础。形成发展了卫星多光谱综合分析云物理特征的方法，实现了业务化的定量卫星云微物理特征反演。在大量历史资料分析的基础上，归纳总结了人工增雨作业指标，研究了卫星所观测到的强上升气流的信号，为人工防雹和易形成灾害性天气的预警和提供了较可靠的指标。揭示了沙尘、阴霾和海盐核气溶胶对降水的影响，努力开创卫星技术在不同领域，尤其是在人工影响天气领域的应用研究。项目组坚持边研究、边开发、边应用的原则，开展了人工增雨作业条件和增雨指标的应用试验，并在 7 个兄弟单位推广应用所开发的云微物理反演技术和软件，取得了较好的应用效果。项目在核心期刊上发表论文 10 多篇。

(五)2006 年主持的国家基金委面上项目“过冷层状云飞机增雨催化剂粒子散布及增

长过程机理研究”,发展了三维催化剂粒子的输送扩散数值模式,确定模式参数,与2000年3月14日飞机人工增雨作业NOAA-14卫星云迹的多方面比较云图上每段云迹都与每段催化剂的输送扩散一一对应,位置、长度、宽度及变化趋势基本一致,说明播云物理效应区能响应催化剂的输送扩散状况。通过比较表明模式能够较好地反映出催化剂输送扩散的主要特征,模拟结果也较为准确合理;利用发展三维云中催化剂粒子的输送扩散数值模式,分离出有效影响时间20～80分钟,活化时间为20分钟,反演了催化微物理效应,研究了催化效应区域,初步确定了催化剂粒子群空间浓度分布和尺度特征;利用模式计算粒子的扩散稀释增长过程,提出降水性层状云系适宜催化用量、部位的原则与选用适宜成核率、成核机制的催化物质建议;利用50年气候资料定量研究了污染气溶胶粒子对降水的抑制作用,50年以来气溶胶增加使得降水减少了14%～20%,主要是减少了中小雨(日雨量小于30毫米)的天数。为这类云开展人工增雨作业以弥补污染气溶胶粒子减雨作用提供依据,并根据研究结果归纳出气溶胶抑制地形云降水的初步物理模型。

(六)2010年主持的国家自然科学基金项目“秦巴山区可降水云的云微物理及云降水过程综合分析”,发挥卫星对云探测的优势,从微物理特征中分析云降水过程。用飞机探测粒子谱、形状、相态个例分析云降水过程,检验各态历经假设的近似程度,及卫星T-Re分析云降水过程趋同性,发展改进卫星反演云微物理特征分析云降水过程的方法。发挥地面降水气候资料优势,用云降水物理学观点,从降水量、温度、水汽密度、降水日数、雷暴日数中分析云降水信息,这些量反映了雨滴质量、热力水汽状况、雨胚形成能力、供雨胚增长的云环境状况和降水过程是否完备等状况,可合理分析出云降水特征及反映出云降水过程信息。融合卫星、雷达、飞机、雨滴谱观测,把云微物理特征、降水特征和云降水过程耦合起来,揭示秦巴山区降水特征及相应的云降水过程,用卫星、雷达标识具有人工增雨潜力云系的特征,为人工增雨作业提供依据。

二、承担的省部级项目

1990—2010年,陕西省气象部门共承担省部级气象科研项目25个(表26-1)。

表26-1 1996—2010年陕西省气象部门省部级气象科研项目统计表

序号	名称	单位	主持人	经费(万元)	时间
1	陕西省干旱灾害气候发生发展规律及预测技术方法研究	省气科所	李兆元、谢双亭	15	1996
2	利用卫星遥感技术对重要农作物病虫害消长的监测与预报	省农业遥感中心	刘安麟	4	1996
3	陕西气候与创汇大农业资源开发战略研究	省气科所	吕从中	1	1997
4	渭北人工防雹减灾技术研究	省人影办	高柏金	3	1997
5	棉花新品种选育及优质高产实用技术研究	咸阳农气所	张治民	3	1997

续表

序号	名称	单位	主持人	经费（万元）	时间
6	陕西省渭河、汉江灾害性洪水气象水文预报系统	省气科所	李兆元	3	1998
7	人工增雨、人工消雹高效运作机制研究	省人影办	程廷江	3	1998
8	西宝、西临、西铜高速公路大雾灾害监测预报警报服务体系建设	省气象学会	程廷江	5	1999
9	陕西省城市大气污染预报系统研究	省气科所	胡中联	5	2000
10	黄河中游（陕西）干旱半干旱地区高效人工增雨（雪）技术开发与示范	省科技厅、省气象局	···	10	2000
11	陕西省干旱遥感动态监测试验研究	省农业遥感中心	刘安麟	4	2000
12	渭北苹果花期冻害的监测、预测及防御技术研究	省气科所	杨华龙	5	2001
13	陕西省干旱半干旱地区高效人工增雨（雪）技术开发与示范	省科技厅	胡中联	30	2001
14	陕西省生态环境遥感本底调查及动态监测系统	省遥感中心	管海晏	10	2001
15	突发性天气监测预警系统研究	省气象台	杜继稳	3	2001
16	退耕还林工程对环境气候影响的数值模拟研究	省气科所	郭建侠	3	2002
17	渭河流域黄河小北干流致洪暴雨监测预警系统	省气象台	杜继稳	3	2002
18	气象灾害监测预报系统研究	省气象台	杨文峰	3	2005
19	果树病虫害防治技术及新型防治药剂的研究	省经济台	郑小华	2	2005
20	人工增雨中催化剂粒子增长机制研究	省气科所	余兴	1	2005
21	秦岭地区可降水云物理过程研究	省气科所	戴进	2	2007
22	陕西渭北灾害性中尺度对流系统数值模拟及数值催化研究	省人影办	岳治国	3	2010
23	陕北地区地面焰条播撒系统人工增雨（雪）作业示范研究	省人影办	贺文彬	6	2010
24	优质高产多抗玉米新品种选育与示范	省农业遥感中心	范建忠	10	2010
25	基于 GIS 的陕西省精细化农业气候资源区划	省经济台	李星敏	50	2010

三、主要气象科研成果

1990—2010 年,陕西省气象部门共获得国家级科技进步奖 2 项,省部级科技奖励 65 项(其中获中国气象局、中国气象学会科技奖励 4 项,陕西省农业技术推广成果奖 22 项、陕西省科学技术奖励 39 项)(表 26-2)。

表 26-2 1990—2010 年陕西省气象部门科技获奖情况统计表

所获奖项	项目名称	获奖时间	主要完成单位	主要完成人
陕西省科技进步二等奖	西安城市气候	1990	省气科所	孙孟伦、李兆元、栗珂、陈保国、李莉
陕西省科技进步二等奖	陕西省农业气象区划	1990	省区划办	吕从中、王双环、许尊武、吴勇征、莫正俐
陕西省科技进步二等奖	中期旱涝转折预报业务系统	1991	省气象台	王淑静、高智、方建刚、田武文
陕西省科技进步三等奖	作物种植比例最优化模型研究	1991	安康市气象局	郑洪初、李敬云、李桥彦、王晓玲
陕西省科技进步三等奖	陕西柑橘适宜区及冻害研究	1991	省气科所	吕从中、王双环、范建忠、郭克剑、时宪聚
陕西省科技进步一等奖	陕西省 1∶20 万国土资源遥感系列图	1992	陕西省国土资源遥感应用中心、陕西省遥感中心、陕西地矿局等	管海晏、奥和会、杨铭君、符征信、刘笃慧
陕西省科技进步二等奖	高炮防雹(增雨)技术开发研究	1992	省气科所、咸阳市气象局、长武县气象局	郭建侠等
陕西省科技进步三等奖	陕西省层状云水资源和云物理模式研究	1992	陕西省人影中心	陈君寒、陈保国、屈铁木
陕西省农技成果推广三等奖	棉花热量补偿、菱形整枝技术推广应用	1993	咸阳农气所	张治民、刘耀武、杨珍林、崔讲学、胡军领
中国气象局科技进步四等奖	关中灌区小麦玉米套种农业气象机理研究	1994	气象学校	张超影、郭秀杰、卫东、马治贤、李左
陕西省科技进步三等奖	短时天气预报业务系统	1994	省气象台	刘子臣、马廷标、张健宏、薛根元、乔旭霞
陕西省农技成果推广二等奖	陕西省森林火灾卫星遥感监测服务系统	1995	省农业遥感信息中心	赵礼铮、张向军、陈立新、毛智礼、白光弼、范建忠、张树誉
中国气象局科技进步四等奖	市台天气预报业务系统	1995	咸阳市气象局	姜创业、王小克、朱海利、王索民、李祥林、田菊生、李社民

续表

所获奖项	项目名称	获奖时间	主要完成单位	主要完成人
中国气象局科技进步（推广类）四等奖	陕西省土壤水分资源开发应用研究成果示范推广	1995	咸阳市农业气象科学研究所	刘耀武、葛树民、仇化平、王勇、杜惠玉、吴宁强、袁义来
陕西省科技进步三等奖	陕西省农业生态气候相似信息系统	1995	省农业遥感信息中心	李登科、张向军、刘笃慧、姚小强、江野、颜胜安、雷治平
陕西省科技进步二等奖	数值预报产品在中期预报中的应用与推广	1996	省气象台	周全瑞、侯明全、方建刚、赵改英、赵录祥、李平、张列锐
陕西省科技进步三等奖	高炮防雹（增雨）技术开发研究	1997	陕西省人影中心	陈君寒、齐宝元、刘芳、刘建华、李社民
陕西省科技进步三等奖	影响陕西暴雨的高原低值系统数值分析研究	1998	陕西省气象台	梁生俊、朱爱荣
陕西省科技进步三等奖	延安地区气象业务现代化系统	1998	延安市气象局	李庆宝、刘宇、张薇、张万鹏、苏长年、王汝祥、刘克俊、牛占峰
陕西省科技进步三等奖	秋粮作物卫星遥感动态监测和综合测产研究	1999	省农业遥感信息中心	李登科、张向军、颜胜安、雷治平、景毅刚
陕西省农技成果推广二等奖	应用推广 WR－IB 火箭防雹增雨试点试验	1999	陕西省人影中心	程廷江、胡中联、樊鹏、洪延超、陈争旗、屈铁木、刘芳、张存贤、赵民生
陕西省科技进步三等奖	县级预报服务系统	2000	咸阳市气象局	马延庆、朱海利、薛春芳、高莹、曹赞芳、段焕云、王斌生
陕西省农技成果推广三等奖，咸阳市农村科技进步二等奖	渭北地区农业气候资源开发及合理利用研究与推广	2001	咸阳市气象局、陕西省气象局、宝鸡市气象局、渭南市气象局	马延庆、刘长民、朱海利、邓芳莲、王素娥、韩正芳、王旭仙、吕俊杰、杜鹏、千琼丽
咸阳市农村科技进步二等奖，陕西省农业技术推广三等奖	渭北地区农业气候资源开发及合理利用研究与推广	2001	咸阳市气象局、咸阳农业气象科学研究所、宝鸡市气象局、渭南市气象局	马延庆、刘长民、朱海利、韩正芳、王旭仙、吕俊杰、邓芳莲、王素娥、杜鹏、千琼丽

续表

所获奖项	项目名称	获奖时间	主要完成单位	主要完成人
陕西省科技进步三等奖	陕西省棉花气象预报服务系统	2002	渭南市气象局	葛徽衍、张永红、李明玉、肖科丽、王翠花
陕西省科技进步三等奖	陕西省灾害性气候预测方法的研究	2002	陕西省气象科学研究所、陕西省气象台、陕西省专业气象台	王玉玺、田武文、杨文峰、栗珂、李智嘉、方建刚、秦惠丽
陕西省农业技术推广成果奖三等奖	宝鸡地区43 dBZ雷达强回波对冰雹云的识别	2002	宝鸡市气象局	李金辉、李建芳、李堪旗、樊鹏
陕西省科技进步二等奖	陕北黄土高原干旱、半干旱地区生态环境遥感本底调查研究	2003	陕西省农业遥感信息中心	刘安麟、袁君健、李登科、邓凤东、张京红、戴进、卓静、孙越鑫、范建忠
陕西省科技进步二等奖	渭北人工防雹减灾技术研究示范与推广	2003	陕西省人工影响天气领导小组办公室、中国科学院大气物理研究所、宝鸡市人工影响天气领导小组办公室、旬邑县气象局	樊鹏、李金辉、洪延超、陈保国、肖辉、刘世泰、屈铁木、陈争旗、雷恒池
陕西省科技进步三等奖	飞机人工增雨撒播方法的有效性研究	2003	陕西省人工影响天气中心	余兴、戴进、郭建侠、樊鹏
陕西省科技进步三等奖\咸阳市政府科技进步二等奖	卫星数字化信息在农业生态环境监测中的应用研究	2003	咸阳市气象局	王勇、李社民、吴宁强、徐军昶、邓芳莲、王小克
陕西省科技进步二等奖	渭南市新一代天气预报综合业务系统	2004	渭南市气象局	李社宏、王旭仙、赵国令、武麦凤、韩伯明、杜毓龙、廉朝友、田中伟、白作金
陕西省农业技术推广成果奖二等奖	陕西省干旱遥感动态监测技术推广应用	2005	陕西省农业遥感信息中心	刘安麟、李登科
陕西省科技进步二等奖	黄河中游(陕甘宁)干旱半干旱地区高效人工增雨(雪)技术开发与示范	2005	陕西省人工影响天气中心、陕西省气象科学研究所、中国科学院大气物理研究所、甘肃省人工影响天气办公室	陈洪田、樊鹏、余兴、陈保国、雷恒池、陈添宇、刘贵华、牛生杰、陈争旗

续表

所获奖项	项目名称	获奖时间	主要完成单位	主要完成人
陕西省科技进步三等奖	宝鸡市空气污染物扩散规律及大气环境容量研究	2005	宝鸡市环境保护局、宝鸡市气象局	张耀宽、张远闻、程宏刚、梁新兰、张晓俊、李永林、穆安林
陕西省科技进步三等奖	陕北生态环境的最佳治理方案研究	2005	陕西省气象台、陕西省气象科学研究所	杜继稳、袁君健、鲁渊平、雷向杰、郭建侠、侯明全、李平
中国气象局、中国气象学会、全国气象科技扶贫成果三等奖	设施农业的气象因子及调控措施研究	2005	安康市气象局	李再刚等
陕西省农技成果推广三等奖/咸阳市农村科技进步二等奖	咸阳优质苹果花期冻害综合防御技术研究及示范推广	2005	咸阳市气象局	赵西社、赵晓锋、窦慎、王亚娣、王维、赵奕兵、袁光明、刘玲珠、马文
咸阳市农村科技进步二等奖\获陕西省农业技术推广三等奖	优质苹果气象服务技术开发与推广	2005	咸阳市气象局、陕西省气象局、长武县气象局、礼泉县气象局	赵奕兵、马延庆、刘长民、武文龙、邓芳莲、王述东、王兴民、魏国胜、马文
陕西省科技进步二等奖	陕西省干旱遥感监测与突发性暴雨监测预警系统研究	2006	陕西省气象科学研究所	杜继稳、刘安麟、张弘、李兴敏、梁生俊、侯建忠、邓凤东、景毅刚、孙伟
陕西省科技进步三等奖	高效设施农业气象技术研究应用	2006	延安市气象局	孙智辉、苏长年、段学良、刘雪梅、张秦国、杜毓龙、尹盟毅
陕西省科技进步三等奖	渭河流域雨情监测及洪涝灾害预警系统研究	2006	渭南市气象局	贾金海、张永红、葛微衍、李社宏、赵新会、卢亿农、王旭仙
陕西省科技进步三等奖	陕西柑橘发展生态立地条件适应性与关键技术集成研究	2006	城固县柑橘研究所、城固县气象局、汉中市气象局	衡文华、苏龙安、王世平、樊朝武、张义明、向庆德、冯树伟
陕西省农技成果推广三等奖	渭南市人工防雹增雨减灾技术推广	2007	渭南市气象局	白作金、李秀琳、贾金海、张丽娟、李社宏、张忠平、廉朝友、王旭仙、刘、瑜、宋永涛

续表

所获奖项	项目名称	获奖时间	主要完成单位	主要完成人
陕西省科技进步二等奖	渭河流域及黄河小北干流致洪暴雨监测预警系统	2007	陕西省气象台、渭南市气象局	杜继稳、李社宏、王旭仙、孙一民、武麦凤、李明、胡淑兰、吕俊杰、方建刚
陕西省科技进步二等奖	陕北黄土高原气候干旱混沌特性及其水资源可持续利用研究	2007	陕西省气象科学研究所、陕西省防雷中心	罗慧、胡彦华、李良序、万迪昉、仲伟周、赵海峰、丁东华、贺皓、刘璐
陕西省农业技术推广成果二等奖	市县农业气象服务及灾害监测系统研究	2007	陕西省经济作物气象服务台、陕西省气象台、陕西省农业遥感信息中心、陕西省气象信息中心	屈振江、郭江峰、郑小华、曾英、张永红、李建军、范建忠、郭新、侯明全、徐小红、袁应泽
陕西省农业技术推广成果奖三等奖	关中西部线辣椒规范化栽培气象适用技术研究与推广	2007	宝鸡市气象局	张义芳、陈卫东、王春娟、雷春丽
陕西省科技进步三等奖、商洛市科学技术特等奖	商洛市基于GIS农业气候资源及专题区划研究	2007	陕西省经济作物气象服务台、商洛市气象局	朱琳、陈明彬、郭兆夏、朱延年、刘敏锋、殷志有、年启华
陕西省科技进步二等奖	陕西省干旱监测预警评估技术研究	2009	陕西省气象台;陕西省地质环境监测总站;商洛市科技局;安康市气象局	杜继稳、张树誉、景毅刚、范建忠、乔丽、孙智辉、张永红、尹盟毅、张芳
陕西省科技进步三等奖	陕西省天气要素精细化预报方法与业务系统研究	2009	陕西省气象台	杨文峰、李明、刘瑞芳、胡皓、张雅斌、王文强、王楠
陕西省农技推广成果二等奖	陕南秦巴山区中草药气象服务业务系统建设与推广	2009	陕西省经济作物气象服务台;陕西省气象局;商洛市气象局;陕西省气象台;安康市气象局	朱琳、范建忠、陈明彬、李再刚、杨丽霞、朱延年、李建军、杜军、杨华龙
陕西省农技推广成果三等奖	陕西黄土高原干旱监测气象服务系统研究与应用	2009	延安市气象局	孙智辉、曹雪梅、、雷延鹏、刘志超、杨东宏、苏长年、伊盟毅、申志珍、杜毓龙、景毅刚
陕西省农技推广成果三等奖/咸阳市农村科技进步二等奖	优质葡萄生产气象保障技术研究与推广	2009	咸阳市气象局	马延庆、朱海利、赵西社、刘长民、王秋会、千琼丽、刘玲珠、陈力、马文、杨安祥

续表

所获奖项	项目名称	获奖时间	主要完成单位	主要完成人
陕西省农技推广成果三等奖	宝鸡市人工影响天气综合业务系统的推广应用	2009	宝鸡市气象局	李金辉、年启华、常军、吴宁强、牛卫、王国君、李家阳、白果
陕西省科学技术奖励二等奖	陕西省太阳能资源评估研究	2010	陕西省气候中心	孙娴、姜创业、吴林荣、王娟敏、刘海军、鲁渊平、何永健、施国萍、何晓媛
陕西省科学技术奖励二等奖	黄土高原及秦巴山区降雨型地质灾害预报预警研究	2010	陕西省气象台;陕西省地质环境监测总站;商洛市科技局;安康市气象局	杜继稳、李明、王雁林、赵世发、石明生、张雅斌、赵奎锋、李芳、赵荣
陕西省科学技术奖励二等奖	陕西省生态环境遥感动态监测研究	2010	陕西省农业遥感信息中心	刘安麟、卓静、李登科、邓凤东、李星敏、赵青兰、周辉、何慧娟、邹继业
陕西省科学技术奖励三等奖	陕西苹果花期冻害风险评估及预测技术研究	2010	陕西省经济作物气象服务台	王景红、屈振江、刘璐、高峰、郭兆夏、李美荣、刘瑞芳

第三节　气象科技著作

1990—2010 年，陕西省气象部门共出版科研著作 22 部，其中涉及气象实用技术 17 部、气象科普 5 部（表 26-3）。

表 26-3　1990—2010 年陕西省气象部门出版科研著作一览表

著作名称	出版社	出版时间	作者
黄土高原气候	气象出版社	1991 年	合著第二作者李兆元
陕西省重大自然灾害综合研究及防御对策	陕西科学技术出版社	1993 年 8 月	合著第三作者李兆元
对开发陕西农业气候资源的几点认识	气象出版社	1993 年 5 月	吕从中
中国热带亚热带西部丘陵山区农业气候资源研究	气象出版社	1994 年	吕从中主编

续表

著作名称	出版社	出版时间	作者
青藏高原东北侧突发性暴雨分析研究与应用	气象出版社	1999年1月	杜继稳
陕西省干旱灾害年鉴(1949—1995)	西安地图出版社	1999年3月	李士高主编
陕西救灾年鉴(1996)	陕西人民出版社	1999年12月	王玉辰、藏体山等
农业气象实用技术	西安地图出版社	2000年3月	程廷江
陕西省志(第六卷).气象志	气象出版社	2001年11月	杨武圣主编
陕西历史自然灾害简要纪实	气象出版社	2002年4月	刘安麟、范建忠、刘海英、李士高等
陕甘宁人工增雨技术开发研究	气象出版社	2003年12月	樊鹏主编
陕西救灾年鉴(1997—1999)	气象出版社	2004年4月	鲁渊平、樊彩英、杨红、赵东、张树誉
陕西省气象局50周年论文集	气象出版社	2005年2月	赵国令
青藏高原东北侧突发性暴雨分析研究与应用	气象出版社	2005年3月	杜继稳、张弘、梁生俊
陕西黄土高原植被生态环境与气候研究	气象出版社	2005年3月	杜继稳主编
《中国气象灾害大典》陕西卷	气象出版社	2005年4月	翟佑安主编
陕西救灾年鉴2003	陕西科学技术出版社	2005年10月	范建忠、樊彩英、王维刚、任建芳等
陕西救灾年鉴2004	陕西科学技术出版社	2006年4月	付万明、李登科、李星敏、张树誉等
陕西救灾年鉴2005	陕西科学技术出版社	2007年1月	付万明、李星敏、张树誉、景毅刚等
渭河流域致洪暴雨分析研究与应用	气象出版社	2007年3月	杜继稳
陕西省短期天气预报技术手册	气象出版社	2007年3月	杜继稳、侯明全、梁生俊等
中国可持续发展条件下的水权交易机制研究	气象出版社	2007年4月	罗慧
二十四节气与农事活动	陕西科学技术出版社	2007年5月	李士高

续表

著作名称	出版社	出版时间	作者
陕南秦巴山区中药材气象服务手册	气象出版社	2008 年 1 月	陕南秦巴山区中药材气象服务业务系统课题组
陕西救灾年鉴 2006	陕西科学技术出版社	2008 年 2 月	付万明、景毅刚等
陕西省畜牧业气象服务手册	气象出版社	2008 年 7 月	刘文亚主编
陕西省干旱监测预警评估与风险管理	气象出版社	2008 年 7 月	杜继稳主编
气象服务效益评估方法与应用	气象出版社	2009 年 5 月	罗慧、李良序著
陕西救灾年鉴 2007	陕西科学技术出版社	2009 年 6 月	景毅刚、付万明、乔旭霞等
陕西农村气象防灾减灾知识读本	气象出版社	2009 年 7 月	李良序
陕西救灾年鉴 2008	陕西科学技术出版社	2010 年 7 月	景毅刚、李化龙、乔旭霞、付万明等
降雨型地质灾害预报预警——以黄土高原及秦巴山区为例	科学出版社	2010 年 10 月	杜继稳

第二十七章 气象教育培训

1990—2010年,陕西省气象部门围绕建立现代气象业务体系,以省气象学校和省气象培训中心为主要阵地,与南京气象学院(南京信息工程大学)、兰州大学、成都气象学院(成都信息工程学院等院校)合作,开展气象专业研究生、本科生、专科生、中专生学历教育;利用省气象局远程交互式可视天气预报会商系统,开展省内交互式可视远程培训业务。省气象培训中心通过课件制作系统,实现学员随时随地进行互联网远程学习;建立气象预报实训平台,开通培训课件服务器和远程教学网站,使用实时视频软件,培训业务,收到了满意的效果。

第一节 教育培训机构

陕西省气象学校创建于1956年,是陕西省教育厅和陕西省气象局双重领导的公办全日制、以学历教育为主体的综合性普通中等专业学校。1990年,在气象专业正规招生10年后,主要转为气象干部短期培训。

1992年,在陕西省气象学校加挂陕西省气象培训中心牌子。

1994年4月,经陕西省嘉猷职业技术学校批复同意,设立陕西省嘉猷职业技术学校陕西省气象学校分校,开展中等职业教育。

1996年7月,全省气象部门机构改革,设陕西省气象培训中心(陕西省气象学校)。

1998年7月,陕西省教委以《关于陕西省气象学校设立职业中专部的批复》(陕教职发〔1998〕78号),同意陕西省气象学校设立职业中专部。

1999年5月,陕西省教育厅批准陕西省气象学校恢复中等专业教育招生资格。

2000年,陕西省气象学校开始招生。

2000年,陕西省气象学校与南京气象学院联合举办大气科学研究生课程进修班;2001年在陕西省气象学校设立成都信息工程学院陕西函授站,招收大专生60多名。

2001年12月机构改革,陕西省气象培训中心与陕西省气象学校分离,陕西省气象学校挂靠在西安市气象培训中心。

2002年10月,陕西省气象学校更名为西安环境信息工程学校,继续承担中专教育。

2004年4月,兰州大学与西安环境信息工程学校签署办学协议,兰州大学在西安环境信息工程学校设立在职研究生教学点,开办研究生课程进修班,开设气象专业,学制2年。

2006年6月,业务技术体制改革,保留陕西省气象培训中心,增加气象学会秘书处及《陕西气象》编纂部工作职责。

2008年,西安环境信息工程学校设立南京信息工程大学陕西函授站。

第二节　气象岗位培训

1990—2000 年，陕西省气象部门岗位培训由省气象局各处室主办，省气象培训中心协办。

从 2002 年开始，陕西省气象培训中心在省气象局相关处室协助下，根据气象事业发展及相关专业人才需求，全面开展全省气象部门岗位培训工作。当年，岗位培训 14 班次 553 人，其中防雷图纸审核技术培训 80 人、科技项目申报技术指导培训 21 人、网络技术及网站设计培训 18 人、雷达观测员培训 18 人、公文处理及宣传信息培训 47 人、会计电算化培训 51 人、PowerPoint 制作培训 70 人、政策法规培训 18 人、审计业务培训 38 人、气象记录档案调整培训 27 人、高级英语强化培训 56 人、农业观测数据自动化处理系统培训 27 人、环境气象预报与服务培训 24 人、执法人员换证培训 32 人。

2003 年，陕西省气象培训中心举办面授培训班 15 个共 715 人次，其中全省高炮审验及安全员培训班 41 人、新一代天气雷达应用培训班 32 人、信息化基础知识培训班 32 人、人力资源信息系统录入培训班 34 人、影视广告新技术培训班 34 人、县局长综合素质提高班 2 期共 94 人、精细化数值预报培训班 70 人、经济作物物候观测培训班 10 人、专职气象行政执法人员培训班 30 人、基本建设单位会计培训班 24 人、全省防雷电工程技术培训 49 人、高级英语强化培训班 56 人、环境气象业务服务技术培训班 55 人、自动站系统使用和维护培训班 46 人。

2003 年 2 月，陕西省培训中心利用 9210 单收站系统的远程培训平台和楼宇公用天线及本地局域网的视频信号接收，开展培训工作，做到了灵活、实用，不与其他培训活动冲突。当年，省培训中心举办了 5 个远程培训班共 1123 人，其中 MICAPS2.0 使用远程培训 315 人、计算机网络基础及应用 233 人、沙尘暴预警服务技术 124 人次、人工影响天气岗位远程培训 169 人、地面气象观测规范（新版）282 人。单收站系统培训获中国气象局科技教育司二等奖。

2004 年，陕西省培训中心举办全省气象部门岗位培训 15 班次 630 人，其中防雷技术培训 60 人、气象科技服务与统计培训 19 人、处级干部培训 27 人、人影管理培训 74 人、气象监测网络业务技术培训 29 人、国库集中支付人员培训 59 人、基本建设管理培训 54 人、气象站网管理系统培训 68 人、内部审计资格证书培训 42 人、固定资产管理软件培训 34 人、地面气象测报业务系统及自动站维护培训 37 人、人事干部培训 19 人、直属机关党支部书记培训 33 人、防雷技术骨干培训 27 人。同年，省培训中心还举办 2 个远程培训班，分别为人工影响天气岗位远程培训、自动气象站系统远程培训。

2004 年 2 月 8 日至 3 月 4 日，全省气象部门 27 名正处级领导干部在北京参加了省局和中国气象局培训中心联合举办的陕西省气象部门处级领导干部综合素质培训班。

2005 年，陕西省培训中心举办全省气象部门岗位培训 18 班次 520 人，其中防雷电工程技术培训 48 人、生态气候环境监测培训 80 人、环境评价业务培训 20 人、人影指挥及综合管理培训 81 人、北京敏视达雷达用户培训 43 人、综合财务管理培训 59 人、气象标准化培训 15 人、老干部业务政策培训 23 人、高空测报审核培训 14 人、防雷电工程设计施工资格证培训 45 人、办公室综合管理培训 54 人、酸雨业务观测规范培训 29 人、气象综合计划管理信息培训29人、农业气象观测规范培训31人、县(区)气象局局长培训47人、多普勒雷达产品应用培训35人、行政许可执法培训21人。同年,省培训中心还举办了5个远程培训班,分别为自动气象站系统远程培训、人影作业用37高炮技术检测规范远程培训、人工影响天气应用技术远程培训、地面测报系统软件远程培训、自动气象站操作使用远程培训、计算机应用基础远程培训。

2006年,陕西省培训中心举办全省气象部门岗位培训17班次1556人,其中县(区)气象局长《中国气象事业发展战略成果》培训48人、人影作业地面指挥人员及管理信息系统培训225人、生态气候环境规范(试行)培训104人、《中国气象事业发展战略成果》远程培训1031人并组织分4批进行了考试、人影高炮使用与维护(远程)培训49人、中国气象行业建设项目管理信息系统V4.0软件培训40人、自动气象站维修维护培训59人。

2007年,陕西省培训中心举办全省气象部门岗位培训17班次853人,其中气象许可与行政执法培训40人、咸阳市气象局科级干部培训45人、气象部门资产清查班培训60人、气象教育培训管理员培训33人、人影业务平台及指挥系统建设培训102人、雷电新技术培训150人、气象部门廉政教育培训52人、气象部门宣传骨干培训46人、西北区气象部门遥感与GIS应用培训36人、自动站维护培训59人、处级干部综合素质培训96人、暴雨天气预报培训19人、气象行政执法骨干培训39人、党务干部培训47人、科级干部综合素质培训41人、计财会审综合培训50人。

2008年,陕西省培训中心举办全省气象部门岗位培训24班次1014人,其中气象电子政务平台公文系统培训49人、处级领导学习贯彻十七大精神培训41人、省级测报业务检查员培训28人、省市级气象预报员MICAPS 3.0培训96人、气候变化业务培训25人、灾情直报2.0系统应用培训27人、自动站保障与信息网络培训111人、Web-GIS气象信息共享平台推广应用培训147人、气象社会管理技术培训50人、气象文化建设培训41人、办公综合管理培训43人、MICAPS 3.0培训52人、县局预报员基础理论培训39人、省局机关公务卡使用培训68人、酸雨业务规范及操作知识培训29人、气象业务系统推广应用培训29人、生态与农业气象业务培训58人、计财综合管理培训63人、Notes 8.0邮件系统客户端安装培训18人。

2009年,陕西省培训中心举办全省气象部门岗位培训19班次2453人,其中Notes 8.0邮件系统升级及应用培训14人、气象部门国有资产信息系统软件培训33人、气象信息员队伍师资及骨干信息员培训439人、DAB预警信息发布系统及网络新技术培训25人、公共气象服务培训332人、人工土壤水分观测业务技术培训125人、全省首席预报员培训研讨班41人、气象标准编写技术培训19人、全省气象部门办公室综合管理及应急管理培训50人、气象部门纪检监察审计干部业务培训20人、公共气象服务平台1.0推广应用培训998人、气象部门财务和国资联网培训75人、空域请示系统及省级人影作业指挥系统应用培训68人、地面业务软件应用培训55人、气象部门决算统计布置暨财务综合管理培训70人。

2010年,陕西省培训中心举办全省气象部门岗位培训22班次1302人,其中气象部门新一代人力资源信息系统网络版培训40人、人影业务技术与综合管理培训110人、县级预报员培训40人、区域站维修维护及校准培训120人、短时临近预报培训班、推广SWAN方法30人、公共气象服务平台地市级推广应用培训50人、气象部门计划财务培训55人、气象部门宣传培训 60 人、气象通信业务新技术培训 35 人、农业气象服务培训 60 人、新提任处级干部及优秀年轻科级干部综合素质培训 50 人、气象公共行政培训 55 人、纪检监察及审计业务知识培训 45 人、财务联网培训 60 人、离退休干部服务与管理政策业务培训 55 人、共青团书记培训 30 人、人工影响天气业务技术培训 200 人、Linux 系统和 CMACast 培训 32 人、2010 年度部门决算布置暨计财综合管理培训 35 人。

第三节　学历教育

一、中专教育

1994 年 4 月，陕西省嘉猷职业技术学校陕西省气象学校分校开展中等职业教育，开设涉外文秘、特种文秘、财会商贸、幼儿教育四个专业，学制三年，以分校名义面向社会招生（表 27-1）。1998 年 7 月，陕西省教委印发《关于陕西省气象学校设立职业中专部的批复》（陕教职发〔1998〕78 号），同意陕西省气象学校设立职业中专部，开设电子技术应用、计算机技术及应用、幼儿教育、现代文秘等专业，从 1998 年开始招生。

表 27-1　1994—1999 年陕西省气象学校中等职业教育一览表

单位：人

<table>
<tr><th>入学时间</th><th>专业</th><th>入学人数</th><th>毕业时间及人数</th></tr>
<tr><td rowspan="4">1994 年 9 月</td><td>特种文秘</td><td>100</td><td rowspan="4">1997 年 9 月
毕业 220 人</td></tr>
<tr><td>涉外文秘</td><td>100</td></tr>
<tr><td>财会商贸</td><td>40</td></tr>
<tr><td>合计</td><td>240</td></tr>
<tr><td rowspan="4">1995 年 9 月</td><td>特种文秘</td><td>100</td><td rowspan="4">1998 年 9 月
毕业 237 人</td></tr>
<tr><td>涉外文秘</td><td>100</td></tr>
<tr><td>财会商贸</td><td>50</td></tr>
<tr><td>合计</td><td>250</td></tr>
<tr><td rowspan="4">1996 年 9 月</td><td>特种文秘</td><td>100</td><td rowspan="4">1999 年 9 月
毕业 210 人</td></tr>
<tr><td>涉外文秘</td><td>100</td></tr>
<tr><td>财会商贸</td><td>30</td></tr>
<tr><td>合计</td><td>230</td></tr>
<tr><td rowspan="4">1997 年 9 月</td><td>特种文秘</td><td>80</td><td rowspan="4">1999 年 9 月
毕业 180 人</td></tr>
<tr><td>涉外文秘</td><td>80</td></tr>
<tr><td>财会商贸</td><td>40</td></tr>
<tr><td>合计</td><td>200</td></tr>
</table>

续表

入学时间	专业	入学人数	毕业时间及人数
1998年9月	特种文秘	100	2000年9月 毕业230人
	幼儿教育	80	
	财会商贸	80	
	合计	80	
1999年9月	特种文秘	80	2001年9月 毕业90人
	幼儿教育	30	
	合计	110	

1999年5月,陕西省教育厅批准,陕西省气象学校恢复中等专业教育招生资格,从2000年开始招生,开设防雷电工程与监测、环境保护与监测、计算机应用,财会等专业,学制三年(表27-2)。

2002年10月,陕西省气象学校更名为西安环境信息工程学校,继续承担中专教育任务。

表27-2　2000—2008年陕西省气象学校(西安环境信息工程学校)中专教育一览表

单位:人

入学时间(年 月)	专业	入学人数	毕业时间及人数
2000年9月	防雷电工程与监测	150	2003年9月 毕业320
	环境保护与监测	100	
	文秘	45	
	财会	40	
	合计	335	
2001年9月	防雷工程与监测	100	2004年9月 毕业250人
	环境保护与监测	80	
	文秘	40	
	计算机应用	50	
	合计	270人	
2002年9月	防雷工程与监测	100	2005年9月 毕业210人
	环境保护与监测	100	
	计算机应用	40	
	合计	240	

续表

入学时间(年 月)	专业	入学人数	毕业时间及人数
2003 年 9 月	防雷工程与监测	100	2006 年 9 月 毕业 210 人
	环境保护与监测	80	
	计算机应用	40	
	合计	220	
2004 年 9 月	防雷工程与监测	100	2007 年 9 月 毕业 130 人
	环境保护与监测	50	
	合计	150	
2005 年 9 月	防雷工程与监测	80	2008 年 9 月 毕业 120 人
	环境保护与监测	50	
	合计	130	
2006 年 9 月	防雷工程与监测	50	2009 年 9 月 毕业 80 人
	环境保护与监测	50	
	合计	100	
2007 年 9 月	防雷工程与监测	50	2010 年 9 月 毕业 80 人
	幼儿教育	40	
	合计	90	
2008 年 9 月	防雷工程与监测	50	2011 年 9 月 毕业 70 人
	幼儿教育	30	
	合计	80	

二、大专、本科教育(函授教育)

2000 年 9 月,经陕西省教育厅批准,成都信息工程学院在陕设立陕西省气象学校函授站(表 27-3)。成都信息工程学院负责学员学籍管理与教学监督,陕西省气象学校函授站承担学员的教学管理与面授任务。

表 27-3 2001—2008 年陕西省气象学校函授站大专或本科教育一览表

单位:人

入学时间	专科学制(三年)本科学制(二年)	入学人数	毕业时间及人数
2001 年 10 月	防雷工程与监测(专科)	32	2003 年 10 月毕业 32 人
2002 年 10 月	防雷工程与监测(专科)	43	2005 年 10 月毕业 43 人
	计算机科学(本科)	32	2004 年 10 月毕业 32 人

续表

入学时间	专科学制(三年)本科学制(二年)	入学人数	毕业时间及人数
2003年10月	计算机网络技术(专科)	31	2006年10月毕业31人
	防雷工程与监测(专科)	46	2006.10毕业46人
	大气科学(本科)	24	2006年10月毕业22人
2005年10月	防雷工程与监测(专科)	22	2008年10月毕业22人
	计算机网络技术(专科)	44	2008年10月毕业44人
	大气科学(专科)	30	2008年10月毕业30人
	大气科学(本科)	33	2007年10月毕业33人
2006年10月	防雷工程技术(专科)	31	2009年10月毕业31人
	计算机应用技术(专科)	26	2009年10月毕业26人
	大气科学(本科)	43	2008年10月毕业43人
2007年10月	防雷工程技术(专科)	26	2010年10月毕业26人
	计算机应用技术(专科)	28	2010年10月毕业28人
	大气科学(本科)	40	2009年10月毕业40人
2008年10月	防雷工程技术(专科)	18	2011年10月毕业18人
	大气科学(本科)	41	2010年10月毕业41人

三、研究生学历或学位教育

2000年与南京气象学院联合举办了大气科学研究生课程进修班,27人参加学习;2004年4月,兰州大学与西安环境信息工程学校签署办学协议,兰州大学在西安环境信息工程学校设立在职研究生教学点,开办研究生课程进修班,开设气象专业,学制2年,兰州大学负责学员学籍管理,西安环境信息工程学校负责教学管理(表27-4)。

表27-4　2004—2010年陕西省气象专业研究生教育一览表

单位:人

入学时间	研究生课程进修班	入学人数	结业时间及人数
2004年10月	气象专业	23	2006年10月结业23人
2010年10月	气象专业	49	2012年10月结业49人

第二十八章　气象学术交流与气象科普

1990—2010 年，陕西省气象部门积极开展国际和国内气象学术交流；通过“局校合作”项目，与中科院水土保持研究所、西安交通大学、中科院大气物理所等单位开展科技合作；与西北农林科技大学合作研究，获得项目支持，在杨凌农业高新科技示范区建立现代农业科技示范园，为现代农业提供全方位气象服务。

第一节　气象学术交流

一、国内学术交流

1990 年 5 月 10 日，陕西省气象学会在西安召开“天气、航空气象学术交流会”，各地市气象局、省气象台、阎良 630 所气象台、民航气象台、驻陕某部等单位 50 多人参加了会议。

1990 年 5 月 24—27 日，陕西省气象学会承办、中国气象学会在西安召开“第二届全国优秀青年气象科技工作者学术研讨会”。陕西省气象部门 4 名青年科技工作者参会交流。

1991 年 12 月 27 日，陕西省气象学会在西安召开“首届青年气象工作者学术交流会”。

1992 年 5 月 4 日，陕西省气象学会举办青年科技报告会，西安交通大学人工智能与机器人研究所所长郑南林教授作“人工智能与当代高科技”报告。

1992 年 6 月 8—9 日，陕西省气象学会举办学术报告会，中国科学院兰州高原大气所瞿章研究员和黄河水利科学研究所王涌泉教授作“低层平流层大气环境研究的新进展”及“太阳活动和中国的洪水”的报告。

1993 年 12 月 13—14 日，陕西省气象学会庆祝学会成立 35 周年，在西安召开“气象学术交流会”。

1995 年 6 月 2 日，陕西省气象学会举办学术报告会，国家气候中心主任丁一汇研究员作“气候变化和气候预测”的报告。

1995 年 9 月 8 日，陕西省气象学会纪念人民气象事业创建 50 周年，组织学术报告会，特邀中国气象局副局长马鹤年、原中国气象学会理事长、中国工程院院士章基嘉教授作学术报告。

1995 年 10 月 24 日，陕西省气象学会、省减灾协会联合召开“1995 年自然灾害研讨会”，主题是“陕西省贫水化问题及对策”。

1996 年 12 月 16—18 日，陕西省气象学会召开“陕西省气象青年科技工作者第二届学术交流会”。

1996 年 12 月 30 日，省气象学会和省气象台邀请理事长胡中联同志作报告，介绍出访泰国气象局的情况，以及世界发达国家在灾害管理方面的发展动态，38 名科技人员参加会议。

1997年10月7—10日,陕西省气象学会在西安召开全省气象学术交流会,征集论文54篇。

1997年,陕西省气象学会向省科协、省人事厅推荐陕西省第三届自然科学优秀学术论文9篇,有8篇论文获奖,其中二等奖1篇、三等奖4篇、四等奖3篇。

1998年12月28—29日,陕西省气象学会在西安召开第八届会员代表大会,选举产生第八届理事会,并举办全省气象学术交流会。

1999年,陕西省气象学会推荐6篇论文,参加陕西省第六届自然科学优秀论文奖评选。

2000年9月,由中国气象学会主持召开的“西部大开发:气象科技与可持续发展学术研讨会”在西安举办,会议持邀中国科学院院士丑纪范、中国工程院院士李泽椿、陕西省科学技术厅厅长孙海鹰、中国气象局办公室副主任朱祥瑞列会作报告。

2001年,陕西省气象学会向陕西省科学技术协会和陕西省人事厅推荐“陕西省第七届自然科学优秀论文”4篇,有2篇分别获得获二等奖和四等奖。

2002年开始,陕西省气象学会建立学术年会制度,每年举办一次全省性的学术交流活动,邀请行业知名专家作学术报告,编印学术论文集,组织评选优秀论文,至2010年“陕西省气象学会学术交流年会”已连续举办了10届,从论文征集、筛选、编印成册到会议交流,优秀论文评选,形成了一整套比较成熟完整的流程,参会人员也从单一的陕西境内气象行业代表扩展到全国气象行业,形成学会自身的学术交流品牌,累计参加年会700多人次,征集论文1000余篇,编印论文集9本,评出优秀论文185篇。

2002年,陕西省气象学会召开全省会员代表大会暨学术交流会,收到论文62篇,编印了论文集,评选优秀论文一等奖2篇、二等奖4篇、三等奖6篇、优秀奖7篇。

2003年,陕西省气象学会联合省减灾协会共同举办陕西气象灾害学术研讨会的征文活动,共征集论文50篇。

2003年1月19—25日,香港天文台高级科学主任马伟民先生和科学主任黄伟健先生来西安参观访问,参观了省级气象业务系统,并就数据预报问题和西安市气象局业务人员进行了交流。

2005年3月,在庆祝陕西省气象局建局50周年之际,省气象学会组织了大型学术报告会,特邀中国工程院院士李泽椿、陈联寿和省政协科技委员会主任、省科技厅原厅长孙海鹰作学术报告。

2005年12月2日,陕西省气象学会召开全省气象学术交流年会,省科协、省气象局的领导,以及陕师大、中国试飞院气象台、西安卫星测控中心和省气象局直属单位代表、各地市气象学会负责人、论文作者共70多人参加会议。

2006年10月29日—11月5日,省气象局局长李良序随中国气象局秦大河局长带领的代表团赴台湾参加在台北召开的“2006年海峡两岸灾变天气分析与预报研讨会”。

2006年11月,陕西省气象学会与减灾协会共同举办“气候环境变化及其对陕西经济社会发展影响”学术研讨会。

2007年8月,陕西省气象学会举办“陕西省应对气候变化学术沙龙”会,中国工程院院士李佩成、省科协副主席刘亚光、省气象局副局长杜继稳等40多位气象、农业、林业、环

图 28-1　2006 年，中国科学院曾庆存院士受邀来陕西省气象局作科技报告

保、水利、生态等行业的专家、学者参加了沙龙活动。有 10 多位专家学者在会上作精彩学术报告，会议根据 10 多位专家学者的学术报告形成专家建议，上报省政府决策参考，得到了省政府领导的高度重视和省科协领导的充分肯定。

2008 年，陕西省气象学会在西安组织召开陕西、山西、河南、江苏、重庆等省科技人员参加的区域性防雷技术论坛。

2009 年，陕西省气象学会举办“陕西省首届大气探测技术方法学术交流会”，征集和交流论文 100 多篇。

2010 年 1 月 19—20 日，陕西省气象学会主办的 2009 年度全省气象学术交流会在杨凌召开，省气象局直属单位、各地市气象学会负责人、学会团体会员单位代表共 80 余人参加了会议，36 名论文作者进行了大会交流，内容涵盖天气预报、气候分析、应用气象、遥感、大气探测、大气物理、计算机应用与通信等各个领域。会上颁发了 2009 年度优秀论文奖，25 位科技人员获得表彰奖励。

2010 年 4 月 22—24 日，气象专家、中国科学院大气物理研究所博士生导师高守亭来陕西省气象局参观交流，并作了《分解与组合技术在中尺度暴雨系统中的应用研究》专题学术报告。

二、国际学术交流

1992 年 6 月，陕西省气象学会邀请美国国家大气研究中心著名专家万隆教授作《10～12 年大气振荡一种可能的日地关系》科技报告。

1993 年 7 月 4—8 日，美国专家来陕西省气象局做“气候模拟实验研究”，并作了学术报告。

1998 年 7 月 24 日，联合国减灾署官员金玛丽·考尔博士一行在宝鸡市减灾办主任周可兴陪同下，到西安市气象局考察了市气象防灾减灾系统工程和气象防灾减灾广播电台，并在市气象台座谈“灾害科学与灾害管理”，作专题学术报告。25 日，金玛丽·考尔博士一行到陇县张家山炮点考察防雹减灾工作，并与女民兵炮手合影，称赞陇县女子防雹连是

"敢与雹魔抗争的女英雄"。

1998年9月24日,美国能源部官员Richers教授、美籍华人王维强教授在陕西省气象局作题为"全球气候模式对东南亚季风环流影响"的专题讲座。

1999年1月17—22日,陕西省气象局局长程廷江率陕西省代表团一行6人赴泰国清迈,参加世界气象组织第七届人工影响天气科学讨论会。陕西省气象部门在会议论文集上发表了6篇论文,其中4篇在大会上进行了交流。

1999年6月,宝鸡市气象局王长生出席北京自然灾害管理国际研讨会,并作了《宝鸡市气象防灾减灾系统工程》学术报告。

2000年6月23—26日,美籍华人气象专家张大林教授,在陕旅游期间为省气象局专业技术人员作有关国际气象信息知识的学术报告。

2000年9月12—14日,世界气象组织以色列区域气象培训主任Dacob Lomas先生携夫人Martha Lomas来西安参观访问,并在省气象局作学术报告。

2001年12月20—22日,美国犹他大学气象系教授,世界著名云雾物理和人工影响天气专家福古塔教授和旅美科技协会邹有所博士应邀来陕。福古塔教授作了学术报告,并带来了人工增雨和人工消雾两项新技术专利,免费提供给中国。希望这两项新技术在陕西的使用,逐步推广到全中国乃至全世界。省政府王寿森副省长接见并宴请了福古塔教授。陕西省科技厅、陕西省气象局、中国科学院大气物理研究所,美国犹他大学、中国旅美科技协会五方代表就合作内容和方式达成协议。

2002年5月14—17日,韩国大田气象厅一行8人来陕访问,在省气象局进行了学术交流,韩国大田地方气象厅厅长吴玩铎介绍了大田气象发展概况,陈洪田副局长介绍了陕西气象工作情况,省气象台、人影、遥感等单位参加了学术交流。同年10月25—26日,美国UCAR主席理查德博士(Richard Anthes)夫妇在气科院副院长薛纪善等陪同下来陕访问,在省气象局作了数值预报方面学术报告,并参观了省级业务系统,省气象局50多人参加了报告会。同年11月1—4日,美国气象代表团戴碧·拉森女士(Debbie Larson)一行3人来陕访问,代表团罗伯特·萨沸尔先生在省气象局作了数值预报、多普勒雷达等方面学术报告,并参观了省级业务系统。同年12月1—4日,希腊气象局2004年雅典奥运会气象服务保障委员会主任娄内斯(Ioannis PAPAGEORGIOU)博士一行6人来陕访问,在省气象局作了数值预报和气象服务方面学术报告。

2005年3月30日—4月2日,WMO前任副秘书长、人工影响天气领域专家、世界著名气象学家罗兰·李斯特(Roland List)先生在中国气象科学院陈跃先生的陪同下访问西安。4月1日,罗兰·李斯特先生就"人工影响天气及其经验"在省气象局作学术报告,参观了省人影办、省气象台、省专业台、省遥感中心等业务平台,并就感兴趣的人工影响天气问题进行了座谈。同年5月12—14日,Susan Solmon等6位美国、英国科学家来西安参观访问,并就关心的干旱灾害、环境污染、基层台站建设等问题与业务人员进行了交流。同年7月26日—8月2日,国际云降水遥感专家、以色列希伯来大学的Daniel Rosenfeld来陕开展《云降水特征卫星反演技术》项目培训和讲学,并与省气象象局签署了合作备忘录。

同年10月9—14日,世界云雾物理和人工影响天气专家、美国犹他大学教授Fukuta

先生来陕进行学术交流，并对“液态二氧化碳播云技术”在陕西的应用情况进行讨论。

图 28-2　2005 年 10 月，陕西省气象局局长李良序(右)会见世界著名云雾物理和人工影响天气专家 Fukuta 教授

2006 年 9 月 21—28 日，Rosenfeld 教授来陕，就卫星反演技术在人工增雨中的应用，以及秦岭地区气溶胶对云降水的影响方面开展共同研究，取得的成果包括：(1)实现了云的微物理特征反演，在国内首次给出了云顶相态、组成、微结构的可视化物理图像，分析云降水过程；(2)首次利用风云 FY-1D 极轨卫星资料反演了云的微物理特征和云降水过程；(3)分析了秦岭地区气溶胶对地形云降水的影响，揭示了逐渐增加的气溶胶会抑制地形云降水的事实。同年 7 月 14—20 日，国家气候中心科学主任、瑞典哥德堡大学陈德亮教授以及挪威奥斯陆大学许崇育教授应邀来陕作学术报告，省气象局 40 多名科研人员参加了报告会。同年 10 月 16—30 日，加拿大农业与农业食品部国家气候信息服务管理专家艾伦·霍华德来省气象局进行为期两周的培训和讲学，针对农业气象、干旱综合监测与预警方法研究、土壤水分评价等方面的技术问题进行交流与讨论，并参观了延安市气象局土壤水分自动观察站。

2007 年 8 月 17—30 日，Rosenfeld 教授来陕，进一步完善气溶胶对云降水影响的研究，并就卫星反演技术在灾害性天气中应用、气溶胶与云相互作用等方面开展共同研究，合作研究成果《气溶胶影响地形云降水的定量研究》在国际著名学术杂志“Science”上发表。

2008 年 10 月 18—23 日，Rosenfeld 教授来陕，和省气象科研人员一起，开展气溶胶对雷电活动影响和卫星反演云降水机制等方面的合作研究。为了表彰 Rosenfeld 教授在国际合作中的突出贡献，陕西省政府授予 2008 年度“三秦友谊奖”。21 日下午，省外国专家局领导专程到省气象局给 Rosenfeld 教授宣读了省政府表彰决定，颁发了奖杯和获奖证书。2009 年中国政府授予 2009 年度“国家友谊奖”，时任国务院副总理张德江为其颁奖，并应邀参加国庆 60 年国庆茶话会和国庆观礼。

2009 年 6 月 10 日，德国专家克里斯蒂森安博士、赖马斯工程师一行在宝鸡市减灾办主任王志莲陪同下,到市气象局参观交流气象防灾减灾工作,考察了市气象业务服务平台、市人工影响天气指挥平台,参观了市气象文化展室,对市气象防灾减灾工作表示赞赏。

2010年1月14日—2月3日,省气象局减灾处罗慧赴加拿大参加中国气象局组织的现代化培训学习。同年12月4—24日 省农业遥感信息中心邓凤东赴英国参加中国气象局组织的公共气象服务培训学习。同年,省气象服务中心石昌民赴美国参加中国气象局组织的天气预报节目制作培训学习。同年2月28日—3月14日,省气象局王锋亮等16人赴欧洲参加省气象局组织的雷电防护与预警服务考察。同年3月22—28日, Frank教授来省气象局授课。同年7月18—31日,Rosenfeld教授来陕和省气象局科研人员共同开展了灾害性天气云物理特征和气溶胶对温度、辐射影响等方面的合作研究。同年12月,省气象局委派刘贵华和朱延年赴以色列希伯来大学参加Rosenfeld教授的研究团队,共同解决MODIS、FY卫星反演微机版软件中出现的技术难题,并成功开发完成微机版MODIS、FY卫星反演系统。从2005年起,省气象局和Rosenfeld教授的国际合作不断深化,提升了省气象局科研人员的研究水平,培养了年轻科研人才,取得了一批高水平的研究成果,推进了卫星云微物理反演技术的发展。

第二节　气象科普与学术刊物

一、气象科普

(一)气象科普教育基地

1999年2月,陕西省气象科普教育示范基地在陕西气象大厦20楼成立,为全国气象系统最早建立的科普基地之一,具备专用展厅、科普设施和独立组织机构的气象科普场馆,承担着西安市中小学生的气象科普教育工作。基地成立后,对外开放,接待青少年学生及各界人士参观,举办多次形式多样、生动活泼的气象科普活动,在广泛宣传普及气象科学知识,推进中小学校开展素质教育等方面做出了成绩,先后被中国科学技术协会(简称中国科协)、陕西省科学技术协会、陕西省教育委员会、陕西省科学技术厅及陕西省委宣传部命名为“全国科普教育基地”、“陕西省科普教育基地”。

2005年,陕西省气象科普教育基地搬迁西安市泾河工业园,建立了面积约400平方米的气象科普展厅及以泾河国家基本气象站500平方米的气象探测场地为依托的实地参观点。气象科普展厅集气象科普展板、互动模型、实物展示为一体,按照公共气象、安全气象、资源气象、陕西气象、气象历程、气象知识六个方面进行展示,到2010年底,基地累计参观人数2万人次。

渭南市气象科普教育基地建立于1999年12月,基地有科普总馆、天气预报会商室、气象观测场等7个展室,在“科技之春”宣传月、“3.23”世界气象日、防灾减灾日等重要科技活动中向社会公众开放。到2010年底,累计6000多人次参观。2009年12月,渭南市气象科普教育基地被中国科协授予全国科普教育基地。同期,延安市气象台建立被中国气象局、中国气象学会联合命名为全国气象科普基地。基地由延安时代气象史展室、地面气象观测场、高空气象探测场、人工影响天气、预报服务业务平台和气象影视制作室组成,在3.23世界气象日、防灾减灾日、科技宣传月、科技周活动期间免费对外开放,接待公众1.2

万人次。

（二）世界气象日、“科技之春”宣传月等科普活动

1. 世界气象日科普活动

1990—2010 年，陕西气象部门每年 3 月 23 日围绕世界气象日主题，组织气象科技人员上街向公众宣传气象及气象日主题。省气象局还与水利水保、民政、保险、灾害防御协会等部门或单位联合举行纪念报告会，放映有关科教片，邀请人大、政府、政协等领导讲话。在纪念活动期间，陕西气象部门在陕西日报、华商报及地方报纸上发表宣传文章，在省电视台及各级电视台进行纪念活动的实况报道。

1990 年世界气象日主题“气象和水文部门为减少自然灾害服务”。陕西省气象局、水利水保厅、民政厅、保险公司、灾害防御协会和省气象学会等单位联合举行纪念报告会，邀请省政府顾问林香周等出席并作报告，参会的气象科技人员 1000 多人，陕西日报开辟专版发表宣传文章，省电视台及时做了报道。

1991 年世界气象日主题“地球大气”。陕西省气象局和省气象学会召开座谈会，50 多名代表参加座谈会，围绕全球变化和环境问题进行讨论，省政协副主席刘良湛出席并讲话，会议还放映了电视科教片“地球大气的警钟”。

1992 年世界气象日主题“天气和气候为稳定发展服务”。陕西省气象局在省科技馆举行纪念“世界气象日”座谈会，气象科技工作者及有关部门的领导共 60 余人出席会议，省政协副主席李森桂出席并讲话。

1993 年世界气象日主题“气象与技术转让”。陕西省气象局和西北电力管理局共同在西北电管局会议厅举行纪念世界气象日座谈会，省政协、省人大、省科协、新闻单位，气象用户和气象科技人员共 100 余人出席会议，省政协副主席胡景通到会讲话。

1995 年世界气象日主题“公众与天气服务”。陕西省气象局在钟楼盘道开展“世界气象日”纪念活动。省广播电台、陕西日报、西安晚报、三秦都市报等新闻单位采访了省气象局局长程廷江和副局长胡中联。

1996 年世界气象日主题“气象与体育服务”。陕西省气象局在气象大厦举行“纪念世界气象日座谈会”，陕西省体委、西安市体委、省体育科学学会的领导和专家及陕西日报、西安日报、省电台、电视台等单位的记者，以及省气象局各直属单位的代表 40 多人参加了座谈会。

1997 年世界气象日主题“天气与城市水问题”。陕西省气象局与省科协、省水利学会、省土木建筑学会联合举行学术研讨会，50 余人出席会议。会上，11 位专家从不同角度提出关于解决城市水问题的学术报告，在归纳，综合专家意见的基础上，联合筹办单位撰写了《关于解决西安市城市水的意见和建议》，呈报省委、省政府。

1998 年世界气象日主题“天气、海洋与人类活动”。陕西省气象局在钟楼广场进行咨询宣传活动。

1999 年世界气象日主题“天气、气候与健康”。陕西气象部门围绕世界气象日活动主题，会同医疗卫生等有关部门举办报告会、座谈会和各种形式的咨询活动。

2000 年 3 月 23 日世界气象日主题“气象服务五十年”。陕西省气象局和西安市气象局联合召开“纪念世界气象组织成立 50 周年座谈会”，省科协、农业厅、林业厅、省水利厅

有关领导和气象工作者50多人参加了会议。

2001年世界气象日主题“天气、气候和水的志愿者”,陕西省气象局在气象大厦召开座谈会。

2002年世界气象日主题“降低对天气和气候极端事件的脆弱性”,陕西省气象局组织了纪念和宣传活动。

2003年世界气象日主题“关注我们未来的气候”,陕西省气象局、西安市气象局共同组织在和平电影院举行“2003年世界气象日庆祝大会”,数百人参加大会,省科协学会部部长陈建国发表讲话。

2004年世界气象日主题“信息时代的天气、气候和水”。陕西省气象局与省政协办公厅合作,组织庆祝座谈会,省政协主席艾丕善出席并讲话。会后,在全省开展了较大规模的气象科普宣传活动。

2005年世界气象日主题“天气、气候、水和可持续发展”。陕西省气象局、西安市气象局共同组织在和平电影院举行纪念大会,来自省人大、省科协、农业厅、林业厅、环保局、水利局、国土资源厅和西安市有关部门的领导以及气象部门职工近千人参加大会,省人大常委会副主任高宜新出席并讲话。

2006年世界气象日主题“预防和减轻自然灾害”。陕西省气象学会在省人大常委会机关多功能厅召开庆祝世界气象日座谈会,省级有关部门领导和各界人士60多人参加了会议。

2007年世界气象日主题“极地气象:认识全球影响”。陕西省气象局、西安市气象局联合在和平电影院举行学术报告会,并组织电影专场,近800人参加会议,共同庆祝世界气象日。

2008年世界气象日主题“观测我们的星球,共创更美好的未来”。陕西省气象学会在泾河雷达站举办了2008年世界气象日纪念大会暨气象科普直通车活动的启动仪式。省气象局、省科协、民航西北空管局、省水文局等部门和单位的领导和代表、各大新闻媒体的记者和大中小学生共计260多人参加了活动。

2009年世界气象日主题“天气、气候和我们呼吸的空气”。陕西省气象局举办了2009年“世界气象日”学术报告会,省政协副秘书长薛耀林、省科协副主席刘亚光应邀出席了会议。

2010年世界气象日主题“世界气象组织——致力于人类安全福祉的六十年”。陕西省气象局、西安市气象局联合组织召开了2010年世界气象日报告会,省人大、省环保厅、农业厅、省科协、地震局等部门领导与西安地区气象职工参加了纪念活动。

2.“科技之春”宣传月科普活动

1992年1月20日至2月20日,陕西省委、省政府举办陕西省首届“科技之春”宣传月活动。从这一年开始,到2010年的每年春季,全省气象部门积极参与地方组织的“科技之春”宣传月活动,同时结合世界气象日主题,制作展板上街,编印和发放气象科普宣传材料,开放气象科普场馆,举办气象科技咨询、学术交流等各种形式的气象科普宣传活动。在1997年、1998年、1999年、2000年的科技之春宣传月活动中,省气象局、省气象学会被省政府评为活动的先进单位。

3. 青少年气象夏令营活动

1991年7月29日—8月2日,中国气象学会主办、陕西省气象学会承办的全国青少年气象夏令营活动在延安举行,夏令营主题是“继承延安精神,争做四有新人”。

2004 年 7 月，陕西省气象学会再次承办全国青少年气象夏令营活动，夏令营主题是“历史文化和生态气候”。

每年陕西省气象学会均组织陕西分营，参加中国气象学会主办的全国青少年气象夏令营科普活动。

二、学术刊物

《陕西气象》杂志是陕西省气象学会唯一的学术刊物。1990 年，《陕西气象》刊物参加陕西省科学技术协会 1990 年科技期刊评比，荣获三等奖。

1994 年 6 月 15 日，国家科学技术委员会国科函〔1994〕118 号批复：陕西气象，双月刊，公开发行，陕西省气象局、陕西省气象学会主办，刊号：ISSN 1006-4354 CN 61-1282/P。至此，《陕西气象》由内部刊物转为公开发行刊物。

1996 年 1 月 11 日，《陕西气象》被陕西省科技期刊编辑学会评为 1995 年度“陕西省科技期刊二等奖”。

1996 年第 1 期开始，在期刊封面印刷期刊条码。

1998 年 1 月 20 日，陕西省气象局调整《陕西气象》编委会成员：胡中联任编委会主任，王志学（主编）任副主任，委员为程林仙（副主编）等 9 人，名誉委员 4 人。

1998 年 10 月，陕西省气象学会与中国学术期刊光盘版编辑委员会签订协议，从 1998 年第 6 期开始，《陕西气象》入编《中国学术期刊（光盘版）》。2000 年成为中国期刊网全文收录期刊。

1999 年，《陕西气象》参加陕西省新闻出版局、陕西省科学技术协会 1999 年科技期刊评比，被评为“陕西省科技期刊三等奖”。

2000 年，《陕西气象》参加陕西省新闻出版局、陕西省科学技术协会 2000 年科技期刊评比，被评为“陕西省科技期刊一等奖”。

2001 年 3 月 19 日，《陕西气象》加入“万方数据—数字化期刊群”，成为万方数据系统的全文期刊文献。

2001 年 12 月，《陕西气象》在《中国学术期刊（光盘版）检索与评价数据规范》执行评优活动中，荣获《CAJ-CD 规范》执行优秀奖。

2001—2003 年，《陕西气象》被中国科学技术信息研究所、万方数据股份有限公司的《中国核心期刊（遴选）数据库》收录，在“万方数据—数字化期刊群”全文上网。

2002 年起，《陕西气象》被科学技术部西南信息中心《中文科技期刊数据库》全文收录。

2002 年 1 月，陕西省气象局调整了《陕西气象》编委会成员：崔讲学任编委会主任，何学勇任副主任，委员由程林仙（主编）、张红平（副主编）等 14 人组成。

2007 年 6 月陕西省气象局调整了《陕西气象》编委会成员：李良序任编委会主任，刘安麟、何学勇任副主任，委员由程林仙（主编）、乔旭霞（副主编）等 18 人组成。

2006 年，《陕西气象》参加陕西省出版物审读中心、陕西省科技期刊编辑学会 2006 年度陕西省科技期刊审读评优，荣获编辑出版良好奖。

2007 年，《陕西气象》参加陕西省出版物审读中心、陕西省科技期刊编辑学会 2007 年度陕西省科技期刊出版形式规范检查评比，荣获优秀期刊奖。

2007 年 10 月，新闻出版总署公布的全国期刊出版形式规范检查结果中，《陕西气象》

为首批合格期刊。

2009 年,《陕西气象》参加陕西省新闻出版局、陕西省科技期刊编辑学会科技期刊评审,被评为“特色期刊”。

2010 年 4 月,《陕西气象》网络版试运行,系统除具有期刊文献检索查询功能外,在国内同级同类期刊中率先实现了编辑部网上办公流程。

第三节　气象学会

一、陕西省气象学会

陕西省气象学会成立于 1959 年,是陕西省科技社团组织,挂靠陕西省气象局。学会工作职责主要包括:组织开展气象学术交流工作,气象科学技术知识宣传普及工作,编辑出版双月刊《陕西气象》,举荐优秀科技人才等。

2010 年,陕西省气象学会有团体会员 37 个,个人会员 530 人。第九届(2002—2010 年)省气象学会理事会中有理事 50 人,其中常务理事 28 人、副理事长 3 人、理事长 1 人。学会下设 12 个专业委员会。学会秘书处是常设的办理学会日常工作的办事机构,有专职工作人员 5 名,其中学会秘书长 1 人,专干 2 人,《陕西气象》编辑 2 人。

表 28-1　1990—2010 年陕西省气象学会换届及常务理事会情况一览表

届次	换届时间	理事长	副理事长	秘书长	会员人数	专业委员会
第六届	1990 年 12 月 13 日至 14 日	周全瑞	张朝光 陈明荣 胡中联	张汝鹤	393	陕西省气象学会天气专业委员会 陕西省气象学会气候与气候变化专业委员会 陕西省气象学会农业气象学专业委员会 陕西省气象学会大气探测专业委员会 陕西省气象学会大气物理专业委员会 陕西省气象学会航空气象专业委员会 陕西省气象学会气象电子技术专业委员会 陕西省气象学会气象科学普及专业委员会 陕西省气象学会青年科技工作者专业委员会
第七届	1994 年 12 月 23 日	胡中联	刘子臣 郑　林 徐有田	张汝鹤 1996 年 5 月常务理事会改选王志学为秘书长 1997 年 1 月常务理事会增选陈建华为副秘书长	418	陕西省气象学会天气专业委员会 陕西省气象学会气候与气候变化专业委员会 陕西省气象学会农业气象学专业委员会 陕西省气象学会大气探测与气象仪器专业委员会 陕西省气象学会大气物理专业委员会 陕西省气象学会航空气象专业委员会 陕西省气象学会气象电子技术专业委员会 陕西省气象学会气象科学普及专业委员会 陕西省气象学会青年科技工作者专业委员会 陕西省气象学会科技咨询专业委员会

续表

届次	换届时间	理事长	副理事长	秘书长	会员人数	专业委员会
第八届	1998年12月23日	程廷江	范改潮 句兆贵 刘耀武	王志学 1999年8月常务理事会改选何学勇为秘书长	412	陕西省气象学会天气专业委员会 陕西省气象学会气候与气候变化专业委员会 陕西省气象学会农业气象学专业委员会 陕西省气象学会大气探测与气象仪器专业委员会 陕西省气象学会大气物理专业委员会 陕西省气象学会航空气象专业委员会 陕西省气象学会气象电子技术专业委员会 陕西省气象学会气象科学普及专业委员会 陕西省气象学会青年科技工作者专业委员会 陕西省气象学会科技咨询专业委员会
第九届	2002年12月25日至26日	崔讲学 2005年9月常务理事会改选李良序为理事长	句兆贵 侯文忠 杜继稳	何学勇		陕西省气象学会天气专业委员会 陕西省气象学会气候与气候变化专业委员会 陕西省气象学会农业气象学专业委员会 陕西省气象学会大气探测与气象仪器专业委员会 陕西省气象学会大气物理专业委员会 陕西省气象学会航空气象专业委员会 陕西省气象学会气象电子技术专业委员会 陕西省气象学会气象科学普及专业委员会 陕西省气象学会青年科技工作者专业委员会 陕西省气象学会科技咨询专业委员会

2000年，陕西省气象学会被中宣部、中国科协授予“全国科普工作先进集体”。

2001—2008年，陕西省气象学会被省科协评为“四星级先进学会”。

2009年，陕西省气象学会被省科协评为“五星级先进学会”。

2010年，陕西省气象学会被中国气象学会评为“先进气象学会”。

二、地市级气象学会

1990—2010年，陕西省西安、宝鸡、咸阳、渭南、铜川、榆林、延安、汉中、安康、商洛10个地市均有当地民政部门批准成立的地市气象学会。各地市气象学会在市科协、市气象局党组领导下，在陕西省气象学会指导下，发挥党和政府联系气象科技工作者的桥梁和纽带作用，组织会员围绕地方经济社会建设和气象事业发展大局，履行职责，开展工作，搞好服务，同时组织本级气象学术交流，开展气象科普活动，为地方经济社会发展做出了贡献。各地市气象学会曾被当地市科协评为先进学会，西安市、榆林市、铜川市气象学会曾被省科协评为“四星级学会”。

第四节 气象外事活动

1990年,美国气象专家福瑞基夫妇来陕考察农业气象。

图28-3 1990年,陕西省气象局农业气象专家刘耀武(左三)在苏联访问

1995年4月25—27日,以新西兰气象服务有限公司董事会主席威斯特莱克先生为团长的气象代表团,在中国气象局国际合作部副主任王晓敏陪同下,来西安参观了陕西省气象台。

1995年6月4—6日,英国气象学家格林在西安参观访问。

1996年3月24—27日,以芬兰气象局局长雅提拉为首的气象代表团在西安参观访问。中国气象局副局长李黄、省气象局局长程廷江、副局长陈洪田陪同参观了省气象台、省农业遥感信息中心及气候灾害实时监测预警系统。

1996年8月14—18日,澳大利亚塔斯马利亚州气象局局长Hugh Hutchinson先生来我局参观访问。

1996年9月20—22日,美国气象官员威士顿女士在西安旅游期间参观访问了陕西省气象局。

1998年9月4—6日,由埃及、苏丹、叙利亚、突尼斯、也门、巴基斯坦、马其顿等国家气象局局长和世界气象组织秘书处组成的多国别考察团一行8人,在中国气象局副局长颜宏等陪同下来陕考察气象工作。

1999年3月9—28日,陕西省气象局副局长陈洪田一行4人,随省政府行政管理局组织的考察团赴新加坡、泰国、马来西亚、香港、澳门等地进行行政考察。

2000年3月15—17日,日本气象厅副厅长港茂能崎先生和日本气象厅国际事务办公室主任秀之佐佐木先生一行2人,在中国气象局外事司司长王才芳陪同下,来陕西省气象局参观访问。

2000年4月20—22日，泰国气象厅副厅长帕提帕特·帕特维瓦里斯博士率泰国代表团一行5人，在中国气象局外事司司长王才芳的陪同下，来陕参观访问。

2000年7月15—25日，以陕西省气象局局长崔讲学为团长的中国气象局考察团，赴以色列参加农业气象培训和考察。

2000年9月14—15日，应中国气象局温克刚局长的邀请，世界气象组织秘书长奥巴西教授携夫人和世界气象组织官员，在中国气象局副局长颜宏、外事司司长王才芳的陪同下，来陕参观访问，省政府副省长陈宗兴设宴招待客人。同年11月17日，韩国气象厅一行22人组成的代表团来陕考察了解有关气象业务发展情况并参观气象设施。

2000年10月7—22日，陕西省气象局副局长谢双亭随中国气象局代表团赴日本考察访问。

2000年11月17日，韩国气象厅一行22人组成的代表团来陕西省气象局考察气象业务发展情况。

2001年4月11—13日，韩国气象厅厅长安明焕代表团一行6人在中国气象局副局长郑国光、外事司处长刘国平的陪同下来陕访问。11日晚，陕西省副省长王寿森接见并宴请韩国客人。

2002年6月13—16日，法国气象中心拉夫耶先生来陕访问。同年6月14—16日，加拿大气象局魁北克区域中心主任雅克·瓦涅尔先生一行2人来陕访问。同年10月24—25日，加拿大气象代表团一行7人访问陕西。同年10月26—27日，英国气象局彼得伊文思先生一行4人、澳大利亚新南威尔士大学彼得教授(Peter Schwerdfeger)偕夫人来陕访问(28-4)。

图28-4 2002年10月，英国气象局彼得伊文思在陕西省气象局访问

2003年10月12—14日，英国皇家艺术家安东尼·斯尼斯先生在中国气象局外事司陈振林处长的陪同下一行3人来西安参观访问。同年11月17日，省气象局外事办公室正式成立，挂靠省局办公室。随后，局外事办公室完成外事工作交流汇编2本，组织大型外

事学术交流报告4次,参加国际学术交流的论文12篇,完成引智项目21个,有120人次外出考察访问参观学习,接待了20多个国家100多人次来我局参观考察学习交流。

2004年2月24—26日,世界气象组织秘书长雅罗先生偕夫人在中国气象局副局长郑国光、外事司司长沈晓农的陪同下来陕参观访问。同年3月6—9日,伊拉克国家气象局副局长默罕默德一行4人在中国气象局华云技术总公司谷福印先生的陪同下来陕参观访问。同年4月12—15日,越南国家气象水文局气象专家2人在中国气象局气象中心马学款先生的陪同下来陕参观访问。同年7月18—19日,美国国家海洋大气局助理局长约翰逊将军等一行10人在中国气象局副局长郑国光、外事司司长喻纪新的陪同下来陕参观访问。同年8月6—7日,哈萨克斯坦水文气象局局长吐尔逊别克、库捷科夫等一行4人在中国气象局外事司的陪同下来陕参观访问。同年8月31日—9月2日,韩国气象厅计划局局长Park Hang Bik博士等一行8人在中国气象局外事司刘国平先生的陪同下来陕参观访。同年10月1—17日,WMO宣传事务官员Carine Richard-Van Maele女士来陕参观访问。同年11月29日,韩国农业振兴厅农业专家徐爱淑等4人在省外国专家局左长纯副秘书长的陪同下来省气象局参观访问。

2005年10月11—13日,世界气象组织六个区协中11个国家的国家气象局局长和WMO秘书处官员共12名外宾,参观陕西省气象局省级气象业务系统。

2005年10月27日—11月1日,马来西亚国家气象局局长周国基先生及夫人来西安参观访问。

图28-5　2007年8月,陕西省气象局副局长杜继稳(前排左三)率团赴俄罗斯培训考察

2006年4月9日　加拿大环球探索频道和中央电视台的工作人员在泾河基准站拍摄有关沙尘暴方面的专题节目。

2006年9月16—17日,台湾气象学会辛江霖理事长等一行19人来省气象局访问,参观了省级业务平台。同年10月17—18日,美国国家天气局副局长John Jones博士及夫人,以及美国天气官员Courtney Draggon女士等一行4人,在中国气象局国际合作司司长喻纪新的陪同下来省气象局访问,参观了省级气象业务平台、西安雷达站。

2007 年，瑞典歌德堡大学《交通气象》和以色列希伯来大学“卫星反演技术在云降水中的应用”两个引智项目成果丰硕，对全省交通气象服务和人工影响天气工作产生了很大的促进作用。

2007 年 10 月 12 日，坦桑尼亚气象局局长 Mhita 博士一行到省气象局参观业务平台。

2008 年 10 月 18—23 日，Rosenfeld 教授来陕，和省气象局科研人员一起，开展气溶胶对雷电活动影响和卫星反演云降水机制等方面的合作研究。

2009 年 6 月 10 日，德国专家克里斯蒂森安博士、赖马斯工程师一行在宝鸡市减灾办主任王志莲陪同下，到市气象局参观交流气象防灾减灾工作。考察了市气象业务服务平台、市人工影响天气指挥平台，参观了市气象文化展室，对市气象防灾减灾工作表示赞赏。

2009 年 8 月 25 日，应中国气象局局长郑国光邀请，韩国气象厅（KMA）厅长全炳成博士率韩国气象厅代表团一行 6 人来陕西西安参观访问。

2009 年 10 月 16－17 日，世界气象组织多国别考察团赴陕西省气象局进行参观考察。来自 15 个国家的国家气象局局长或高级官员，分别参观了陕西省气象局各业务平台及临潼区气象局，对陕西气象业务、科研、气象管理和气象现代化建设等内容进行了调研。陕西省气象局局长李良序、副局长杜继稳接待并陪同了考察团一行。

2009 年 12 月 24 日，越南自然资源环境部气象、水文和气候变化司副司长阮克孝（Nguyen Khac Hieu）先生为团长的越南代表团一行 6 人来西安访问。

2010 年 4 月 14—15 日，经中国气象局邀请，澳大利亚 Neville Smith 博士 2 人访问西安。

2010 年 5 月上旬，陕西省气象局副局长米天明应荷兰 Aeolis 应用气象研究服务中心、以色列科学农业部邀请，随山东省气象局代表团一行 8 人出访赴荷兰、以色列进行为期 10 天的技术交流访问，重点学习交流设施农业生产、设施农业气象服务等技术项目。

2010 年 3 月 22—26 日，由世界混农林组织、国家气候中心、德国柏林洪堡大学、陕西省经济作物气象服务台和省气候中心主办的“气候变化对果树影响评估方法”国际培训班在西安举办。

2010 年 4 月 14 日，澳大利亚气象局负责研究和系统的副局长 Neville Smith 博士和行政与国际事务处主管 Jon Gill 先生来陕西访问。

第十一篇　气象台站

气象台站是气象工作的重要阵地，是获取气象信息、开展气象活动、发展气象事业的基石。1990—2010 年，陕西气象部门在各级政府的大力支持下，不断进行气象台站基本建设，改善工作环境，全省气象台站面貌焕然一新，提升了全省气象工作。创建新的陕西省气象台，承担基本业务，设置陕西省专业气象台，负责科技服务和产业经营。

第二十九章　气象台站设置

1990—2010 年，陕西省设置省、市气象台和县级气象台站，其中省气象台一个，地市级气象台 11 个，国家级气象站 153 个。

第一节　气象台

一、陕西省气象台

1999 年 3 月，陕西省气象局实施省级气象事业单位结构调整，以原省气象台和省气候应用所为基础，整合“三大块”中第一块基本业务，新组建陕西省气象台，为基本气象业务单位（保留陕西省农业气象中心、陕西省气象档案馆），其主要职责是：承担省级天气、农业气象、气候实时指导服务产品的加工、公益、公众服务和决策服务；制作和发布全省分区天气预报和警报及西安公众天气预报和警报，为电视天气预报制作提供产品；承担省级农业气象情报、预报等常规业务；开展气候变化检测诊断，气候影响评价，气候应用及分析、咨询等公益服务；负责省级气象通信（含同城用户）常规业务和计算机中心网络的管理及维护任务；负责气候资料加工和整编及科技档案的收集、登录、管理和公益服务。

2000 年 2 月底，陕西省气象台承担了短时预报（雷达分析）业务。

2006 年 6 月，陕西省气象台气候业务划归省气候中心承担。

二、市气象台

1990—2010 年，陕西省气象部门有西安、咸阳、宝鸡、渭南、铜川、榆林、延安、汉中、安康、商洛 10 个设区市气象台和杨凌气象台。

西安市气象台于 2001 年 11 月 21 日成立，位于西安市未央路 102-1 号，海拔高度 397.5 米。

2000 年 7 月，榆林地区气象台于随榆林撤地设市，更名为榆林市气象台，台址不变。

1997 年 1 月，延安地区气象台于随延安撤地设市，更名为延安市气象台，台址不变。

1995 年 5 月，渭南地区气象台于随渭南撤地设市，更名为渭南市气象台，台址不变。

1996 年 6 月，汉中地区气象台于随汉中撤地设市，更名为汉中市气象台，台址不变。

2001 年 1 月，安康地区气象台于随安康撤地设市，更名为安康市气象台，台址不变。

1997 年 4 月，商洛地区气象台于实行台站分离，台址由东龙山迁至商州城区东新路 20 号。2001 年 1 月，撤商洛地设市，更名为商洛市气象台。2006 年 4 月，台址由商州城区东新路 20 号迁至商洛市移动路通信巷。

杨凌区气象台于 2008 年 3 月正式成立。海拔高度 506.0 米。

第二节　气象站

一、气象站分布

气象站是气象业务的基层单位，其任务主要是进行气象观测、整理、积累各种气象资料。全省共有国家级气象站153个:其中国家基准气象站6个(定边、绥德、洛川、西安、汉中、安康)，国家基本气象站29个(榆林、神木、靖边、吴起、横山、延安、延长、长武、蒲城、韩城、陇县、凤翔、太白、永寿、武功、耀县、秦都、华县、留坝、佛坪、商县、镇安、商南、宁强、石泉、镇巴、镇坪、华山、略阳)，国家一般气象站65个(府谷、佳县、子洲、吴堡、米脂、清涧、子长、志丹、安塞、甘泉、延川、宜川、富县、黄陵、黄龙、宜君、铜川、白水、澄城、合阳、富平、大荔、临渭、潼关、华阴、宝鸡、陈仓、千阳、凤县、麟游、岐山、扶风、眉县、淳化、泾阳、乾县、三原、旬邑、彬县、礼泉、兴平、长安、周至、临潼、蓝田、高陵、户县、柞水、丹凤、洛南、山阳、勉县、洋县、城固、西乡、南郑、宁陕、紫阳、汉阴、旬阳、岚皋、平利、白河、泾河、杨凌)，高空探测站4个(延安、泾河、汉中、安康)，大气成分站2个(榆林、泾河)，沙尘暴站1个(延安)，酸雨监测站15个(泾河、榆林、延安、汉中、安康、耀县、宝鸡、商州、秦都、扶风、临渭、石泉、略阳、米脂、神木)，国家一级农业气象观测站17个(榆林、绥德、洛川、延安、凤翔、咸阳、武功、旬邑、永寿、临潼、渭南、大荔、韩城、蒲城、安康、城固、商县)、二级站4个(长安、礼泉、耀县、白水)，新一代天气雷达站7个(榆林、延安、宝鸡、西安、汉中、安康、商洛)。

二、气象站站址变更

1990年1月1日，旬邑国家一般气象站由旬邑县太峪公社唐家三队迁至旬邑县太村镇屯庄村。

1991年1月1日，洛南国家一般气象站由洛南县祖师乡柳林村迁至洛南县城关镇柏槐村西塬擂鼓台。山阳国家一般气象站由山阳县十里乡鬲家村迁至山阳县城关镇西河村。吴起国家基本气象站由吴起县金佛坪行政村迁至吴起县城南宗湾子村城郊。千阳国家一般气象站由千阳县曹家塬乡村迁至千阳县城开发区2号市区，距原址直线距离6000米。

1992年1月1日，榆林国家基本气象站由南门外飞机场迁至榆林市城关肤施路。

1993年1月1日，凤县国家一般气象站由凤县桑园农场迁至凤县双石铺镇双吉之村。

1994年1月1日，扶风国家一般气象站由扶风县豆村农场迁至扶风县城关镇后沟村。

1998年1月1日，平利国家一般气象站由南门外捞钵盖山顶迁至县商贸小区。

2000年1月1日，旬阳国家一般气象站由县城关镇小河北丹凤岭山顶迁至县城关镇一居委龚家梁山顶。

2001年1月1日，大荔国家一般气象站由大荔县许庄西北乡村迁至大荔县城关凌草村。太白国家基本气象站由太白县咀头镇东南方乡村迁至太白县咀头镇东大街。丹凤国家一般气象站由丹凤县古城南岭迁至丹凤县龙驹鹿池村。长安国家一般气象站由长安县(现长安区)申店乡申店村南迁站至长安区韦曲镇南长安街。

2001年7月1日，佛坪国家基本气象站由佛坪县袁家庄镇东面山梁山顶迁至袁家庄镇城区。

2002 年 1 月 1 日，麟游国家一般气象站由县城西天台寺山顶迁至县城杜阳路九号。

2002 年 10 月 1 日，蒲城国家基本气象站观测场向北平移 23 米。

2004 年 1 月 1 日，武功国家基本气象站由武功县普集镇东郊迁至武功县普集镇长青北路。榆林国家基本气象站由榆林市城关肤施路迁至榆林阳区青云乡刘家洼山顶。

2005 年 1 月 1 日泾河国家一般气象站在西安市泾河工业园泾渭一路建成。

2006 年 1 月 1 日泾河国家一般气象站改为国家基准气候站，原西安国家基准气候站取消。

2008 年 1 月 1 日，杨凌国家一般气象站建成。

第三十章　气象台站建设

1990—2010年,陕西省气象部门针对部分基层气象台站分布在远离城市的山头、山沟、农村,气象职工的工作不便和生活条件比较艰苦等问题,在各级政府的大力支持下,逐步实施局站分设或台站搬迁。同时通过新一代天气雷达、大气监测自动气象站建设,实施气象台站综合改造。汶川特大地震后,开展了较大规模的灾后重建,全省气象台站面貌及工作环境、工作条件得到了改善。

第一节　国家投资

1990—2001年,陕西省气象部门实行气象部门与地方政府双重领导,以气象部门为主的管理体制和双重计划财务体制,事业经费、基建投资由中央财政预算拨款,中国气象局和省气象局分级管理。中国气象局对各省(区、市)气象部门实行预算拨款,缺口部分从地方财政争取和从创收中弥补。市、县级气象部门争取地方财政户头,加大地方气象服务力度,推进人工影响天气工作和为地方服务的区域站网建设列入地方财政预算。

2002—2010年,中国气象局被纳入中央部门预算试点单位,陕西省气象局在中国气象局的统一领导下,积极稳妥推进部门预算改革,预算编制采用零基预算的编制方法和“二上二下”的编制程序,从最基层的县级气象部门的四级预算开始编制,分省、市、县三级气象部门制定定员定额标准。预算安排在综合考虑历年各项收支实际情况的基础上,本着“量力而行、保证重点、兼顾一般、收支平衡”和向基层倾斜、向艰苦台站、艰苦地区倾斜的原则,保证重点支出,严格控制一般性支出,从紧编制各项支出预算,把有限的资金和项目用在事业发展最急需的方面。在预算分配上制定并公开核算定额标准,提高各级预算的透明度。2001年成立了省气象局财务核算中心,挂靠局计财处,2007年分开独立运作。省气象局财务核算中心负责本局机关及局属事业单位所有资金的会计核算;市气象局财务核算中心负责本局机关、局属事业单位及其所属县级气象局(站)所有资金的会计核算。账务处理电算化,全部经济业务(说明)均在中国气象局统一要求的电算化系统中核算。2002—2010年,逐年加大了中央预算,争取的地方户头使地方财政有了一定的投入,省市县气象部门通过专业气象服务、人影作业、防雷创收实体等增加创收;省气象局借助全国新一代雷达布网建设,启动了新一轮的全省气象台站综合改善,在西安、榆林、延安、宝鸡、汉中、安康等市新一代雷达建设带动下,50%左右的县级基层气象台站通过标校站建设,站容站貌得到了综合改善。2008—2013年,在汶川特大地震灾后恢复重建中,中央安排财政资金9688万元,省政府安排3600万元,陕西省气象局对陈仓、太白、略阳、宁强等59个基层气象台站进行了恢复重建与综合改造。

一、中央投资

陕西气象部门的中央财政预算由省气象局本级预算及其下级预算单位的预算汇总组成。中央预算包括收入预算和支出预算。收入预算包括财政补助收入、上级补助收入、事业收入、事业单位经营收入、附属单位上缴收入以及其他收入。支出预算包括基本支出、上缴上级支出、事业单位经营支出、对附属单位补助支出。

1990—2010 年，陕西气象部门总共得到财政经费 86276.39 万元。1992 年国发[1992]25 号和国办发[1997]43 号文件关于落实双重计划财务体制通知的贯彻落实，陕西气象事业费逐年增长。1990 年的财政补助收入为 843.8 万元，2000 年增加到 2323.9 万元，是 1990 年的 1.75 倍；2001 年的财政补助收入为 4351.71 万元，到 2010 年增加到 23280.88 万元，是 2001 年的 4.35 倍(表 30-1)。

表 30-1　1990—2010 年陕西省气象部门国家投资一览表

单位:万元

年份	金额	年份	金额	年份	金额
1990	843.8	1997	2245	2004	9254.56
1991	905.2	1998	3244.3	2005	10257.37
1992	1121.1	1999	3494.3	2006	9623.88
1993	1577.7	2000	2323.9	2007	12511.49
1994	2047.8	2001	4351.71	2008	19046.81
1995	2176.8	2002	5259.9	2009	24430.86
1996	2135.3	2003	11941.82	2010	23280.88

二、地方投资

1990—2010 年，陕西县级气象台站在县级财政有了户头，地方财政对气象部门的预算逐年增加，人影投入不断加大，新一代雷达建设要求中省按 2∶1 的比例投资，雷达土建部分主要由地方投资，中央财政主要投入雷达设备购置安装等，建设一部雷达地方财政投入平均达到了 2000 万元。

表 30-2　1990—2010 年陕西省气象部门事业费一览表

单位:万元

年份	金额	年份	金额	年份	金额
1990	254.1	1997		2004	3169.72
1991	60.01	1998		2005	4695.59
1992	116.91	1999	1165.3	2006	3940.59
1993	159.18	2000	691.7	2007	4871.12
1994	229.74	2001		2008	8370.08
1995	352.11	2002	1250	2009	8688.71
1996	897.8	2003	5836.26	2010	8871.95

第二节 基层气象台站建设

1989年,陕西省有63个基层气象台站(占基层气象台站总数64%)远离城区或处在交通不便的山顶上,气象职工工作、生活、就医及子女入托、上学均不方便。陕北、关中基层气象台站冬季靠煤炉采暖,陕南台站冬季无采暖设施,夏季采用风扇降温,65%的基层气象台站采用自打井供水,有的供水无保障,有的水质不符合标准;76%的基层气象台站为农用电,供电不正常,又无应急供电设施;全省气象部门人均成套住房面积3.6平方米,县气象局职工基本无成套住房;全省气象部门平均办公业务用房126平方米,办公用房结构不合理、无抗震设施、建设标准低,内部设施差,功能不完善;全省县级气象局无交通工具,单位道路多是“风天扬灰,雨天泥水”。

1990—2010年,陕西省气象部门基本建设投资9.43亿元。其中“八五”期间的1991—1995年,全省气象部门基本建设投资2596.4万元;“九五”期间的1996—2000年,全省气象部门基本建设投资1.2亿元;“十五”期间的2001—2005年,全省气象部门基本建设投资21801.56万元;“十一五”期间的2006—2010年,全省气象部门基本建设投资5.8亿元。全省气象部门共建设职工住宅用房840套、71万平方米,新建及改造业务用房2.7万平方米,职工人均使用面积达到11.8平方米,办公环境有了一定改善。

2001—2010年,陕西省气象局成立了基层气象台站综合改造领导小组,制定了《陕西省气象部门基层气象台站综合改善指导意见》,坚持“以人为本、统一规划、综合配套、多方筹资、控制规模、提高档次、分类管理”的基层气象台站综合改善思路和“经过几年建设,使全省基层气象台站面貌有较大的改善,努力使全部气象台站达到市级文明单位要求的基础设施水平,争取有50%的县局达到省级文明单位要求的基础设施标准,满足中国气象局对气象要素校准站有关基础设施的基本要求”的台站综改总体目标,抓住“十五”期间全省建设六部新一代天气雷达系统和大气监测自动化系统机遇,在对全省基层气象台站进行总体设计和科学规划的基础上,启动基层气象台站综合改造工作。各市气象局成立了项目建设领导小组及办公室,明确责任,完善制度,加强指导,配合省气象局推进基层气象台站综合改善工作。到2010年底,实施了商洛市气象局迁建、咸阳市气象局办公用房改造、西安市气象局院落配套设施改造、安康市气象局业务用房及院落环境改造以及汉中、宝鸡、延安市气象局数据楼及院落配套设施改造,启动了渭河流域气象预警中心、榆林能源化工气象中心建设,新建了杨凌气象局,实施了70个基层气象台站业务用房和辅助用房的建设改造,解决了50个气象台站冬季供暖、夏季降温设施,改造了基层气象台站院落环境及供水、供电、排污等配套设施。

1996—2000年,陕西省气象局抓住西安市北关改造机遇,在气象局东北角,即未央大道西侧和振华路南侧交汇处征地0.7亩,基建投资5454万元,建成了高22层、16744平方米的气象大厦,改善了办公条件,提升了对外形象。

2001—2005年,陕西省气象局利用布设西安、榆林、延安、宝鸡、汉中、安康市气象局多普勒雷达机遇,基建投资18273万元,建设了六部新一代雷达系统,分别修建了雷达塔楼和雷达数据楼,改善了业务环境条件。

图 30-1　2008 年 5 月，商洛市镇安县气象局气象阁及观测场建成

1990—2010 年，陕西省气象局实施了铜川市、商洛市气象局和佛坪、旬阳、丹凤、平利、太白、大荔、麟游县气象局及长安区气象局等 10 个气象台站的迁建；完成了华山、佛坪、镇坪、略阳、镇安、石泉 6 个国家级气象台站标准化改造及 50 个气象单位饮水及供电设施改造；解决了省气象局和西安市气象局职工住房问题，县气象局职工住房成套率达到了 77%。

图 30-2　2010 年 10 月，汶川地震灾后宝鸡市陈仓区气象局重建

图 30-3　2010 年 10 月，汶川地震灾后汉中市宁强县气象局重建

2006—2010 年，陕西省抓住国家“十一五”在我省建设六部新一代天气雷达、监测预警、汶川地震恢复重建等机遇，对全省基层气象台站基础设施改造进行了统一规划，按照“以人为本、统筹规划、综合配套、多方筹资、控制规模、提高档次、分类管理”的总体思路，分期分批安排台站综合改造，共实施基建项目 162 个，开展业务项目 49 个。全省台站完成了第一轮综合改造，其中，完成水暖改造 56 个台站，进行环境整治 16 个台站，完成道路、围

墙、护坡等55个台站,基建投资7288万元。2008年5月12日,四川省汶川县发生8.0级特大地震,陕西省气象部门有59个单位(含华山气象站)的办公用房、围墙、道路及办公设备受损严重,其中业务用房等受损40801平方米、危房5329平方米,受损风杆、百叶箱、EL型风向风速仪等气象仪器设备和办公设施415个(件、套),直接经济损失3581万元。地震发生后,全省气象部门利用中国气象局下拨的560万元应急恢复资金、9688万元的恢复重建资金、3600万元的省政府资金及天津、大连、厦门市气象局285万元的对口支援资金,拆除危房6843平方米,维修加固房屋57000平方米,重(新、扩)建房屋9400平方米;恢复重建业务系统,购置了450台自动气象站,升级改造了51个气象台站观测场。略阳县、宁强县、太白县、镇安县、陈仓区气象局业务办公用房及机关院落重建后成为西北地区一流气象台站。

第十二篇　气象管理

1990—2010年，陕西省气象部门继续实行中国气象局与陕西省政府双重领导、以中国气象局为主的领导管理体制，建立并完善了与双重领导管理体制相适应的双重计划财务体制。坚持改革创新，不断调整和理顺部门事业结构，改革业务体制和管理体制；不断加强气象管理，完善运行机制。通过实施《中华人民共和国气象法》和《陕西省气象条例》，陕西气象事业步入了依法管理、依法保护、依法发展的快车道。

第三十一章 气象管理体系

1990—2010 年,陕西省气象部门不断完善双重领导管理体制,建立并完善了双重计划财务体制,通过事业结构调整和多次机构改革调整,形成与事业发展相适应的气象管理体系。

第一节 管理体制

一、省气象局领导管理体制

1990—2010 年,陕西省气象部门继续实行中国气象局与陕西省政府双重领导,以中国气象局为主的领导管理体制。担负全省气象行业的管理任务。

1996 年,根据中央编办关于省(区、市)气象局主要职责的规定(中编发〔1995〕13 号),结合陕西省实际,陕西省气象局拟定了《陕西省气象局主要职责》,经陕西省机构编制委员会审核同意,省政府批准,以陕政办发(1996)90 号文件下发全省各地市及有关工作部门,明确了陕西省气象局由省政府授权,承担全省气象工作的政府行政管理职能。

2003 年 2 月,在陕西省国家气象系统机构改革后,《陕西省气象局主要职责》由陕西省机构编制委员会以陕编发〔2003〕11 号文下发全省各设区市及省政府各工作部门,明确了省气象局依法履行气象主管机构的各项职责,承担本省行政区域内气象工作的政府行政管理职能。

二、地市气象局的管理体制

1990—2010 年,陕西省设区市气象局实行省气象局与同地市政府双重领导,以省气象局为主的领导管理体制。地市气象局既是陕西省气象局的下属单位,又是地市人民政府的工作部门,承担本地市行政区域内气象工作的政府行政管理职能。

2001 年 11 月 9 日,人事部批复中国气象局,同意地方国家气象系统副省级市及地级市气象管理机构依照国家公务员制度管理。2002 年 3 月底,西安市气象局及其他 9 个地级市气象局机关,依照 2001 年全省国家气象系统机构改革中核定机关编制限额内的工作人员(不含工勤人员),实现了依照国家公务员制度进行管理的过渡。

三、县(市、区)气象局管理体制

1990—2010 年,陕西省县(市、区)气象局实行地市气象局与县(市、区)政府双重领导,以地市气象局为主的领导管理体制。县(市、区)气象局既是地市气象局的下属单位,又是县(市、区)人民政府的工作部门,承担本县(市、区)行政区区域内气象工作的政府行政管理职能。

第二节　管理机构

一、陕西省气象局

(一)内设机构

1991 年 12 月,陕西省气象局内设 7 个处室:业务发展处、科技教育处、办公室、人事处、计划财务处、政治工作处(机关党委)、监察审计室(纪检)。

1993 年 4 月,成立科技服务经营管理处,业务发展处与科技教育处合署办公;保留办公室、人事处、计划财务处、政治工作处与机关党委合署办公、监察审计室与纪检组合署办公。

1996 年 7 月,陕西省气象局实施全省气象部门机构改革,机关内设 9 个处室:办公室、业务发展处、科技教育处、计划财务处、人事劳动处、科技产业与装备处、思想政治工作处(与直属机关党委合署办公)、监察审计处(与党组纪检组合署办公)、离退休干部处。

1996 年 11 月 19 日,人事部同意各省(区、市)气象局机关工作人员依照国家公务员制度管理。1997 年 10 月,陕西省气象局完成机关人员向公务员的过渡工作,共设置 75 个职位,其中局级 7 个(领导职务 5 个,非领导职务 2 个),处级 38 个(领导职位 25 个,非领导职位 13 个),科级及以下非领导职位 30 个(主任科员 15 个,副主任科员 9 个,科员 6 个)。

2000 年 3 月 29 日,陕西省气象局科技产业与装备处更名为陕西省气象局政策法规处。

2001 年 11 月,陕西省气象局实施国家气象系统机构改革,局机关撤销了科技教育处、人事劳动处、业务发展处、思想政治工作处,内设办公室、预测减灾科技处、监测网络处、人事教育处、政策法规处、计划财务处、监察审计处 7 个职能处室和机关党委办公室(精神文明建设办公室),离退休干部处更名为离退休干部办公室。

2006 年 6 月,陕西省气象局根据《中国气象局业务技术体制改革总体方案》,对全省气象系统机构编制做出了系统调整,撤销了预测减灾科技处,成立省局科技减灾处,其他处室设置及名称不变;防雷办公室更名为防雷减灾管理办公室,挂靠政策法规处;成立发展战略研究领导小组办公室(非正式常设机构,挂靠省局办公室,抽调机关处室人员组成);撤销机关服务中心,职能划归省局后勤服务中心;省气象学会秘书处及《陕西气象》编辑部不再挂靠省局机关,挂靠省气象培训中心;重组财务结算中心,挂靠计财处;中国气象报记者站、省局网站不再挂靠省局办公室,其职能划归新闻中心。

2010 年 3 月,陕西省气象局根据中国气象局印发的《陕西省气象局内设机构调整方案》,对内设机构和人员编制进行了调整,成立了应急与减灾处,监测网络处更名为观测与网络处,科技减灾处更名为科技与预报处(气候变化处),人事教育处更名为人事处,其他处室不变。至此,省气象局内设 10 个处室:办公室、应急与减灾处、观测与网络处、科技与预报处(气候变化处)、计划财务处、人事处、政策法规处、监察审计处(与党组纪检组合署办公)、直属机关党委办公室(精神文明建设办公室)、离退休干部办公室。省气象局机关编制 73 名,设局长 1 名,副局长 3 名,内设机构处级领导职数 27 名。党组纪检组领导干部的配备等按国家和中国气象局有关规定执行。

(二)局级领导

历任主要领导简介

孙海鹰　汉族,1943年8月生,陕西合阳人,中共党员,西北大学自然地理专业大学本科毕业,高级工程师,研究员,教授,1989年7月至1994年1月任陕西省气象局党组书记、局长,1993年7月调任陕西省科学技术委员会,先后任党组书记、副主任,党组书记、主任。曾任中共陕西省第十届委员会后候补委员、政协陕西省第九届、十届常务委员会委员,陕西省八届、九届人大代表,陕西省决策咨询委员会委员兼生态环境组组长、科技组组长,2003年任国家中长期科学与技术发展规划区域专题组组长。

程廷江　汉族,1940年2月生,江苏如皋人,中共党员,南京大学气候专业大学本科毕业,高级工程师,1982年荣获"山西省劳动模范"称号,1994年1月至2000年2月任中共陕西省气象局党组书记、局长,1998年任九届陕西省人大环境与资源保护委员会副主任,1998年3月当选中共陕西省第九次党代会代表,1998年12月任第八届陕西省气象学会理事长。1994年被国务院批准享受国务院政府特殊津贴。

崔讲学　汉族,1958年11月生,陕西户县人,中共党员,南京气象学院农业气象专业大学本科毕业,中央党校经济管理专业在职研究生学历,高级工程师。2000年2月至2005年6月任中共陕西省气象局党组书记、局长,2002年5月当选中共陕西省第十次党代会代表,2002年12月任第九届陕西省气象学会理事长,任陕西省减灾协会副会长。2005年6月后调任湖北省气象局,先后任党组副书记、局长,党组书记、局长,湖北省气象学会理事长,中国气象局华中区域气象中心主任、中国气象局长江流域气象中心主任、中国气象局武汉暴雨研究所理事长。

李良序　汉族,1963年6月生,辽宁瓦房店人,中共党员,空军雷达学院雷达专业大学本科毕业,新疆农业大学环境与生态硕士学位、北京大学公共管理硕士学位,正研级高工工程师。2005年6月至2015年8月任中共陕西省气象局党组书记、局长,任第九、十届陕西省气象学会理事长,任陕西省减灾协会副会长,2008年3月任十一届陕西省人大环境与资源保护委员会副主任。1991年获全国优秀青年气象科技工作者称号,2008年获陕西省科学技术二等奖。

表 31-1 1990—2010 年陕西省气象局历任局领导一览表

姓名	职务	任职时间
孙海鹰	党组书记、局长	1989 年 7 月 1 日至 1994 年 1 月 22 日
程廷江	党组书记、局长	1994 年 1 月 22 日至 2000 年 2 月 29 日 1998 年 3 月任九届陕西省人大环境与资源保护委员会副主任
崔讲学	党组成员、副局长	1994 年 1 月 22 日至 1995 年 8 月 30 日
	党组书记、局长	2000 年 2 月 29 日至 2005 年 6 月 7 日
李良序	党组书记、局长	2005 年 6 月 7 日至 2015 年 8 月 10 日 2008 年 3 月任十一届陕西省人大环境与资源保护委员会副主任
丁　汶	党组成员、副局长	1978 年 5 月 10 日至 1994 年 1 月 22 日
胡中联	党组成员、副局长	1989 年 9 月 29 日至 2000 年 2 月 29 日 1993 年 4 月任八届陕西省人大环境与资源保护委员会副主任 1994 年 12 月任第七届陕西省气象学会理事长
	党组成员、巡视员	2000 年 2 月 29 日至 2001 年 9 月 26 日
陈洪田	党组成员、副局长	1996 年 4 月 12 日至 2005 年 6 月 7 日
	巡视员	2005 年 6 月 7 日至 2005 年 10 月 20 日 2003 年 3 月任十届陕西省人大环境与资源保护委员会副主任
胡宜品	党组成员、党组纪检组组长	1996 年 4 月 12 日至 2005 年 3 月 4 日
谢双亭	党组成员、副局长	2000 年 2 月 29 日至 2008 年 9 月 3 日
	党组成员、西安市气象局党组书记、局长	2008 年 9 月 3 日至 2011 年 12 月 21 日
翟佑安	助理巡视员	2002 年 2 月 25 日至 2006 年 7 月 26 日
党志成	党组成员、西安市气象局党组书记、局长	2002 年 2 月 25 日至 2007 年 12 月 31 日
	副巡视员	2008 年 9 月 3 日至 2010 年 1 月 11 日
郑云杰	副局长(挂职)	2002 年 4 月 9 日至 2003 年 4 月 8 日
杜继稳	党组成员、副局长	2003 年 6 月 19 日至 2011 年 4 月 15 日
赵国令	党组成员、党组纪检组组长	2005 年 7 月 28 日—
米天明	党组成员、副局长	2008 年 2 月 13 日至 2012 年 6 月 20 日
薛春芳	党组成员、副局长	2010 年 12 月 28 日—

(三)直属机关正处级领导

表 31-2　1990—2010 年陕西省气象局处级单位正职领导干部任职一览表

任职时间	任职部门	主要负责人姓名
1989年1月2日	省局人事处处长	杜广芬
1989年5月10日	省人影办常务副主任(正处级)	陈君寒
1989年12月30日	省局政工处处长	侯延秀
1990年5月14日	省气象通信台台站	乔效贤
	省局副总工兼省气象科学研究所所长	刘天适
	省气象学校校长	陈瑞生
1990年6月9日	省局办公室主任	杨武圣
	省局经营管理处处长	韩福琦
	省局业务发展处处长	杨珍林
	省局监察审计室主任	常占明
1990年7月9日	省局副总工程师	周全瑞
1990年9月28日	省局行政管理处处长	李叔平
1990年9月28日	省气候资料室主任	章企玉
1990年10月5日	省局技术装备处处长	刘伯学
1990年11月27日	省局计划财务处处长	胡宜品
1990年12月1日	省局副总工兼省农业遥感信息中心主任	徐达生
1991年9月30日	省局副总工程师	郭可义
1991年12月24日	省局业务发展处处长	崔讲学
	省局科技教育处代理处长	杨珍林
1992年4月9日	省气象台台长	陈洪田
1992年8月12日	省气象科学研究所所长	王玉玺
1992年11月10日	省局副总工兼省局业务发展处处长	崔讲学
1993年4月27日	省局办公室主任	翟佑安
	省局副总工兼省局人事处处长	崔讲学
	省气象学会秘书处秘书长	张汝鹤
	省局政治工作处处长	于富英
	省局计划财务处处长	胡宜品
	省局监察审计室主任	常占明
	省气象科技开发中心主任	杨华龙

续表

任职时间	任职部门	主要负责人姓名
1993 年 4 月 27 日	省气象科学研究所所长	王玉玺
	省气候资料室主任	章企玉
	省局技术装备处处长	李民权
	省局行政管理处处长	陈洪田
	省农业遥感信息中心主任	张向军
	省局基建办主任	陈文忠
1993 年 9 月 27 日	省人工影响天气中心副主任(正县级,主持工作)	高柏金
1995 年 2 月 20 日	省气象学校校长(培训中心主任)	周自省
	省农业遥感信息中心主任	杜继稳
1995 年 3 月 3 日	省气象台台长	谢双亭
1995 年 3 月 6 日	省局办公室主任	李长安
1995 年 3 月 6 日	省气象科学研究所所长 科技开发服务中心主任	王玉玺
1995 年 3 月 10 日	省局人事处处长	翟佑安
1996 年 5 月 22 日	省局办公室主任	李长安
	省局人事劳动处处长	翟佑安
	省局计划财务处处长	侯长青
	省局业务发展处处长	谢双亭
	省局科技教育处处长	王万瑞
1996 年 5 月 22 日	省局政治工作处处长	李叔平
	省局监察审计处处长	张汝鹤
	省局科技产业与装备处处长	李民权
	省局离退休干部处处长	牛家祥
	省气象台台长	杜继稳
	省气象科学研究所所长	李庆宝
	省农业遥感信息中心主任(省农业气象中心主任)	刘安麟
	省局后勤服务中心主任	王锋亮
	省气象技术装备中心主任	何广林
1996 年 5 月 29 日	省气象学会秘书处秘书长	王志学
1996 年 10 月 18 日	省局基建处处长	魏长礼

续表

任职时间	任职部门	主要负责人姓名
1998年1月25日	省气候应用所所长	钱蓟鸣
	省人工影响天气中心主任	樊　鹏
	省气象培训中心主任	崔明晓
1998年10月5日	省气象科学研究所所长	杨华龙
1999年3月16日	省气象台台长	杜继稳
	省专业气象服务台台长	高　智
	省气象科技开发中心主任	李民权
1999年4月30日	省局监察审计处处长	张来相
1999年7月1日	省避雷装置监测中心主任	赖学强
1999年8月26日	省局办公室主任	翟佑安
	省局业务发展处处长	李长安
	省局科技教育处处长	张来相
	省局政治工作处处长	侯长青
	省局监察审计处处长	李叔平
	省局科技产业与装备处处长	王万瑞
	省局离退休干部处处长	牛家祥
1999年8月26日	省局人事劳动处处长	谢双亭
1999年8月26日	省气象学会秘书处秘书长	何学勇
1999年8月26日	省局直属机关党委办公室主任	庞亚峰
1999年11月2日	省气象科技开发中心主任	何广林
1999年11月2日	省气象装备中心主任	郭巨学
1999年11月2日	省华云经济技术开发总公司总经理	何广林
2000年3月29日	省局政策法规处处长	王万瑞
2000年5月4日	省棉花气象服务台台长	赵国令
2000年5月4日	省经济作物气象服务台台长	杨华龙
2000年9月6日	省防雷中心主任	党志成
2001年4月9日	省局机关服务中心主任	刘延铭
2001年12月7日	省局办公室主任	何广林
	省局监测网络处处长	吕东峰
	省局预测减灾科技处处长	李长安
	省局计财财务处处长	赵国令

续表

任职时间	任职部门	主要负责人姓名
2001年12月7日	省局政策法规处处长	王万瑞
	省局机关直属党委办公室主任	张来相
	省局离退休干部办公室主任	梁立新
	省气象台台长	杜继稳
	省专业气象台台长	高　智
	省气象技术装备中心主任	周平川
	省农业气象中心主任(省农业遥感信息中心主任)	刘安麟
	省人工影响天气领导小组办公室常务副主任	樊　鹏
	省气象科学研究所所长	杨华龙
	省气象培训中心主任	胡小宁
2001年12月7日	省局党组纪检组副组长、监察审计处处长	王锋亮
2001年12月18日	省气象科技开发中心主任	刘　宇
2001年12月30日	省局人事教育处处长	王晓耕
2002年1月24日	省局机关服务中心主任(兼)	李兴茂
	省局财务结算中心主任	刘延铭
2002年3月25日	省气象科学研究所所长	余　兴
2002年12月3日	省局机关服务中心主任	郭树宝
2003年4月15日	省防雷中心主任、防雷办公室主任(兼)	庞亚峰
2004年2月4日	省局预测减灾科技处处长	赵国令
	省局计划财务处处长	高　智
	省专业气象台台长	刘　宇
2004年12月21日	省气象台台长	杨文峰
2005年2月19日	省局财务结算中心主任	李社民
2006年4月18日	省局科技减灾处处长	范建忠
2006年4月19日	省局防雷减灾管理办公室主任	雷煜辉
2006年5月23日	省局新闻中心主任	张红平
2006年6月9日	省大气探测技术保障中心主任	周平川
	省气象科技服务中心主任(省专业气象台台长)	刘　宇
2007年4月25日	省防雷中心主任	罗　慧
	省气候中心主任	姜创业
	省气象信息中心主任	陈高峰

续表

任职时间	任职部门	主要负责人姓名
2007年6月5日	省局后勤服务中心主任	刘 宏
2007年6月27日	省局财务结算中心主任(兼)	高 智
2007年11月6日	省局财务结算中心主任	李社民
2008年1月7日	省人工影响办公室主任	贺文彬
2008年1月29日	省局离退休办公室主任	周平川
2008年1月29日	省大气探测技术保障中心主任	张世昌
2008年5月20日	省经济作物气象台台长	杜 军
2008年12月28日	省局办公室主任	杜毓龙
2008年12月28日	省局监测网络处处长	薛春芳
	省局科技减灾处处长	罗 慧
	省局计划财务处处长	吕东峰
	省局政策法规处处长	王锋亮
	省局监察审计处处长	高 智
	省局直属机关党委办公室主任(省局精神文明办公室)	王万瑞
	省局离退休干部办公室主任	何广林
	省气象科技服务中心主任(省专业气象台台长)	白光弼
	省农业遥感信息中心主任	范建忠
	省防雷中心主任	刘 宏
	省局后勤服务中心主任	贾金海
2009年2月6日	省经济作物气象台台长	王景红
2010年3月12日	省局观测与网络处处长	薛春芳
	省局应急与减灾处处长	罗 慧
	省局科技与预报处处长	杨文峰
	省局人事处处长	王晓耕

二、地市气象局

(一)内设机构

1990年4月,西安、延安、宝鸡、汉中、安康、榆林、咸阳、渭南地(市)气象局下设办公室、政工科、业务科、服务科;铜川市、商洛地区气象局下设政办科、业务科、服务科。

1992年9月,全省各地(市)气象局内设机构统一为综合办公室、业务管理科。

1996年机构改革,榆林、延安、咸阳、宝鸡、渭南、汉中、安康地(市)气象局设置办公室、业务管理科、计划财务科、人事政工科、科技产业科;商洛地区气象局、西安市气象局设置办公室（与人事政工科合署办公）、业务管理科、计划财务科、科技产业科；铜川市气象局设置办公室（与人事政工科、计划财务科合署办公）业务管理科、科技产业科。

2001 年底国家气象系统机构改革，西安市气象局确定为副厅级，机关内设办公室（人事教育处、监察审计处）、业务科技处、计划财务处、政策法规处；延安、宝鸡、汉中、安康、榆林、咸阳、渭南市气象局内设办公室（人事教育科）、业务科技科、计划财务科、政策法规科；铜川、商洛市气象局设置办公室（人事教育科、计划财务科）、业务科技科、政策法规科。

2002 年 4 月，经陕西省人事厅同意，西安市气象局及地市级气象管理机构依照国家公务员制度管理工作开始实施。西安市气象局（副省级市气象局）编制 21 人，其中局级 5 个（领导职务 4 个，非领导职务 1 个），处级 11 个（领导职务 7 个，非领导职务 4 个），科级及以下非领导职务 5 人；榆林、延安、宝鸡、咸阳、渭南、汉中、安康 7 个市气象局编制 19 人，其中处级 5 个（其中领导职务 4 个，非领导职务 1 个），科级 11 个（其中领导职务 7 个，非领导职务 4 个），科员及以下非领导职务 3 个；商洛市气象局编制 18 人，铜川市气象局编制 17 人，其中处级 5 个，科级 9 个，科员及以下非领导职务分别为 4 个和 3 个。此次全省市级气象局公务员过渡 175 人（编制 189 名），其中副厅局级 1 人，正处级 12 人，副处级 32 人，正科级 45 人；大专以上学历 112 人，占 64%；中共党员 124 人，占 70.9%。

2006 年 4 月，中国气象局批复，同意设立杨凌气象局，履行杨凌示范区行政区域内气象主管机构的法定职责并承担有关气象业务、服务工作，实行陕西省气象局与示范区管委会双重领导，以陕西省气象局领导为主的管理体制，机构规格为正处级。内设办公室，下设杨凌气象科技服务中心，为局直属事业单位，人员编制 15 名，其中机关编制 6 名，业务人员编制 9 名。

2006 年，公务员法实施，陕西省气象局、西安市气象局及地市气象局由依照国家公务员制度管理改为参照国家公务员制度管理。

（二）局级领导

表 31-3　1990—2010 年陕西省地市级气象局正职领导干部任职一览表

单位	姓名	任职时间
榆林	高柏金	1990 年 3 月 26 日至 1993 年 9 月 27 日
	魏长礼	1994 年 1 月 10 日至 1996 年 9 月 27 日
	马荣明	1996 年 9 月 27 日至 1997 年 11 月 28 日主持工作，1997 年 11 月 28 日至 2001 年 10 月 13 日
	张永祥	2001 年 10 月 13 日至 2002 年 3 月 7 日主持工作，2002 年 3 月 7 日至 2003 年 8 月 12 日
	贺文彬	2003 年 8 月 12 日至 2007 年 12 月 12 日
	李社宏	2007 年 12 月 12 日至 2011 年 1 月 26 日

续表

单位	姓名	任职时间
延安	万兆忠	1990年9月28日至2001年8月16日
	杜毓龙	2001年8月16日至2008年12月28日
	申志珍	2009年2月6日至2013年2月25日任党组书记
	苏长年	2009年8月11日至2012年1月6日任党组副书记、局长
铜川	黄怀义	1991年11月6日至1997年12月2日
	袁　明	1997年12月2日至1999年6月21日主持工作,1999年6月21日至2007年12月12日
	苏长年	2007年12月12日至2009年8月11日
	吴宁强	2009年8月11日至2015年2月16日
宝鸡	李民权	1984年4月6日至1993年4月27日
	王长生	1993年8月28日至1995年3月16日主持工作,1995年3月16日至1997年7月10日
	刘世泰	1997年7月10日至2006年4月7日
	年启华	2006年4月7日至2011年2月28日
	陈卫东	2009年6月5日至2015年1月12日
咸阳	刘建华	1984年8月4日至1992年2月20日
	刘耀武	1992年2月20日至1998年6月29日
	郭巨学	1998年6月29日至1999年11月2日
	李社民	1999年11月2日至2005年1月7日
	赵西社	2005年1月7日至2013年1月21日
西安	庞正宽	1989年7月20日至1993年4月27日
	张来相	1993年5月21日至1995年2月14日主持工作,1995年2月14日至1999年4月30日
	李远弟	1999年5月至2001年12月任党组书记
	党志成	2001年11月26日至2002年2月25日主持工作,2002年2月25日至2008年9月3日
	谢双亭	2008年9月至2011年12月
渭南	窦生权	1984年4月6日至1997年12月2日
	赵国令	1997年12月2日至2000年9月11日
	庞亚峰	2000年9月11日至2003年3月28日
	贾金海	2003年3月28日至2008年12月28日
	段昌辉	2008年12月28日至2011年12月1日

续表

单位	姓名	任职时间
汉中	向永贵	1990 年 3 月 26 日至 1997 年 12 月 2 日
	刘　宇	1997 年 12 月 2 日至 2001 年 12 月 18 日
	王国栋	2001 年 12 月 18 日至 2003 年 3 月 10 日主持，2008 年 1 月 28 日至 2013 年 12 月 18 日
	张世昌	2003 年 3 月 10 日至 2008 年 1 月 28 日
安康	刘堂平	1989 年 6 月 7 日至 1991 年 5 月 22 日主持工作，1991 年 5 月 22 日至 2001 年 1 月 31 日
	赵西社	2001 年 1 月 31 日至 2002 年 3 月 7 日主持工作，2002 年 3 月 7 日至 2005 年 1 月 25 日
	李玉文	2005 年 1 月 25 日至 2009 年 9 月 18 日
	黄存英	2006 年 4 月 7 日至 2008 年 5 月 1 日任党组书记
	石明生	2009 年 9 月 18 日至 2010 年 5 月 10 日主持工作，2010 年 5 月 10 日—2012 年 1 月 11 日
商洛	胡荣才	1989 年 11 月 27 日至 1993 年 8 月 28 日
	张道贵	1993 年 8 月 28 日至 1995 年 1 月 23 日主持工作
	刘文亚	1995 年 1 月 23 日至 2002 年 7 月 12 日
	年启华	2002 年 7 月 12 日至 2006 年 4 月 10 日
	白光弼	2006 年 4 月 10 日至 2008 年 12 月 26 日
	杜　军	2008 年 12 月 26 日至 2014 年 3 月 25 日
杨凌	段昌辉	2007 年 9 月 6 日至 2008 年 12 月 28 日
	贺安乾	2009 年 2 月 6 日至 2012 年 1 月 6 日

三、县(市、区)气象局

从 1990 年 1 月起，陕西省各县气象站改称县气象局。

1990—2010 年，陕西省县(市、区)气象局实行局站合一、政事合一，未统一设置内设机构和下属单位，在岗位设置上不搞一事一职，实行一专多能。县(市、区)气象局机构规格仍为正科级(其中，西安市的区局为正处级)。全省设县(市、区)气象局 96 个。

表 31-4 1990—2010 年陕西省设置县级气象局的县(市、区)一览表

单位:个

管辖市	数量	名称
西安市	6	临潼区、长安区、蓝田县、周至县、户县、高陵县
铜川市	3	耀州区、宜君县、王益区
宝鸡市	11	渭滨区、陈仓区、凤翔县、岐山县、扶风县、眉县、陇县、千阳县、麟游县、凤县、太白县
咸阳市	12	秦都区、三原县、泾阳县、乾县、礼泉县、永寿县、彬县、长武县、旬邑县、淳化县、武功县、兴平市
渭南市	11	临渭区、华县、潼关县、大荔县、合阳县、澄城县、蒲城县、白水县、富平县、韩城市、华阴市
延安市	13	宝塔区、延长县、延川县、子长县、安塞县、志丹县、吴起县、甘泉县、富县、洛川县、宜川县、黄龙县、黄陵县
汉中市	11	汉台区、南郑县、城固县、洋县、西乡县、勉县、宁强县、略阳县、镇巴县、留坝县、佛坪县
榆林市	12	榆阳区、神木县、府谷县、定边县、横山县、靖边县、、绥德县、米脂县、佳县、吴堡县、清涧县、子洲县
安康市	10	汉滨区、汉阴县、石泉县、宁陕县、紫阳县、岚皋县、平利县、镇坪县、旬阳县、白河县
商洛市	7	商州区、洛南县、丹凤县、商南县、山阳县、镇安县、柞水县
合　计	96	

第三节　事业机构

一、省级气象事业机构

(一)陕西省气象台

1992 年 4 月,陕西省气象局为了加快内部结构调整,促进气象业务现代化建设,将省气象台与省气象通讯台合并,重组了陕西省气象台。省气象台在承担原有工作的基础上,增加了省际、省内气象通信工作。1993 年 12 月,省气象台的内机构设置为办公室、业务科、短期室、中期室、长期室、短时室、西安预报室、天气研究室、信息科、计算机通信网络中心和声像室等共计 11 个科室,全台共计 128 人。

1996 年,陕西省气象台按照中国气象局和陕西省气象局在机构改革中确定的气象事业结构“三大块”原则,设立第一块,为基本业务部分,包括办公室、业务科、长期预报科、中期预报科、短期预报科、天气研究与新技术开发室、信息科、运行科；第二块为科技服务部分，包括专业预报科、雷达科、服务科、公关科；第三块为产业经营部分，即气象广告公司。

1999 年 3 月，陕西省气象局在结构调整中，以原省气象台和省气候应用所为基础，整合“三大块”中第一块基本业务，组建新的陕西省气象台为基本气象业务单位（保留陕西省农业气象中心、陕西省气象档案馆的牌子）。

2000 年底，陕西省气象台内设科级机构 9 个，即办公室、决策服务科、短时预报科、中短期预报科、气候农气科、天气研究与新技术开发科、通信网络科、资料审核科、档案服务科，人员编制核定 82 名。省气象台承担的西安地区天气预报制作发布工作交由西安市气象台承担，省气象信息网络中心业务暂由省气象台承担。

2006 年，陕西省气象局在业务技术体制改革中，将省气象台气候业务划归省气候中心，重新组建了陕西省气象台，为天气轨道业务的牵头单位。

（二）陕西省气象科学研究所（陕西省气象科技创新基地）

1996 年，全省气象部门机构改革，陕西省气象局气象科学研究所职责确定为承担以气候、农业气象研究为重点的课题任务；负责向省市领导机关提供涉及农业生产布局、重大工程建设等所需的气候依据；开展农业气象分析和预报研究；承担大气污染环境气象条件研究以及大气环境评价工作。内设机构 6 个，核定编制 41 名。

2001 年，全省国家气象系统实施机构改革，根据《中国气象局科研机构改革实施方案》的精神，省气象科学研究所按照科技创新基地的形式进行了重组，创新基地设办公室和开放实验室，办公室承担基地的日常管理任务，开放实验室承担科研课题的研究、开发、试用转化任务；创新基地管理升级的所有纵向科研课题（包括科技部、省科技厅、中国气象局、省气象局下达的所有科研课题）；创新基地的开放实验室实行与省气象局各直属业务单位联合共建的方式，各单位主要领导兼任开放实验室的主任，先期设立和启动天气与气候研究开放实验室、人工影响天气研究开放实验室、生态遥感研究开放实验室；创新基地实行固定岗位和流动岗位相结合的办法，办公室设固定岗位，流动岗位不定编制，人数根据科研课题而定。2002 年 3 月，陕西省气象科技创新基地依照《陕西省气象科技创新基地组建实施方案》（陕气发〔2002〕47 号）重新组建。

2006 年 6 月，业务技术体制改革中保留陕西省气象科学研究所，加挂陕西省气象科技创新基地牌子，牵头省气象科技创新体系的具体组织工作。牵头开展气象应用研究、技术开发和技术推广工作，支持多轨道研究型业务的发展；承担省气象局科技创新基地的日常运行管理工作；承担气象科技情报的收集交流和服务工作；管理省气象局图书阅览室；编制 12 名。省气象科学研究所承担的大气质量环境评价业务调整至新成立的直属单位陕西省气候中心承担。2009 年 6 月，组建陕西省大气环境业务研发创新团队时，给陕西省气象科学研究所增加编制 1 名。

（三）陕西省大气探测技术保障中心

1990 年 10 月，陕西省气象局物资器材处改为陕西省气象局技术装备处。1992 年 7 月，国家气象局西安储运站撤销，并入技术装备处。1993 年，改称陕西省气象技术装备处。1996 年气象部门机构改革中更名为陕西省气象技术装备中心，承担全省气象部门技术装备保障业务；负责全省气象装备器材的供应和气象仪器的检定、检修工作，管理职能交由新成立的省气象局科技产业与装备处负责。2000年11月起,实行全员聘用制。2001年底,全省国家气象系统实施机构改革,省气象技术装备中心内设科级机构5个,即办公室、器材供应科、计量检定所、技术保障科、科技服务部,核定编制33名。2006年业务技术体制改革中将陕西省气象技术装备中心更名为陕西省大气探测技术保障中心,负责制定全省气象技术装备年度器材供应计划,经省气象局批准后组织实施;承担政府采购设备的调拨管理及全省气象台站器材供应;负责全省探测设备运行监控工作;负责全省气象技术装备保障业务;开展新仪器开发试验和技术服务;负责全省气象技术装备的计量、现场标校和气象标准量值传递任务;负责对省级大气探测技术保障分中心及各地、市保障机构的技术指导;参与新型气象技术装备的选型、论证和现代化建设项目的论证、实施;依托气象技术装备优势,开展社会气象技术装备科技服务;编制36名。

(四)陕西省气象局后勤服务中心

1990年—1996年5月,陕西省气象局后勤工作由省局行政管理处承担,1996年5月省气象局行政管理处撤销,成立省气象局后勤服务中心。1992年8月,陕西省人民政府农业办公室批准成立华云经济技术开发总公司;1999年3月,陕西省省级气象事业单位结构调整时撤销省气象局后勤服务中心,成立陕西省气象科技开发中心,为省气象局承担科技产业和后勤工作任务的县(处)级事业单位,该单位对外经营仍用陕西省华云经济技术开发总公司的牌子,内部管理实行董事会领导下的总经理负责制。2000年11月起,实行全员聘用制。2001年底全省国家气象系统实施机构改革,省气象科技开发中心与陕西华云经济技术开发总公司实现"两块牌子,一个机构,一套人员",内设科级机构6个,即办公室、气象物业管理中心、气象影视中心、华云信息台、保卫科、国有资产运营中心,核定编制75名。

2006年业务技术体制改革中,陕西省气象局将陕西省气象科技开发中心更名为陕西省气象局后勤服务中心,将其承担的气象影视宣传、省电视台驻气象系统记者站任务调整到省气象科技服务中心(省专业气象台)。省气象局后勤服务中心承担省气象局直属机关后勤管理及服务、物业管理、综合治安管理;负责气象宾馆经营;负责省气象局房地产的运营管理及开发;负责省气象局安全保卫及消防工作;负责省气象局直属机关国有资产(不动产)管理和房产管理;负责省气象局直属机关房改工作;承担省气象局机关车辆管理及内外事接待服务等工作;编制45名。

(五)陕西省气象科技服务中心(陕西省专业气象台)

1999年3月,陕西省省级气象事业单位结构调整,以原省气象台和省气候应用所二、三块业务(科技服务和产业经营)为基础,组建陕西省专业气象台,为省气象局从事气象科技服务的直属事业单位,其主要职责是:负责陕西气象广告公司的具体业务任务,承担省级电视台天气预报节目制作及"气象与导游"的制作任务;负责省级及西安地区专业、专项气象预报(含森林火险预报)的开发、制作和服务及"121"电话信息服务任务;负责西安地区传呼台天气预报服务业务;负责713雷达维修并向省气象台提供天气雷达信息和短时指导预报产品;承担彩球广告服务任务。2000年2月底,省专业气象台的短时预报(雷达分析)业务划归省气象台承担。2000年11月起,实行全员聘用制。2001年底全省国家气象系统实施机构改革,省专业气象台内设科级机构8个,即办公室、业务部、信息咨询部、媒体服务部、专业服务部、科技教育部、印刷部、彩球部,核定编制62名;省专业气象服务台更名为省专业气象台,省专业气象台承担的广告业务交由省气象局直属独立企业“陕西省气象广告公司承担”。2006 年业务技术体制改革中，将陕西省专业气象台更名为陕西省气象科技服务中心(陕西省专业气象台)。成立“陕西省气象局新闻中心”(无级别)，挂靠省气象科技服务中心(省专业气象台)，承担省气象局新闻宣传、信息宣传、气象防灾减灾宣传报道工作；承担中国气象报驻陕西记者站、陕西电视台驻气象系统记者站及省气象局网站的工作。

2009 年 1 月，陕西省气象局集约整合电视天气预报制作、气象影视、气象门户网站公共气象信息服务及新闻宣传等职责，组建了陕西省气象影视和宣传中心(无级别非法人事业机构)，挂靠省气象科技服务中心，独立运行，并同省气象广告公司实行一套人员、两块牌子，省气象科技服务中心(省专业气象台)及省气象影视和宣传中心共核定编制 65 名。

(六)陕西省气象培训中心

1996 年机构改革中，陕西省气象局设立了陕西省气象培训中心(陕西省气象学校)，负责全省气象专业技术岗位和气象新技术培训教育；承担气象高等函授辅导站教学辅导和管理工作。

2001 年底，陕西省气象局按照《地方国家气象系统机构改革实施方案》，撤销科教处，人事劳动处更名为人事教育处，职工教育、培训的组织管理工作由人事教育处负责；省气象培训中心同省气象学校分离，单独成立了省气象局气象培训中心，培训地点放在新建的陕西气象大厦内，省气象局投资 13 万元装修了 2 个 100 平方米的教室，投资 10 万元购置了比较先进的教学用具，开通了气象远程教育培训系统。2006 年业务技术体制改革中，保留陕西省气象培训中心，承担全省气象部门职工岗位培训工作；组织管理全省气象部门远程教育培训工作；承担陕西省气象学会秘书处及《陕西气象》编辑部的工作。编制 10 名。

(七)陕西省气候中心

2006 年 6 月业务技术体制改革中，陕西省气象局将省气象台的气候业务及省气象科学研究所的大气成分业务整合，首次组建了陕西省气候中心，为省级气候轨道、大气成分轨道业务牵头单位。开展气候监测与诊断业务及短期气候预测服务业务；开展国家和区域气候模式在本省的应用和检验；负责全省气候资源的开发应用业务；负责全省气候评价、论证工作；负责全省气候灾害的调查与评估；开展气候变化研究与应用服务；负责省级大气成分轨道业务设计；在中国气象局大气成分观测与服务中心指导下开展大气成分预报服务业务；开展全省大气环境容量核定及区域大气污染评价；发布全省大气污染浓度预报、警报；开展环境影响评价业务。编制 25 名，内设办公室、气候预测科、气候监测与评估科、气候变化科、技术研发科、气候应用科等 6 个科室，实行全员聘用制。

(八)陕西省气象信息中心

1996 年，全省气象部门机构改革中，陕西省气象局设立了陕西省气象信息中心，2001 年国家气象系统机构改革中，设立了陕西省气象信息网络中心，但在实际运作中，气象信息中心和气象信息网络中心的业务一直由省气象台承担，未独立运行。

2006 年 6 月业务技术体制改革中，陕西省气象信息中心独立运行，承担全省基本气象观测资料的质量控制、存储、数据共享业务及管理；承担向国家气象信息中心进行资料汇交；承担全省气象信息网络运行监控管理与维护业务；承担本省天基、空基、地基气象观测数据、气象情报分析产品的收集和分发业务；负责本省航空报、危险报的收集分发业务；负责省级计算机资源、网络和有关业务网站资源运行管理及维护；承担省气象档案馆工作；开展网络、信息共享与数据库技术开发工作。编制40名，内设办公室、通信网络监控科、技术开发保障科、数据资源科(档案科)、数据质量控制科5个科室，实行全员聘用制。

(九)陕西省气象局财务核算中心

2007年6月，陕西省气象局为进一步加强本级财务管理和监督，按照中国气象局组建财务核算中心的要求，撤销原陕西省气象局财务结算中心(无级别)，组建陕西省气象局财务核算中心，规格为正县(处)级，负责陕西省气象局机关及陕西省气象局各直属单位、企业(包括省气象局和省气象局各直属单位所办企业)所有资金的会计核算，编制有关财务报表，拟定财务核算管理办法，制定和完善内务管理、内部控制制度；承办核算单位资产购置、调入、调出、租赁等国有资产管理的会计手续；建立固定资产明细账；承担风险各单位财务状况、资金运行中存在的问题等工作。编制15名，实行全员聘用制。

二、市级气象事业机构

1996年机构改革，地市气象局为单设事业机构，气象台按内设机构设置，承担高空探测业务的地市局可设立高空探测站。

2001年起，陕西省气象部门设区市气象局直属业务单位按不超过4个设置。2006年起，省级大气探测技术保障分中心所在市气象局可多设1个直属业务单位。

2006年后，地市气象局直属单位一般设置为气象台、气象科技服务中心、气象技术保障中心、防雷中心，其中延安市气象局、汉中市气象局作为省级大气探测技术保障分中心，多设一个直属业务单位。杨凌气象局下设一个直属业务单位，为杨凌气象科技服务中心。

三、县级事业机构

陕西省气象局设104个县级气象局站(台)。其中，除华山国家气象观测站、泾河国家气象观测站外，其他独立设置在县级行政区域的国家气候观象台和国家气象观测站与所在行政区域的县级气象局实行局站(台)合一、政事合一。依法履行县级气象主管机构的各项职责并承担气象业务、服务工作。

四、省级地方气象事业机构

(一)陕西省人工影响天气中心

1989年4月，陕西省人民政府农业办公室发出通知，决定成立陕西省人工影响天气工作领导小组，负责制定人工影响天气工作的方针政策；审查人工影响天气工作的计划、发展规划和工作总结；审查人工影响天气的经费计划和决算；组织协调各部门共同完成人工影响天气工作的目标。领导小组由省政府农业办公室、省计划委员会、省军区、省公安厅、省农牧厅、省水利水保厅、省财政厅、省石油化学工业厅、省物资局、省邮电管理局、省商业厅、空军某部、民航西北管理局、省保险公司、省气象局等15个单位的领导组成，省政府农业办公室主任王荣庆任领导小组组长，省气象局局长马鹤年、空军某部领导为副组长，领导小组下设办公室，设在省气象局，负责全省人工增雨、防雹的日常管理、组织工作。

1993年5月，陕西省政府将陕西省人工影响天气领导小组办公室更名为陕西省人工影响天气中心，仍设在陕西省气象局。

1997年，为了加强对人工影响天气工作的领导，成立陕西省人工影响天气领导小组，由王寿森副省长任组长，省政府副秘书长黄广文和省气象局程廷江为副组长，成员由省水利厅、省财政厅、省农业厅、省计划委员会、省科学技术委员会、省军区、空军西安基地、省保险公司、省气象局领导组成。领导小组办公室设在省气象局，办公室主任由省气象局副局长胡中联兼任，原省人工影响天气中心撤销。

2000年4月，陕西省机构编制委员会同意将陕西省人工影响天气领导小组办公室的20名人员编制和全额拨款经费形式均纳入地方编制和经费管理，机构规格仍维持正县(处)级具有管理职能的事业单位。2000年11月起，实行全员聘用制。

（二）陕西省农业遥感信息中心

1990年1月，陕西省人民政府成立陕西省农业遥感信息中心，由陕西省气象局和陕西省计划委员会双重领导，挂靠在陕西省气象局，其主要职责是运用现代卫星遥感和现代通信等高科技手段，为政府部门加强农业宏观管理和科学决策提供依据。2000年4月，陕西省机构编制委员会同意将陕西省农业遥感信息中心的25名人员编制和全额拨款经费形式均纳入地方编制和经费管理，机构规格仍维持正县(处)级。2000年11月起，实行全员聘用制。2001年底全省国家气象系统机构改革，省农业气象中心的牌子保留在省农业遥感信息中心。2006年业务技术体制改革，中国气象局撤销陕西省农业气象中心。省农业遥感信息中心承担部分生态与农业气象轨道业务。

（三）陕西省防雷中心

1990年10月，陕西省安全委员会、陕西省公安厅、陕西省气象局、陕西省保险公司联合发文成立陕西省气象局避雷装置检测中心，负责组织实施全省境内的避雷装置监测管理工作。1999年1月22日，陕西省机构编制委员会批准成立陕西省防雷中心，为省气象局管理的县(处)级事业单位，人员编制23名。经费自收自支。2000年9月，为了进一步理顺西安市区的防雷工作关系，提高防雷工作的整体效益，陕西省气象局重新组建陕西省防雷中心，内设办公室、西安雷电检测所、防雷电工程部，负责防雷电工程设计、审核、安装以及技术指导，承担西安市区防雷电检测工作。2000年9月，陕西省人民政府成立陕西省防雷减灾工作领导小组，组长为省政府副秘书长刘孝文，副组长为省气象局局长崔讲学，成员由省公安厅、省建设厅、省质量技术监督局、省气象局等单位领导组成。领导小组在省气象局设办公室，挂靠省气象局科技产业与技术装备处，行使对全省防雷工作的管理职能，省防雷中心不再承担省气象局赋予的全省防雷电工程设计、施工及检测工作的管理职能。2000年11月起，实行全员聘用制。

（四）陕西省经济作物气象服务台

1990年9月，陕西省人民政府批准成立陕西省棉花气象服务台，挂靠省气象局，任务是开展棉花系列化综合服务。2000年4月，为进一步拓展气象为农业服务的领域，增加服务内容，经省编制委员会同意，省棉花气象服务台更名为陕西省经济作物气象服务台，18名人员编制和全额拨款经费形式纳入地方编制和经费管理。2000年11月起，实行全员聘用制。

2006年业务技术体制改革，省经济作物气象台承担部分生态与农业气象轨道业务。

五、市、县地方气象事业机构

1990—2010年，是陕西省地方气象事业机构从无到有、从少到多发展的时期，市、县人民政府相继批准设立一批人工影响天气、雷电灾害防御等地方气象事业机构，由国家级气象主管机构代管，协同做好气象服务和防灾减灾工作。

表31-5 1990—2010年陕西省地方气象事业单位设置一览表

单位:个

批准机关	机构名称	批 准 编制数	经费形式
陕西省机构编制委员会	陕西省农业遥感信息中心	27	全额拨款
陕西省机构编制委员会	陕西省人工影响天气小组办公室	23	全额拨款
陕西省机构编制委员会	陕西省经济作物气象服务台	20	全额拨款
陕西省机构编制委员会	陕西省防雷中心	25	自收自支
榆林市机构编制委员会	榆林市人工影响天气领导小组办公室	7	全额拨款
榆林市机构编制委员会	神木县人工影响天气领导小组办公室	2	全额拨款
榆林市机构编制委员会	府谷县人工影响天气领导小组办公室	2	全额拨款
榆林市机构编制委员会	佳县人工影响天气领导小组办公室	2	全额拨款
榆林市机构编制委员会	米脂县人工影响天气领导小组办公室	2	全额拨款
榆林市机构编制委员会	吴堡县人工影响天气领导小组办公室	2	全额拨款
榆林市机构编制委员会	清涧县人工影响天气领导小组办公室	2	全额拨款
榆林市机构编制委员会	绥德县人工影响天气领导小组办公室	2	全额拨款
榆林市机构编制委员会	榆阳县人工影响天气领导小组办公室	3	全额拨款
榆林市机构编制委员会	定边县人工影响天气领导小组办公室	3	全额拨款
榆林市机构编制委员会	靖边县人工影响天气领导小组办公室	3	全额拨款
榆林市机构编制委员会	子洲县人工影响天气领导小组办公室	3	全额拨款
横山县机构编制委员会	横山县人工影响天气领导小组办公室	5	全额拨款
延安市机构编制委员会	延安市农业气象服务中心	6	延安市财政全额拨款
延安市宝塔区机构编制委员会	延安市宝塔区农业气象服务中心	3	财政补助
洛川县人民政府	洛川县人工影响天气办公室	10	县财政全额拨款
延长县机构编制委员会	延长县人工影响天气办公室	2	全额拨款
富县机构编制委员会	富县人工影响天气办公室		财政补助
铜川市机构编制委员会	铜川市防雷中心	8	自收自支
铜川市耀州区机构编制委员会	铜川市耀州区人工影响天气工作站	2	全额拨款
王益区人民政府办公室	铜川市王益区人工影响天气领导小组		财政补助
咸阳市机构编制委员会	咸阳市农业遥感信息中心		财政补助
咸阳市机构编制委员会	咸阳市防雹指挥部		财政补助

续表

批准机关	机构名称	批　准 编制数	经费形式
咸阳市机构编制委员会	咸阳市防雷中心		经费自理
泾阳县人民政府办公室	泾阳县人工影响天气领导小组办公室		全额拨款
武功县人民政府办公室	武功县人工影响天气领导小组办公室		全额拨款
兴平市人民政府办公室	兴平县人工影响天气领导小组办公室		全额拨款
秦都区人民政府办公室	秦都区人工影响天气领导小组办公室		全额拨款
乾县人民政府办公室	乾县人工影响天气领导小组办公室		全额拨款
彬县人民政府办公室	彬县人工影响天气领导小组办公室	5	全额拨款
长武县人民政府办公室	长武人工影响天气领导小组办公室	11	全额拨款
淳化县人民政府办公室	淳化人工影响天气领导小组办公室	9	全额拨款
永寿县人民政府办公室	永寿人工影响天气领导小组办公室		全额拨款
三原县人民政府办公室	三原县人工影响天气领导小组办公室		全额拨款
旬邑县人民政府办公室	旬邑县人工影响天气领导小组办公室	12	全额拨款
礼泉县人民政府办公室	礼泉县人工影响天气领导小组办公室		全额拨款
西安市人民政府办公厅	西安市人工影响天气领导小组办公室	0	项目资助
西安市人民政府办公厅	西安市防雷减灾领导小组办公室	0	项目资助
西安市临潼区人民政府办公室	西安市临潼区人工影响天气领导小组	0	项目资助
周至县人民政府	周至县防雷减灾工作领导小组	0	项目资助
周至县人民政府	周至县人工影响天气工作领导小组	0	项目资助
西安市长安区人民政府	西安市长安区人工影响天气办公室	0	项目资助
蓝田县人民政府	蓝田县人工影响天气办公室	0	项目资助
户县人民政府	户县人工影响天气办公室	0	项目资助
渭南市机构编制委员会	渭南市雷电预警防护中心	8	自收自支
韩城市机构编制委员会	韩城市雷电预警防护中心	5	自收自支
合阳县机构编制委员会	合阳县人工影响天气工作领导小组办公室	5	全额拨款
渭南市机构编制委员会	合阳县防雷中心	4	自收自支
蒲城县机构编制委员会	蒲城县人工影响天气管理办公室	4	全额拨款
蒲城县机构编制委员会	蒲城县雷电预警防护中心	5	事业单位
大荔县机构编制委员会	大荔县人工影响天气办公室	3	全额拨款
潼关县机构编制委员会	潼关县人工影响天气管理办公室	3	全额拨款
潼关县机构编制委员会	潼关县雷电预警防护中心	3	自收自支

续表

批准机关	机构名称	批准编制数	经费形式
汉中市机构编制委员会	汉中市人工影响天气办公室	4	全额拨款
汉中市机构编制委员会	汉中市防雷中心	13	自收自支
汉阴县机构编制委员会	汉阴县人工影响天气办公室	1	县财政划拨
白河县机构编制委员会	白河县人工影响天气办公室	1	(暂无经费)
商洛市机构编制委员会办公室	市县区人工影响天气领导小组办公室	7	全额拨款
商洛市机构编制委员会办公室	镇安县人工影响天气领导小组办公室	5	全额拨款
商洛市机构编制委员会办公室	洛南县人工影响天气领导小组办公室	4	全额拨款
商洛市机构编制委员会办公室	山阳县人工影响天气领导小组办公室	3	全额拨款
商洛市机构编制委员会办公室	商州区人工影响天气领导小组办公室	3	全额拨款
商洛市机构编制委员会办公室	柞水县人工影响天气领导小组办公室	3	全额拨款
商洛市机构编制委员会办公室	丹凤县人工影响天气领导小组办公室	3	全额拨款
商洛市机构编制委员会办公室	商南县人工影响天气领导小组办公室	3	全额拨款

第三十二章　气象人事管理

1990—2010年，陕西省气象部门在人员编制缩减10%的情况下，通过实施“人才强局”战略，推进省、市气象局机关人员参照公务员法管理，不断加强人才培养，规范人事管理，人才结构不断地优化，人才素质明显提升。

第一节　职工队伍

一、职工人数

1990年，陕西气象部门在职职工2133人。到2010年底，陕西气象部门在职职工1830人，其中参照公务员管理251人，事业工作人员1579人；离休人员25人，退休人员839人，编外职工798人。

二、职称学历

1990年，陕西气象部门在岗职工中1683人获得专业技术职称，占职工总数的79.6%，其中高级职称39人、中级职称497人、初级职称1147人。到2010年末，陕西气象部门在职职工中具有本科以上学历950人，占职工总数的51.9%；大专以上学历1496人，占职工总数的81.7%；博士学位6人，硕士学位119人，学士学位374人；具有正研级高级职称14人，副研级职称216人，中级职称893人。

三、职工岗位

1990年，陕西省气象部门管理干部332人，占职工总数的15.7%；工程技术人员1400人，占职工总数的66.3%，其中预报员295人，占工程技术人员的21.1%，观测员605人，占工程技术人员的43.2%。到2010年末，陕西省气象部门参照公务员管理251人，事业单位管理岗位人员244人，专业技术岗位1308人，工勤技能岗25人。

第二节　职工管理

一、依照参照公务员制度管理

1996年11月19日，国家人事部发文同意各省(区、市)气象局机关工作人员依照国家公务员制度管理(人函〔1996〕268号)。1997年10月，陕西省气象局完成了局机关现有人员向公务员的过渡工作。省气象局机关共设置75个职位：局级7个(领导职务5个，非领导职务2个)；处级38个(领导职位25个，非领导职位13个)；科级及以下非领导职位30人(主任科员15个，副主任科员9个，科员6个)。

2001年11月9日，国家人事部人函〔2001〕144号批复中国气象局，同意地方国家气象系统副省级市及地级市气象管理机构依照国家公务员制度管理。2002年3月底，西安市气象局及其他9个地级市气象局机关，依照2001年全省国家气象系统机构改革中核定机关编制限额内的工作人员(不含工勤人员)，完成了依照国家公务员制度管理的过渡。核定全省气象部门公务员编制数262个,其中省级73个、地级市189个。

2006年,《中华人民共和国公务员法》实施,陕西省气象部门对省级及地市级气象局机关公务员由依照管理改为参照管理。

二、专业技术人员管理

(一)学历管理

1997年,陕西省气象局制定了《陕西省气象局职工教育工作管理办法》,并进行多次修改完善,2002修订更改为《陕西省气象部门职工教育管理办法》,突出培养重点,倾斜支持。该办法推动了职工学历教育工作,明显改善了职工学历及专业结构,为气象事业发展提供了人力资源保障。

1996—1999年,陕西省气象局送培在职研究生9名。2000年,为了适应西部大开发和气象事业发展及气象现代化对高层次人才的需要,优化全省气象职工队伍知识、技术、专业结构,加大全省气象部门高层次人才培养力度,省气象局与南京气象学院研究生院达成协议,2000—2001年在西安举办了一期大气科学研究生进修班,共培养27名学员。2000年,与成都信息工程学院联合开展大专、本科函授教育;2004年又与兰州大学联合举办大气科学研究生进修班。2002—2010年,每年制定下达在职研究生以及大专、本科在职学历教育计划,列入省气象局学历(学位)教育及送培人数共498人,其中博士12人、硕士139人、本科217人、大专130人(表32-1)。

表32-1 2002—2010年陕西省气象局学历(学位)教育送培情况统计表

单位:人

年份	合计	博士	硕士	本科	专科
2002	39	0	12	13	14
2003	68	4	15	25	24
2004	71	2	13	23	33
2005	60	1	17	21	21
2006	66	2	15	28	21
2007	62	2	16	36	8
2008	58		17	34	7
2009	32	1	16	15	
2010	42		18	22	2
合计	498	12	139	217	130

(二)专业技术职务管理

1. 任职资格评审办法

1990年,陕西省气象部门专业技术职务评审转入正常工作。

1990—1997年,申报中、高级专业技术职务评审人员外语水平由省气象局组织统考。

1992 年，陕西省气象局成立了职称改革工作办公室，与省局人事劳动处一套机构两个牌子，管理全省气象部门专业技术职务评聘事宜。

1991—1993 年，陕西省气象局对不具备规定学历评聘专业技术职务的人员，开展了大、中专基础知识考试。

1994 年，陕西省气象局印发了《陕西省气象局中级专业技术职务评审委员会工作简则》。

1995 年，陕西省气象局下发了《陕西省气象局破格晋升中级专业技术职务推荐条件暂行规定》。

1997 年，陕西省气象局转发了人事部、中国气象局《气象工程中、高级技术资格评审条件(试行)》，同年，印发了《陕西省气象局中级专业技术职务评审委员会的组成及推荐评审工作规程》。

1998 年开始，申报中、高级专业技术职务评审人员须参加陕西省人事厅统一组织的职称外语考试。

1998 年，陕西省气象局下发《初级专业技术职务任职资格评审工作暂行办法》。

2000 年，陕西省气象局下发《陕西省气象局破格晋升气象工程专业技术职务申报评审条件暂行规定》。

2002 年，陕西省气象局转发中国气象局人事劳动司《气象电子专业中、高级技术资格评审条件(试行)》和《正研级专业技术职务任职资格评审条件(试行)》。

2003 年，陕西省开展专业技术人员计算机应用能力考试，凡申报中、高级专业技术职务人员须持有计算机应用能力合格证书。

2004 年，陕西省气象局下发《陕西省气象部门气象工程中级专业技术职务任职资格以考代评实施办法》，开始以考代评。陕西省气象局人事处下发《关于初级专业技术职务任职资格考核认定有关问题的通知》。

2007 年，陕西省气象局转发中国气象局《关于贯彻人事部完善职称外语考试有关问题的通知》，对职称外语考试进行了补充细化。

2008 年，陕西省气象局下发《陕西省气象部门气象工程中级专业技术职务任职资格考试评审实施办法》，开始考评结合。

2010 年，陕西省气象局下发《关于破格申报气象工程中级职称的补充通知》。

2010 年，陕西省气象局印发《陕西省气象部门申报副高级专业技术职务任职资格评审业绩量化考核评价办法(试行)》。

2. 初级专业技术职务的评审

由各地(市)气象局、省气象局直属各单位成立初级专业技术职务评审委员会，负责本地(市)和直属单位的初级职称任职资格的评审，并负责向省气象局中级专业技术职务任职资格评审委员会推荐评审人员。初级职称评审结果向省气象局人事职改部门备案。

3. 中级专业技术职务的评审

1990 年以来，陕西省气象局成立中级专业技术职务任职资格评审委员会，按照规定召开评审委员会，对符合申报条件人员的申报材料以考代评及考评结合的成绩进行评议。1990—2010 年共评审出具有中级专业技术职务任职资格人员 1201 人。

4. 高级专业技术职务的评审

1990—2010 年，陕西省气象部门共评审出具有副高级专业技术职务任职资格人员 289 人，具有正研级高级专业技术职务任职资格人员 15 人(表 32-2、表 32-3)。

表 32-2 1990—2010 年陕西省气象局评审具有正研、副研级专业技术职务人员一览表

年份	评审单位	任职资格	专业技术人员
1990	陕西省气象局副研级(副高级)专业技术职务评审委员会	具有副研级高级工程师任职资格	李葆华、朱秀美、郭瑞祥、陈新美、窦品玉、杨武圣、耿纯栋
1991	陕西省气象局副研级(副高级)专业技术职务评审委员会	具有副研级高级工程师任职资格	吕东周、吴太荣、李志伟、李怀川、詹维泰
1992	兰州大学	教授	王玉玺
1993	中国局正研级专业技术职务任职评审委员会	具有正研级高工任职资格	吕从中
	中国气象局西北区高级职称评委会	具有副研级高级工程师任职资格	崔讲学、陈洪田、胡小宁、刘安麟、高智、姜创业、赵录祥、赵改英、郑洪初、张超影、李明玉、王同仁
1994	中国局正研级专业技术职务任职评审委员会	具有正研级高工任职资格	周全瑞
	中国气象局西北区高级职称评审委员会	具有副研级高级工程师任职资格	朱琳、栗珂、张弘、赵凡衍、井喜、田武文、赵国令、李庆宝、蒋梦德、李民权、徐玉祥、刘海山、钱蓟鸣、王秀清、章企玉、姚渊
1995	中国局正研级专业技术职务任职评审委员会	具有正研级高工任职资格	刘耀武
	中国气象局西北区高级职称评审委员会	具有副研级高级工程师任职资格	谢双亭、傅大同、程林仙、吴素良、贺浩、方建刚、杨银见、颜胜安、陈保国、葛徽衍、王勇、王长生、秦临香、刘堂平
1996	中国气象局西北区高级职称评审委员会	具有副研级高级工程师任职资格	马延庆、张治民、王斌生、翟永健、戴进、陈争旗、李登科、范建忠、杨效德、杨红强、侯明全、刘勇、朱爱荣、杨小艳、马廷标、吕东峰、康仲奇、庞文保、何广林、赵礼铮、何学勇、翟佑安、黄存英、刘克俊、屈铁木、王汝祥、李再刚、赵惠莉、王万瑞

续表

年份	评审单位	任职资格	专业技术人员
1996	陕西省正研级专业技术职务任职评审委员会	具有编审任职资格	王志学
1997	中国局正研级专业技术职务任职评审委	具有正研级高工任职资格	杜继稳、刘子臣
1997	省局天气气候专业副研级专业技术职务评审委员会	具有副研级高级工程师任职资格	董亚非、藏体山、侯建忠、乔旭霞、许新田、李智嘉、王旭仙、宋云游、董晓文、郭红菊
1999	中国气象局大气物理（化学）、应用气象、气象电子等专业副研级技术评审委员会	具有副研级高级工程师任职资格	刘芳、樊鹏、叶殿秀、李化龙、张忠平、夏巧利、陈立新、景东侠、付献华
	省局天气气候专业副研级专业技术职务评审委员会	具有副研级高级工程师任职资格	李炳章、王索民、李玉文、卢西顺、黄祖英、张健宏、李平、张列锐、刘国生、梁生俊、石昌民
2001	省局副研级专业技术评审委员会	具有副研级高级工程师任职资格	杨文峰、孙田文、陈卫东、朱海利、司益民、慕建利、薛春芳、徐虹、高炬、田菊生、肖科利、雷向杰、赵榆飞、佘兴、陈高峰、李伟涛、郭兆夏、王建萍、白光弼、刘长民、鲁渊平、阮士文、韩伯明、蒋国斌
2002	省局副研级专业技术评审委员会	具有副研级高级工程师任职资格	刘贵华、王兰宁、李祥林、孟小绒、宁海文、李润强、苏长年、段昌辉、秦惠丽、吕俊杰、李建芳、赵世发、杨东宏、张京红、罗慧、雷治平、孙健康、王毅、陈建文、牛占峰、张红平、李星敏、白作金、张永红、李登平、刘宇、左爱文、艾文文
2003	中国局正研级专业技术职务任职评审委员会	具有正研级高工任职资格	刘安麟
	省局副研级专业技术评审委员会	具有副研级高级工程师任职资格	徐愫莲、鲁学忠、郭建侠、吴宇华、王川、宁志谦、赵广贤、周军元、师小玲、雷崇典、李社宏、李金辉、刘士亮、陈明彬、孙满昶、贺安乾、阳茂林、李建军、刘子林、刘跃峰、景毅刚、孙娴、王小宁、吴刚

续表

年份	评审单位	任职资格	专业技术人员
2004	中国局正研级专业技术职务任职评审委员会	具有正研级高工任职资格	樊鹏
	省局副研级专业技术评审委员会	具有副研级高级工程师任职资格	周丽峰、杜川利、丁旭辉、杜毓龙、张科翔、孟妙志、党红梅、蔡新玲、殷志有、梁新兰、胡淑兰、徐晓红、王景红、党志成、张树誉、袁应泽、崔丁阳、吴宁强、孙智辉、董长林、杨碧轩
2005	中国局正研级专业技术职务任职评审委员会	具有正研级高工任职资格	余兴、张弘
	省局副研级专业技术评审委员会	具有副研级高级工程师任职资格	贺文彬、程璐、石明生、梁谷、卫选能、韩正芳、阴秀菊、孙启原(委托评审)、吕红
2006	中国局正研级专业技术职务任职评审委员会	具有正研级高工任职资格	刘勇
	省局副研级专业技术评审委员会	具有副研级高级工程师任职资格	白爱娟、王建鹏、武麦凤、杨利霞、房春琴、段桂兰、高红燕、赵奕兵、王春娟、高宇、郭宏武
2007			委托评审:张莉
2008	中国局正研级专业技术职务任职评审委员会	具有正研级高工任职资格	李登科
	省局副研级专业技术评审委员会	具有副研级高级工程师任职资格	胡春娟、张雅斌、王越、王楠、高维英、陶建玲、毕旭、刘慧敏、高菊霞、苏俊辉、张红娟、谢钰、肖湘卉、邓凤东、李美荣、樊朝武、曾英、张立新、李彩莲、刘建雄、贾金海、郭新、胡琳、张积怀、李生袖、张宏利、李秀琳、燕东渭、赵东、陈百川、郭清历
2009	中国局正研级专业技术职务任职评审委员会	有正研级高工任职资格	罗慧、方建刚、侯建忠
	省局副研级专业技术评审委员会	具有副研级高级工程师任职资格	林扬、邓小丽、李宏群、王仲文、张宝运、朱敏武、贾毅萍、田红卫、雷春丽、周英(委托评审)、谢世荣(委托评审)、徐军昶、白光明、邓芳莲、郑小华、滕跃、张后发

续表

年份	评审单位	任职资格	专业技术人员
2010	中国局正研级专业技术职务任职评审委员会	具有正研级高工任职资格	孙娴、田武文、井喜
	省局副研级专业技术评审委员会评审	具有副研级高级工程师任职资格	李明娟、惠英、李明、王灵一、李春娥、张淑敏、张小峰、杨睿敏、高莹、李光、杨家锋、田玲、王雯燕、岳治国、米天明、杜军、卓静、毛明策、吴林荣、郑光祥、冯富强、张义芳、张凌云、胡晓黎、何晓媛、窦慎、屈振江、张桂梅

表 32-3　1990—2010 年陕西省气象局中级、高级专业技术职务资格人数统计表

单位：人

年份	合计	正高	副高	中级
1990	30		7	23
1991	5		5	
1992	33	1		32
1993	57	1	12	44
1994	116	1	16	99
1995	87	1	14	72
1996	83	1	29	83
1997	84	2	10	72
1998	101			101
1999	96		20	76
2000	45			45
2001	69		24	45
2002	86		29	57
2003	65	1	25	39
2004	50	1	22	27
2005	61	2	11	48
2006	62	1	12	49
2007	2		1	1
2008	131	1	32	98
2009	106	3	18	85
2010	138	3	30	105

5.岗位聘任管理

1990—1999年,陕西省气象专业技术职务实行指标控制,评聘结合,专业技术人员聘后进行年度考核管理,年度考核作为晋升、评优的主要依据。

2000年,陕西省气象专业技术职务实行评聘分开,指标控制,单位自主聘任。各单位聘任专业技术人员签订聘任合同,每次聘期1～3年。对聘任的专业技术人员应进行年度考核、考试和聘任期满考核。凡年度考核、考试或聘任期满考核合格以上者,有资格参加续聘;连续两年年度考核不合格或聘任期满考核不合格者,应解聘。

2003年,陕西省气象局下发《陕西省气象部门中高级专业技术职务聘任规定》和《陕西省气象部门初级专业技术职务评聘规定》。

2008年,陕西省气象部门按照国家和中国气象局岗位设置管理规定,将气象事业单位岗位分为管理岗位、专业技术岗位和工勤技能岗位三种类别,每种类别分若干等级。省气象局对全省气象部门事业单位及省气象局直属事业单位的岗位设置及比例实行分类集中调控、集中管理;副省级市、设区市气象局对其直属事业单位和县级气象局(台、站)的岗位设置及比例实行分类集中调控、集中管理。

6.指标(岗位)控制

1990—1999年,陕西省气象专业技术职务实行指标控制,评聘等额。中国气象局下达给陕西省气象局1991—1997年增加的高级专业技术职务指标55个、增加中级专业技术职务指标234个。1998年中国气象局核定陕西省气象局高级专业技术职务指标91个,中级专业技术职务指标628个。

2000年,陕西省气象专业技术职务聘任管理,实行评聘分开,指标控制,单位自主聘任,首次下达了高、中级专业技术职务岗位数额。

2002年,陕西省气象局重新审定各直属单位中、高级专业技术职务岗位设置数额。省气象局管理的四个地方气象事业单位(省农业遥感信息中心、省人工影响天气办公室、省经济作物气象服务台、省防雷中心),不占用中国气象局给陕西省气象系统下达的中、高级专业技术职务岗位设置数额,由省气象局按照省人社厅核准的岗位数额下达一个设置数,各单位按照设置数额聘任。

2007年,中国气象局下发《气象部门事业单位岗位设置管理实施意见(试行)》,下达陕西省气象事业岗位设置1576个,其中管理岗位220个,约占岗位总数的14.0%,其中五级职员18个,六级职员41个,七级职员142个,八级职员19个;专业技术岗位1311个,约占岗位总数的83.0%,其中,二级岗位设2个,三级岗位6个,四级岗位13个,五级岗位35个,六级岗位70个,七级岗位70个,八级岗位166个,九级岗位221个,十级岗位167个,十一级岗位280个,十二级岗位281个;工勤技能岗位45个,约占岗位总数的3.0%,其中一级岗位1个,二级岗位1个,三级岗位16个,四级岗位20个,五级岗位7个。

2008年,陕西省人社厅批复陕西省农业遥感信息中心等四个事业单位岗位设置,下达省气象局管理的四个地方事业单位岗位设置数。陕西省农业遥感信息中心设置岗位27个,其中管理岗位3个,专业技术岗位24个;陕西省人工影响天气办公室设置岗位23个,其中管理岗位3个,专业技术岗位20个;陕西省经济作物气象服务台设置岗位20个,其中管理岗位3个,专业技术岗位17个;陕西省防雷中心新增设置岗位25个,其中管理岗位4

个，专业技术岗位 20 个，工勤技能岗位 1 个。

2008 年，陕西省气象局印发《陕西省气象部门事业单位岗位设置管理实施细则（试行）》（陕气发〔2008〕26 号），并分解下达各气象事业单位岗位设置数量和结构比例。成立陕西省气象局事业单位岗位设置管理实施工作领导小组，组织完成全省气象部门事业单位岗位设置管理首次设岗聘用实施工作。

2009 年，陕西省气象局下发《关于进一步做好全省气象部门事业单位岗位设置管理工作的通知》，重申岗位聘用原则、岗位聘用程序、岗位变动管理、岗位待遇与考核等，进一步规范管理。

第三节　外聘人员管理

2002 年，中国气象局下发《关于加强对编制外聘（雇）用人员管理的通知》，2004 年省气象局印发《陕西省气象部门编制外用工管理暂行规定》。

2009 年 12 月，陕西省气象局印发了《陕西省气象部门编制外劳动用工管理实施办法（试行）》。

2010 年 12 月，陕西省气象局在全省气象部门开展编外用工情况自查工作，陕西省部门编外用工 798 人，其中省级 246 人、市级 189 人、县级 363 人。

第三十三章　气象业务服务管理

1990—2010年,陕西省气象局围绕气象现代化建设和业务技术体制机制改革,不断加强气象测报业务管理、气象预报业务管理、气象服务业务管理和人工影响天气管理,业务服务工作的科学化、规范化水平不断提升。

第一节　气象测报管理

一、测报管理机构

1990年,陕西省气象观测业务由省气象局业务发展处管理。2001年11月,业务发展处拆分成立预测减灾科技处和监测网络处,2010年3月监测网络处更名为观测与网络处,管理全省综合气象观测及与气象观测相关的气象通信、气象资料、气象装备、大气探测环境保护等业务。

1990年之前,陕西省榆林、延安、汉中、商洛、咸阳、渭南、宝鸡七市气象局内设业务管理科。1992年4月,铜川市气象局内设业务科。1992年11月,安康地区气象局内设业务科。2001年底,西安市气象局内设业务科技处,其他区市气象局内设业务科技科。

二、测报管理规定

1990—2010年,陕西省气象局转发中国气象局《农业气象观测规范》《农业气象观测质量考核办法(试行)》《气象测报岗位考核管理办法》等52个有关气象观测业务方面的制度规范文件,规范了作物、土壤水分、自然物候和畜牧的观测方法;明确了农业气象观测、农业气象报表、农业气象电报方面的责任性错误、漏测错情、观测错情、簿表错情、发报错情的考核标准以及测报质量优秀奖的奖励办法等。

1990—2010年,陕西省气象局下发《省、地、县气象测报业务管理职责》《开展经济作物物候观测》《地面、辐射测报质量综合评定方法》《加强观测场标准化建设》《地面测报重大差错责任追究规定》《区域气象观测站网建设工作》等有关气象观测业务方面的制度规范176个,规范了测报业务上岗管理办法、高空探测微机处理管理办法、业务质量评定、观测场标准化建设、高空气象探测技术、区域气象观测站网建设工作、地面观测业务实施准业务运行办法、重大突发性天气观测资料应急传输实施办法、自动气象站业务运行和单轨业务运行办法、大气成分观测质控信息传输与录入、加密传输自动站资料等业务。

三、业务培训与竞赛

2001—2007年,陕西省气象局分别组织省气象台、专业气象台、人影中心、防雷中心和地、市、县气象局的多批次业务人员参加中国气象局和省气象局举办的701C型雷达原理及维修培训、新一代天气雷达原理与产品应用培训、自动气象站培训、土壤水分物理常数测定原理及方法培训、沙尘暴监测培训等有关气象观测方面的业务技术培训班。

1992年、2006年和2008年,陕西省气象局分别组织3名、4名和3名优秀测报人员参加全国地面气象测报竞赛，其中获1992年团体第8名、“理论基础”单项第8名、“查算和预审”单项第8名。

2005年、2006年、2008年，陕西省气象局监测网络处组织全省210名测报人员，开展了4次地面气象观测、信息网络与技术保障、高空气象电码、制氢原理与规范等气象监测网络业务技能竞赛。

2004年3月，陕西省气象局监测网络处举办全省高空业务研讨会，西安、延安等四市气象局探空业务骨干及省气象台高空报表审核人员共10人参加研讨了新版《高空气象探测质量考核办法》、高空气象探测59－701微机处理系统、高空报文资料质量评估分析方法及《高空气象观测规范》执行中的有关问题。

2009年，陕西省气象局召开全省综合气象观测技术经验交流会，省气象信息中心、大气探测与技术保障中心和各市县气象局共65名人员交流了综合探测业务及探测业务管理方面的经验及体会。

四、奖励优秀测报员

1990—2010年，陕西省气象地面测报平均错情率为0.07‰，农业气象测报平均错情率为0.0‰，高空探测平均错情率为0.05‰。

1990—2010年，陕西省气象局奖励中国气象局授予的“质量优秀测报员”2776人(次)，其中地面测报2210人(次)，高空测报364人(次)，农业气象测报199人(次)，辐射测报4人(次)，酸雨测报1人；奖励连续百班无错情5364人(次)，其中地面测报4743人(次)，高空测报364人(次)，农业气象测报224人(次)，辐射测报33人(次)。

2004—2010年，陕西省气象部门地面测报重大差错为零发生。

第二节　预报业务管理

1990—2010，陕西境内天气预报由省、市气象台制作发布，由省、市气象局气象业务管理机构进行预报业务管理，依法实施预报发布的社会管理。省、市气象台实行岗位管理、目标考核、实行首席预报员和重大天气会商制度，不断提升预报业务质量。

1990年6月11日，陕西省气象台下发《天气预报发布办法(试行)》，对各类天气预报、警报和消息的拟稿、技术把关、签发人员和预报意见出现分歧时统一预报结论等方面作了具体规定，明确了以“重要天气报告”形式发布的长、中、短期天气预报中涉及暴雨、冰雹、连阴雨、大风等天气现象的发布标准。同日，省气象台下发《灾害性天气警报小组工作制度(试行)》，成立了由预报技术专家组成的灾害性天气警报小组，明确了相关职责及其在可能发生灾害性天气时召集警报小组进行天气会商的流程及标准。

1991年4月19日，陕西省气象台下发《关于天气预报实行挂牌服务》的通知，要求长、中、短期和短时天气预报要填写预报人员的真实姓名，以备考核。

1992年6月30日，陕西省气象台出台《天气预报服务奖惩办法》，明确了奖罚范围、奖励条件、等级、奖励标准及奖金分配原则。同日，省气象台出台《专业天气预报质量评定办法(试行)》《公益天气预报质量评定办法(试行)》，根据专业和公益气象服务用户需求，在对全省降水天气预报质量评定的基础上，增加了单站天气预报质量评定内容，并对专业、公益天气预报的发布时间、评定项目、天气标准、预报用语等做了详细的规定。

1995年,陕西省气象局下发《全省优秀预报员奖励办法》,在全省气象部门开展优秀值班预报员的评选活动,每年按照长、中、短期预报员的工作态度、值班数量及年度内天气预报、短期气候预测质量评定达到规定标准等择优推荐,截至2010年,陕西省气象台获全国优秀预报员10多人、全省优秀预报员20多人。

2002年,陕西省气象台制定《短时业务质量考核评分办法》,提出了短时预报考核内容为强降水、一般性降水、冰雹、大风等,规定了相应的考核标准,对提高短时预报质量起到了积极的促进作用。

2003年,陕西省气象台引入竞争机制,制定了《首席预报员、预报领班岗位职责及考核办法》,打破了预报领班岗位终身制。

2003年7月28日起,陕西省气象台将10流域面雨量及全省4小时分县降水预报工作纳入预报业务,并实行业务质量管理。

2004年,陕西省气象局下发《关于开展关中五城市环境气象预报服务的通知》。

2006年,陕西省气象局下发《短时临近天气预报业务规定(试行)的通知》。

2007年,陕西省气象部门按照中国气象局《气象灾害预警信号发布与传播办法》要求,开始发布气象灾害预警信号。同年,省气象台制定了《短时定量降水预报发布规定(试行)》。

2008年,陕西省气象局下发《关于我省城镇预报业务流程调整的通知》,在全省开展榆林、延安、铜川、宝鸡、咸阳、西安、渭南、汉中、安康、商洛、杨凌11个地市的城镇天气预报业务由省气象台和11个地市级气象台共同承担。

2009年,陕西省气象局印发《全省预报预测电视会商业务规定》。同年5月10日起,省气象台开展短时强对流潜势预报业务,每天11时前发布并上网,同时规范了短时、临近预报业务,增强了强对流灾害性天气的监测、预报能力,丰富了公众气象服务内容,提升了决策服务能力,加强了预报质量管理,预报质量稳中提高。

1990—2010年,陕西气象部门加强预报管理,预报质量稳定提升。到2010年,省气象台暴雨预报准确率由6%提升到20%～30%;各市(区)气象台24小时晴雨正确率达88%、一般性降水正确率达61.9%,最高气温误差≤2 ℃预报准确率为61.3%、最低气温预报准确率为38.6%。

第三节　气象服务管理

1990年,陕西气象服务工作主要由省气象科学研究所、气象台、气候资料室、棉花气象服务台等单位承担,省气象局业务发展处管理。

1992年7月,陕西省气象局贯彻省物价局和财政厅联合印发的《关于印发＜陕西省气象专业服务收费办法＞的通知》(陕价涉发〔1992〕178号),执行气象专业有偿服务收费项目和收费标准,规范了气象专业有偿服务行为。

1999年12月,陕西省气象局贯彻省物价局和省财政厅联合印发的《关于省气象局防雷电检测收费标准的复函》(陕价费函发〔1999〕122号)精神,执行各类建筑物防雷装置检测收费标准，同时增加了特殊防雷装置检测收费项目。

2006 年 11 月，陕西省气象部门贯彻省物价局印发《关于统一全省防雷装置检测收费项目及标准的复函》(陕价经函〔2006〕198 号)精神，将防雷服务分为防雷装置竣工检测和定期检测、设计审查、雷电灾害风险评估和灾害鉴定等五项，规范了防雷技术服务收费项目，确定了收费标准。

2000 年 3 月，陕西省气象局成立政策法规处，加强对科技服务与产业政策法规层面的宏观管理。

2001 年，陕西省气象局出台首部有关气象科技服务的管理办法——《陕西省气象局科技服务与产业管理办法》，初步明确了指导思想及发展思路，提出了主动适应市场经济形势，依托气象科技优势，不断开发引进新项目，加速发展科技服务与产业。2003 年 1 月，省气象局印发《陕西省气象部门科技服务与产业管理办法》，进一步明确了指导思想及发展思路，提出了加速发展科技服务与产业的措施，加强全省科技服务与产业分级管理工作，包括实行目标管理、国有资产管理、资金管理等方面的管理工作。2004 年 7 月和 2008 年 12 月，省气象局对《陕西省气象局科技服务与产业管理办法》进行了两次修订，定名为《陕西省气象部门科技服务管理办法》。

2002 年，陕西省气象局制定了《防雷工程专业资质认定评审和延续考核管理办法》，对全省 65 家防雷电工程资质企业进行年检。

2006 年，陕西省气象局下发《进一步加强雷电灾害防御管理工作》的通知。

2006 年，陕西省气象局与陕西电视台联合出台《电视气象节目管理办法》。

2008 年 12 月 12 日，陕西省气象局印发《陕西省气象部门科技服务管理办法》，对全省科技服务工作从制定发展规划政策、目标考核管理、工作检查指导、指导项目开发、培训适用人才、组织经验交流、管理发展基金和评选奖励优秀等方面进行管理，保障了全省气象部门科技服务的健康发展。

第四节　人工影响天气管理

一、人影管理机构

1990—2010 年，陕西省人工影响天气(简称人影)工作由省、市、县三级人影管理部门实行分级管理，省人影领导小组负责制定人影工作的方针政策，审查人影工作计划、发展规划和工作总结，审查人影经费计划和决算，组织协调各部门共同完成人影工作目标，省人影办负责全省人工增雨、防雹的日常管理和组织工作，负责全省飞机增雨作业和人工地面增雨防雹装备的年检审验工作。

陕西省人影办的前身是 1959 年 1 月省人民委员会成立的省人工控制天气委员会办公室。1963 年至 1993 年，省人影办的管理职能经过多次调整，1997 年 1 月省政府撤销了省人影中心，成立了省人影工作领导小组，在省气象局设立了省人工影响天气办公室，至此，全省人影工作完成了由气象部门的归口管理。2000 年 4 月，省编制委员会核定省人影办为全额拨款正县(处)级事业单位。2005 年 10 月，省政府撤销了省人影工作领导小组，保留省人影工作领导小组办公室，更名为省人工影响天气办公室，设在省气象局。2009 年 5

月,省政府批准成立了省人影工作领导小组。

图 33-1　1991 年 5 月,空军西安指挥所在延安机场召开飞机增雨协调会

2010 年,全省 10 个地市 92 个县设立人影机构。省人影办政府编制 23 人,市县(区)人影机构核定人影编制 387 人,其中政府编制人员 290 人,气象部门编制 97 人。

二、规范性文件

2001 年 5 月,陕西省人影办下发《陕西省人工影响天气工作安全规定》,规范人影作业行为,增强安全意识,确保作业安全。

2003 年 3 月,陕西省人民政府办公厅、陕西省军区司令部发布《关于将全省防雹高炮编入民兵组织的通知》,决定将全省气象部门配备使用的防雹高炮统一编入民兵组织,组建民兵高炮防雹分队。

2009 年 9 月,陕西省人民政府发布《陕西省人工影响天气管理办法》。随后,榆林、延安、商洛、宝鸡、咸阳、西安、渭南市政府先后出台了与《陕西省人工影响天气管理办法》相配套的制度。

2010 年 5 月,陕西省气象局发布《陕西省人工影响天气安全管理细则(试行)》和《陕西省人工影响天气作业资质资格管理规定(试行)》。

2010 年 7 月,陕西省人影办发布《陕西省人工影响天气作业示范村建设标准指导意见》和《市、县级人工影响天气业务指挥平台建设指导意见》。

三、人影管理

(一)人影队伍管理

2010 年,全省 92 个县(区)开展地面高炮、火箭人影作业,实行属地管理,作业人员 2086 人。其中:地面作业指挥人员 283 人,高炮作业 1237 人,火箭作业 439 人;全省布设增雨作业飞机 2 架,飞机作业人员数 20 人,由省人影办直接管理。

1976 年,陇县成立民兵女子防雹高炮连,实行军事化管理,1995 年被陕西省妇女联合会授予“陕西省三八红旗集体”,2000 年 10 月被陕西省省委、省政府、省军区树立为“民兵预备役基层建设标兵单位”,2001 年 10 月被省委、省政府、省军区授予“防雹英雄女民兵连”称号,2002 年 6 月 13 日被中国人民解放军总参谋部、总政治部授予基层民兵预备役先

图 33-2　2006 年，宝鸡市陇县女子防雹连进行人影作业训练

进单位，2002 年 6 月 23 日中国人民解放军总参谋部、总政治部命名为“陇县民兵女子防雹高炮连”。

图 33-3　2002 年 7 月，联合国防灾减灾署官员考察宝鸡市陇县女子防雹连

2001 年，洛南县武装部将县人影作业人员纳入民兵统一管理，成立县人影高炮连，县气象局局长唐钧枢任连长、县气象局支部书记艾来利任指导员。2003 年，洛南县武装部对县人影高炮连的所有人员进行了为期 10 天的军事训练和高炮操作等方面的军事化培训。

1990—2010 年，陕西省人影从业人员实行岗位资格许可制度和公安机关备案制度。从事人影作业的人员，全部经设区市气象主管机构进行岗前技能培训和考核，省气象主管机构发给《陕西省人工影响天气作业（指挥）资格证》，取得从业资格的作业人员，其名单由县级以上气象主管机构告知同级公安机关备案。

(二)高炮、火箭管理

1990—2010年,陕西省人影作业的高炮、火箭等作业设备实行年检制度,未经省级气象主管机构年检和年检不合格的高炮、火箭发射装置不得用于人影作业,县级以上气象主管机构每年作业前向省级气象主管机构报备当年作业用高炮、火箭发射装置。2010年,全省年检合格在用的37毫米高炮357门、火箭发射装置299套。

陕西人影作业季节性强,非作业季,一律拆除高炮击针、火箭发控器,高炮、火箭发射装置统一入库,由县级气象主管机构集中统一管理。

(三)炮弹、火箭弹管理

1990—2010年,陕西省人影作业弹药,集中存放在经所在地公安机关验收合格的专用弹药库房,或者由县级以上人民政府协调驻地军队、人民武装部、公安机关协助存储。人影作业期间,作业弹药存储在作业站点弹药库房。非作业期间,作业站点禁止存放作业弹药,一律入库管理。

(四)人影作业安全管理

1990—2010年,陕西省开展人影作业的单位,都严格遵守《中华人民共和国民用航空法》和《中华人民共和国飞行基本规则》的有关规定,在实施人影作业前,向飞行管制部门申请作业空域和作业时限,按照飞行管制部门批复的作业空域和作业时限开展作业,并详细记录空域批复结果。

1990—2010年,县级以上气象主管机构不定期组织对人影工作的监督检查,对检查中发现的问题责令限期整改。2002年8月24日,洛川县发生人影作业安全事故,事故发生后,省人影办在全省进行了通报,提请全省人影系统汲取教训,加强安全管理,并对高炮作业人员提出了地面安全作业的具体要求。

2010年7月1日,陕西省政府办公厅印发了《关于开展全省人工影响天气工作安全大检查的通知》。7月10日至8月20日,各市、县(市、区)政府组织气象、安监、公安等部门,对本行政区域内人工影响天气工作开展全面自查,针对检查中发现的问题,组织整改,消除事故隐患。9月1日至9月20日,省气象局牵头,会同省公安厅、省安监局等省级有关部门组成督查组,在各地市人影安全自查的基础上,以完善制度、堵塞漏洞、服务基层为目标,对全省10个市、20个县(市、区)、40个基层人影作业点进行了抽查,重点检查人工影响天气作业点和作业人员的资质资格、操作流程规范、标准化作业点建设、安全措施落实、安全事故处置预案,实地查看作业指挥系统建设和使用情况、标准化作业点建设、炮库、弹药库、作业装备维护、射界图,实地检查操作人员的操作技能,询问其作业和安全应知应会知识,对发现问题的单位提出整改建议,收集省、市、县和基层作业点对人影安全技术保障的意见、建议。

第三十四章　气象法制与社会管理

1990—2010年，陕省气象部门围绕气象事业发展，通过实施《气象法》和《陕西气象条例》不断完善气象法规体系，强化执法监督，规范行政执法行为，全面提升了气象公共管理能力和水平，为气象事业的快速发展起到了推动和保障作用。

第一节　气象法制建设

一、地方性法规和规章

（一）地方性法规

2001年6月1日，陕西省人大常委会第23次会议通过《陕西省气象条例》。《陕西省气象条例》明确了地方气象事业、气象探测、气象信息服务、气象灾害防御、气象行业管理等方面的法规及法律责任。同年9月1日，《陕西省气象条例》施行。

图34-1　2001年6月，陕西省人大常委会通过《陕西省气象条例》

2010年9月29日，陕西省人民代表大会常务委员会发布第三十四号公告：陕西省十一届人民代表大会常务委员会第十八次会议审议通过《陕西省气象灾害防御条例》，2010年12月1日起施行。《陕西省气象灾害防御条例》规定了气象灾害防御的重点和原则、气象灾害防御规划的编制、气象灾害防御应急队伍建设、重大气象灾害的应急处置等；界定了陕西省气象灾害的范围，规定了各级气象主管机构在气象灾害防御工作中的职责，规定了预警队伍和救援队伍建设和职责，确定了气象衍生、次生灾害预报、警报的联合发布机制，规定了媒体和通信运营单位及时无偿按要求发布灾害性天气警报和气象灾害预警信号的义务和法律责任，明确了气候可行性论证工作、气候变化分析和气候影响评价工作的组织实施，规定了气象部门和有关部门联合开展气象灾害监测和预警专项服务，规定了气象灾害联合监测,规定了县级以上人民政府健全人工影响天气工作机构、作业体系和应急作业机制,细化了气象灾害应急处置措施。

(二)政府规章

2009年11月1日,陕西省人民政府颁布《陕西省人工影响天气管理办法》,明确了人工影响天气工作体制、计划编制、经费保障;规定了从业条件、站点布设及建设、设备弹药采购及储运、作业条件、作业审批、作业信息、效果评估、设施保护、安全管理、设备年检、档案管理、事故处理等。

二、规范性文件

1993年8月27日,陕西省人民政府办公厅印发《关于加强发布公众天气预报管理工作的通知》,规定了各级气象部门是统一发布天气预报和灾害性天气警报的主管部门,明确了发布公众天气预报的归口管理工作。

1998年11月13日,《陕西省人民政府办公厅转发省气象局关于加快发展地方气象事业意见的通知》,提出了地方气象事业的基本指导思想和主要工作任务及气象基础设施建设、加强人才资源开发等方面的措施。

2001年4月12日,陕西省政府办公厅下发《关于加强雷电灾害防御管理工作的通知》,明确了防雷电装置检测和防雷电工程专业设计、施工资质(格)管理制度,资质、资格的评审认证工作由各级气象主管机构和质量技术监督主管机构共同组织进行;要求在本省行政区域内生产和销售防雷电产品,必须到当地气象主管机构和质量技术监督部门办理登记备案手续,并接受产品质量监督检查。

2002年3月5日,陕西省气象局与省建设厅联合下发《关于加强建(构)筑物防雷安全管理工作的通知》,提出了防雷施工设计图纸专项审查制度,防雷施工设计图纸专项审查要向气象部门申请。

2003年2月13日,陕西省机构编制委员会印发《陕西省气象局主要职责》,明确了省政府授权省气象局承担本省行政区域内气象工作的政府行政管理职能,依法履行气象主管机构的各项职责。

2003年3月26日,陕西省人民政府办公厅与陕西省军区司令部出台《关于将全省防雹高炮编入民兵组织的通知》,将全省气象部门配备使用的防雹高炮统一编入民兵组织,组建民兵高炮防雹分队,列入人武部基干民兵训练计划,实行周期性军事训练。属于基干民兵周期性年度训练的训练经费、误工补贴,纳入民兵训练专项经费开支。

2003年4月2日,陕西省气象局、省广播电视局印发《关于做好电视气象节目播出工作的通知》,明确了省市县电视台每天播出气象节目的数量、制作及传输要求。

2003年4月14日,陕西省气象局、省安全生产监督管理局出台《关于加强防雷电设施安全管理工作的通知》,明确了各级气象局和安全生产监督管理局职责,共同做好防雷减灾安全管理工作。

2004年3月3日,陕西省气象局、省环境保护局印发《关于陕西省建设项目环境影响评价气象资料使用管理办法的通知》,规范了大气环评使用非气象主管机构提供的气象资料审查工作。

2004年12月31日,陕西省气象局、省建设厅印发《关于加强气象探测环境和设施保护的通知》,提出了气象探测环境和保护工作的具体要求。

2006 年 8 月 24 日,陕西省人民政府印发《关于加快气象事业发展的意见》,提出了加快气象事业发展的总体要求,及加快气象基础保障能力建设、发挥气象综合保障作用、科学合理地开发利用气候资源、加强气象法制建设和行业管理、经费投入及人才队伍建设等方面的措施。

2007 年 9 月 30 日,陕西省政府办公厅印发《陕西省人民政府办公厅关于进一步加强气象灾害防御工作的意见》,明确了加强气象灾害防御的总体要求和主要目标。

2009 年 9 月 21 日,陕西省人民政府办公厅印发《关于加强气象信息员队伍建设的通知》,提出了扩大气象信息员覆盖面、不断提升气象信息员业务素质的要求,充分发挥气象信息员队伍在防灾减灾中的作用。

2010 年 5 月 17 日,中共陕西省委组织部、陕西省气象局联合印发《关于加强农村气象信息服务和气象灾害防御工作的通知》,依托农村党员干部现代远程教育系统和基层干部手机信息平台,加强对农村基层干部和“大学生村官”气象防灾减灾知识培训,加强农民群众气象信息服务和气象灾害防御工作。同年 6 月 25 日,陕西省气象局与陕西省教育厅联合印发《关于加强全省中小学气象防灾减灾科普宣教和气象灾害防御工作的通知》,全面推进农村和学校气象信息服务和气象灾害防御工作,进一步完善“政府主导,部门联动,社会参与”的气象防灾减灾体系建设。

2010 年 7 月 19 日,陕西省人民政府办公厅印发《陕西省气象灾害应急预案》,预案从总则、组织机构、监测预警、应急处置、恢复与重建、保障措施、预案管理和负责 8 个部分建立健全气象灾害应急响应机制。预案适用于全省范围内干旱、暴雨(雪)、寒潮、大风、沙尘暴、低温、高温、雷电、冰雹、霜冻、冰冻、大雾、霾等气象灾害事件的防范和应对。同年 8 月 12 日,陕西省人民政府办公厅印发了《关于建立气象洪涝地质灾害预警联动机制的通知》,明确了各有关部门职责,提出了联动工作要求。

2010 年 9 月 3 日,陕西省人民政府办公厅印发《关于进一步加强农业气象服务体系和农村气象灾害防御体系建设的意见》,明确了推进“两个体系”建设的主要内容,要求各市、县(市、区)政府及有关部门加强宣传引导,保障经费投入,共同推进“两个体系”建设。

三、气象标准化管理

2003 年 12 月 17 日,陕西省质量技术监督局审定和发布了由陕西省气象局制定的陕西省山川秀美工程标准综合体的气象部分:《山川秀美工程治理前后县域气候变化评价规定》(DB61/T 337—2003)、《生态环境建设工程 3S 技术监测规程》(DB61/T 336—2003)。

2005 年 3 月,陕西省气象局成立了陕西省气象行业标准化委员会,气象标准制修订工作正式纳入国家标准、行业标准及地方标准编制计划。

2008 年 6 月 4 日,陕西省质量技术监督局审定和发布了由陕西省气象局制定的《救灾过渡安置防雷技术要求(DB61/T 438—2008)》地方标准。

2008 年 6 月 18 日,陕西省质量技术监督局审定和发布了由陕西省气象局制定的《灾害性天气气候第 1 部分:暴雨等级》(DB61/T 442.1—2008)、《灾害性天气气候第 2 部分:连阴雨等级》(DB61/T 442.2—2008)、《灾害性天气气候第 3 部分:干旱等级》(DB61/T 442.3—2008)、《苹果气象灾害第 1 部分:花期冻害预警等级》(DB61/T 443.1—2008)、《苹果气象灾害第 2 部分:高温热害预警等级》(DB61/T 443.2—2008)、《人工增雨防雹作业固定炮站(火箭站)建设技术规范》(DB61/T 441—2008)六个地方标准。

2008 年 12 月,陕西省气象局印制了《陕西省气象地方标准汇编》。

2009 年 6 月,举办了首期全省气象标准编写技术培训班。9 月,陕西省气象局下发《陕西省气象局关于加强气象标准化工作的实施意见》,调整了陕西省气象行业标准化委员会成员。

2009 年 11 月 27 日,陕西省质量技术监督局审定和发布了由陕西省气象局制定的《施放氢气球技术操作规范》(DB61/T 479—2009)、《雷电灾害鉴定规程》(DB61/T 478—2009)两个地方标准。同年 12 月,省质量技术监督局审定和发布了由省气象局制定的《苹果着色期光照条件》(DB61/T 482—2009)、《温室小气候要素的观测方法》(DB61/T 481—2009)、《单面日光温室采光结构参数》(DB61/T 480—2009)等三个地方标准。

2010 年 3 月 19 日,陕西省质量技术监督局审定和发布了由省气象局制定的《降水自动气象观测站选址》(DB61/T 486－2010)、《高速公路自动气象观测系统设置》(DB61/T 487－2010)两件地方标准。

第二节　气象社会管理

一、管理机构

1993 年 4 月,陕西省气象局设立科技服务经营管理处,1996 年 7 年更名为科技产业与装备处,2000 年 3 月 29 日更名为政策法规处,编制 7 人,主要职责是:草拟本行政区域的地方性气象法规、政府规章及规范性文件;组织协调和管理本行政区域内的气象行政执法工作,承担气象行政复议、行政应诉工作;组织学习、宣传、普及法律法规;归口管理气象事业结构战略性调整工作;负责气象行业管理的综合协调;制定气象事业发展战略,针对气象工作中的重大问题进行政策调研并提出相应的措施和意见;负责气象科技服务与产业的宏观协调和政策指导;组织管理雷电灾害的防御工作。

2001 年,地市气象局开始设立法规科,除铜川市气象局和杨凌气象局设立的法规科挂靠办公室外,其他各市气象局法规科均单独设立。

2004 年,陕西省气象局成立升放气球安全管理办公室,主要职责是组织本省升放气球管理规章的拟定和实施;负责对设区市升放气球管理工作的指导、监督;组织相关法规宣传和执法检查;审批升放气球作业组织的甲级资格。

2006 年 6 月,陕西省气象局将陕西省防雷办公室更名为陕西省防雷减灾管理办公室,2009 年 9 月,陕西省气象局防雷减灾管理办公室更名为陕西省气象局防雷减灾与行政执法办公室,挂靠法规处,编制 9 人,防雷减灾与行政执法办公室下设 2 个执法队,配备专兼结合执法人员 10 人,专职负责省气象局和西安地区气象行政执法工作。

二、依法行政

2000 年 1 月 1 日,《中华人民共和国气象法》实施后,陕西气象事业步入了依法管理、依法保护、依法发展的新阶段。

2001 年 6 月,《陕西省气象条例》出台后,陕西省气象局制订了《陕西省气象行政执法责任制暂行规定》《陕西省气象局依法行政重大政策专家咨询论证制度》《陕西省气象部门受理社会投诉制度》等文件，规范全省气象依法行政工作。

2002年3月，陕西省气象局对以前出台的局规范性文件、内部管理规章进行了清理，连同本省气象类地方性法规、省政府及办公厅规范性文件、省气象局与有关厅局联合印发的规范性文件，整编印制了便于修订的活页式的《陕西省气象法规性文件汇编》。

2002年、2003年，陕西省人民政府法制办公室连续两年授予陕西省气象局“政府法制工作先进单位”称号。

2003年，陕西省省、市气象行政执法人员统一执法着装。

2004年6月，陕西省气象局根据《中华人民共和国行政许可法》，结合本部门工作实际，制定了《陕西省气象行政许可规定》及其补充规定等规范性文件；修订和废止了《陕西省防雷电装置检测资质管理办法》《陕西省生产销售防雷电产品登记备案规定》等规范性文件9件，同时对其他近10件规范性文件一并进行了清理。

2005年，陕西省气象局对《陕西省防雷工程专业资质认证评审细则》《陕西省防雷检测资质管理办法》《陕西省人工增雨防雹高炮、火箭安全管理规定》等6件规范性文件进行了审核下发。

2006年底，陕西省气象局制定了《陕西省气象局行政执法责任制》《气象行政许可项目规范》《陕西省气象局行政执法错案追究办法》《气象行政执法主体资格管理办法》等规范性文件，明确了气象执法主体和103项行政执法职权，其中行政处罚64项、行政许可10项、行政强制3项、行政备案4项、其他行政职权22项。

2010年7月，陕西省气象局制定下发《加强市县气象法制工作实施意见》，明确了气象法制工作的指导思想和目标任务，并就完善市县气象政策法规体系、加强气象行政执法能力、加强气象法制知识宣传教育等工作提出了指导意见。年内，全省各级政府共出台气象规范性文件42件，省气象局清理了2003年以来形成的涉及社会管理的气象规范性文件31件，其中废止2件、保留29件，并报省政府备案；省气象局与省政府依法行政工作领导小组办公室联合开展了《陕西省人工影响天气管理办法》贯彻落实情况大检查。

三、行政审批

2001年，《陕西省气象条例》实施后，陕西省气象局开展了重要气象设施建设项目的审查同意、防雷电工程专业设计或施工机构资质的认定、防雷电装置检测机构及其人员的资质、资格认定、充灌、悬挂、施放升空气球的组织或者人员的技术资格认定、防雷图纸审查等行政审批工作，建立了审批程序和监管办法。同年，省气象局新增了“升放无人驾驶自由气球或者系留气球活动的审批”“人工影响天气作业组织和人员的资格审查”项目。

2004年5月，陕西省气象局对气象行政许可项目进行清理，保留一般气象台站的迁建审批、大气环境影响评价使用气象资料审查、新建扩建改建建设工程避免危害气象探测环境审批、人工影响天气作业组织资质审批、重要气象设施建设项目审查、工影响天气作业人员资格审批、升放无人驾驶自由气球或者系留气球活动审批、升放无人驾驶自由气球或者系留气球单位资质审批、防雷装置检测、防雷工程专业设计、施工单位资质审批、防雷装置设计审核和竣工验收10项许可项目，改变升放无人驾驶自由气球或者系留气球作业人员资格认定、防雷专业技术人员资格认定两项管理方式，取消2项生产销售防雷电产品的登记备案、陕西省境外单位在本省从事防雷工程专业设计和施工的审批。同年 8 月,省气象局出台了《陕西省气象行政许可规定》,市、县气象局成立了行政许可办公室,全省气象部门行政许可工作运行良好。

2004 年,陕西省气象局为规范升空气球许可管理,统一制定了升空气球作业组织技术资格证和升空气球作业个人技术资格证。

2005 年,陕西省气象局统一发放由中国气象局监制的 13 个防雷检测资质证书。

2006 年,陕西省市、县气象局服务人员进驻市县政府设立的政务大厅行政许可受理窗口。到 2010 年,全省有 2 个设区市气象行政许可进驻政务大厅。

2006 年,陕西省气象局明确了气象执法主体,梳理了执法依据,明确和分解了 103 项行政执法职权,其中行政处罚 64 项、行政许可 10 项、行政强制 3 项、行政备案 4 项、其他行政职权 22 项。

四、行政执法

2000 年 4 月 20 日,富县城关镇北教场行政村在富县气象局观测场正西方开挖地基。县气象局局长李生袖得知这一情况带领职工前往施工现场了解情况。经了解,隶属于北教场村的北教场小学建设东西走向教师公寓楼,楼高五层 15 米,宽 10 米。随后,李生袖带领职工,对施工楼房到观测场的最近点进行了测量,距离为 39 米,按照气象观测规范测算,该楼建成后影响探测环境,依据颁布的《中华人民共和国气象法》属于气象探测环境保护范围内的违章建筑。李生袖将这一情况及时以书面报告延安市气象局,同时带领单位职工到建设单位交涉,宣传法律,说明该楼房建成后对气象局探测环境造成的影响和后果。气象局与北教场村多次交涉无果,北教场村不修改建设方案,日夜施工,不到两个月建到三层,开始建设第四层。

针对这一情况,县气象局一边向市气象局汇报,一边与县住建局等有关部门沟通,向主管县领导汇报。市气象局和县政府带领相关部门到施工现场查看,并要求建设单位停止施工。停工期间,县气象局、建设单位和县级有关部门多次协商,没有形成统一的意见。过了半个多月,建设单位又开始修建,并很快进行四层封顶。对此情况,市气象局执法人员到富县与常务副县长、主管副县长进行汇报,说明情况。政府常务副县长主持召开协调会,住建、经发、气象、建设等单位参会。会上,县气象局依据《中华人民共和国气象法》、探测环境保护有关法规、气象业务规范进行了陈述。参会人员及建设单位认识到违建带来的危害和对气象探测环境造成的严重后果后,同意修改设计方案,同时超高部分拆除。拆除了楼东边的两套房子,最终建成了东三层西五层的阶梯状楼房。从根本上消除了新建楼房对探测环境的影响。

2001 年 4 月 15 日,富县果业局在观测场附近沿街修建东西向家属楼,高五层 15.5 米。县气象局局长李生袖带领职工测量该楼距观测场最近点约 60 米,测算高出一层。由于有北教场小学修建楼房影响探测环境的保护性执法先例,县气象局将降一层的意见告知果业局,果业局及时更改了设计方案,最终将靠近观测场处的五层楼房改建为四层。

2001 年 8 月,陕西省气象局制定了《陕西省气象局执法责任制(试行)》,把执法责任落实到省气象局各处室、直属单位和各地市气象局。同时,为全省 383 名气象行政执法人员申办了执法证件,办理了省级气象罚没许可证,并与工商银行西安支行达成了代收罚款的协议。

2001 年 9 月，因陕西华信传呼台长期非法转抄天气预报信息，并通过寻呼台传播牟利，违反了《气象法》、《陕西省气象条例》的有关规定，陕西省气象局依法对其作出罚款 5000 元的行政处罚决定。2002 年 6 月，陕西华信寻呼台不服，向西安市莲湖区法院提起行政诉讼。省气象局委托法规处王维刚、苏玲芬代理应诉，通过出示充足的证据和法律依据，法院最终查清案情，依法维持了省气象局的行政处罚决定，《华商报》《西安晚报》等媒体进行了报道。

2002 年 10 月，陕西省人大组织人员赴咸阳、商洛市，通过听取汇报和实地查看的方式，就《陕西省气象条例》贯彻落实情况开展执法检查。通过检查，深入宣传了《气象法》《陕西省气象条例》，督促政府和气象部门进一步加大执法力度，保护好气象探测环境、做好气象信息服务，保障气象事业的健康发展。

2003 年，陕西省气象局建立了省、市两级气象执法机构和省、市、县三级气象执法队伍，市气象局设置专职执法人员 2～4 人，县气象局设置了较为固定的执法人员 2 名。省、市气象局配备了气象执法车辆和执法器材，组织定制和配发了全省首批气象执法服装 155 套。年内全省各类气象执法检查 400 余次，查处违法案件近 60 多起。

2004 年 4 月，陕西省气象部门对施放升空气球活动进行专项整治，确定西安、宝鸡为升放气球审批的试点单位，要求各市气象局定期上街巡查，确保安全生产。

2004 年 3 月，咸阳市气象局对 594 台未进行防雷检测一事立案查处、取证，做出警告并处 2.8 万元罚款。同年 9 月，咸阳市气象局在 594 台既不履行、又不复议、也不向秦都区人民法院起诉的情况下，依照《行政诉讼法》第六十五、第六十六条规定，申请人民法院强制执行。同年 10 月，秦都区法院举行听证会，594 台承认了违法事实，缴纳了罚款。

2005 年 8 月，经人举报，西安傲立科技发展有限公司利用手机短信非法传播气象信息。经省气象局气象执法人员查实，该公司未经当地气象管理机构授权擅自在“温情播报”栏目中向用户传播天气预报。据此，执法人员向该公司送达了《责令停止违法行为通知书》，责令其限期整改。在傲立公司拒不停止违法行为的情况下，执法人员先后对其下达了《行政处罚告知书》和处以 2.8 万元的罚款决定。由于傲立公司未按时履行行政处罚决定，随后省气象局申请法院强制执行并结案。

2005 年 9 月，陕西省气象局气象执法人员对于华商数码信息股份有限公司未经授权通过华商网“生活便利”栏目招揽用户定制天气预报的问题，在获取其违法证据后，先后送达了《责令停止违法行为通知书》和《行政处罚告知书》。华商数码公司接到《行政处罚告知书》后，很快送交了书面材料，表示立即停止传播天气预报，并保证今后不再重犯。鉴于华商数码已停止了违法行为，且认错态度较好，经省气象局研究，决定免除对华商数码公司的处罚，予以结案。

2006 年，陕西省气象局制作了气象行政许可格式文书，指导各市气象局的执法责任制推行工作。同年，陕西省局被中国气象局确定为全国气象部门推行行政执法责任制试点单位，并在陕召开了全国气象执法责任制试点工作研讨会。

2006 年 10 月，西安黑骏马庆典策划制作有限公司未经批准施放气球。西安市气象局发出《停止违法行为通知书》。黑骏马公司不服西安市气象局行政处罚向陕西省气象局提起行政复议，省气象局要求西安市气象局实事求是查清事情真相。11 月 8 日，西安市气象局函复处理意见。11月10日,省气象局法规处复函明确西安市气象局在施放气球社会管理工作中确有不规范的行为存在,责成11月底之前妥善处理有关问题。西安市气象局通过规范印章和发文单位,停止有偿提供《陕西省悬挂系留气球作业申请审批表》等,最终该案妥善解决,维护了气象依法行政的形象。

2007年,陕西省气象局组织全省气象部门开展气象行政执法案卷评查。

2008年12月,接群众举报,某公司上门联系防雷装置检测业务。经西安市气象局行政执法人员调查,被举报单位是陕西万基防雷检测中心有限公司,为从事房屋建筑安装工程功能性检测的专业机构,2008年10月始,该公司违法对12家新建工程进行了防雷装置检测。同年12月1日,市气象局向该公司送达了《责令停止违法行为通知书》,该公司拒不停止违法行为,拒绝签收执法文书,依然违法进行防雷装置检测。2009年1月,市气象局前往省工商局就防雷资质管理问题进行法律法规沟通,凡是从事防雷装置检测活动的组织应取得省级以上气象主管机构认定的《陕西省防雷电装置检测资质证》,未取得该资质擅自开展防雷装置检测属违法行为。5月13日,万基公司不服气象行政处罚决定向未央区人民法院提起行政诉讼,西安市气象局出庭应诉。在确凿证据和法庭调解下,8月31日万基公司撤诉,向西安市气象局缴纳了罚款并提交了《道歉与保证书》。

2009年9月,陕西省气象局对日本鸟取大学在中国进行合作研究过程中非法设立生态环境观测站点,探测多项气象要素的行为进行立案调查。经现场勘验、询问当事人,查明该气象探测站点的设立未经中国气象局批准、也未向当地设区市气象局备案,自带探测仪器未经中国气象局和陕西省气象局检查,探测获得资料未经陕西省气象局审查。依据《涉外气象探测和资料管理办法》的有关规定,陕西省气象局对违法当事人做了相应处理,要求当事人立即拆除相关探测设备,停止非法探测活动,上缴所有探测资料,并对相关责任人作出罚款一万元的行政处罚决定。日本鸟取大学缴纳了罚款,拆除了相关探测设备,上缴了全部探测数据。

2009年,陕西省气象局函复省人大代表柯明贤、薛灵芝提出的关于协调解决佛坪县气象局气象观测场与佛坪县城规划建设矛盾的建议(陕气函〔2009〕88号)。佛坪县气象局所属气象观测站属国家基本气象站,承担着区域和国家气象信息交换、民航军航航线危险天气观测发报等重要任务。该站是秦岭南坡气候的重要代表站之一,其观测数据对当地和我国南方地区灾害性天气的监测和预报具有重要的指示意义。近年来,佛坪县气象局观测站的气象服务为佛坪当地防灾减灾、经济社会发展和人民生活发挥了重要作用,得到了省政府和中国气象局的多次肯定和表彰。根据《气象法》第十二条、第二十条,《陕西省气象条例》第十二条、第十四条规定,各级人民政府应当按照法定标准划定气象探测环境的保护范围,并纳入城市规划或者村庄和集镇规划。确因实施城市规划或者国家重点工程建设,需要迁移国家基准气候站、基本气象站的,应当报经国务院气象主管机构批准。迁建费用由建设单位承担。省气象局了解了佛坪县气象探测环境与城镇建设规划的矛盾,已向中国气象局进行了汇报。在目前情况下,希望佛坪县政府依法妥善处理气象探测环境与城镇建设规划之间的矛盾,协调各项工作共同开展。

2010年,陕西省气象部门共受理气象行政许可5675件,开展执法检查2896次,实施行政处罚352件。

第三十五章　气象改革

1990—2010 年，陕西省气象局积极适应国家改革形势，贯彻落实中国气象局改革部署，全面深化气象改革，出台改革性文件 185 件，其中业务科技体制改革类文件 88 件，管理体制改革类文件 97 件，改革涵盖业务、服务、科研、机构、人事、管理等方面的体制机制。

第一节　气象业务技术体制机制改革

一、气象综合观测改革

1992 年 12 月 9 日，陕西省气象局印发《认真贯彻十四大精神，加快改革开放、加快结构调整，加快现代化建设的意见》，对 1993—1994 年气象减灾工程建设从监测系统、预报系统、综合信息系统、服务系统、减灾系统提出加快改革开放步伐、加快结构调整步伐、加快业务现代化建设步伐的意见。

1998 年 3 月 23 日，陕西省气象局印发《关于转发各类气象探测环境的技术规定（试行）的通知》，明确了对基准气候站、基本气象站、一般气象站、遥测、自动气象站、太阳辐射、高空气象探测、天气雷达站、气象卫星地面站、大气本底站、酸雨站观测环境的技术要求。

2002 年 1 月 18 日，陕西省气象局成立新一代天气雷达建设领导小组，成立西安、延安、榆林、汉中市气象局雷达建设工作组，在西安、延安、榆林、汉中市布设和建设新一代天气雷达。

2006 年，中国气象局业务技术体制改革，在职能调整上，要加强气象综合观测业务运作的监控和质量控制工作，提高综合观测数据质量、数据工作评价和观测产品制作水平。

2009 年 7 月 22 日，陕西省气象局印发《关于组建陕西省大气环境业务研发创新团队的通知》，开展边界层气象观测、气溶胶观测、风廓线雷达观测等大气探测业务的科研和应用研究工作，提升全省环境气象和气候变化业务服务能力。

二、气象预报预测改革

1992 年 10 月 11 日，陕西省气象局印发《省级天气预报指导办法》，明确了省气象台是省级天气预报业务实体，负责指导下级气象台站的天气预报技术、业务工作，负责指挥全省重大灾害性天气的监测、预报、预警和服务工作；明确了省级天气预报业务指导内容、天气预报服务指导信息的传输方式、天气预报服务业务指导办法等。

1993 年 4 月 23 日，陕西省气象局印发《陕西省气象局天气预报奖励办法》，明确了奖励项目、奖励等级、奖励标准、申报和评审程序等内容。

1994 年 12 月 8 日，陕西省气象局下发《各级预报岗位技术要求》，包括全省预报业务布局、预报技术岗位设置、各级预报岗位技术要求、考核办法等内容。

2003 年 8 月 29 日，陕西省气象局印发《陕西省气象局精细化天气预报业务服务实施方案》,对开展精细化天气预报的基本原则,精细化天气预报及公众服务工作的近期目标,精细化天气预报业务与服务的内容和任务,精细化天气预报的制作发布规定,精细化天气预报业务和服务的组织实施提出了具体规定。

2004年8月5日,省气象局下发《关于开展雷电监测、预报预警业务及服务工作的通知》,决定从2004年8月15日正式开展雷电监测、预报预警业务及服务工作。

2004年3月16日,陕西省气象局下发《关于进一步加强气象预报发布与刊播管理的通知》,规范了气象预报发布与刊播管理,使气象预报更好地为陕西经济建设、社会生活和人民生活服务。

2006年,中国气象局业务技术体制改革,提出要加强多轨道预报预测业务工作,不断丰富预报产品,提高业务指导能力。

2007年11月23日,陕西省气象局印发《关于进一步提高气象预报准确率若干意见》,要求全省气象部门不断深化业务技术体制改革,强化气象预报准确率的保障措施,加快气象业务现代化建设,加强预报业务管理工作。

2009年4月15日,陕西省气象局和中国电信股份有限公司陕西分公司联合印发《关于进一步深化业务合作强化业务发展的通知》,提出气象服务要面向民生、面向生产、面向决策,强化公众气象服务,提高气象信息覆盖率,提高监测预报的准确性、灾害预警的时效性、气象服务的主动性、防范应对的科学性。

三、气象信息化改革

1995年5月12日,陕西省气象局印发《关于建立气象实时业务监视系统并试行监视信息上报制度的通知》和《陕西省气象实时业务监视系统建设试行方案》,决定从1995年6月1日起在全省试行气象实时业务监视信息上报制度。

1998年10月5日,陕西省气象局转发《关于做好9210工程卫星通信系统准业务运行工作的通知》,自10月20日00时(世界时)按照9210工程下行信息传输目录表接收资料。

四、多轨道气象业务改革

2006年4月20日,陕西省气象局印发《陕西省气象局业务技术体制改革实施方案》,在全省气象部门建立天气、气候、生态与农业气象、大气成分、人工影响天气和雷电六条气象业务轨道。

天气轨道改革目标,建立具有国内先进水平的天气业务系统,实现连续滚动的无缝隙天气预报业务;建成定量的灾害性天气临近预警预报业务,增强灾害性、突发性天气的预报预警水平,提高突发性应急气象保障能力;实现天气预报业务以省级为主,市、县补充订正为主要特征的新型业务体制。

气候轨道改革目标,成立省级气候业务机构,建立省、市、县三级业务服务体系,规范业务服务流程;不断改进气候预测模型,提高短期气候预测水平。通过干旱和洪涝监测预警评估系统建设,形成对全省干旱和洪涝有效监测、预测预警及评估的服务能力。

生态与农业气象轨道改革目标,优化调整农业气象和生态观测站的站网布局,完善三级业务服务体系,建设以“共享业务服务平台”为基础的新一代农业气象业务服务系统,提高为农服务的能力和水平。

大气成分轨道改革目标,建立和完善全省大气成分监测网,建立预测预报、服务与科研一体的大气成分业务体系。获取高时空分辨率的完整准确的大气成分观测基础数据，并通过分析研究加工形成各种大气成分影响评价、预测预警等服务产品，为全省区域开发及规划、区域大气污染控制等提供科学依据。开展大气环境决策服务和公共服务，发布城市主要污染物浓度和等级及区域污染潜势预报。建立和完善区域大气环境影响评价业务体系，为建设项目、区域开发规划、政府决策等提供环境气象要素监测与分析报告，为项目设计和预防风险提供气象科学依据。

人工影响天气轨道改革目标，建立省、市、县三级人影业务技术系统，建立"关中'一线两带'空中水资源开发基地"、"渭北优势果业区人工防雹基地"、"陕北黄土高原人工增雨基地"、"国家南水北调丹、汉江水源涵养地保护人工增雨基地"，实现年均增水 20 亿立方米，雹灾损失减少 80%以上。同时加快科技创新和成果转化，不断提高人影科技含量和综合效益。

雷电轨道改革目标，建立和完善省、市、县雷电管理、业务、服务体系；建成雷电研究、监测、预警预报、雷电灾害评估和防雷检测与防护技术服务业务体系。

第二节　气象科技体制机制改革

1996 年 6 月 4 日，陕西省气象局印发《陕西省气象局关于科教兴气象战略的实施办法》，从基本气象系统的现代化建设，气象公益和科技服务，高新技术产业、科技体制改革与成果转化，人才培养与队伍素质、科技投入机制与力度，组织领导与管理等方面提出了意见。

1997 年 7 月 4 日，陕西省气象局印发《陕西省气象局科技成果评价和登记管理办法》，对基础性理论成果、应用技术成果、软科学研究成果纳入登记范围，包括科技成果评价的一般原则、科技成果鉴定、软科学研究成果评审、省局科技成果的验收和评审、科技成果的登记。

2002 年 10 月 29 日，陕西省气象局党组印发《关于培养选拔"三五人才工程"人选的实施意见》和《关于实行基层气象台、站优秀年轻人才津贴的规定》，加大对科技人才队伍和基层年轻人才的培养，实施人才强局工程。

2003 年 10 月 16 日，陕西省气象局印发《陕西省气象局科技创新基地开放实验室实施方案》，加大对各开放实验室的支持力度，课题立项将向各开放实验室倾斜。

2004 年 5 月 21 日，陕西省气象局印发《陕西省气象部门正研级专家培养计划》，在培养目标、选拔培养对象条件、选拔程序、人选的管理及主要培养措施等方面做了规定。

2004 年 6 月 10 日，陕西省气象局印发《关于科技成果奖励工作有关问题的通知》，对获得省部级及以上科技成果奖励(含科学技术奖、科技成果推广奖、科技工作奖)的人员；陕西省气象部门以第一作者身份在国家核心期刊或在国际学术研讨会发表科技论文的人员；由科研业务人员在项目外自行开发或研制的新工艺、新方法、新软件，在业务、服务中发挥作用并可以在全省推广使用的，给予奖励。

2006 年 4 月 20 日，陕西省气象局印发《陕西省气象部门科学技术工作管理办法》《陕西省气象局重点科研项目首席科学家负责制办法》《陕西气象局科技创新基金管理办法》，推进气象科研工作。

2008年7月17日,陕西省气象局印发《陕西省气象部门市、县气象局技术带头人培养计划》《陕西省气象部门科技帮扶任务计划》和《陕西省气象局技术小分队组建及工作暂行办法》,加强基层科技人才队伍建设,加强部门内部纵向及横向技术交流,发挥省气象局直属单位技术、人才优势,不断提高市、县气象局业务技术水平和气象服务能力。

2010年1月15日,陕西省气象局印发《陕西省气象部门申报副高级专业技术职务任职资格评审业绩量化考核评价办法(试行)》,提出了业绩量化考核评价的具体办法。

第三节　气象服务体制机制改革

一、公共气象服务改革

1993年6月2日,陕西省气象局下发《陕西省气象局汛期气象服务组织管理办法》,明确了汛期气象服务组织分工与职责、汛前准备和汛后总结、汛期两个时段两种状态的划分和有关规定、汛期抗旱服务、气象灾情报告等内容。

1994年6月23日,陕西省气象局下发《关于执行〈黄河中下游防汛气象服务实施细则〉的通知》,从1994年汛期开始,陕西境内的黄河防汛气象服务的组织实施工作由省气象台负责。

2001年5月8日,陕西省气象局印发《地市级决策气象服务系统建设指导意见》,对地市级决策气象服务系统建设达到的目标、建设的基本内容、建设的技术路线做了明确规定。

2004年5月15日开始,陕西省气象局在省电视台开办都市"天人合一"电视节目,开展关中五城市环境气象业务,为社会公众提供更多的城市环境气象服务。

2004年10月15日,陕西省气象局印发全省气象部门关于进一步推进拓展领域战略、科技兴气象战略和人才强局战略的实施意见,明确了以"公共气象、安全气象、资源气象"为指导,实施"拓展领域战略",紧密结合地方经济、社会发展和人民生活的需求,选准拓展领域的切入点,多出气象服务的"精品"和"拳头产品"。

2009年4月15日,陕西省气象局下发《陕西省气象局公共气象服务业务发展实施意见》,提出了提高公共气象服务能力,不断开拓服务领域、丰富服务产品、完善服务体系,强化气象部门社会管理和公共服务职能,充分发挥公共气象服务对现代气象业务和气象事业的引领作用。

2009年6月26日,陕西省气象局印发《关于加强全省农业气象业务省市县三级联动工作的通知》,安排部署了全省气象部门加强省市县三级气象业务联动,提升为农服务水平,共推进全省农业气象业务发展,逐步构建现代农业气象业务体系。

2009年11月26日,陕西省气象局印发《陕西省现代农业气象业务发展专项规划(2009—2013)》,到2013年,初步建成适应陕西现代农业和农村经济社会发展需求,基本满足全省粮食安全保障、农业防灾减灾、农业应对气候变化需要,与整个现代气象业务体系协调发展,结构科学、布局合理、功能先进,具有省、市、县三级布局的现代农业气象业务体系。

2010 年 1 月 19 日，陕西省气象局开发建设全省公共气象服务平台，开发利用气象科技新成果，推进陕西气象服务更大发展。

二、专业气象服务改革

1999 年 8 月 11 日，陕西省气象局转发《中国气象局印发关于加快环境气象业务服务发展意见的通知》，国务院明确赋予中国气象局“管理全国城市环境气象预报”的职能。

2006 年 4 月 20 日，陕西省气象局印发《关于开展公路交通气象服务的通知》，决定开展公路交通气象服务工作，要求省气象科技服务中心和各市气象局要积极与交通部门联系开展交通公路气象预报预警工作，加紧公路交通气象预报预警服务系统的研制，充分利用现有交通气象探测资源，实现交通气象信息共享，联合研究干线公路水毁信息的监测预报预警方法，建立相关的应急处置机制、信息反馈与评估等制度。

2006 年 7—9 月，在业务技术体制改革中，加强与地方政府开放合作，陕西省气象局分别与渭南市人民政府、安康市人民政府、延安市人民政府和榆林市人民政府共同成立渭河流域气象预警中心、汉江流域气象预警中心、陕西省黄土高原干旱监测预测评估中心和陕西省能源化工气象中心。四个中心实行省气象局与当地市政府双重领导，以省气象局领导为主的管理体制，机构规格为正处级，与所在市气象局合暑办公，分别联合开展流域气象预警、干旱监测预测、能源化工专业气象服务，更好地满足陕西经济发展和防灾减灾的需要。

第四节　气象管理体制机制改革

一、完善双重领导管理体制和建立双重计划财务体制

1992 年 7 月 31 日，陕西省人民政府印发《贯彻执行国国务院关于关于进一步加强气象工作的通知的通知》(陕政发〔1992〕57 号)，进一步明确了全省气象部门是各级气象主管机构的下属单位，又是同级人民政府的工作部门，实行气象部门与地方政府双重领导管理体制，建立省、地、县三级气象部门双重计划、财务体制。

二、机构改革与调整

(一)调整机关部分机构

1991 年 12 月 21 日，陕西省气象局印发《关于调整机关部分机构的通知》，重新组建陕西省气象局业务发展处，成立陕西省气象局科技教育处，撤销经营管理处，并对省气象台、通信台、气候资料室承担的业务管理任务进行了调整。同时，设立陕西省气象局综合经营办公室，为事业编制，与省气象局劳动服务公司合署办公。

(二)气象事业结构调整

1992 年 11 月 17 日，陕西省气象局下发《关于进一步进行队伍结构调整的意见》的通知，对队伍结构调整的总体目标、基本原则、队伍结构等提出了调整意见。地市气象局基本业务设政办室、业务科、气象台，专业气象服务设气象科技服务中心、产业经营成立公司，其中铜川市气象局基本业务设综合办公室、气象台，西安市气象局基本业务设政办室、业务科、观测站，渭南市气象局专业气象服务增加省棉花气象服务台。省气象局直属单位事业机构调整中，省气象台基本业务设 11 个科室，人数占总编制数的 60%～62%，专业服务人员占总编制数的30%～32%,产业经营人员占总编制数的7%～9%;省气候资料室和省农业遥感信息中心基本业务设5个或4个科室,人员占总编制数的65%～70%,专业服务和产业经营人数占总编制数的30%～35%;省气科所建立"一所三制",即建立专职应用研究、民办公助性质的科研开发经营性实体和人工影响天气三支队伍。

1992年6月15日,陕西省气象局决定在全省县气象局(站)全面实行结构调整和聘任制,并下发了《县气象局全面实行结构调整和聘任制的暂行规定》。县气象局通过兴办服务经济实体,分流人员,组建基本业务和服务两支队伍,业务岗位一般站3人,国家基本站5人,基准站6人,有农业气象、航危报任务的气象站,再增加1人,其余人员均编入气象服务岗位。

1993年2月6日,王双锡副省长在听取省气象局孙海鹰局长工作汇报时,对气象改革发展强调:抓好两个转变(转变机制、转变机关职能),做到两个进入(进入主战场、进入市场),抓住三个重点(结构调整、现代化建设和服务、兴办产业实体)。

1992—2004年,陕西省气象部门历经了几次大的改革和调整。1992年2月,陕西省气象局提出建立由基本系统、科技服务和综合经营构成的气象事业"三大块",全省气象部门通过结构调整,形成了基本业务、科技服务、综合经营"三大块"基本框架,建立完善了相应的运行机制。1999年8月,陕西省气象局提出建立由行政管理、基本系统、科技服务与产业"三部分"组成的气象事业发展新格局,全省气象部门通过结构调整,促进了气象事业的全面、协调和快速发展。

(三)陕西省气象部门机构改革

1996年6月中国气象局印发《陕西省气象部门机构编制方案》,1996年7月陕西省气象局印发《〈陕西省气象部门机构编制方案〉实施意见》,提出这次机构改革的主要任务是通过"三定"调整从事基本气象业务人员和从事二、三块(科技服务、产业经营)人员比例,促进发展科技服务与产业。改革后,省气象局机关内设处室9个,省气象局下设正处级事业单位8个,全省设地(市)气象局10个,设县(市)气象局、站105个。全省气象部门人员编制总数核定为2016名,其中:省气象局机关75名,省气象局直属单位453名,地(市)气象局712名,县(市)气象局、站776名。

(四)陕西省国家气象系统机构改革

2001年11月,中国气象局印发了《陕西省国家气象系统机构改革方案》,同月,陕西省气象局印发了《陕西省国家气象系统机构改革实施方案》。这次机构改革的主要任务是:围绕政事分开,强化依法行政职能,促进事业结构调整和"三部分"格局的进一步形成。以机构改革为契机,深化干部人事制度改革,推进干部队伍年轻化。改革后,省气象局机构内设处室9个,与改革前相比,职能处室减少2个。省气象局下设直属事业单位8个。西安市气象局机构规格参照市直工作部门规格确定为副厅级,其他9个市(地)气象局机构设置不变。全省设104个县(市、区)气象局、站。共核定全省国家气象系统编制1832名,比1996年精简10%,其中省、市(地)气象局机关单列编制262名(省气象局73名,西安市气象局21名,其他9个市(地)气象局共168名),全省气象业务系统(含县级局、站)1570名。

（五）陕西省国家气象系统机构编制调整

2006 年 4 月，中国气象局印发了《陕西省国家气象系统机构编制调整方案》，2006 年 6 月，陕西省气象局印发了《陕西省气象系统机构编制调整指导意见》。这次调整的主要任务是：在 2001 年机构改革的基础上，围绕业务技术体制改革对机构编制进行调整。调整后，省气象局机关内设机构为 9 个处室。省气象局下设直属单位 8 个，明确了多轨道业务牵头单位。西安市气象局机构设置不变，其他 9 个地级市气象局机构调整为：延安市气象局、汉中市气象局增设省级大气探测技术保障分中心；渭南、安康、榆林、延安等市气象局分别加挂渭河流域气象预警中心、汉江流域气象预警中心、陕西省能源化工气象预警中心、陕西省黄土高原干旱监测预测评估中心的牌子；增设杨凌气象局，为地级市气象局规格。全省设 104 个县级气象局（站），在榆林、定边、洛川、秦都、汉中、安康 6 个气象站的基础上，组建国家气候观象台。全省国家气象系统人员编制核定为 1838 名（比 2001 年机构改革增加 8 名），其中省气象局 73 名、西安市气象局机关 21 名、其他 9 个地级市气象局及杨凌气象局机关共 168 名，全省气象业务系统（含县局、站）1576 名。

（六）组建省、市气象局财务核算中心

2007 年 4 月，根据中国气象局印发的《关于在气象部门组建财务核算中心的通知》，陕西省气象部门印发了《关于组建省、市气象局财务核算中心的通知》，加强全省气象部门特别是基层台站的财务管理工作。组建后的省气象局财务核算中心为省气象局所属事业单位，设区市气象局财务核算中心为该市气象局所属事业单位，接受同级气象局计划财务管理部门的业务指导和归口管理。

（七）陕西省气象局内设机构调整

2010 年 2 月，中国气象局印发了《陕西省气象局内设机构调整方案》，2010 年 3 月，陕西省气象局印发了《陕西省气象局内设机构调整实施方案》。这次调整的主要任务是：通过深化行政管理体制改革，强化公共服务管理职能、强化社会管理职能、强化应对气候变化工作职能、强化监督检查职能。调整后，省气象局机关内设机构由 9 个增加为 10 个，具体设置为：办公室、应急与减灾处、观测与网络处、科技与预报处（气候变化处）、计划财务处、人事处、政策法规处、监察审计处（与党组纪检组合署办公）8 个职能处（室）和机关党委办公室（精神文明建设办公室）、离退休干部办公室。省气象局机关编制为 73 名，内设机构处级领导职数 27 名。

三、干部人事制度改革

（一）聘用制和岗位管理

1993 年 5 月 10 日，陕西省气象局下发《结构调整待聘人员管理办法》，鼓励支持处室单位和职工“双向选择”，确定合适岗位。对因各种情况暂时未被聘任上岗或组织安排工作未到岗职工按待聘人员对待，对待聘人员的管理、待遇等做出了相应规定。

2000 年 10 月 23 日，陕西省气象印发《陕西省气象事业单位聘用制实施办法（试行）》和《陕西省气象部门事业单位分流人员安置暂行规定》，要求省气象局直属单位于 2000 年年底前、各地（市）、县气象局于 2001 年第一季度完成人员聘用工作。

2008 年 3 月 4 日，陕西省气象局印发《陕西省气象部门事业单位岗位设置管理实施细则》，把岗位管理作为事业单位人事管理的基本制度，要求全省气象事业单位原则于 2008

年4月中旬前完成管理岗位聘用制。

2009年12月,陕西省气象局研究同意,省气象局人事教育处印发《关于试行总工程师、副总工程师及重大业务建设项目总工程师岗位聘任有关事项的通知》,提出省气象局直属业务服务事业单位和设区市气象局,可在已设专业技术岗位中聘任单位总工程师、副总工程师及项目总工程师。

(二)班子建设和干部选用

2001年11月2日,陕西省气象局印发《陕西省气象局驻西安地区气象系统县处级领导干部职位竞争上岗实施办法》,到2001年12月14日,省气象局共拿出68个处级领导岗位,150多人报名,组织4轮竞争上岗,基本配齐了省气象局机关、直属单位和西安市气象局的处级领导班子,力度之大,前所未有。此后,竞争上岗成为处、科级领导干部选拔的重要方式。

2003年7月17日,陕西省气象局党组印发《贯彻落实〈中国气象局党组关于贯彻落实〈党政领导干部选拔任用工作条例〉的实施意见〉的实施细则》,规范干部选拔任用工作,并就深化干部选拔任用制度改革、加强监督管理、加强后备干部队伍建设进行了一系列制度性安排。

2003年9月28日,陕西省气象局党组印发《关于加强县(市、区)气象局领导班子建设的意见》,规范县(市、区)气象局领导班子选配,首次提出纪检监察员作为班子成员,并着重对加强县(市、区)气象局集体领导、民主决策和监督管理作了制度性安排。

2009年1月,陕西省气象局选配杨加信、冯青秀、贾卫芳、张建国4名业绩突出的县级气象局局长为六级职员,在全省基层气象工作中产生了典型效应。

2009年11月6日,陕西省气象局印发《优秀县级气象局长评选办法(试行)》,将"优秀县局长"及"优秀县局长标兵"作为县级气象局领导干部职务晋升培养选拔和更高奖励的重要条件。全省气象部门首批表彰了10名优秀县气象局长。

(三)人才培养和考核评价

2002年8月,陕西省气象局党组印发《严格控制队伍总量,改善队伍结构的通知》,措施有5点:一是对超编单位采取"退二进一";二是对事业单位新进人员"凡进必考";三是提高新进人员学历层次;四是严格考核,推进末位淘汰制;五是严格编外人员管理。

2002年10月,陕西省气象局按照本局有关文件,开始对当选"三五人才"二、三层次人选每人每月分别发给500元、200元津贴;对当选基层台站优秀年轻人才的,每人每月发给150元岗位津贴。

2002年11月,陕西省气象局印发《陕西省气象局人才队伍建设的意见》,明确了全省气象部门人才队伍建设的指导思想、主要目标和政策措施。

2004年4月,陕西省气象局印发《促进人员流动,优化队伍结构的意见》,配套实施定岗竞岗、搞活分配、提前退休待岗、辞职辞退、干部交流等措施,超编问题基本解决,队伍结构得到优化。

2004年4月,陕西省气象局印发《岗位基本标准考核试行办法》,通过对各类岗位知识技能基本标准和工作成效最低标准的制定考核,探索优胜劣汰、能上能下、动态管理的考评机制。

2010 年 12 月，陕西省气象局印发《关于进一步加强气象人才体系建设的意见》，提出了到 2013 年，全省气象部门培养造就具有国内竞争力的领军人才 3～5 名；具有省内竞争力的省级业务骨干不少于 50 名；市县业务骨干不少于 200 名；省级创新团队 8 支左右；处级后备干部 100 名左右；本科以上学历比例提高 9%。

（四）分配制度和医疗保险

2000—2008 年，陕西省气象部门逐步实行了以基数×系数为主要形式的岗位津贴制度，适当拉开了不同岗位基本工资以外的收入差距。2008 年以后，按照国家规定和属地化管理原则，逐步规范了津贴补贴。

2000 年 9 月起，陕西省气象部门正式职工及退休职工按照属地化原则，陆续参加了医疗保险，涉及正式职工 1800 余人。

2010 年 7 月，陕西省气象局研究同意，省气象局人事处印发《陕西省气象局机关及直属单位补充医疗保险暂行办法》，实施后有效减轻了省气象局直属机关职工及退休人员因地方医保政策不到位而造成的住院及慢性病医疗费自费偏高的负担。

第十三篇　人物

自 1990 年到 2010 年底，陕西气象部门在气象事业发展过程中，涌现出了全国先进工作者杜继稳、全国气象系统模范工作者陈素华和省部级劳动模范（先进个人）刘耀武、张薇等；涌现出了周全瑞、李兆元等一批享受政府特殊津贴的气象专家及高素质的气象业务技术人才和管理人才，他们为陕西气象事业发展呕心沥血、埋头苦干，做出了重大贡献。

第三十六章　人物简介

人物简介以时间为序，收录对象为陕西省气象部门1990—2010年获得国务院表彰的全国先进工作者以及国家气象局、人事部联合表彰的全国气象系统模范工作者。

第一节　全国先进工作者

杜继稳　男，1953年12月出生，安徽省金寨县人，中共党员。1970年参加工作，1976年毕业于西安交通大学计算数学专业，1997年评为天气气候教授级高级工程师，先后担任陕西省农业遥感信息中心主任、省气象台长、省气象局副局长、新疆维吾尔自治区气象局党组书记、局长等职，曾兼任省政府应急专家组副组长、省第十届政协委员、西安交通大学、西北农林科技大学兼职教授、硕士生导师，1997年获“陕西省先进工作者”称号，2000年获国务院表彰的“全国先进工作者”称号。

第二节　全国气象系统模范工作者

陈素华　女，汉族，1946年12月出生于四川成都，中共党员。1964年8月由成都气象学校毕业，分配到陕西商洛山区从事气象工作，先后担任过报务员、填图员、观测员、政工干部。她扎根贫困山区，凭着对党、对人民、对祖国的赤诚之心，全心全意为人民服务，无私奉献，对业务工作精益求精，对同志满腔热情，在平凡的工作岗位上做出了不平凡的贡献。1978年以来她患了美尼尔氏综合症、贫血、颈椎骨增生等多种疾病，她顽强地同疾病做斗争，一直坚持工作。1988年她患直肠癌后仍以惊人的毅力与死神抗争，手术出院回商洛后，只休息了10天就上班。她以生命不息，奋斗不止的坚强革命精神，忍受者极大的痛苦，拼命工作，出色地完成了各项任务并取得了优异成绩。先后受到国家、省部表彰奖励30余次。1991年被授予全国“五一”劳动奖章、全国三八红旗手称号，被国家气象局、人事部授予“全国气象系统模范工作者”称号。

第三十七章　人物表

陕西气象部门列入人物表的对象主要是省部级以上劳模(先进工作者)、享受省部级以上政府特殊津贴人员及享受中国气象局津贴的西部优秀青年人选。1900—2000年获得陕西省委省政府表彰的先进工作者和先进个人11名。中国气象局表彰的双文明建设劳动模范13名。

第一节　省委省政府表彰的先进人物

表37-1　1990—2010年陕西省气象局获省委省政府表彰的先进工作者和先进个人一览表

姓　名	单　位	获奖时间	获奖称号	授奖单位
侯廷秀	陕西省气象局	1991年6月	优秀党务工作者	中共陕西省委
杜继稳	陕西省气象台	1992年2月	陕西省十佳青年科技工作者	中共陕西省委、陕西省人民政府
高柏金	榆林市气象局	1992年7月	劳动模范	中共陕西省委、陕西省人民政府
刘耀武	咸阳市气象局	1997年4月	陕西省先进工作者	陕西省人民政府
杜继稳	陕西省气象台	1997年4月	陕西省先进工作者	陕西省人民政府
张　薇(女)	延安市气象局	1997年4月	陕西省先进工作者	陕西省人民政府
樊　鹏	陕西省人工影响天气办公室	2002年4月	陕西省先进工作者	中共陕西省委、陕西省人民政府
李金辉	宝鸡市人工影响天气办公室	2007年4月	陕西省先进工作者	中共陕西省委、陕西省人民政府
刘安麟	陕西省农业遥感信息中心	2007年4月	陕西省先进工作者	中共陕西省委、陕西省人民政府
刘国生	陕西省气象台	2002.9	全省抗洪救灾先进个人	中共陕西省委、陕西省人民政府
肖秀平	佛坪县气象局	2002.9	全省抗洪救灾先进个人	中共陕西省委、陕西省人民政府

第二节　中国气象局表彰的先进工作者

表 37-2　1990—2010 年陕西省气象局获中国气象局表彰的先进个人一览表

姓　名	单　　位	获奖时间	获奖称号	授奖单位
陈素华(女)	商洛地区气象局	1991.6	全国气象系统模范工作者	人事部、国家气象局
李再刚	平利县气象站	1993.1	全国优秀气象站长	国家气象局
范建勋	大荔县气象局	1993.1	全国优秀青年气象工作者	国家气象局
张　薇(女)	延安市气象局	1996.11	全国气象部门双文明建设先进个人	中国气象局
李社宏	铜川市气象局	1996.11	全国气象部门双文明建设先进个人	中国气象局
杨继仁	旬阳县气象局	1996.11	全国气象部门双文明建设先进个人	中国气象局
郭利生	府谷县气象局	1996.11	全国气象部门双文明建设先进个人	中国气象局
贾金海	白水县气象局	1996.11	全国气象部门双文明建设先进个人	中国气象局
陈卫东	宝鸡市气象局	1998.12	全国优秀青年气象科技工作者	中国气象局
杨加信	神木县气象局	2001.1	全国气象部门双文明建设先进个人	中国气象局
陈卫东	宝鸡市气象局	2001.1	全国气象部门双文明建设先进个人	中国气象局
杜　鹏	礼泉县气象局	2001.1	全国气象部门双文明建设先进个人	中国气象局
何广林	陕西省气象局	2001.1	全国气象部门双文明建设先进个人	中国气象局

第三节　享受政府特殊津贴人员

陕西省气象部门享受政府特殊津贴人员包括享受国务院特殊津贴专家 12 名、省政府特殊津贴专家 7 名、享受中国气象局津贴的西部优秀青年人选 7 名、正研级专家人员 19 名、陕西省“三五人才工程”第一、二层次人员 9 名。

一、享受国务院特殊津贴专家

表 37-3　1990—2010 年陕西省气象局享受国务院特殊津贴专家一览表

姓 名	单　位	获奖时间	获奖称号	授奖单位
周全瑞	陕西省气象台	1992.10	享受政府特殊津贴专家	国务院
李兆元	陕西省气象科学研究所	1992.10	享受政府特殊津贴专家	国务院
刘笃慧	陕西省气象科学研究所	1992.10	享受政府特殊津贴专家	国务院

续表

姓名	单位	获奖时间	获奖称号	授奖单位
刘天适	陕西省气象局	1992.10	享受政府特殊津贴专家	国务院
吕从中	陕西省气象科学研究所	1993.10	享受政府特殊津贴专家	国务院
杨珍林(女)	陕西省气象局	1993.10	享受政府特殊津贴专家	国务院
陈君寒	陕西省人工影响天气中心	1993.10	享受政府特殊津贴专家	国务院
程廷江	陕西省气象局	1994.10	享受政府特殊津贴专家	国务院
胡中联	陕西省气象局	1995	享受政府特殊津贴专家	国务院
张　薇(女)	延安市气象局	1996	享受政府特殊津贴专家	国务院
刘耀武	陕西省经济作物服务台	2000.6	享受政府特殊津贴专家	国务院
刘子臣	陕西省专业气象服务台	2001.6	享受政府特殊津贴专家	国务院

二、享受省政府特殊津贴专家

表 37-4　1990—2010 年陕西省气象局享受省政府特殊津贴专家一览表

姓名	单位	获奖时间	获奖称号	授奖单位
周全瑞	陕西省气象台	1992.1	陕西省有突出贡献专家	中共陕西省委、陕西省人民政府
杜继稳	陕西省气象台	1994.12	陕西省有突出贡献中青年专家	中共陕西省委、陕西省人民政府
张玉娥(女)	汉中市气象局	1994.12	陕西省有突出贡献专家	中共陕西省委、陕西省人民政府
吕从中	陕西省气象科学研究所	1996.8	陕西省有突出贡献专家	中共陕西省委、陕西省人民政府
李登科	陕西省农业遥感信息中心	1996.8	陕西省有突出贡献中青年专家	中共陕西省委、陕西省人民政府
李登科	陕西省农业遥感信息中心	2001.12	陕西省有突出贡献中青年专家	中共陕西省委、陕西省人民政府
樊　鹏	陕西省人工影响天气办公室	2006.7	陕西省有突出贡献专家	中共陕西省委、陕西省人民政府

三、享受中国气象局津贴的西部优秀青年人员

表 37-5　1990—2010 年陕西省气象局享受中国气象局津贴的西部优秀青年人员一览表

姓　名	单　位	获奖时间	获奖称号	授奖单位
余　兴	陕西省气象科研所	2003.12	享受第一届西部优秀青年人才津贴人选	中国气象局
		2006.2	享受第二届西部优秀青年人才津贴人选，并授予“西部优秀气象青年”称号	中国气象局
张永红(女)	陕西省渭南市气象局	2003.12	享受第一届西部优秀青年人才津贴人选	中国气象局
李星敏(女)	陕西省省农业遥感信息中心	2006.2	享受第二届西部优秀青年人才津贴人选	中国气象局
刘　勇	陕西省气象台	2006.2	享受第二届西部优秀青年人才津贴人选	中国气象局
李星敏(女)	陕西省农业遥感信息中心	2008.1	享受第三届西部优秀青年人才津贴人选	中国气象局
戴　进	陕西省气象科研所	2009.12	享受第四届西部优秀青年人才津贴人选	中国气象局
孙智辉	陕西省延安市气象局	2009.12	享受第四届西部优秀青年人才津贴人选	中国气象局

四、正研级专家人员

表 37-6　1990—2010 年陕西省气象局正高级职称人员一览表

姓　名	单　位	获取时间	获取称号	授取单位
王玉玺	陕西省气象科研所	1992	教授	兰州大学
吕从中	陕西省气象科研所	1993	正研级高级工程师	中国气象局人事司
周全瑞	陕西省气象台	1994	正研级高级工程师	中国气象局人事司
刘耀武	陕西省咸阳市气象局	1995	正研级高级工程师	中国气象局人事司
王志学	陕西气象编辑部	1996	编审	陕西省人事厅
杜继稳	陕西省气象台	1997.10	正研级高级工程师	中国气象局人事司
刘子臣	陕西省气象台	1997.10	正研级高级工程师	中国气象局人事司

续表

姓　名	单　位	获取时间	获取称号	授取单位
刘安麟	陕西省农业遥感信息中心	2003.10	正研级高级工程师	中国气象局人事司
樊　鹏	陕西省人工影响天气办公室	2004.11	正研级高级工程师	中国气象局人事司
余　兴	陕西省气象科研所	2005.11	研究员	中国气象局人事司
张　弘	陕西省气象台	2005.11	正研级高级工程师	中国气象局人事司
刘　勇	陕西省气象台	2006.11	正研级高级工程师	中国气象局人事司
李登科	陕西省农业遥感信息中心	2008.05	正研级高级工程师	中国气象局人事司
方建刚	陕西省气候中心	2009.05	正研级高级工程师	中国气象局人事司
侯建忠	陕西省气象台	2009.05	正研级高级工程师	中国气象局人事司
罗　慧(女)	陕西省气象局科技减灾处	2009.05	正研级高级工程师	中国气象局人事司
田武文	陕西省气候中心	2010.05	正研级高级工程师	中国气象局人事司
孙　娴(女)	陕西省气候中心	2010.05	正研级高级工程师	中国气象局人事司
井　喜	陕西省榆林市气象局	2010.05	正研级高级工程师	中国气象局人事司

五、陕西省“三五人才工程”第一、二层次人员

表37-7　1990—2010年陕西省气象局省“三五人才工程”第一、二层次人员一览表

姓　名	单　位	性别	获奖时间	获奖称号	授奖单位
李登科	陕西省农业遥感信息中心	男	1998	第二层次人选	陕西省“三五人才工程”领导小组
杨文峰	陕西省气象局业务处	男	2003	第二层次人选	陕西省“三五人才工程”领导小组
张永红	陕西省渭南市气象局	女	2005	第二层次人选	陕西省“三五人才工程”领导小组
李金辉	陕西省宝鸡市气象局	男	2005	第二层次人选	陕西省“三五人才工程”领导小组
孙智辉	陕西省延安市气象局	男	2007	第二层次人选	陕西省“三五人才工程”领导小组
李金辉	陕西省人工影响天气办公室	男	2010	第一层次人选	陕西省“三五人才工程”领导小组

续表

姓　名	单　位	性别	获奖时间	获奖称号	授奖单位
李星敏	陕西省农业遥感信息中心	女	2010	第二层次人选	陕西省“三五人才工程”领导小组
孙　娴	陕西省气候中心	女	2010	第二层次人选	陕西省“三五人才工程”领导小组
李　明	陕西省气象台	男	2010	第二层次人选	陕西省“三五人才工程”领导小组

大事记

1990 年

1月22日　陕西省副省长王双锡、省政府特邀顾问林季周一行代表省委、省政府专程到省气象局慰问全省气象职工，并奖励省气象局1万元人民币。

1月23日　陕西省人大常委会主任李溪溥、副主任陶钟到省气象局看望气象职工，并向全省气象职工拜年。

5月25日　陕西省政府召开“气象部门为陕西农业办实事”汇报会，20多位厅局领导和新闻单位参加了会议，副省长王双锡和国家气象局副局长章基嘉讲话。

9月3日　陕西省政府、省气象局分别致电国家气象局，热烈祝贺我国“风云一号”第二颗气象卫星发射成功。

12月7—10日　原国家气象局局长薛伟民来陕西省气象局检查指导工作。

1991 年

1月4日　陕西省副省长王双锡到省气象局，听取孙海鹰局长关于1990年全省气象工作汇报，并对1991年全省气象工作提出六条要求。

1月7—11日　陕西省气象局在西安召开全省气象工作会议，王双锡副省长出席了闭幕式，作了重要讲话，提出了“勤奋、廉洁、开拓、务实”的陕西气象行业精神，并为气象部门题词：“发挥气象优势，围绕经济建设，调整内部结构，开拓服务领域”。

2月5日　陕西省政府办公厅副秘书长蔡肇发代表省委、省政府慰问全省气象职工，并奖励省气象局一万元人民币。

3月6日　陕西省委、省政府、省军区授予商洛地区气象局政工干部陈素华“学雷锋标兵”称号。

3月23日　陕西省气象局、环境保护局和省气象学会在西安联合召开纪念世界气象日座谈会，省政协刘良湛副主席出席会议并讲话。

5月10日　全国政协副主席马文瑞为陕西省气象局题词：“气象为经济建设多办实事”。

5月11日　《陕西省生态环境遥感综合评价系列图》在北京人民大会堂通过国家级评审鉴定。该图对陕西国土资源开发、环境治理和决策管理具有重要意义。

6月23日　中共陕西省委、省人民政府作出“关于开展向陈素华学习活动的决定”。

6月29日　国家气象局、人事部在北京召开命名表彰大会，授予商洛地区气象局政工科长陈素华同志“全国气象系统模范工作者”称号。全国政协副主席马文瑞为陈素华题词:“顽强拼搏,无私奉献——向陈素华同志的革命精神学习”。

1992 年

3 月 23 日　陕西省气象局和省气象学会在省科技馆举行纪念“世界气象日”座谈会,省政协副主席李森桂出席座谈会。

7 月　国家气象局西安储运站撤销,并入陕西省气象技术装备处。

7 月 31 日　陕西省人民政府印发《陕西省人民政府贯彻执行国务院关于进一步加强气象工作的通知的通知》(陕政发〔1992〕57 号),其主要内容是进一步加强气象工作。

1993 年

2 月 6 日　王双锡副省长听取省气象局孙海鹰局长汇报本年度工作,并就 1993 年气象工作做了重要指示。

5 月 12—16 日　陕西省气象局局长孙海鹰向省委书记张勃兴汇报全省气象部门工作和结构调整情况。

5 月 25 日　在陕西省委、省政府召开的“省级机关机构改革”动员大会上,省长白清才将省气象局机关 4 月进行的结构调整情况向大会作了介绍,对省气象部门的结构调整工作给予了充分肯定。

7 月 13 日　陕西省委书记张勃兴专程到省气象局视察防汛气象服务工作。

7 月 29 日　陕西省委任命孙海鹰为省科委党组书记、副主任。

1994 年

1 月 18 日　中国气象局党组决定:程延江任陕西省气象局局长、党组书记;胡中联、崔讲学任副局长、党组成员;免去孙海鹰局长、党组书记;免去丁汶副局长、党组成员,离职休养。同日,省气象局召开大会,中国气象局副局长、党组副书记温克刚宣布了中国气象局党组对陕西省局领导班子的任命决定;副省长王双锡到会并讲话。

3 月 15 日　陕西省气象局局长程延江一行到中国气象局汇报工作,中国气象局副局长温克刚、马鹤年、李黄及各职能司室负责人听取了程延江关于人民气象事业 50 周年纪念活动筹备工作情况汇报,表示同意筹备工作意见。

7 月 26 日　陕西省副省长王双锡来省气象局了解天气情况。

7 月 28—31 日　西北区气象局长联席会在陕西省气象局召开,中国气象局副局长颜宏和陕西省副省长王双锡分别发表讲话。

8 月 27 日　陕西省气象局局长程延江一行 7 人赴青岛参加《延安时代的气象事业》书稿审稿会,并向中国气象局党组书记、局长邹竞蒙和党组副书记、副局长温克刚汇报了有关工作。

10 月 6 日　陕西省政府办公厅举行宣传和实施《陕西省气象条例》及“1994 年陕西天

气气候公报”新闻发布会,省计委、科委、编委、农办、财政厅、建设厅、公安厅、司法厅、广播电视厅、水利厅、林业厅、土地局、邮电管理局、地震局、法制局、无线电管理委员会、环保局、保险公司、民航局、陕西日报、电视台、广播电台以及西安日报等单位60多人参加了会议。

11月9—23日　陕西省气象局局长程廷江随同中国气象局组织的考察、访问团去韩国访问。

12月8日　陕西省计划委员会、财政厅、气象局联合印发关于贯彻落实《陕西省政府进一步加强气象工作的通知》的通知,求各地(市)计委(统计局)、财政局、气象局,应将有关气象基本建设投资和事业经费分别纳入本级国民经济和社会发展计划及财政预算。

1995年

1月21日　陕西省政府副秘书长黄广文受王双锡副省长委托,看望全省气象局长会议代表并讲话。

5月24日　陕西省政府在延安召开全省人工影响天气工作会议,各地(市)主管农业的专员、市长以及省地(市)气象局长和人影办主任共40多人参加会议,副省长王双锡到会并讲话。

6月8日　陕西省委书记安启元为人民气象事业创建50周年题词:“胸怀三秦,测天观云”;省长程安东题词:“繁荣气象科学,拓宽服务领域”。

6月24日　陕西省省长程安东、副省长王双锡分别约见省气象局局长程廷江、副局长崔讲学等,就人民气象事业创建50周年纪念活动及接待工作提出了要求。

9月3日　中国气象局局长邹竞蒙、副局长温克刚、马鹤年和陕西省省长程安东视察省气象台、遥感中心和人影中心。

9月4—7日　中国气象局局长邹竞蒙、副局长温克刚、马鹤年和陕西省政府领导在延安参加人民气象事业创建50周年纪念活动。

9月15日　中共中央政治局委员、国务委员李铁映视察延安市气象局。陪同视察的有中国航空工业总公司经理朱育理、文化部副部长徐文伯、国家文物局局长张德勤、陕西省省长程安东、省委副书记蔡竹林、副省长刘春茂及延安地委、行署领导。、

9月17—18日　中国气象局副局长温克刚陪同以韩国气象厅厅长奉钟宪博士为团长的一行6人参观访问陕西省气象局。

1996年

2月14日　国家计委副主任陈耀邦一行3人在陕西省计划委员会委员张溠然和省气象局局长程廷江、副局长胡中联陪同下到省农业遥感信息中心视察工作。

3月12日　陕西省副省长王寿森、空军西安基地副司令员李禄讲出席省人工增雨协调会,王寿森发表了讲话。同日,王寿森出席全省气象局长会议并讲话。

3月24—27日　中国气象局副局长李黄视察陕西省气象局办公自动化建设情况，并在局机关及局直属单位处级干部会上讲话。

6月14日　中国气象局批准《陕西省气象部门机构编制方案》。

8月5日　陕西省委书记安启元、副书记刘荣惠、蔡竹林、副省长王寿森等一行8人到省气象局视察工作，慰问坚守汛期服务岗位的气象职工。

8月15日　陕西省副省长潘连生带领省计委、经贸委、建设厅等有关厅局领导，在商洛地委书记陈再生、行署常务副专员李元虎陪同下，到商洛地区气象局视察工作，听取气象工作汇报，并现场办公解决气象局道路建设资金。

10月16日　陕西省政府办公厅发文(陕政办〔1996〕90号)，把省气象局列为省政府部门，并授权省气象局承担全省气象工作的政府行政管理职能，明确了工作职责。

11月14日　陕西省政协副主席张鹤龄一行来省气象局视察工作。

1997年

1月16日　陕西省政府成立"陕西省人工影响天气领导小组"，王寿森副省长任组长，省政府副秘书长黄广文、省气象局局长程廷江任副组长，省水利厅、财政厅、农业厅、省计划委员会、省科学技术委员会、省军区、空军西安基地、省保险公司等为成员单位，领导小办公室设在省气象局，办公室主任由省气象局副局长胡中联兼任。

2月18日　陕西省副省长王寿森及省政府办公厅救灾办、省财政厅、省计划委员会等有关部门领导一行8人到省气象局检查指导工作，对全省气象服务工作表示肯定，并表示省政府将拿出3万元奖励省气象局。

2月26日　陕西省副省长王寿森出席全省气象局长会议并讲话。

3月21—28日　中国气象局副局长颜宏在省气象局局长程廷江陪同下，视察省农业遥感信息中心、气象台、人工影响天气中心、气候应用所及省气象局办公自动化业务系统，并赴延安、咸阳、西安考察气象工作。

11月24日　陕西省气象局机关依照国家公务员管理制度，并经省推行国家公务员制度领导小组办公室验收，76名机关人员过渡为国家公务员。

12月5日　陕西省委书记李建国、省长程安东、副省长王寿森在西安人民大厦会见中国气象局局长温克刚、名誉局长邹竞蒙、副局长马鹤年等领导。

12月7日　陕西省气象局举行综合气象科技楼(气象大厦)奠基仪式，中国气象局局长温克刚、名誉局长邹竞蒙、副局长马鹤年和副省长王寿森及有关厅局领导参加了奠基仪式。

12月8—9日　中国气象局名誉局长邹竞蒙赴咸阳、礼泉等市县气象局检查指导工作。

12月8—13日　中国气象局副局长马鹤年先后赴宝鸡、咸阳、西安三市及扶风、千阳、陇县、岐山、礼泉、三原六县气象局及省气象局直属各单位调研气象工作。

1998 年

3 月 12 日　陕西省副省长王寿森出席全省气象局长会议并讲话，他赞扬了全省各级气象部门为陕西经济和社会发展做出的贡献。

9 月 4—6 日　中国气象局副局长颜宏听取陕西省气象局党组工作汇报。

10 月 28 日　中国气象局召开全国防汛抗洪电视电话表彰大会，陕西省气象台、汉中市气象局及许新田分别为先进集体和先进个人，受到了表彰。

11 月 13 日　陕西省人民政府办公厅转发《陕西省气象局关于加强发展地方气象事业的通知》(陕政办发〔1998〕83 号)，提出了今后一个时期全省发展气象事业的主要任务，要求各级政府建立与国家财政体制相适应的气象投入体制，为气象事业的发展提供稳定的资金来源，确保地方气象事业的健康发展。

1999 年

1 月 12 日　中国气象局局长温克刚、副局长马鹤年、颜宏、李黄、刘英金和陕西省副省长王寿森在陕西宾馆共同听取省气象局党组工作汇报，研究解决陕西综合气象科技楼(气象大厦)建设资金问题。大楼立项与扩初设计概算 850 万元差额，由省政府和中国气象局按 1∶1 比例各承担一半。会后印发了会议纪要。

1 月 13—15 日　全国气象局长会议在西安陕西宾馆召开，省委常委、常务副省长贾治邦、副省长王寿森代表省委省政府宴请出席会议的中国气象局局长温克刚、副局长李黄、颜宏、刘英金及各省、自治区、直辖市、计划单列市气象局、中国气象局直属单位、院校的代表和特邀代表 140 余人。

3 月 19 日　陕西省省长程安东、副省长王寿森、省政府副秘书长黄广文和省农业厅、水利厅厅长等一行 9 人，到省气象局慰问气象职工，并了解旱情、雨情及人工影响天气工作情况。

8 月 25 日　中国气象局发文(中气法发〔1999〕27 号)，批复陕西省气象部门属于西部地区气象部门，执行并享受中国气象局制定的有关政策、规定。

9 月 13—16 日　中国气象局副局长刘英金一行五人视察陕西省气象局的三个大院及铜川、延安、宝鸡、咸阳等市、县气象局。

9 月 22—24 日　全国气象科技服务与产业处长研讨会在西安召开。会议期间，中国气象局副局长郑国光视察了陕西省气象台、专业气象台、气象培训中心和西安市气象台，对陕西气象工作表示满意。

11 月 5—7 日　中国气象局副局长郑国光陪同加拿大气象代表团一行 9 人来陕西气象部门考察访问。

12 月 29 日　陕西省人大、省政府法制局、省气象局联合举办学习、宣传和贯彻《中华人民共和国气象法》座谈会。

2000 年

1 月 28 日　西安市委、市政府命名陕西省气象局为市级文明单位。3 月 2 日，陕西省气象局举行市级文明单位揭牌仪式。

2 月 29 日　中国气象局党组决定崔讲学任陕西省气象局局长、党组书记；谢双亭任陕西省气象局副局长、党组成员；胡中联任陕西省气象局巡视员，免去陕西省气象局副局长职务；免去程廷江陕西省气象局局长、党组书记职务。

4 月 4—9 日　中国气象局副局长郑国光一行来陕，并深入商洛、延安、铜川等地（市）气象局及部分县气象局，就气象部门落实党中央、国务院西部大开发战略进行调研。

4 月 25 日　陕西省人民政府发文（陕政发〔2000〕19 号），奖励全省 2000 年全国劳动模范和先进工作者，其中有一次性奖励给全国先进工作者、省气象台台长杜继稳人民币 5000 元。

4 月 26 日　陕西省气象台台长杜继稳赴京出席全国劳动模范大会座谈会。

5 月 25 日　陕西省气象局直属机关获“省直文明机关”称号。

9 月 22 日　陕西省人民政府成立陕西省防雷减灾工作领导小组，省政府副秘书长刘孝文任组长，省气象局局长崔讲学任副组长，省公安厅、建设厅、质量技术监督局、气象局为成员单位，领导小组办公室设在省气象局。

11 月 21 日　陕西省副省长王寿森听取省气象局局长崔讲学关于全省气象部门“十五”计划建设项目汇报，王寿森对汇报的七个建设项目表示同意，并指示尽快报告给省计划委员会，争取列人“十五”规划。

2001 年

1 月 10 日　国家人事部、中国气象局授予陕西省气象台“全国气象系统先进集体”称号。

1 月 20 日　陕西省气象局被中国气象局评为 2000 年度目标管理综合考核优秀达标单位，省气象局《积极服务西部大开发、开展生态环境调查和动态监测》被评为全国气象部门 7 个创新项目之一。

6 月 1 日　陕西省第九届人民代表大会常务委员会第二十三次会议全票通过省气象局起草并经省政府常务会议第四次专题会议审议的《陕西省气象条例》。

7 月 19 日　陕西省气象台被中国气象局授予第二批“全国文明服务示范单位”。

8 月 31 日　陕西省人大法制委员会和省气象局在省政府黄楼联合召开《陕西省气象条例》新闻发布会。同日，陕西省委、省政府、省军区授予陇县女子防雹连“防雹英雄女民兵连”称号。

11 月 26 日　中国气象局印发《陕西省国家气象系统机构改革方案》（气发〔2001〕161 号）和《西安市国家气象系统机构改革方案》（气发〔2001〕179 号），决定陕西省气象局及各地(市)、县(市、区)气象局为全省各级气象管理机构,在上级气象主管机构和本级人民政府领导下,根据授权承担本行政区内气象工作的行政管理职能,依法履行气象主管机构的各项职责;确定西安市气象局参照市直工作部门为副厅(局)级,内设4个处室为正处级;其余地(市)气象局为正处级。

12月31日　陕西省人民政府召开省长会议,决定将西安、延安、榆林、汉中新一代天气雷达建设列入"十五"重点项目。

2002年

1月14日　陕西省人民政府同意,从2002年起,用两年时间,按照《新一代天气雷达监测网点布局方案》要求,分别在西安、延安、榆林、汉中建设4部"新一代天气雷达系统"。

3月18日　陕西省气象局举行省级文明机关授牌仪式。

5月12日　陕西省农业遥感信息中心接收到第一幅EOS卫星遥感影像,标志着省农业遥感信息中心西安EOS卫星接收站初步建成。

7月26—31日　中国气象局局长秦大河一行来陕,先后视察了延安市气象局、子长县气象局、宜川县气象局和省气象局、西安市气象局。

9月19日　陕西省委、省政府在西安人民大厦隆重举行全省抗洪救灾总结表彰大会,陕西气象部门受到表彰。

11月6日　中国气象局和陕西省精神文明建设指导委员会联合发文授予陕西省气象部门"创建文明行业先进系统"称号。

12月26日　汉中市气象台、延安市气象台被评为2002年全国重大气象服务先进集体。

12月30日　陕西省气象局举行文明行业先进系统授牌仪式,中国气象局副局长郑国光、陕西省委副书记张保庆、副省长王寿森、省文明办主任白智民、副主任杨继祖和省直机关工委、西安市文明办等领导及新闻媒体参加了授牌仪式。

2003年

1月2日　中国气象局和中国气象学会联合发文,命名陕西省气象科普教育基地、延安市气象台为首批"全国气象科普教育基地"。

3月21日　陕西省政府办公厅、省军区司令部联合发文,将全省气象部门配备使用的防雹高炮统一编入民兵组织,组建民兵高炮防雹分队。

7月21日　中国气象局党组成员、中纪委驻局纪检组组长孙先健来陕检查气象部门纪检工作。

2004年

2月18日　全国政协常委、原陕西省省长程安东到省气象局视察，并对人工影响天气工作进行了专题调研。

2月24—26日　世界气象组织秘书长雅罗夫妇在中国气象局副局长郑国光陪同下，来陕西省气象局参观访问。

3月14日　陕西省气象局与中国科学院空间科学与应用研究中心签订雷电监测定位网项目研制建设合同，启动省雷电监测定位网项目建设。

4月29日　陕西省政协副主席、九三学社陕西省委主委刘石民一行5人来省气象局调研九三学社基层组织工作。

11月7日　陕西省气象局人事处被授予"全国气象部门人事工作先进集体"。

2005年

4月28日　陕西省气象局成立50周年庆祝大会在西安隆重举行。省政协主席艾丕善、省人大常委会副主任高宜新、副省长王寿森、原中国气象局副局长马鹤年、中国工程院院士李泽椿、陈联寿和省有关厅局、高校领导及兄弟省区气象局代表出席了会议。

6月7日　中国气象局党组决定：李良序任陕西省气象局局长、中共陕西省气象局党组书记，试用期一年；陈洪田任陕西省气象局巡视员，免去陕西省气象局副局长、中共陕西省气象局党组成员职务；免去崔讲学同志陕西省气象局局长、中共陕西省气象局党组书记职务，另有任用。

7月6日　陕西省委副书记杨永茂到省气象局视察汛期气象服务工作。

10月14日　陕西气象科普教育基地被中央六部委联合授予"全国青少年校外活动示范基地"。

10月26日　陕西省气象局和吴起县气象局荣获"全国精神文明建设工作先进单位"称号。

12月28日　宝鸡市气象局被国家人事部、中国气象局授予全国气象工作先进集体。

2006年

1月12日　陕西省委、省政府授予神木县气象局2005年度省级"文明单位"；太白、长武县气象局2005年度省级"文明单位标兵"；省气象局2005年度创佳评差竞赛活动"最佳厅局"，渭南、延安市气象局2005年度创佳评差竞赛活动"最佳单位"。

3月27日　中国气象局批准《陕西省气象局业务技术体制改革实施方案》和《陕西省国家气象系统机构编制调整方案》。省气象局据此规定多轨道业务实施方案、能力建设实施方案、机构编制调整指导意见等40多件配套方案、意见、办法，进一步推进和深化业务技术体制改革。

4月3日　中国气象局批复同意镇坪、宁强、太白三个气象站由国家气象观测站二级站调整为国家气象观测站一级站。

4月19日　中国气象局批复同意设立杨凌气象局，履行杨凌示范区行政区域内气象主管机构的法定职责并承担有关气象业务、服务工作，实行陕西省气象局与杨凌示范区管委会双重领导，以陕西省气象局领导为主的管理机制，机构规格为正处级。

5月12日　国家卫星气象中心与陕西省气象局在西安签订关于在陕西建立"国家卫星气象中心黄土高原生态环境遥感动态监测应用试验基地"的合作协议。

6月7日　中国气象局批复同意将西安探空站搬迁至西安泾河气象站。

6月8日　中国气象局复函陕西省气象局，同意建设干旱监测评估业务平台，并投资20万元建设数据库、干旱监测、评估系统以及干旱服务系统等。

7月20日　陕西省委书记李建国到省气象局视察工作，并强调要更好更快地发展陕西气象事业。

7月26日　陕西省气象局决定成立杨凌气象局，内设办公室，为综合性管理机构；下设杨凌气象科技服务中心（杨凌气象台），为局直属事业单位，主要承担示范区气象服务工作。

8月24日　陕西省政府印发《陕西省人民政府关于加快气象事业发展的意见》（陕政发〔2006〕32号）。

12月21日　中国气象局批复同意从2007年1月1日00时（北京时）在西安泾河国家气候观象台开展探空业务。

12月24日　中国气象局授予太白县、商州区气象局"全国气象部门文明台站标兵"称号。

12月26日　陕西省人大常委会副主任陈再生到省气象局视察。

2007年

1月29日　中国气象局副局长宇如聪率领中国气象局慰问团一行5人来陕慰问气象职工。

5月31日　第十届陕西省人大常委会第三十一次会议审议批准了《西安市气象灾害防御条例》，2007年7月1日起在西安市施行。

7月11日　陕西省省长袁纯清、副省长张伟带领省政府办公厅、省发展与改革委员会、财政厅、国土资源厅、水利厅、农业厅、环保局等部门负责人来省气象局考察调研，并召开现场办公会，研究气象立法及"十一五"气象项目建设等问题。

9月30日　陕西省政府办公厅印发《关于进一步加强气象灾害防御工作的意见》（陕政办发〔2007〕130号）。

11月27日　陕西省政府召开全省气象防灾减灾工作会议。同日，省人大常委会副主任高宜新率省人大农业和农村工作会议全体代表近80人来省气象局考察调研。

2008年

3月1日　陕西省气象局获省委、省政府2007年“创佳评差”竞赛活动“最佳厅局”称号；西安市气象局、户县气象局、府谷县气象局获省级文明单位，安塞县气象局获“省级文明单位标兵”称号；延安市气象局、华山气象站获“创佳评差”竞赛活动“最佳单位”。

5月12日　14时28分，四川汶川发生特大地震，陕西省气象局和汉中、宝鸡、安康、咸阳、西安、渭南、铜川等9个市气象局和61个县级气象台站不同程度受灾。

5月14—16日　中国气象局副局长宇如聪一行5人来陕检查指导气象部门抗震救灾和气象服务工作，并赴受灾严重的汉中市气象局和南郑、宁强县气象局指导抗震救灾工作。

5月15日　陕西省气象局举行抗震救灾捐款仪式，578名气象职工共计捐款39127元。

5月23日　陕西省气象局机关和直属单位的共产党员为地震灾区缴纳“特殊党费”130027.2元。

5月27日　《陕西省应对气候变化方案》经省政府2008年第15次常务会议审议通过。

5月28日　陕西省气象局举行抗震防雷捐建活动启动仪式，全省23家防雷企业为汉中、宝鸡重灾区150多处群众聚集点援建200多套价值40多万元的避雷设施。

8月12日　陕西省委书记、省人大常委会主任赵乐际到省气象局视察，听取了李良序局长的工作汇报，通过电视电话会商系统慰问全省广大气象干部职工，并作了重要讲话。

9月27日　中国气象局授予陕西省礼泉县气象局、安塞县气象局、华山气象站2007—2008年度“全国气象部门文明台站标兵”称号。

2009年

1月13日　陕西省发展与改革委员会批复陕西省区域气象观测站网建设项目，全省新建600个自动气象站，站点总数达1325个。

2月16日　陕西省气象局被省委、省政府命名表彰为“最佳厅局”，华山气象站、子长县气象局、安康市气象局获“省级文明单位”，商洛市气象局、铜川市气象局被表彰为“创佳评差”活动“最佳单位”。

2月19—20日　中国气象局局长郑国光率工作组来陕西地震灾区慰问气象职工，检查指导灾后恢复重建工作。

3月1日　中国气象局原副局长刘英金一行6人到汉中市局察看抗震救灾及新建的雷达数据楼建设情况。

6月3日　陕西省副省长姚引良检查汉江流域气象预警中心暨安康市气象局气象服务工作。

8月31日　陕西省人民政府2009年第20次常务会议审议通过了11月1日正式施行的《陕西省人工影响天气管理办法》。

11月13日　陕西省气象局与西北农林科技大学共建的现代农业与气象创新基地在杨凌示范区揭牌成立。

2010年

1月12日　陕西省政府在西安召开全省气象工作会议，各设区市及杨凌示范区分管领导、省政府各相关部门负责人、各市发改委、财政局、气象局、各县区气象局负责人近200人参加了会议。会议由省政府办公厅纪检组长刘曙阳主持，副省长姚引良和中国气象局副局长王守荣出席会议并讲话。

3月29日　陕西省气象台被陕西省直属机关工委命名为2008—2009年度"省直机关文明单位"荣誉称号。

5月19日　陕西气象、林业两部门《关于气象林业共同推进陕西核桃等干杂果经济林产业发展的协议》签字仪式在陕西气象大厦举行。

7月8日　陕西省政府第十次常务会议审议并原则通过《陕西省气象灾害防御条例》。

7月24日　陕西省委书记赵乐际给省气象局局长李良序打电话，了解最新天气信息，肯定了罕见暴雨气象服务，并向坚守在工作岗位的所有陕西气象人表示问候。

7月29日　陕西省第十一届人民代表大会常务委员会第十六次会议分组审议省政府报送的《陕西省气象灾害防御条例(草案)》，省气象局局长李良序受省政府委托对《条例(草案)》做了说明。

8月12日　陕西省政府办公厅印发《关于建立气象、洪涝、地质灾害预警联动机制的通知》(陕政办发〔2010〕84号)。

9月9日　陕西省应急救援总队在西安揭牌成立，省气象局列为陕西省应急救援总队成员单位。

9月29日　陕西省十一届人民代表大会常务委员会第十八次会议审议通过了12月1日施行的《陕西省气象灾害防御条例》。

11月3日　陕西省气象局与咸阳市人民政府签署《共建咸阳市"十二五"气象事业发展重大项目战略合作框架协议书》。

参考文献

刘文亚,2008. 陕西省畜牧业气象服务手册[M]. 北京:气象出版社.

陕西救灾年鉴编委会,1999. 陕西救灾年鉴(1996)[M]. 西安:陕西人民出版社.

陕西救灾年鉴编委会,2004. 陕西救灾年鉴(1997—1999)[M]. 北京:气象出版社.

陕西救灾年鉴编委会,2005. 陕西救灾年鉴(2000—2002)[M]. 西安:陕西科学技术出版社.

陕西救灾年鉴编委会,2005. 陕西救灾年鉴(2003)[M]. 西安:陕西科学技术出版社.

陕西救灾年鉴编委会,2011. 陕西救灾年鉴(2010)[M]. 西安:陕西科学技术出版社.

陕西省地方志编纂委员会,2001. 陕西省志·气象志[M]. 北京:气象出版社.

陕西省气象局,2012. 陕西省基层气象台站简史[M]. 北京:气象出版社.

陕西省气象局,《三秦气象谱新曲》十一五陕西气象事业发展纪实,内部资料.

陕西省气象局,《陕西气象服务评估2010》,内部资料.

陕西省气象局,2014. 汶川特大地震陕西气象部门抗震救灾资料长编. 内部资料.

翟佑安,2005. 气象灾害大典(陕西卷)[M]. 北京:气象出版社.

附　录

陕西省气象条例

（2001年6月1日陕西省第九届人民代表大会常务委员会第二十三次会议通过，自2001年9月1日起施行）

第一章　总　则

第一条　为了规范气象探测、预报和服务活动，提高防御气象灾害与合理开发利用和保护气候资源的能力，促进本省气象事业发展，根据《中华人民共和国气象法》和有关法律、法规，结合本省实际，制定本条例。

第二条　在本省行政区域内从事气象探测、预报、服务和气象灾害防御、气候资源开发利用和保护、气象科学技术研究及其相关活动的单位和个人，应当遵守本条例。军队气象工作的管理，按照国家有关法律、法规的规定执行。

第三条　气象事业是基础性公益事业，气象工作应当把公益性气象服务放在首位。县级以上人民政府应当加强对气象工作的领导和协调，建立健全防御气象灾害服务体系，发挥气象事业为经济和社会发展、国防建设、政府决策和人民生活服务的功能。

第四条　各级气象主管机构在上级气象主管机构和本级人民政府的领导下，负责本行政区域内的气象工作。县级以上人民政府的有关部门和乡（镇）人民政府应当在各自的职责范围内，做好与气象事业有关的工作。

第五条　县级以上人民政府应当鼓励和支持气象科学技术研究、气象科学知识普及，推广应用先进气象科学技术，发展气象信息产业，提高气象工作水平。县级以上人民政府和气象主管机构对在气象工作中做出突出贡献的单位和个人应当给予表彰奖励。

第二章　地方气象事业

第六条　县级以上人民政府应当重视地方气象事业发展，根据当地经济和社会发展的需要，编制并组织实施地方气象事业发展规划和专项计划，提高防御气象灾害与合理开发利用和保护气候资源的能力。

各级气象主管机构及其所属的气象台站应当在承担国家气象事业任务的同时，做好地方气象事业工作。

第七条　地方气象事业包括：

（一）为当地服务的气象探测、气象通信、气象情报、气象预报、气象服务、气象科学技术研究及其基础设施建设；

（二）为当地防汛抗旱、防大风（沙尘暴）、防大雾和防御其他气象灾害服务的气象预警系统；

（三）人工增雨（雪）、人工防雹、防雷电和其他气象防灾减灾体系；

（四）根据当地经济和社会发展需要，开展的农业气象预报、城市环境气象预报、火险气象等级预报、农作物气候产量预报、大气污染气象潜势预报、生态环境遥感动态监测和其他专项气象服务；

（五）合理开发利用和保护气候资源以及其他为地方服务的项目。

第八条 发展地方气象事业的投资，主要由本级财政承担。县级以上人民政府应当将地方气象事业所需的基本建设投资、有关事业经费和专项经费列入本级国民经济和社会发展计划及财政预算，确保地方气象事业与国家气象事业协调发展。

第九条 省气象主管机构负责全省气候资源的综合调查、区划工作，并对可能引起气候恶化的大气成分进行监测，定期进行气候分析评价，发布全省气候环境状况公报。

各级气象主管机构应当针对当地经济和社会发展需要，及时向本级人民政府及其有关部门提出合理开发利用和保护气候资源、应用气候资源区划成果的建议。

第三章 气象探测

第十条 各级气象主管机构所属的气象台站与民航、林业、水利和其他部门所属的气象台站以及其他组织、个人设立的气象观测站点，构成全省气象探测网络。

各级人民政府应当根据需要，逐步增加气象观测站点。

乡（镇）人民政府和其他与灾害性天气监测有关的单位、个人，应当及时向当地气象主管机构提供灾情信息和气象监测资料。鼓励其他组织和个人向当地气象主管机构报告所发现的突发性气象灾害。

第十一条 各级气象主管机构所属的气象台站，应当按照国家规定进行气象探测，并向上一级气象主管机构汇交气象探测资料。民航、林业、水利等部门所属的气象台站以及其他组织、个人设立的气象观测站点，应当按照有关规定向气象主管机构汇交气象探测资料。

气象探测数据资料除涉及国家秘密外，按照共享、共用的原则，由省气象主管机构定期汇集、整理，无偿向社会提供。

第十二条 县级以上人民政府应当按照下列规定，划定气象探测环境的保护范围，并纳入城市和村镇建设规划。

（一）基准气候站、基本气象站探测环境的要求：

1. 建筑物、树木和其他遮挡物边缘与观测场边缘的距离，为该遮挡物高度的十倍以远；

2. 工程设施边缘与观测场边缘的距离，铁路路基二百米以远，电气化铁路路基、水库等大型水体一百米以远，公路路基三十米以远；

3. 对观测资料准确性有影响的各种源体边缘与观测场边缘的距离为五百米以远；

4. 观测场边缘外十米以内不得种植一米以上的作物。

（二）一般气象站探测环境的要求：

5. 孤立遮挡物边缘与观测场边缘的距离，为该遮挡物高度的三倍以远、成排遮挡物为八倍以远；

6. 工程设施边缘与观测场边缘的距离，铁路路基二百米以远，电气化铁路路基一百米以远，水库等大型水体五十米以远，公路路基三十米以远；

7. 对观测资料准确性有影响的各种源体边缘与观测场边缘的距离为三百米以远；

8. 观测场边缘外十米以内不得种植一米以上的作物。

(三)高空气象、气象雷达、酸雨、遥测的探测环境保护要求，按照国家有关规定执行。对不符合气象探测环境保护要求的建筑物、构筑物和其他遮挡物，由当地县级或者市(地区)人民政府负责组织拆除或者搬迁。

第十三条 气象台站的地面观测场、高空探测场内的气象专用仪器、设备、标志、气象卫星、气象雷达及其他气象通信的线路、频道、信道受法律保护，任何单位和个人不得侵占、损毁、破坏和擅自移动。

第十四条 新建、扩建、改建建设工程，确需迁移气象台站及其设施，属于一般气象站的，经当地人民政府同意后，报省气象主管机构批准；属于基准气候站、基本气象站的，经省气象主管机构同意后，报国家气象主管机构批准。迁移气象台站及其设施所需的费用，由建设单位承担。

第四章 气象信息服务

第十五条 各级气象主管机构所属的气象台站应当做好防灾减灾、国防建设、科学研究、社会公众的公益性气象信息服务工作。

市(地区)和县级气象主管机构所属的气象台站在提供公众气象服务的同时，应当重点做好农业生产气象信息服务。

第十六条 气象台站在确保公益性气象无偿服务的前提下，可以根据用户要求依法开展气象有偿服务。服务的范围、收费项目和标准，按照国家和本省有关规定执行。

从事商业性气象服务的组织和个人，应当遵守国家和本省有关规定。

第十七条 各级气象主管机构所属的气象台站应当进行气象情报、气象预报、灾害性天气警报、气候公报和服务技术方法的研究，应用先进的气象科学技术，提高气象信息的准确性和及时性。

第十八条 公众气象预报和灾害性天气警报实行统一发布制度。各级气象主管机构所属的气象台站应当按照职责向社会发布公众气象预报和灾害性天气警报，并根据天气变化情况及时补充或者订正。需要向公众发布重要气象情报的，由县级以上气象主管机构所属的气象台站负责统一发布。其他任何组织或者个人不得向社会发布公众气象情报、预报和灾害性天气警报。

第十九条 县级以上人民政府指定的广播、电视台站和报纸，应当安排专门的时间或者版面，每天播发或者刊登当地气象主管机构所属的气象台站统一发布的公众气象预报，适时播发或者刊登灾害性天气警报、重要气象情报。县级以上气象主管机构所属的气象台站应当提高电视气象预报节目的制作质量，并按时传送；电视台站应当保证播出时间，并准时播出。广播、电视台站改变气象预报节目播出时间的，应当事先征得有关气象台站的同意。

第二十条　广播、电视、报刊、计算机网络、无线寻呼、声讯、电子屏幕和其他媒体向社会传播公众气象情报、气象预报、灾害性天气警报，应当使用当地气象主管机构所属的气象台站直接提供的适时气象信息，并标明发布时间和气象台站名称。

前款规定的媒体通过传播气象信息获得收益的，应当与提供气象信息的气象台站签订协议，确定收益分配比例，用于发展地方气象事业。

第五章　气象灾害防御

第二十一条　县级以上人民政府应当组织有关部门编制气象灾害防御规划，制订气象灾害防御方案，并组织实施。

各级气象主管机构应当将重大灾害性天气情报和预报及时向本级人民政府报告，并负责重大灾害的气象成因鉴定。

第二十二条　县级以上人民政府应当加强对本行政区域人工影响天气工作的领导和协调，制定本行政区域人工影响天气工作年度计划，组织有关部门配合气象主管机构做好人工影响天气工作。

各级气象主管机构应当制订人工影响天气工作方案，管理、指导和组织实施本行政区域的人工影响天气作业。实施人工影响天气作业造成的人身伤亡事故和财产损失，由所在地的县级人民政府按照有关规定处理。

第二十三条　利用飞机、高炮、火箭实施人工增雨(雪)、防雹作业，应当按照国家有关规定申请空域。未经批准，禁止作业。从事人工增雨(雪)、防雹作业的组织应当具备省气象主管机构规定的资格条件，作业人员应当经过培训、持证上岗。人工增雨(雪)、防雹所使用的高炮、炮弹、火箭及其发射架的管理，按照《民兵武器装备管理条例》的规定执行。市(地区)气象主管机构应当对本行政区域使用的高炮、火箭发射架定期组织质量安全检验。经检验不合格的，不得使用。

第二十四条　各级气象主管机构负责本行政区域雷电灾害防御的组织管理工作，组织开展雷电灾害的科学技术研究、监测、预警、鉴定，会同有关部门指导防雷电装置的检测工作。

第二十五条　高层建筑、易燃易爆场所、物资仓储、通信和广播电视设施、电力设施、大型电子设备、计算机信息网络系统以及其他需要防御雷电灾害的建筑物、构筑物、场所和设施，应当安装、使用符合国家规定的防雷电装置。禁止安装、使用不符合技术标准或者质量不合格的防雷电装置。

第二十六条　防雷电装置应当每年检测一次，其中易燃易爆场所的防雷电装置应当每半年检测一次。经检测合格的，发给省气象主管机构统一印制的《陕西省防雷电装置检测合格证》。防雷电装置检测机构及其工作人员，应当具备国家气象主管机构规定的资质和资格。

第二十七条　新建建筑物、构筑物必须同时建设防雷电工程的，设计单位应当按照国家防雷电设计技术规范的要求进行设计，经建设行政主管部门会同同级气象主管机构组织图纸设计审查后，方可交付施工。工程竣工验收文件，应当有防雷电装置检测机构出具的检测报告。

已建成的建筑物、构筑物及其设施必须补建或者改建防雷电工程的,由建筑物、构筑物及其设施的管理者或者业主委托设计单位进行设计,气象主管机构组织图纸设计审查;工程竣工验收前,应当经防雷电装置检测机构检测合格。

第六章　气象行业管理

第二十八条　从事气象探测、预报、服务和气象灾害防御、气候资源开发利用、气象科学技术研究及其相关活动的组织和个人,应当接受气象主管机构的指导、监督和行业管理。

第二十九条　气象设施建设应当合理布局、有效利用,兼顾当前与长远需要,避免重复建设。

下列气象设施建设,应当在项目建议书和可行性研究报告报批前,按照项目相应审批权限,经国家或者省气象主管机构审查同意:

(一)气象雷达、气象卫星地面接收系统和其他大型探测设施;

(二)卫星通信等大型气象信息专用传输设施;

(三)进口国外大中型气象仪器、设备;

(四)省以上气象主管机构规定的其他气象设施。

第三十条　省气象主管机构应当对气象台站使用的计量器具和气象专用技术装备情况,每两年组织检查一次,以保证仪器、设备、设施的完好和正常使用。

第三十一条　充灌、悬挂、施放升空气球的组织或者个人,应当取得县级以上气象主管机构认定的技术资格,并按照省气象主管机构规定的技术操作规范作业。悬挂、施放升空气球,不得妨碍气象探测活动和航空安全。

第七章　法律责任

第三十二条　违反本条例规定,有下列行为之一的,由县级以上气象主管机构责令限期改正,给予警告,可以并处五千元以上二万元以下的罚款;情节严重的,处以二万元以上五万元以下的罚款:

(一)非法向社会发布公众气象情报、预报、灾害性天气警报的;

(二)广播、电视、报刊、计算机网络、无线寻呼、声讯、电子屏幕和其他媒体向社会传播公众气象情报、气象预报、灾害性天气警报,未使用当地气象主管机构所属的气象台站直接提供的适时气象信息的。

第三十三条　违反本条例规定,在人工增雨(雪)、防雹作业中,有下列行为之一的,由县级以上气象主管机构给予警告,可以并处五千元以上三万元以下的罚款;情节严重的,处以三万元以上十万元以下的罚款;造成人身伤害或者财产损失的,依法承担赔偿责任;构成犯罪的,由司法机关依法追究刑事责任:

(一)未经批准擅自作业的;

(二)不具备规定的资格条件或者无证上岗作业的;

(三)使用未经检验或检验不合格的高炮、火箭发射架作业的。

第三十四条　违反本条例规定,有下列行为之一的,由县级以上气象主管机构给予警告，责令限期改正，没收违法所得，情节严重的，可以并处五千元以上三万元以下的罚款；给他人造成人身伤害或者财产损失的，依法承担赔偿责任；构成犯罪的，由司法机关依法追究刑事责任：

（一）应当安装防雷电装置而未安装的；

（二）不具备规定资质或者资格，从事防雷电装置检测的；

（三）拒不接受防雷电装置检测的。

第三十五条 违反本条例规定，未取得技术资格或者不按技术操作规范从事充灌、悬挂、施放升空气球作业的，由县级以上气象主管机构给予警告，责令限期改正，情节严重的，可并处一千元以上一万元以下的罚款；给他人造成人身伤害或者财产损失的，依法承担赔偿责任；构成犯罪的，由司法机关依法追究刑事责任。

第三十六条 违反本条例规定的其他行为，法律、法规已有处罚规定的，从其规定。

第三十七条 气象主管机构作出对个人五千元以上、对单位三万元以上罚款处罚的，应当告知当事人有要求举行听证的权利。当事人对行政处罚决定不服的，可以依法申请行政复议或者向人民法院起诉。逾期不申请复议，也不向人民法院起诉，又不履行处罚决定的，由作出处罚决定的机关申请人民法院强制执行。

第三十八条 气象主管机构及其所属的气象台站的工作人员玩忽职守，造成重大责任事故或者导致重大漏报、错报公众气象预报、灾害性天气警报，丢失、毁坏原始气象探测资料、伪造气象资料的，依法给予行政处分；致使国家利益和人民生命财产遭受重大损失，构成犯罪的，由司法机关依法追究刑事责任。

第八章 附 则

第三十九条 本条例自 2001 年 9 月 1 日起施行。

陕西省气象灾害防御条例

(2010年9月29日陕西省第十一届人民代表大会常务委员会第十八次会议通过,自2010年12月1日起施行)

第一章 总 则

第一条 为了加强气象灾害防御,避免、减轻气象灾害造成的损失,保障人民生命财产安全,根据《中华人民共和国气象法》、国务院《气象灾害防御条例》,结合本省实际,制定本条例。

第二条 本条例适用于本省行政区域内的气象灾害防御活动。

本条例所称气象灾害,是指干旱、雷电、暴雨(雪)、大风、大雾、高温、冰雹、沙尘暴、连阴雨、霜冻、低温、冻雨、冰冻、寒潮、霾等所造成的灾害。

第三条 气象灾害防御实行统筹规划、分级负责、预防为主、防治结合的原则。

第四条 县级以上人民政府应当加强对气象灾害防御工作的组织领导,建立健全气象灾害防御工作协调机制,将气象灾害防御工作纳入本级国民经济和社会发展规划,所需经费纳入本级财政预算。

第五条 县级以上气象主管机构负责本行政区域内灾害性天气的监测、预报、预警,以及气候可行性论证、人工影响天气、雷电防护等工作,组织气象台(站)开展气候变化分析和气候影响评价工作。

县级以上人民政府有关部门按照各自职责做好气象灾害防御工作。

第六条 县级以上人民政府应当组织气象主管机构和有关部门,向社会宣传气象灾害防御法律法规,普及气象灾害防御知识,增强社会公众气象灾害防御意识,根据实际需要组织应急演练,提高避险、避灾、自救、互救的应急能力。

单位和个人应当协助本地人民政府做好气象灾害防御知识的宣传和气象灾害应急演练活动。

第七条 县级以上人民政府及有关部门、气象主管机构对在气象灾害防御工作中做出突出贡献的单位和个人,应当给予表彰和奖励。

第二章 预防措施和设施保护

第八条 县级以上人民政府应当组织气象主管机构和有关部门,开展气象灾害普查,建立气象灾害基础数据库,划定气象灾害风险区域,根据上一级人民政府的气象灾害防御规划,结合本地气象灾害特点和风险评估结果,编制本行政区域的气象灾害防御规划。

第九条 气象灾害防御规划应当包括气象灾害发生发展规律和现状、防御原则和目标、易发区和易发时段、防御设施建设和管理以及防御措施等内容。

第十条 县级以上人民政府应当根据气象灾害防御规划,组织气象主管机构和有关部门制定本行政区域的气象灾害防御应急预案,报上一级人民政府备案。

气象主管机构、有关部门应当根据本级人民政府的气象灾害防御规划和气象灾害防御应急预案，制定本部门气象灾害防御应急预案，并报上一级主管部门和本级人民政府备案。

易受气象灾害影响的行业或者单位，应当根据实际情况制定相应的气象灾害防御应急预案。

第十一条　气象灾害应急预案应当包括应急预案启动标准、应急组织指挥体系与职责、预防与预警机制、应急处置措施和保障措施等内容。

第十二条　县（市、区）和乡镇人民政府组建的综合性应急救援队伍，以及县级以上有关部门的专业应急救援队伍，承担气象等灾害的抢险救援工作。

第十三条　省气象主管机构根据本省气象灾害的特点和分布情况，统筹全省气象技术装备的配置，保障供给。

县级以上气象主管机构应当建立气象通信和数据传输通道，确保应急专用信道畅通。

第十四条　各级人民政府应当将气象灾害预防、监测和信息传播等防御设施的保护纳入城乡规划。任何单位、个人不得侵占、破坏或者擅自移动气象灾害防御设施。

新建、扩建、改建建设工程，应当避免影响气象灾害防御设施；确实无法避免的，建设单位应当事先征得该设施的管理机构同意，并采取相应的措施后，方可建设。

气象灾害防御设施因不可抗力遭受破坏时，该设施的管理机构应当即时修复，确保设施正常运行。

第十五条　各级人民政府、有关部门和单位应当根据本地气象灾害的特点和风险评估结果，有针对性地组织修建水利抗旱工程、防洪设施、紧急避难场所，疏通河道和城市排水管网等，保证恶劣天气条件下水、电、气、暖和交通道路、通信线路的安全畅通，提高气象灾害的防御能力。

在暴雨（雪）、大雾、冰冻等恶劣天气条件下，各级人民政府及公安、交通、市政等有关部门应当组织做好排水、冰雪清除、交通疏导等工作，确保人民群众生命财产安全。

第十六条　县级以上气象主管机构应当加强对雷电灾害防御工作的管理，提高雷电灾害监测预报水平，做好专门从事雷电安全防护装置设计、施工和检测单位的资质管理工作。

新建、改建、扩建建（构）筑物进行竣工验收，应当同时验收雷电防护装置并有气象主管机构参加。雷电易发区内的矿区、旅游景点或者投入使用的建（构）筑物、设施需要单独安装雷电防护装置的，雷电防护装置的竣工验收由县级以上气象主管机构负责。

第十七条　县级以上人民政府应当健全人工影响天气工作机构、作业体系和应急作业机制，根据需要适时组织实施人工影响天气作业，预防气象灾害发生。

第十八条　县级以上人民政府有关部门在重大建设工程、重大区域性经济开发项目和大型太阳能、风能等气候资源开发利用项目以及城乡规划编制中，应当统筹考虑气候可行性和气象灾害的风险性，避免、减轻气象灾害的影响。

省气象主管机构应当按照国家规定，组织对前款规定的项目和规划进行气候可行性论证。

第十九条　气候可行性论证应当使用气象主管机构直接提供或者经省气象主管机构

审查的气象资料，对所论证的项目或者规划所在区域的气候状况进行分析，做出气候适宜性、风险性以及气候环境影响和气象灾害风险评估，提出应对措施，形成气候可行性论证报告。

第三章 监测、预报和预警

第二十条 县级以上人民政府应当根据气象灾害防御规划和气象灾害防御的需要，建设应急移动气象灾害监测设施，健全监测队伍，建立跨地区、跨部门气象灾害监测信息共享平台和联防机制，完善气象灾害监测网络。

第二十一条 县级以上气象主管机构应当加强本行政区域内的气象台站的行业管理和业务指导，组织所属气象台站，有关部门所属气象台站或者气象监测站点，以及水文、地质、环境保护等与灾害性天气监测有关的单位，对灾害性天气或者气象灾害实施联合监测，并向本级人民政府和气象主管机构提供监测信息。

气象主管机构所属气象台站根据需要进行气候影响或者气象灾害风险评估，为本级人民政府和有关部门组织防御气象灾害提供决策依据。

第二十二条 县级以上气象主管机构应当会同农业、水利、林业、交通、公安、国土资源、旅游、电力、通信等部门，加强专项气象灾害监测和预警，为农牧果业生产、森林防火、道路交通安全、地质灾害防治等提供气象实时服务；会同卫生、环境保护等部门，加强气候变化对疾病、疫情、环境质量影响的气象预警，为突发公共卫生事件、环境事件等应急处置提供气象实时服务。

第二十三条 县级人民政府应当建立气象灾害预警队伍，由县(市、区)、乡(镇)、村和相关单位确定气象信息员或者协理员，具体负责下列事项：

(一)接收和传达预警信息；

(二)收集并向相关单位报告灾害性天气情况和灾情；

(三)宣传灾害性天气和气象灾害防御知识；

(四)参与应急处置和调查评估等工作。

乡(镇)人民政府、街道办事处确定的气象协理员，负责气象信息员的管理和工作指导。

第二十四条 县级以上人民政府应当根据气象灾害防御需要，完善城乡预警服务设施，健全预报预警信息发布与传播系统。

县级以上人民政府应当在交通枢纽、公共活动场所等人口密集区域、气象灾害易发区域设立气象灾害预警播发设施，并保障设施的正常运转。

第二十五条 灾害性天气预报、预警实行统一发布制度。

气象主管机构所属气象台站依据监测信息，发布灾害性天气预报、预警信息和气象灾害预警信号，并报告当地人民政府和通报有关部门。其他单位和个人不得向社会发布灾害性天气预报、预警信息和气象灾害预警信号。

气象衍生、次生灾害的预报、警报，由有关部门会同气象主管机构向社会联合发布。法律、法规另有规定的，从其规定。

第二十六条 广播、电视、报纸、网络等媒体和通信运营单位，应当无偿、即时播发或者刊登当地气象主管机构所属气象台站提供的适时灾害性天气警报和气象灾害预警信号，并根据当地气象台站的要求及时增播、插播或者刊登。

电视播发气象灾害预警信号时，应当在固定位置持续播发信号图标，以字幕形式播发预警内容。

车站、机场、商场、学校、医院、旅游景点等公共场所的管理单位和户外广告经营单位应当利用电子显示屏、广播等设施，向公众持续播发灾害性天气预报、警报。

第四章　应急处置

第二十七条　县级以上人民政府应当根据灾害性天气警报、气象灾害预警信息和气象灾害应急预案启动标准，及时做出启动相应应急预案的决定，并向社会公告气象灾害危险区。

第二十八条　县级以上人民政府启动气象灾害应急预案后，有关部门和单位按照相关预案和职责分工，做好气象灾害发生和受影响区域的各项应急处置工作。

发生或者可能发生严重、特别严重气象灾害危险区域的单位和个人应当服从所在地人民政府的指挥和安排，及时转移疏散，开展自救互救，协助维护社会秩序。

第二十九条　各级人民政府可以采取下列气象灾害应急处置措施：

（一）组织营救和救治受灾人员，疏散、安置受到威胁的人员；

（二）标明危险区域，划定警戒区，实行交通管制；

（三）抢修被损坏的交通、通信、供水、排水、供电、供气、供热等公共设施，向受到危害的人员提供避难场所和生活必需品，实施医疗救护和卫生防疫等保障措施；

（四）启用本级人民政府的财政预备费和应急救援物资储备，调用救灾设备、设施、工具；

（五）组织公民参加应急救援活动；

（六）保障食品、饮用水、燃料等基本生活必需品的供应；

（七）依法从严惩处哄抢财物、干扰破坏应急处置工作等扰乱社会秩序的行为，维护社会治安；

（八）采取措施防止发生衍生、次生灾害；

（九）其他应急处置措施。

第三十条　县级以上人民政府应当及时、准确向社会发布与公众有关的气象灾害信息和应急处置工作的信息。其他单位和个人不得发布气象灾害信息和应急处置工作的信息，不得编造、传播虚假信息。

第三十一条　气象灾害发生后，县级以上气象主管机构应当组织有关气象台站、移动监测设备开展灾情监测和评估，适时调整预警级别或者解除预警，及时向本级人民政府及有关部门报告灾害性天气实况、发生发展趋势和评估结果。

县级以上人民政府及有关部门根据灾害性天气发生发展趋势信息以及灾情发展和处置情况，适时调整气象灾害级别或者做出解除气象灾害应急措施的决定。

第三十二条　气象灾害发生后，县级以上人民政府应当组织气象主管机构和有关部门进行气象灾害调查评估，有关单位和个人应当如实提供灾情信息。

第三十三条 县级以上气象主管机构应当加强灾后气象监测和演变趋势的分析，为救灾减灾和灾后重建、恢复生产生活秩序提供决策依据。

第五章 法律责任

第三十四条 违反本条例规定，有下列行为之一的，由县级以上气象主管机构责令改正，给予警告，可以并处二万元以上五万元以下罚款：

(一)擅自发布灾害性天气预报、预警信息和气象灾害预警信号的；

(二)广播、电视、报纸、网络等媒体和通信运营单位未按照要求播发、刊登灾害性天气警报和气象灾害预警信号的；

(三)编造、传播虚假气象灾害预测信息和应急处置工作的信息的。

第三十五条 县级以上气象主管机构依据本条例规定，做出三万元以上处罚决定的，应当告知当事人有要求听证的权利。

第三十六条 违反本条例规定的其他行为，《中华人民共和国气象法》、国务院《气象灾害防御条例》已有处罚规定的，从其规定。

第三十七条 县级以上人民政府及其有关部门和单位、气象主管机构有下列行为之一的，由其上级机关责令改正；情节严重的，对直接负责的主管人员和其他直接责任人员依法给予行政处分；构成犯罪的，由司法机关依法追究刑事责任：

(一)未使用气象主管机构直接提供或者经省气象主管机构审查的气象资料，进行气候可行性论证的；

(二)未及时提供监测信息、发布灾害性天气预报、预警信息和气象灾害预警信号的；

(三)未按照规定启动相应的气象灾害应急预案的。

第六章 附 则

第三十八条 本条例自2010年12月1日起施行。

陕西省人民政府贯彻执行国务院关于进一步加强气象工作的通知的通知

陕政发〔1992〕57 号

国务院《关于进一步加强气象工作的通知》(国发〔1992〕25 号),对各级政府加强气象工作提出了明确的任务和要求,对于推动气象事业的发展,更好地为当地经济建设服务,有着重要的指导意义。各级人民政府都要认真抓好通知的贯彻落实工作,使全省气象工作在近期内有一个较大较快的发展,使之在为国民经济建设服务方面发挥更大的作用。现结合全省实际,就有关问题作如下通知:

一、切实加强对气象工作的领导

省以下各级气象部门是国务院气象主管机构的下属单位,又是同级人民政府的工作部门。担负着发展全省气象事业,为当地经济建设服务的重要职责。各级人民政府要切实加强对气象工作的领导和管理。要关心气象部门的思想建设和组织建设,特别是领导班子建设。在积极支持气象科学技术现代化建设和国家气象业务项目开展的同时,积极发展主要为当地经济建设服务的地方气象事业。要把有关这方面的气象业务、服务和科研项目,纳入当地科技开发,以及农村社会化服务体系中去。要吸收气象部门科技人员参加科技振兴地方经济的各项活动,促使气象科技转化为现实生产力。

各级政府及有关部门在规划城乡建设时,要注意做好气象台站的环境保护工作。

全省气象台站条件差,气象职工工作和生活艰苦。各级人民政府要关心、帮助气象部门解决各种实际问题。在地、市、县统一规划内,涉及到气象部门的房屋、饮水、供电、交通等基础设施的建设,应由当地政府纳入统一规划,统一筹资安排。对气象部门职工的医疗、子女上学和就业等问题,应同当地其他部门职工一视同仁,一样安排解决。

二、建立省、地、县三级气象部门双重计划、财务体制

建立气象部门双重计划、财务体制,是加强气象工作,确保国家气象事业和地方气象事业协调发展,提高气象事业总体效益的需要,是计划、财务体制的一项改革。国务院国发〔1992〕25 号文件中,明确划定了中央和地方财力分别承担基建投资和事业经费的气象事业项目。全省主要为当地经济建设服务的地方气象事业项目(见附件),所需基建投资和有关事业经费,各级计委、财政部门要纳入当地国民经济年度计划和财政预算;气象部门参加地方经济建设,从事气象社会服务所需的经费,应在当地有关专项经费中加以安排;各级人民政府出台的地方性津贴、补助项目等,同样也应允许当地气象部门职工享受,所需经费由当地地方财政视其能力给予适当补助;基层气象台站综合改善资金,由地方人民政府和气象部门共同解决。各级人民政府要切实关心气象事业,支持气象事业的发展,争取今明两年内把省、地、县三级气象部门的双重计划、财务体制建立起来。

三、进一步提高气象科技的服务能力和水平

各级气象部门要按照整体化和网络化的要求,加快现代化建设的步伐,改进天气、气候监测预测和通信技术手段。要不断提高灾害性、关键性天气预报的准确性,进一步拓宽气象服务领域。根据国民经济建设尤其是农业生产发展的需求,切实做好气象服务工作,提高气象服务的社会效益、经济效益和生态效益。要加强实用气象科学技术的研究和推广。加强人工局部影响天气的科学研究和作业的技术指导。要加快改革开放的步伐,制定和实施有关配套措施。在结构调整中,逐步建立起气象业务和服务两支队伍。各级气象部门要建立气象科技服务中心,积极创造条件建立服务实体和经济实体,不断增强自身发展能力。要大力发展农村气象科技服务网,努力解决各地生产中的气象问题,为各级人民政府指挥生产,防灾抗灾当好参谋和助手。

附:省、地、县地方气象事业项目内容

一、省级:经省政府批准建立,已开展业务的:陕西省农业遥感信息中心、陕西省人工影响天气办公室、陕西省棉花气象服务台、陕西省干旱监测服务中心;对省政府及其部门服务的计算机广域网;西安至地(市)通信网;为省、市政府和重点江河防汛及跨省联防服务的预警网;陕西省重要灾害区的天气监测自动站网和天气雷达监测网;气象为农业综合开发,森林防火、抗旱、防汛、环境保护等开展的服务工作;人工增雨与防雹的实验、作业和研究;用于陕西重大灾害性天气研究和服务的计算机中心。

二、地(市)、县(市)级:主要任务是进行产量预报、森林防火、干旱监测、遥感资料分析等服务的地、县气象科技服务中心和其他科技服务实体;计算机远程工作站和计算机服务网络;灾害性天气预警网;地(市)至县(市)辅助通信网络;部分地(市)的气象卫星信息接收处理,天气探测雷达及数字化处理;农村气象科技服务网;农业气象监测站网;人工增雨、防雹作业;县升格为地级市需新建的气象台或国家气象局调整为辅助站而当地政府要求保留的气象观测站。

以上发展地方气象事业项目,地(市)县(市)政府可根据实际情况,逐步建立。还可根据特别需要,增减新的项目。

陕西省人民政府办公厅

一九九二年七月三十一日

陕西省人民政府办公厅转发省气象局关于加快发展地方气象事业意见的通知

陕政办发〔1998〕83号

各市、县(区)人民政府,各地区行政公署,省人民政府各有关工作部门、直属机构:

省气象局提出的《关于加快发展我省地方气象事业的意见》已经省人民政府同意,现转发给你们,请遵照执行。

关于加快发展我省地方气象事业的意见

近年来我省地方气象事业有了较快的发展,省地两级气象卫星综合应用系统基本建成并投入运行,以飞机、高炮和火箭为手段的人工影响天气工作取得了显著成效,卫星遥感技术在森林防火、作物生态监测及农业气象服务和粮食产量预测等方面发挥了重要作用。气象基础设施建设得到加强,基层台站的工作生活条件有所改善。随着气象服务手段的不断增强和完善,有效地开展了各项气象服务工作,较好地完成了各级政府交给的工作任务。同时,也应当看到,我省气象事业也存在一些值得注意的问题。不少气象台站基础设施仍很薄弱,观测手段落后,一半以上的台站工作生活条件很差,严重影响正常服务工作的开展。地方气象事业是我国整个气象事业的重要组成部分,是推动我国气象事业健康发展的重要基础。去年,《国务院办公厅转发中国气象局关于加快发展地方气象事业意见的通知》(国办发〔1997〕43号),明确指出了发展地方气象事业的重要性,提出了具体的工作要求。我们必须坚决贯彻国务院办公厅通知精神,采取切实措施,进一步加快我省地方气象事业的发展,更好地为经济建设和社会发展服务。为此提出如下意见:

一、基本指导思想和主要工作任务

搞好气象服务是保证经济、社会健康发展的重要条件。特别是我省地处干旱、半干旱地区,干旱、冰雹、大风、局地暴雨等多种气象灾害频繁发生,是经济、社会发展的重要制约因素。加快发展地方气象事业,更是我省经济建设和社会发展的基本要求。今后我省气象事业发展的基本指导思想是,以党的十五大精神为指导,以振兴陕西经济为目标,运用各种气象科技成果和现代化技术手段,为各级政府、社会各界和广大公众及时准确地提供各种气象服务,趋利避害,增效减灾,以促进地方经济建设和社会发展。

我省今后一个时期地方气象服务工作的主要任务是:

第一,通过全省的气象观测网络,做好气象资料的采集、加工、分析和存档工作,这是整个气象工作的基础。

第二,根据经济、社会发展需要,认真做好各种气象服务工作:(一)为各级政府和主管部门决策提供准确、翔实的气象资料和分析依据;(二)发布短期和中长期气象预报,特别要做好灾害性天气预报工作,为社会公众提供气象服务;(三)为专项经济建设和社会开发性项目提供专项专业气象服务。

第三,启动人工影响天气减灾工程,开展人工增雨防雹作业,最大限度减少气象灾害。

二、加强基础设施建设

必要的基础设施和手段是搞好气象服务工作的基础。各地都要重视气象基础设施建设工作。一是要抓好基础建设,增强气象工作手段。全省要基本建成省、地(市)气象卫星综合应用业务系统,并完成与之相配套的省、地(市)、县计算机网络系统建设,逐步建成全省县级气象信息产品服务终端。鼓励地方政府加密雨量站点,并在偏僻山区可根据需要增设雨量点。同时还要办好各个行业的气象或雨量站点,并与气象部门联网。省、地(市)两级都要配备或更新气象雷达,建成新一代天气雷达监测网。二是抓好防灾减灾系统建设。建成省地县三级人工影响天气综合技术系统和人工增雨、防雹作业指挥系统,在重点地区建立人工影响天气实验示范基地。三是建设省级中小尺度灾害性天气监测预警系统,完善省、地(市)两级卫星遥感农情灾情监测系统;建成农业气象和商品粮基地气象服务系统。四是建立省、地(市)两级新一代人机交互处理系统,完成气象辅助通信网设备的更新。这些项目建成后,使气象部门的业务现代化建设水平有一个明显的提高,有力支持各项气象服务工作的开展。

三、加强人才资源开发

加强人才的培养和开发利用是保证地方气象事业健康发展的关键。要通过在职培训、学历教育和继续教育等方式,对专业技术人员进行新知识、新技术、新技能培训和深造培养。到 20 世纪末,力争具有研究生学历的人员从现有的 7 人增加到 12 人,本科生学历人员从现有的 244 人增加到 270 人,大专学历人员从现有的 375 人增加到 405 人,中专学历人员从现有的 864 人增加到 905 人;具有高级技术职称的在职人员从现有的 89 人增加到 100 人,其中正研级高工从现有的 7 人增加到 9 人,具有中级技术职称人员从现有的 614 人增加到 720 人;省"三五人才工程"第二层次人员从现有的 3 人增加到 5 人,选拔第三层次人员 15 人。

四、建立机制,增加投入

要建立与国家财政计划体制相适应的气象投入体制,为气象事业发展提供稳定的资金来源。发展地方气象事业所需的基本建设投资和专项事业费,各级政府都要通盘考虑,切实落实经费渠道。同时还要随着我省经济发展和财力增长,加大对气象事业的投入,力争逐年有所增加。由地方政府批准,直接为地方经济服务的机构,所需经费由地方财政负担,纳入地方预算。

五、加强对发展地方气象事业的领导

地方气象事业是地方经济和社会事业的必不可少的组成部分。各级人民政府都要关心和重视气象事业的发展,要按照国家气象现代化建设的总体规划,根据本地经济建设对气象工作的要求,制定气象事业发展规划,并纳入当地国民经济和社会发展计划。

要积极支持气象现代化建设和基础设施建设,特别要充分利用国家气象现代化大中型骨干项目建设的有利条件,加快配套项目建设,增强灾害性天气的监测、预测和防御能力。

要关心气象职工的工作和生活，帮助解决各种实际困难。对于分布在高寒山区和边远地区的气象台（站），当地政府要帮助解决好道路铺修、供电、危旧房改造等问题。气象职工的有关补贴等福利待遇问题，在国家作出统一规定之前，可按当地政府规定的补贴标准执行。气象职工的有关住房、医疗和养老等社会保障制度改革，按照国务院的统一部署进行，要和地方其他部门享受同等待遇，以上所需经费由地方政府帮助解决。逐步改善气象职工工作和生活条件，更好地开展气象服务工作。

陕西省人民政府办公厅

一九九八年十一月十三日

陕西省人民政府办公厅关于做好突发灾害性天气预警信号发布工作的通知

陕政办发〔2005〕69 号

各市、县、区人民政府,省人民政府各工作部门、各直属机构:

为了增强全民防灾减灾意识,提高气象灾害预警信息使用效率,有效防御和减轻气象灾害,保护国家和人民生命财产安全,根据《中华人民共和国气象法》和中国气象局《突发气象灾害预警信号发布试行办法》,结合陕西实际,现就发布突发灾害性天气预警信号的有关事项通知如下:

一、使用规范、统一的突发灾害性天气预警信号类别和等级。按照中国气象局的规定,预警信号由名称、图标和含义三部分构成,并采用全国统一标识。根据我省气象灾害特点,我省发布的预警信号名称分为暴雨、高温、寒潮、大雾、雷雨大风、大风、沙尘暴、冰雹、雪灾、道路结冰预警信号十类。按照灾害的严重性和紧急程度,预警信号总体上分成四级标准,即:一般、较重、严重和特别严重。对应的预警信号颜色依次为蓝色、黄色、橙色和红色,同时以中英文标识。

二、加强预警信号发布管理。陕西省气象主管机构负责本省突发灾害性天气预警信号发布的管理工作,省气象主管机构所属的各级气象台站负责本行政区域内的预警信号发布工作。其他任何组织或者个人不得向社会公众发布预警信号或者其他灾害性气象信息。各级气象台站应当及时、准确地发布预警信号,并根据天气变化情况,及时更新或者解除预警信号,同时通报政府相关部门和防灾减灾机构。

三、及时组织预警信号的刊播。各级广播、电视和各类互联网等公共媒体收到气象台站发布或者更新的预警信号信息后,应及时播发预警信号信息。其他媒体和信息服务单位播发预警信号的,应当使用并准确播发当地气象台站直接提供的适时预警信号信息。各级气象、广播电视、信息产业等部门要研究制定具体刊播办法。

四、积极做好灾害防御。各级政府及其相关部门应当结合实际,加强突发灾害性天气预警信号播发系统的基础设施建设,制订并实施气象灾害防御方案,加强气象灾害预警知识的宣传,未雨绸缪,落实各项防灾减灾措施,避免或者减少气象灾害造成的人员伤亡和经济损失。

陕西省人民政府办公厅

二OO五年八月十九日

陕西省人民政府关于加快气象事业发展的意见

陕政发〔2006〕32 号

各市、县、区人民政府，省人民政府各工作部门、各直属机构：

气象事业是科技型、基础性社会公益事业，经过多年的建设和发展，我省初步建立了天气、气候业务和科研体系，提高了气象监测、预报、预测和服务水平，在防灾减灾、经济建设和社会发展中发挥了重要作用。但是，我省气象事业在发展中还存在综合气象观测体系尚未形成，预报预测水平亟待提高，气象灾害预警发布体系和气象应急系统不够完善等问题。为进一步加快我省气象事业发展，更好地为陕西经济建设和社会发展服务，根据国务院《关于加快气象事业发展的若干意见》(国发〔2006〕3 号)精神，结合我省实际，现提出如下意见。

一、充分认识加快气象事业发展的重要性和紧迫性

(一)加快气象事业发展是减轻自然灾害损失、保障人民群众生命财产安全的迫切需要。我省南北狭长，纵跨温带、暖温带、北亚热带、属气候敏感区，气象灾害种类多、强度大、频率高，特别是干旱、暴雨、冰雹、洪灾等气象灾害较为严重，有不少年份是全国受气象灾害影响较重的省份之一，给国民经济健康发展和人民群众生命财产安全带来了严重威胁。据统计，我省每年因各种气象灾害造成的经济损失相当于我省国内生产总值的 1%～3%。加快我省气象事业发展，对提高全社会防御气象灾害水平，最大限度地保护人民群众生命财产安全都具有重要作用。

(二)加快气象事业发展是应对资源压力、保障可持续发展的客观要求。积极利用气候资源是缓解能源紧张的重要途径。我省气候资源丰富多样，风能、太阳能、空中云水资源、农业与生态气候资源等具有巨大的开发潜力，将其转化为现实生产力有着巨大的经济、环保和生态价值。加快气象事业发展，开展气候资源变化分析，评估气候资源的承载能力，合理开发、科学利用和有效保护气候资源，对缓解我省水资源短缺矛盾，增加电力资源供应，保障"四大基地"、"六大特色产业"和关中"一线两带"建设，实现经济社会可持续发展都具有很强的现实意义。

(三)加快气象事业发展是进一步提高政府公共服务能力的有效手段。气象服务是政府公共服务的重要组成部分。随着经济社会快速发展，人民群众的生产生活与气象的关系越来越紧密，对气象服务提出了更高的要求。加快气象事业发展，加强气象服务体系建设，增强服务时效，拓宽服务领域，增加服务产品，改善服务手段，对增强政府公共服务能力，缩小城乡公共服务差距，保障经济社会快速发展，提高人民群众生活水平，全面推进社会主义新农村建设都具有重要意义。

二、加快气象事业发展的总体要求

(四)总体思路。以邓小平理论和"三个代表"重要思想为指导，全面贯彻落实科学发展观，坚持"公共气象、安全气象、资源气象"的理念，按照"一流装备、一流技术、一流人才、一流台站”的要求，进一步强化观测基础，提高预报预测水平，加快气象科技创新，建设地方气象事业与国家气象事业相结合、相适应的具有国内先进水平的气象现代化体系，提升气象事业对经济社会发展和国家安全的保障与支撑能力，为构建社会主义和谐社会、全面建设小康社会提供一流的气象服务。

(五)发展目标。到2010年，初步建成结构合理、布局适当、功能齐备的综合气象观测系统、气象预报预测系统、公共气象服务系统和科技支撑保障系统，建立比较完善的气象社会管理体系，健全稳定增长的公共财政投入机制，使我省气象整体实力接近同期国内先进水平、某些领域达到领先水平。到2020年，建成结构完善、功能先进的气象现代化体系，使我省气象整体实力达到同期国内先进水平、若干领域达到领先水平。

(六)发展重点和基本原则。发展重点为：提高气象预报预测水平；提高气象为防灾减灾服务的现代化水平；提高气象科技创新能力；提高气象依法行政和气象行业管理能力。基本原则为：坚持创新、突出重点、提升能力、有所突破；地方气象事业与国家气象事业相结合、相适应；实现跨部门协作和气象资源、气象信息的全社会共享；科学技术研究创新与工作实践创新相结合；为社会服务与自身发展相结合；军民结合，建立一体化的气象联合保障体系。

三、加快气象基础保障能力建设

(七)加快综合气象观测系统建设。综合气象观测系统是公共基础设施建设的重要内容，是气象和地球相关学科业务与科研的重要基础。要加快区域天气观测站网建设，提高观测站网密度，增强对中小尺度灾害性天气的监测能力。气象、发展和改革、财政、农业、水利、林业、环保、建设、国土资源、民航等部门要加强统筹规划，在国家天气、气候观测台站网络基础上，统一布局、共同建设属于地方气象事业的农业、生态、能源气象观测站网和大中城市加密气象观测站网，不断提高气象观测能力和水平。

(八)加快气象信息系统建设。气象信息系统是基础信息系统的重要组成部分。要依托国家气象信息共享平台和我省电子政务统一平台，加快气象技术信息和政务信息数据库及共享平台建设，提高气象信息共享水平。气象、水利、民航、环保、国土资源等部门要充分利用电子政务统一平台，加强信息交流，向社会开展信息服务。气象探测资料的收集、汇交和共享办法由省气象局商省级有关部门制订。

(九)提高天气、气候预报预测准确率。天气、气候预报预测准确率是气象工作的核心。要以国家气象业务系统为支撑，不断完善我省气象预报预测业务系统，加快预报预测精细化进程，特别应加强短时临近天气预报系统建设，做好灾害性、关键性、转折性天气预报警报和旱涝趋势气候预测；加强渭河流域、汉江流域、陕北能源重化工基地等重点区域的降水、干旱、气候环境等监测预测评估、预报预测分析系统建设，进一步提高天气、气候预报预测准确率。

(十)建立气象灾害预警应急体系。气象灾害预警应急体系是应对突发自然灾害和公共事件的重要组成部分。要加快构建气象灾害预警应急系统，建立各级政府组织协调、各部门分工负责的气象灾害应急响应机制，最大限度地减少气象灾害造成的损失。气象部门要增强对暴雨、洪涝、干旱、冰雹、雷电、大风、沙尘暴等灾害的气象预警能力，充分发挥在灾害监测、调查、影响评估等方面的作用，提高应对农林业病虫害、森林草原火灾等自然灾害及区域环境污染、生态破坏等突发公共事件的应急保障能力。

(十一)健全公共气象服务体系。气象部门要在各级政府的大力支持下,加快公共气象服务现代化建设,加强应急气象服务和为农村、社区、企业的气象服务,改善服务手段,拓宽服务领域,增加服务产品,提高服务质量。广电、信息产业、通信管理、气象等部门要密切配合,组织和引导有关媒体、网络和通信运营企业,建立以气象警报、广播、电视、报刊、手机短信、互联网等为传播媒介的畅通气象信息服务渠道,扩大气象信息的公众覆盖面,确保气象信息及时畅通广泛传递。

四、发挥气象综合保障作用

(十二)开展应对气候变化研究。气候变化直接影响经济社会发展和人民生活。有关部门要围绕气候变化对能源、水资源、生态环境、灾害防治等方面的影响,积极开展评估和应对措施等方面的科学研究,组织气候变化监测、分析、评价和信息发布工作,提高我省应对气候变化的能力。

(十三)加强防汛抗旱及地质灾害气象服务。及时有效的气象服务是开展防汛抗旱及地质灾害防治工作的基础。气象、水利部门要密切监测天气、水情变化,努力提高灾害性天气、水害的预测预警水平,为政府决策提供准确及时的服务,最大限度地减少干旱、暴雨、洪涝等灾害造成的损失。气象部门要与国土资源等部门加强合作,进一步提高气象在泥石流、滑坡等地质灾害防治中的服务水平。

(十四)强化农业气象服务。农业与天气、气候密切相关。要加强天气、气候和气候变化对我省粮食、果业、中药材、种植业、林业等影响的研究,为指导农业生产,调整种植结构,发展高产、优质、高效、生态、安全农业服务。要充分利用卫星遥感、地理信息系统等现代技术,开展农业气象灾害预报、农作物产量预报、农作物重大病虫害发生趋势预报等服务,努力减轻气象灾害对农业生产造成的损失。

(十五)加强生态环境气象服务。围绕生态省建设,进一步完善卫星遥感生态监测,建立生态气候监测站网,健全生态气候环境监测系统,开展沙尘暴、酸雨、干旱等监测及生态气候环境预测、预警,加强气候与生态环境相互影响研究、重大工程对生态气候环境的影响评估和陕北生态气候环境监测评估工程建设。

(十六)做好公路、铁路交通气象保障。交通安全与气象条件密切相关,暴雨、大雾、大风、积冰、积雪、沙尘暴、高温等经常造成道路和车辆损毁、交通中断、人身伤亡。在公路和铁路的重大基础设施建设过程中,要高度重视交通气象保障工作,及时建设配套的交通气象保障系统,建立公路、铁路专业气象监测网,开展大风、道路能见度、路面温度和结冰等监测,发布交通气象预报预警,为公路、铁路建设和运输安全、应急救援提供保障。

(十七)提高民航的气象保障能力。气象保障是民航安全运行的重要基础,要进一步完善民航气象服务系统。在西安咸阳机场等重要机场建设大雾监测系统和风切变警报系统,增强对造成机场航班延误天气的预报预警能力。

(十八)加强城市和公共卫生气象监测。建立城市气象灾害监测预警系统,加密气象观测站点,实现气象灾害的动态监测,及时开展城市内涝、雷电、火险等安全气象服务。建立气象与卫生、环保等部门的合作机制,积极开展天气、气候和气候变化对疾病发生规律、病理和环境影响机理的研究,建立气象条件对疾病发生发展影响的业务服务系统,为突发公共卫生事件、环境事件等应急处置提供气象保障。

(十九)强化气象为重大军事行动的服务保障功能。根据驻陕部队和民兵预备役部队战备训练需求,建立气象部门与当地军事机关、有关驻军单位的气象信息共享互通机制,建立军民结合的一体化气象联合保障体系,为军事斗争和国防建设提供气象保障。在遇到极端气象条件或部队执行重大军事行动和应急处置任务时,气象部门要积极为部队提供所需区域的气象保障,提出气象条件对部队执行任务的评估建议。

(二十)加强雷电防护工作。气象部门要依法履行雷电灾害防御工作的组织管理职责,加强防雷减灾工作指导,做好防雷装置检测资质认定,健全雷电业务服务技术体系,开展雷电的研究、监测、预报预警、灾害调查鉴定与评估,提高防雷工作标准化、规范化、现代化程度和雷电防护技术服务的科技水平。各有关部门要根据法律、法规和省政府规章、决定的规定,按照职责分工,做好防雷工程专业资质认定、防雷工程设计审核和竣工验收等工作,加强协调配合,经常组织开展防雷安全工作检查。

五、科学合理地开发利用气候资源

(二十一)深入开展气候资源普查工作。气候资源普查是开发利用气候资源的前提。要根据经济社会发展的新需求和气候、生态变化,对重点地区进行高分辨率普查,建立气候资源数据库。开展新的气候资源区划,增加特色经济的专项气候资源区划,为我省制订气候资源开发利用和保护规划提供依据。

(二十二)加强人工影响天气工作。加大人工影响天气工作力度,积极开发空中云水资源,减轻干旱、冰雹、大雾等气象灾害损失。要围绕关中“一线两带”、渭北绿色果品基地、国家南水北调中线工程、陕北能源重化工基地和生态环境建设需要,建立关中、渭北、陕南人工增雨防雹基地,完善陕北人工增雨防雹基地;建立应对扑灭较大规模森林火灾、调节严重空气污染和城市高温天气等事件的人工影响天气应急作业机制。健全作业安全生产责任制,完善作业规范和操作规程。

(二十三)做好风能、太阳能开发利用的气象服务。加强全省太阳辐射监测站、陕北长城沿线及渭北风能监测站建设,全面开展风能、太阳能储量的多层次普查和可利用资源评估,为大型风电场和太阳能电站勘察、选址提供技术支持,为风电场、太阳能电站的建设、运行、调度提供实时气象监测和预报服务。

(二十四)开展气候可行性论证工作。为避免项目实施过程中和建成后遭受气象灾害和气候变化可能带来的影响,减少由于气候资源破坏而导致的环境恶化,在城市规划编制、重大区域性经济开发、重大基础设施建设之前,要依法组织开展气候可行性论证,确保项目建设与生态、环境保护相协调。气候可行性论证办法由省气象局、省发展与改革委员会、省建设厅、省环境保护局等部门联合制订并组织实施。

六、加强气象法制建设和行业管理

(二十五)健全气象法制体系。加快气象灾害防御、气候资源开发等方面的制度建设。坚持依法行政,加强气象行政执法和监督,依法管理和规范气象设施及探测环境保护、气象灾害监测预警、气象信息发布、人工影响天气、雷电灾害防护、气候资源开发利用等活动,严格禁止非法从事气象探测活动。加强气象法律法规宣传教育工作,提高全社会的气象法律意识。

(二十六)加强气象标准化建设。气象标准化是全社会气象技术、管理工作规范化和气象信息共享的基础。要结合我省经济社会发展需要,加快我省气象地方标准的制订、修订工作力度,建立健全以综合探测、气象服务技术为重点,适应高新技术应用推广,满足我省气象资料汇交和共享需求,与国家标准、气象行业标准相结合的陕西气象标准体系。

(二十七)加强气象设施的统筹规划和管理。要按照合理布局、高效利用的原则,统筹编制和实施重要气象设施的建设与布局规划,避免重复建设,推进资源共享,发挥国家投资的总体效益。通过建立协调机制,实现农业、林业、水利、环保、交通等部门气象观测网络的合理布局。气象部门依据有关标准,加强对气象观测设施建设的技术指导和对所使用的气象专用技术装备的监督检查。

七、加快气象事业发展的措施

(二十八)加强组织领导。加快气象事业发展是全省各级政府的职责和任务。要坚持和完善气象部门和地方政府双重领导的管理体制,把气象事业列入各级政府的重要议事日程,及时研究解决气象事业发展中的重大问题,促进我省气象事业健康发展。

(二十九)制订和实施气象事业发展规划。全省各级政府要进一步强化公共气象服务职能,制订并组织实施重要气象设施建设与布局、人工影响天气发展、雷电防护和风能、太阳能、农业与生态气候资源开发利用与保护等的发展规划,不断提高气象服务能力。

(三十)加大对气象事业发展的投入力度。全省各级政府要理顺投入渠道,将气象事业经费纳入公共财政预算,形成稳定增长的公共财政投入机制。各级发展改革部门要继续加大对气象建设项目的投入,人事、财政、劳动保障等部门要按有关规定,做好气象部门职工的医疗、养老、失业等社会保障工作。

(三十一)加强地方气象事业的能力建设。人工影响天气、雷电防护、农业遥感、经济作物气象服务等工作是地方气象事业的重要内容。要充分发挥省级地方气象事业机构的作用,调整和充实人员,提高服务效能。地方各级政府要根据当地经济社会和气象事业发展需要,支持气象部门建立和完善科学合理的地方气象事业业务工作网络。

(三十二)加快气象科技创新。深化气象科技体制改革,构建气象科技创新体系,增强气象科技创新能力。全省各级发展改革、财政、科技、气象等部门编制发展规划,科技计划时,要设立气象科技专项资金,加大对气象科技的投入,增强气象事业发展的科技动力和活力。外事、科技等部门要支持气象部门开展全方位、多层次、多形式的气象科技合作与交流,积极引进、消化、吸收国内外的先进技术,提高我省气象工作的整体水平。

(三十三)加强气象人才队伍建设。制订气象人才工作规划,推行人事制度改革,加大气象人才培养和引进力度,形成不同层次、满足不同需求的气象人才梯队。加强气象人才教育培训体系建设,开展全方位、多层次的气象科技教育,提高气象工作者的整体素质。

(三十四)加强气象宣传教育。运用广播、电视、报刊等各种宣传媒体,广泛、深入地宣传“公共气象、安全气象、资源气象”理念,大力普及气象科技知识和气象防灾减灾知识,增强全社会气象意识,提高全社会使用气象信息趋利避害的能力。

二OO六年八月二十四日

陕西省人民政府办公厅
关于印发陕西省气象灾害应急预案的通知

陕政办发〔2010〕75号

各市、县、区人民政府，省人民政府各工作部门、各直属机构：

《陕西省气象灾害应急预案》已经省政府同意，现印发给你们，请认真组织实施。

陕西省人民政府办公厅

二〇一〇年七月十九日

陕西省气象灾害应急预案

1　总则

1.1　编制目的

建立健全气象灾害应急响应机制，提高气象灾害防御与处置能力，最大限度地减轻或避免气象灾害造成的人员伤亡、财产损失，为全省经济社会发展提供保障。

1.2　编制依据

依据《中华人民共和国突发事件应对法》《中华人民共和国气象法》《气象灾害防御条例》《人工影响天气管理条例》《陕西省气象条例》《国家突发公共事件总体应急预案》《国家气象灾害应急预案》《陕西省突发公共事件总体应急预案》等法律法规和规范性文件，制定本预案。

1.3　适用范围

本预案适用于全省范围内干旱、暴雨(雪)、寒潮、大风、沙尘暴、低温、高温、雷电、冰雹、霜冻、冰冻、大雾、霾等气象灾害事件的防范和应对。

因气象因素引发的洪涝、干旱灾害、地质灾害、森林草原火灾等其他灾害的处置，适用有关应急预案的规定。

1.4　工作原则

以人为本，减少危害。把保障人民群众的生命财产安全作为首要任务和应急处置工作的出发点，全面加强应对气象灾害的体系建设，最大程度减少灾害损失。

预防为主，科学高效。采取工程性和非工程性措施相结合的办法，提高气象灾害监测预警能力和防御标准。充分利用现代科技手段，做好各项应急准备，提高应急处置能力。

依法规范，协调有序。依照法律法规和相关职责，做好气象灾害的防范应对工作。加强各地区、各部门的信息沟通，做到资源共享。建立协调配合机制，使气象灾害应对工作运转协调。

分级管理，属地为主。根据灾害造成或可能造成的危害和影响，对气象灾害实施分级管理。灾害发生地政府负责本地区气象灾害的应急处置工作。

1.5 工作机制

各级建立政府主导、气象部门牵头、相关部门联动、按职响应、公众参与的气象灾害防御工作机制。

2 组织机构

2.1 省气象灾害应急指挥机构

成立省气象灾害应急指挥部，统一领导和指挥全省气象灾害应急工作，总指挥由分管副省长担任，副总指挥由省政府分管副秘书长、省气象局局长担任，成员为省委宣传部、省应急办、省气象局、省发展改革委、省教育厅、省公安厅、省民政厅、省财政厅、省国土资源厅、省住房城乡建设厅、省交通运输厅、省水利厅、省农业厅、省林业厅、省卫生厅、省环境保护厅、省商务厅、省广电局、省安监局、省通信管理局、省电力公司、省地方电力公司、民航西北地区管理局、西部机场集团有限公司、西安铁路局、省军区、武警陕西省总队的负责同志。

指挥部办公室设在省气象局，办公室主任由省气象局分管副局长担任。

2.2 工作制度

建立气象灾害综合研判工作制度。各成员单位根据气象灾害预警信息，分析汇总气象灾害监测预报信息，交换有关灾情和险情信息，判断预估气象灾害的可能影响程度及未来发展态势，向省政府提出启动或解除省级气象灾害应急响应级别以及采取防御措施的建议。

建立部门应急准备和防御行动制度。各成员单位根据分析的气象灾害特征和未来发展趋势，结合影响区域的地理环境、人口密度、经济社会发展情况等因素，综合分析评估气象灾害对经济、社会活动可能产生的影响，对可能受到气象灾害及其次生、衍生灾害威胁的相关地区做出灾情预估，并提出各自应急准备和防御行动建议。

建立部门联动和信息共享制度，推动多部门应急联动和资源共享。

建立联络员制度。气象灾害应急联络员由省气象灾害应急指挥部成员单位确定，由指挥部办公室不定期召集开会，通报气象灾害预警信息发布工作，听取各成员单位对气象灾害预警预报服务的需求，研讨气象灾害防御工作。

2.3 指挥部办公室工作职责

负责落实省气象灾害应急指挥部调度指令，及时向成员单位发送气象灾害预警信息，根据各成员单位要求提供应急工作气象服务，根据气象灾害的特点适时组织召开多部门联合新闻发布会，组织召开全体或部分成员单位会议，组织开展气象灾害防御研讨工作，负责落实气象灾害应急联络员制度。

各市、县(市、区)参照省级应急处置组织机构，成立相应气象灾害应急组织机构。

3 监测预警

3.1 监测预报

3.1.1 监测预报体系建设

各地各有关部门要加大对气象灾害监测预报体系建设投入力度，建立和完善以气象灾害监测系统、气象信息传输与处理系统、气象灾害预报预测系统、气象灾害应急预警服务系统及技术装备保障系统为主体的重大气象灾害监测预报体系。加快新一代天气雷达系统、水文监测预报系统、应急移动气象灾害监测系统建设,优化气象加密观测站网,完善各级气象监测网络,提高对气象灾害及其次生、衍生灾害的综合监测能力。加强对灾害性天气事件的会商分析,做好灾害性、关键性、转折性天气预报和趋势预测,提高重大气象灾害预警能力。加强突发公共事件预警信息发布平台建设,完善预警信息发布渠道,实现重大气象灾害信息资源共享。

3.1.2 信息共享

气象部门及时发布气象灾害监测预报信息,并与省气象灾害应急指挥部成员单位建立相应的气象灾害及其次生、衍生灾害监测预报预警联动机制,实现相关灾情、险情等信息的实时共享。

3.1.3 灾害普查

气象部门建立以社区、村镇为基础的气象灾害调查收集网络,建立重大气象灾害信息综合收集评估系统,组织气象灾害普查、风险评估和风险区划工作,编制气象灾害防御规划。

3.2 预警信息发布

3.2.1 发布制度

遵循"归口管理、统一发布、快速传播"原则,由气象部门负责制作气象灾害预警信息,并按预警级别分级发布,其他任何组织、个人不得制作和向社会发布气象灾害预警信息。

3.2.2 发布内容

气象部门根据对各类气象灾害的发展态势,综合预评估分析确定预警级别。预警级别分为一级(特别重大)、Ⅱ级(重大)、Ⅲ级(较大)、Ⅳ级(一般),分别用红、橙、黄、蓝四种颜色标示,一级为最高级别,具体分级标准见附则。

气象灾害预警信息内容包括气象灾害的类别、预警级别、起始时间、可能影响范围、警示事项、应采取的措施和发布机关等。

3.2.3 发布途径

建立和完善公共媒体、卫星专用广播系统、无线电数据系统、移动通信群发系统、电视频道等多种手段互补的气象灾害预警信息发布系统,通过广播、电视、报刊、互联网、手机短信、电子显示屏、有线广播等相关媒体以及一切可能的传播手段及时向社会公众发布气象灾害预警信息。涉及可能引发次生、衍生灾害的预警信息通过有关信息共享平台向相关部门发布。

市、县(市、区)、乡(镇)政府要在学校、机场、港口、车站、旅游景点等人员密集公共场所,高速公路、国道、省道等重要道路和易受气象灾害影响的桥梁、涵洞、弯道、坡路等重点路段,以及农牧区、山区等建立起畅通、有效的预警信息发布与传播渠道,扩大预警信息覆盖面。对老、幼、病、残、孕等特殊人群以及学校等特殊场所和警报盲区采取有针对性的公告方式。

气象部门在组织实施人工影响天气作业前,要及时通知相关地方政府和有关部门,并视情况向社会公告。

3.3 预警准备

省气象局制作气象灾害信息，及时通报省气象灾害应急指挥部成员单位。各成员单位要认真研究气象灾害预报预警信息，密切关注天气变化及灾害发展趋势，有关责任人员应立即上岗到位，组织力量深入分析、评估可能造成的影响和危害，尤其是对本部门风险隐患的影响情况，有针对性地提出预防和控制措施，落实抢险队伍和物资，做好启动应急响应的各项准备工作。相关部门根据预警信息采取的联动和响应措施见附则。

3.4 预警知识宣传教育

各地各有关部门要认真做好预警知识的宣传教育工作，通过发放气象灾害应急明白卡等方式普及防灾减灾知识，增强社会公众的防灾减灾意识，提高自救、互救能力。

4 应急处置

4.1 信息报告

各有关部门按职责收集和提供气象灾害发生、发展、损失以及防御等情况，及时向本级政府或气象灾害应急指挥机构报告。各地各有关部门要按照有关规定逐级报告气象灾害信息，重大、特别重大的突发气象灾害信息，可越级直接报告省政府。

4.2 预案启动

按气象灾害程度和范围，应急响应分为Ⅰ级（特别严重）、Ⅱ级（严重）、Ⅲ级（较大）、Ⅳ级（一般）四个响应等级，分别应对特别重大、重大、较大、一般四个级别气象灾害。

省气象灾害应急指挥部各成员单位对气象灾害应急信息进行会商研判，并向省应急管理办公室反馈。必要时，省应急管理办公室组织有关单位会商，向省政府提出启动级别建议，经授权后发布响应命令。根据处置需要，可作出提升或降低响应级别的决定。

按不同气象灾害种类及其响应级别，受影响的市、县（市、区）政府以及相关部门进入同级应急响应状态。

当同时发生两种以上气象灾害且分别发布不同预警级别时，按照最高预警级别灾种启动应急响应。当同时发生两种以上气象灾害但均未达到预警标准，却可能或已经造成一定影响时，视情况在综合预警基础上启动相应级别应急响应。

4.3 分部门响应

有关市、县（市、区）政府根据气象情况和灾情，将可能造成人员伤亡或者重大财产损失的区域临时划定为灾害警戒区，并及时向社会公告。同时迅速落实应对措施，及时动员、组织开展抢险、转移撤离人员和受灾救助工作，并将有关情况报告省政府以及相关部门和单位。

有关部门和单位根据应急处置指挥机构指令，启动相应预案，按照本部门本单位相关预案和职责分工，协助受影响市、县（市、区）政府做好各项防灾抢险应急处置工作，迅速调集抢险队伍和物资，实施防、抗、救、援工作。民政部门设置避难场所和救济物资供应点，开展受灾群众救助工作，并按照规定职责核查灾情，卫生部门组织医疗救治、卫生防疫等卫生应急工作。交通运输、铁路等部门优先运送救灾物资、设备、药物、食品，及时组织抢修被毁的道路交通设施。水、气、热供应单位保障供水、供气、供热等市政公用设施的安全运行，电力、通信部门组织做好电力、通信应急保障工作，国土资源部门组织开展地质灾害预防工作，农业部门组织开展农业抗灾救灾和灾后恢复生产工作，水利部门统筹协调主要河流、水库的水量调度,公安部门负责灾区的社会治安和道路交通秩序维护工作。

根据事态发展,出现超出受影响市、县(市、区)政府处置能力的情况,可向省气象灾害应急指挥部办公室建议,由省气象灾害应急指挥部统一指挥,依据灾害情况和处置需要,发布相应指令。

4.4 分灾种响应

启动应急响应后,各有关部门和单位要加强值班,密切监视灾情,针对不同气象灾害种类及其影响程度,采取应急响应措施和行动。市、县(市、区)政府启动相应应急预案,组织行政区域内灾害防御、救援工作。

新闻媒体按要求随时播报气象灾害预警信息及应急处置相关措施。

灾害发生后,相关应急处置部门和抢险单位随时准备启动抢险应急方案。民政、防汛、气象等部门按照有关规定进行灾情调查、收集、分析和评估工作。

4.4.1 暴雨

气象部门加强监测预报,及时发布暴雨预警信号及相关防御指引,适时加大预报时段密度。

水利部门组织做好各水库、河道、泵站、排水设施等的防洪准备,进行安全巡查,发现险情及时排除,根据险情,组织动员相应的社会力量参与抗洪抢险队伍,及时排除因洪水造成的险情,组织做好水产养殖业的安全防护工作,会同当地政府组织转移危险地带的群众。

民政部门根据需要开放紧急避难场所,负责受灾群众的紧急转移安置并妥善安排基本生活。

教育部门根据防御提示,通知幼儿园、托儿所以及中小学和中等职业学校做好防雨、防洪准备,必要时停止教学活动。

公安部门对积水地区实行交通引导或管制,及时处理因暴雨引起的交通事故。

交通部门在危险路段设立醒目的警示标志,会同交警部门规划应急交通管制线路,组织、指挥、协调抢修因灾害损坏的公路交通设施。

市政部门组织检查公共场所积水情况和因暴雨造成的水毁设施,并配合及时修复,疏通排水管道,避免或减少强降雨造成的道路积水。

住房城乡建设部门督促施工单位根据暴雨等级,严格按照施工安全有关规定做好防暴雨工作。

农业部门针对农业生产做好监测预警、落实防御措施,组织抗灾救灾和灾后恢复生产工作。

卫生部门组织调度卫生技术力量,抢救受灾伤病员,做好防疫工作,防止和控制灾区疫情、疾病的发生、传播和蔓延。

旅游部门督促、协助旅游景点疏散游客,协助做好受灾旅游景点的救灾工作。

国土资源部门做好地质灾害监测与预警预报工作,督促地方政府通知地质灾害易发区的监测责任人,协助地方政府做好地质灾害易发区人员撤离、抢险救灾与调查处置工作。

安监部门通知安委会各成员单位做好暴雨灾害预防工作,督促高危行业、企业落实防范措施，协调事故的抢险、救灾工作。

武警部队、驻军部队和民兵预备役人员进入紧急抢险救灾状态，对灾害现场实施救援。

机场、铁路部门及时公告预警信息，适时启动相应预案。

供电、供水、供气等有关单位要及时掌握暴雨预测预报信息，关注暴雨最新动态，采取必要措施避免水、电、气供应设施损坏。

4.4.2　暴雪、低温、冰冻

气象部门要加强监测预报，及时发布低温、雪灾、道路结冰等预警信号及相关防御指引，适时加大预报时段密度。

公安部门加强交通秩序维护，指挥、疏导行驶车辆，必要时实行道路警戒和交通管制。

教育部门组织学校做好防雪、除雪准备，停止室外教学活动，保护在校学生的安全。

市政部门组织检查公共场所积雪情况，动员有关单位及时开展清雪工作。

农业和水利部门分别组织开展农作物、畜牧业和水产养殖业的灾害防御工作。

民政部门根据需要开放紧急避难场所，并为受灾群众和公路、铁路、民航等滞留人员提供基本生活救助。

交通运输部门在危险路段设立醒目的警示标志，提示车辆防冻、积雪路段减速慢行，会同交警部门规划应急交通管制线路，会同有关部门根据积雪情况，及时组织力量或采取措施做好道路清扫和积雪融化工作。

旅游部门督促、协助旅游景点疏散游客，协助做好受灾旅游景点的救灾工作。

住房城乡建设部门加强危房检查，会同有关部门及时动员或组织撤离可能因雪压倒塌的房屋内人员。

武警部队进入紧急抢险救灾状态，对灾害现场实施救援。

民航、铁路部门及时公告预警信息，适时启动相应预案，及时除冰扫雪，保障运行安全，做好运行计划调整和旅客安抚、安置工作，必要时关闭机场或停开列车。

水、电、气、热供应单位及时掌握降雪冰冻预警信息，采取必要措施保护设施安全运行。

4.4.3　寒潮

气象部门加强监测预报，及时发布寒潮预警信号及相关防御指引，适时加大预报时段密度，综合分析和评估寒潮对生产生活的影响。

民政部门采取防寒措施，开放避寒场所，实施应急防寒保障，对受灾群众尤其是对贫困户以及流浪人员等采取紧急防寒防冻应对措施。

市政、园林、林业部门对树木、花卉等采取防寒防冻措施。

农林牧渔部门指导果农、菜农和水产养殖户采取防寒和防风措施，做好牲畜、家禽和水生动物的防寒保暖工作。

卫生部门加强低温寒潮相关疾病防御知识的宣传教育，组织做好医疗救治工作。

4.4.4　沙尘暴

气象部门加强监测预报，及时发布沙尘暴预警信号及相关防御指引，适时加大预报时段密度，对沙尘影响进行综合分析和评估。

公安、交通运输、民航、铁路部门采取应急措施，保证沙尘暴天气状况下的运输安全。

教育部门组织学校做好预防准备，关好门窗，停止室外教学活动。

农业部门指导农牧业生产自救，采取应急措施帮助受沙尘影响的灾区恢复生产。

环境保护部门加强对沙尘暴发生时大气环境质量状况的监测，为灾害应急提供服务。

卫生部门加强沙尘暴天气防御知识的宣传教育，组织做好医疗救治工作。

4.4.5 大风

气象部门加强监测预报，及时发布大风预警信号及相关防御指引。

城管部门通知有关单位对露天广告牌及公共服务设施、树木采取加固措施，并进行安全巡查，必要时拆除有安全隐患的设施。

电力、通信部门加强对架空的电力和通信线路的监控，确保安全。

农林牧渔部门指导果农、菜农、畜牧和水产养殖户、林场采取防风、防火措施。

4.4.6 高温

气象部门加强监测预报，及时发布高温预警信号及相关防御指引，适时加大预报时段密度，对高温影响进行综合分析和评估。

电力部门落实高温期间的电力调配及相关措施，保证居民和重要电力用户用电，根据高温期间电力安全生产情况和电力供需情况，制订拉闸限电方案，必要时依据方案执行拉闸限电措施，加强电力设备巡查、养护，及时排查电力故障。

住房城乡建设、水利等部门做好用水安排，协调上游水源，保证群众生活生产用水。

建筑、户外施工单位做好户外和高温作业人员的防暑工作，必要时调整作息时间或停止作业。

公安部门做好交通安全管理，提醒车辆减速，防止因高温产生爆胎等事故。

卫生部门积极采取应对措施，应对可能出现的高温中暑事件。

农业、林业部门指导紧急预防高温对农、林、畜牧、水产养殖业的影响。

相关应急处置部门和抢险单位随时准备启动抢险应急方案。

4.4.7 干旱

气象部门加强监测预报，及时发布干旱预警信号及相关防御指引，适时加大预报时段密度，对干旱影响进行综合分析，适时组织开展人工影响天气作业，减轻干旱影响。

农业、林业部门指导农牧户、林业生产单位采取管理和技术措施，减轻干旱影响，做好森林草原火灾预防和扑救准备工作。

水利部门加强旱情、墒情监测分析，合理调度水源，组织实施抗旱减灾等方面的工作。

卫生部门采取措施，防范和应对旱灾导致的食品和饮用水卫生安全问题所引发的突发公共卫生事件。

民政部门采取应急措施，做好救灾人员和物资准备，并负责因旱缺水缺粮群众的基本生活救助。

相关应急处置部门和抢险单位随时准备启动抢险应急方案。

4.4.8 雷电、冰雹

气象部门加强监测预报，及时发布雷雨大风、冰雹预警信号及相关防御指引，适时加大预报时段密度。灾害发生后，有关防雷技术人员及时赶赴现场，做好雷击灾情的应急处置、分析评估工作，并为其他部门处置雷电灾害提供技术指导。

住房城乡建设部门提醒、督促施工单位必要时暂停户外作业。

电力部门加强电力设施检查和电网运营监控，及时排除危险、排查故障。

民航部门做好雷电防护，保障运行安全，做好运行计划调整和旅客安抚安置工作。

农业部门针对农业生产做好监测预警，落实防御措施，组织抗灾救灾和灾后恢复生产。

各单位加强本责任范围内检查，停止集体露天活动。居（村）民委员会以及小区、物业等部门，提醒居民尽量减少户外活动和采取适当防护措施，减少使用电器。

相关应急处置部门和抢险单位随时准备启动抢险应急方案。

4.4.9 大雾、霾

气象部门加强监测预报，及时发布大雾和霾预警信号及相关防御指引，适时加大预报时段密度，对大雾、霾影响进行综合分析和评估。

电力部门加强电网运营监控，采取措施尽量避免发生设备污闪故障，及时消除和减轻因设备污闪造成的影响。

公安部门加强对车辆的指挥和疏导，维持道路交通秩序。

交通运输部门及时发布雾航安全通告，加强船舶航行安全监管。

民航部门做好运行安全保障、运行计划调整和旅客安抚安置工作。

相关应急处置部门和抢险单位随时准备启动抢险应急方案。

4.5 应急值守

应急启动后，参与气象灾害应急工作的各有关单位实行 24 小时值班制度，保证通信畅通，并将值守电话和辅助通信方式报告上级或同级气象灾害应急指挥机构办公室。

气象部门全程跟踪灾害性天气的发展变化情况，加强会商，做好预报预警等服务工作。

4.6 现场处置

预案启动后，必要时设立现场指挥部，具体负责指挥事发现场的应急处置工作。

气象灾害现场应急处置由灾害发生地政府或相应应急指挥机构统一组织，有关部门按照职责参与应急处置工作，包括组织营救、伤员救治、疏散撤离和妥善安置受到威胁的人员，及时上报灾情和人员伤亡情况，分配救援任务，协调各级各类救援队伍的行动，查明并及时组织力量消除次生、衍生灾害，组织公共设施的抢修和援助物资的接收与分配。

重大或特别重大的气象灾害，省气象灾害应急指挥部组织、协调、指挥各成员单位、专业应急队伍及现场指挥部，开展应急处置工作。

4.7 社会力量动员与参与

气象灾害事发地的各级政府或应急指挥机构可根据气象灾害事件的性质、危害程度和范围，广泛调动社会力量积极参与气象灾害突发事件的处置，紧急情况下可依法征用、调用车辆、物资、人员等。

气象灾害事件发生后，灾区各级政府或相应应急指挥机构组织有关方面力量抢救人员，组织基层单位和人员开展自救和互救，邻近的市、县（市、区）政府组织和动员社会力量，对灾区提供救助。

鼓励自然人、法人或者其他组织(包括国际组织)按照《中华人民共和国公益事业捐赠法》等有关法律法规的规定进行捐赠和援助。审计监察部门对捐赠资金与物资的使用情况进行审计和监督。

4.8 信息公布

各级气象应急指挥机构建立新闻发言人制度。气象灾害应急指挥机构要按照有关规定和要求,及时将气象灾害及其次生、衍生灾害监测预警情况、灾害损失情况、救援情况等通过新闻媒体及时准确地向社会公布。

4.9 应急终止或解除

气象灾害得到有效处置后,经评估,短期内灾害影响不再扩大或已减轻,气象部门发布灾害预警降低或解除信息,启动应急响应的机构或部门降低应急响应级别或终止响应。省级应急指挥机构终止响应须经省政府同意。

5 恢复与重建

5.1 制订规划和组织实施

灾区(县)级以上政府组织有关部门制订恢复重建计划,组织修复被破坏的学校、医院等公益设施及交通运输、水利、电力、通信、供排水、供气、输油、广播电视等基础设施,使受灾地区早日恢复正常的生产生活秩序。

发生特别重大灾害,超出事发地政府恢复重建能力的,省政府制订恢复重建规划,出台相关扶持优惠政策,省级财政给予支持,同时,依据支援方经济能力和受援方灾害程度,建立地区之间对口支援机制,为受灾地区提供人力、物力、财力、智力等各种形式的支援。积极鼓励和引导社会各方面力量参与灾后恢复重建工作。

5.2 调查评估

灾害发生地政府或应急指挥机构组织相关部门调查、评估气象灾害事件的影响范围和危害程度,由各级民政部门会同有关部门核定灾情,报上级政府、上级气象应急指挥机构和相关部门,并按规定向社会公布。

气象灾害应急工作结束后,应急指挥机构及时对灾害应急工作进行全面总结,分析整个应急过程的经验教训,查找存在的问题,提出解决问题的措施和建议,报上级政府。

5.3 征用补偿

气象灾害应急工作结束后,县级以上政府及时归还因救灾需要临时征用的房屋、运输工具、通信设备等,造成损坏或无法归还的,按有关规定采取适当方式给予补偿或作其他处理。

5.4 灾害保险

鼓励公民积极参加气象灾害事故保险。保险机构根据灾情,主动办理受灾人员和财产的保险理赔事项。保险监管机构依法做好灾区有关保险理赔和给付的监管。

6 保障措施

6.1 通信与信息保障

以公用通信网为主体,建立跨部门、跨地区气象灾害应急通信保障系统。灾区通信管理部门及时采取措施恢复受损的通信线路和设施,确保灾区通信畅通。

建立气象部门与公共媒体及公共场所管理单位畅通的联络渠道,确保气象预警信息及时、可靠、准确地传递给相关单位和人民群众。

建立和完善省级气象灾害应急管理系统和气象灾害应急信息共享平台，实现与省应急管理办公室及其他相关部门的互联互通。

6.2　应急支援与装备保障

现场救援和工程抢险保障。各级政府和有关部门加强气象灾害应急救援和减灾等方面的专用物资的储备，建立相应的物资数据库，并对购置、库存、使用和销毁等环节进行严格管理。各级人工影响天气工作机构加强装备、弹药的日常管理，确保一旦接到指令，能够适时开展人工影响天气作业。

应急队伍保障。各成员单位和部门按照各级气象应急指挥机构的指令，组织应急救援队伍，开展气象灾害现场应急救援工作。各级政府根据需要组织引导预备役部队、民兵、大中型企事业单位以及志愿者等社会资源组建各类群众性的应急救援队伍，对突发性的气象灾害进行先期处置。开展应急工作时，按照《中华人民共和国突发事件应对法》的要求，做好必要的应急安全防护。

交通运输、铁路、民航部门完善抢险救灾、灾区群众安全转移所需车辆、火车、船舶、飞机的调配方案，确保抢险救灾物资的运输畅通。

工业和信息化部门会同相关部门做好抢险救灾需要的救援装备、医药和防护用品等重要工业品保障方案。

民政部门加强生活类救灾物资储备，完善应急物资采购、调运机制。

公安部门负责保障道路交通安全畅通，做好灾区治安管理和救助、服务群众等工作。

农业部门做好救灾备荒种子储备、调运工作，会同相关部门做好农业救灾物资、生产资料的储备、调剂和调运工作。地方各级政府及其防灾减灾部门按规范储备重大气象灾害抢险物资，做好生产能力储备等有关工作。

县级以上政府根据气象灾害应急工作的需要安排专项资金，为气象灾害应急处置提供经费保障。财政、审计部门加强对气象灾害应急专项资金使用情况的监督检查，确保专款专用。

6.3　技术储备与保障

各级应急指挥部应当建立气象灾害应急专家咨询机制，成立专家委员会，为气象灾害应急工作提供技术支持。

依托相应的气象科研、业务机构，建立相关的气象灾害应急技术支持系统。组织相关机构和单位开展气象灾害监测、预报、预警、应急处置和综合防灾减灾的技术研究，做好气象灾害应急技术储备。

6.4　预案演练

各成员单位应对本单位应急工作人员进行应急技术、服务、管理等方面的培训，市级以上气象灾害应急指挥机构根据本地的气象灾害，按照有关应急预案演练规定，定期组织开展气象灾害预警、救援应急演练，演练结束后进行总结评估。

6.5　奖励与责任追究

对在气象防灾、减灾、救灾工作中做出突出贡献的单位和个人，按照有关规定给予表彰和奖励。对因参与重大气象灾害应急工作致病、致残、死亡的人员，按照有关规定，给予相应的补助和抚恤。

由于玩忽职守、谎报灾情或者知情不报,或者拒不履行本预案规定的应急处置职责,或者阻碍、干扰灾情收集和救助工作,致使国家利益和人民生命财产遭受重大损失的,依照有关法律法规的规定,由本级或上级政府有关部门责令改正,给予行政处分,情节严重的,对其主要负责人、负有责任的主管人员和其他责任人员追究相应的法律责任。

7 预案管理

本预案由省政府办公厅负责制定与解释。

预案实施后,随着应急救援相关法律法规的制定、修改和完善,部门职责或应急工作发生变化,或者应急过程中发现存在问题和出现新情况,省应急管理办公室应适时组织有关部门和专家进行评估,及时修订完善本预案。

县级以上政府及其有关部门要根据本预案,制订本地区、本部门气象灾害应急预案。

本预案自印发之日起实施。

8 附则

8.1 气象灾害预警标准

8.1.1 Ⅰ级预警

预报预测未来在一个或多个设区市行政区域内,将出现暴雨(雪)和干旱等灾害性天气气候过程,即将发生或可能发生特别严重气象灾害及其衍生灾害,并将造成特别严重的危害和社会影响,将主要出现下列情形之一的,由省级气象主管机构负责发布气象灾害Ⅰ级预警。

(1)暴雨

过去48小时2个以上设区市的大部地区出现100毫米以上的降雨,且上述地区有日雨量超过100毫米的降雨,且预计未来24小时内上述地区降雨量仍将达到50毫米以上,可能形成流域性大洪水或对城乡基础设施造成严重危害。

(2)暴雪

过去24小时2个以上设区市的大部地区出现25毫米以上降雪,预计未来24小时内上述地区仍将出现10毫米以上降雪,或者暴雪天气已经出现,且已导致公路、铁路、航空、电力、通信受到严重影响,设施农业受到严重威胁。

(3)干旱

3个以上设区市的大部地区综合气象干旱等级达到重旱等级,且至少1个设区市的部分地区或中心城市出现特旱等级,预计未来干旱天气或干旱范围仍将进一步发展。

(4)各种灾害性天气已经出现并对公路、铁路、通信及群众生产生活等造成特别重大影响,超出本市处置能力,需要省政府组织处置的,以及上述灾害已经启动Ⅱ级响应,但仍可能持续发展或影响其他地区的。

8.1.2 Ⅱ级预警

预报预测未来在一个或多个设区市行政区域内,出现暴雨(雪)、寒潮、大风、高温、干旱、冰冻等灾害性天气气候过程,即将发生或可能发生严重气象灾害及其衍生灾害,并将造成严重的危害和社会影响,将主要出现下列情形之一的,由省级气象主管机构负责发布气象灾害Ⅱ级预警。

(1)暴雨

过去 48 小时 2 个以上设区市的大部地区出现 100 毫米以上的降雨，且预计未来 24 小时内上述地区降雨量仍将达到 50 毫米以上，或预计未来 24 小时内 2 个以上设区市的部分地区降雨量将达到 100 毫米以上，可能形成流域性洪水或对城乡基础设施造成较为严重的危害。

(2)暴雪

过去 24 小时 2 个以上设区市的大部地区出现 10 毫米以上降雪，预计未来 24 小时内上述地区仍将出现 5 毫米以上降雪，或者预计未来 24 小时内 2 个以上设区市的大部地区将出现 15 毫米以上降雪，或者暴雪天气已经出现，且已导致公路、铁路、航空、电力、通信受到较大影响，设施农业受到较大威胁。

(3)干旱

2～3 个设区市的大部地区综合气象干旱等级达到重旱等级，且至少 1 个设区市的部分地区或中心城市出现气象干旱特旱等级，预计未来干旱天气或干旱范围仍将进一步发展。

(4)寒潮

5 个以上设区市的大部地区温度下降达到以下标准，且伴有 6 级以上大风：预计未来 48 小时内陕北日平均气温下降 16 ℃以上或关中、陕南下降 14 ℃以上，且最高气温在 5 ℃以下，或 24 小时日平均气温陕北下降 14 ℃以上或关中、陕南日平均气温下降 12 ℃以上，且最低气温在 0 ℃以下。

(5)大风

预计未来 24 小时内 2 个以上设区市的大部地区可能出现平均风力达 10 级(或阵风 12 级)以上大风，或 1 个以上设区市的大部地区可能出现平均风力达 11 级(或阵风 13 级)以上大风，或已经出现以上实况，并可能持续。

(6)高温

过去 48 小时 3 个以上设区市的大部地区最高气温达到 37 ℃，且有 5 个以上县(市、区)出现成片 40 ℃以上的高温天气，预计未来 48 小时内上述地区仍将持续出现最高气温 37 ℃以上，且有 5 个以上县(市、区)出现成片 40 ℃以上的高温天气。

(7)冰冻

过去 48 小时 2 个以上设区市的大部地区出现冰冻天气，预计未来 24 小时内上述地区仍将出现冰冻天气。

(8)灾害性天气已对群众生产生活造成重大损失和影响，以及上述灾害已经启动Ⅲ级响应但仍可能持续发展或影响其他地区。

8.1.3 Ⅲ级预警

预报预测未来在一个或多个设区市行政区域内，出现暴雨(雪)、寒潮、大风、沙尘暴、低温、高温、干旱、雷电、冰雹、霜冻、冰冻、大雾等气象灾害，即将发生或可能发生较严重的气象灾害及其衍生灾害，并将造成较大危害和社会影响，将主要出现下列情形之一的，由省级气象主管机构负责发布气象灾害Ⅲ级预警。

(1)暴雨

过去24小时2个以上设区市的部分地区出现50毫米以上的降雨,且预计未来24小时内上述地区降雨量仍将达到50毫米以上,或预计未来24小时内1个以上设区市的部分地区降雨量将达到100毫米以上,可能对公路、铁路、通信及群众生产生活等造成较大影响。

(2)暴雪

过去24小时2个以上设区市的大部地区出现5毫米以上降雪,预计未来24小时内上述地区仍将出现5毫米以上降雪,或者预计未来24小时内2个以上设区市大部地区将出现10毫米以上降雪,或者暴雪天气已经出现,且已导致公路、铁路、航空、电力、通信受到影响,设施农业受到威胁。

(3)干旱

2个以上设区市的大部地区综合气象干旱等级达到重旱等级,预计未来干旱天气或干旱范围仍将进一步发展。

(4)寒潮

5个以上设区市的大部地区温度下降达到以下标准,且伴有5级以上大风:预计未来48小时内陕北日平均气温下降14 ℃以上或关中、陕南下降12 ℃以上,且最高气温在5 ℃以下,或24小时日平均气温陕北下降12 ℃以上或关中、陕南日平均气温下降10 ℃以上,且最低气温在3 ℃以下。

(5)大风

预计未来24小时内2个以上设区市的大部地区可能出现平均风力达8级(或阵风10级)以上大风,或已经出现以上实况,并可能持续。

(6)高温

过去48小时3个以上设区市的大部地区最高气温达到37 ℃,预计未来48小时内上述地区仍将出现37 ℃以上的高温天气。

(7)大雾

预计未来24小时内2个以上设区市的大部地区可能出现能见度小于500米的雾,且有5个以上县(市、区)出现能见度小于200米的雾,或者已经出现,导致交通运输受到较大影响,机场、主要公路已经封闭,预计可能仍将持续。

(8)霜冻

霜冻(9月中旬—11月上旬,3月上旬—4月下旬):预计未来24小时内3个以上设区市的大部地区地面最低温度下降到−3 ℃以下,出现可能对当季主要作物产生较大影响的霜冻天气,或者上述天气已经出现且仍将持续24小时以上,并且已经对当季作物产生较大影响。

(9)沙尘暴

预计未来24小时内2个以上设区市的大部地区可能出现能见度小于500米的较强沙尘暴天气,或已经出现并将持续,可能发生气象灾害及其衍生灾害,将造成严重危害和社会影响。

(10)冰雹

预计未来24小时内2个以上设区市将出现强冰雹天气,可能造成重大生命财产损失,或已经出现分散的强冰雹，影响 1 个以上设区市的大部地区，未来仍将持续或加强。

(11)冰冻

过去 48 小时 2 个以上设区市的大部地区出现冰冻天气，预计未来 24 小时内上述地区仍将出现冰冻天气。

(12)低温

过去 72 小时 3 个以上设区市的大部地区出现平均气温或最低气温较常年同期(最新气候平均值)偏低 5 ℃以上的持续低温天气，预计未来 48 小时内上述地区平均气温或最低气温持续偏低 5 ℃以上(10 月至翌年 4 月)。

(13)各种灾害性天气已对群众生产生活造成较大损失和影响，以及上述灾害应急启动Ⅳ级响应但仍可能持续发展或影响其他地区的。

8.1.4　Ⅳ级预警

预报预测未来在一个或多个设区市行政区域内，出现暴雨(雪)、寒潮、大风、沙尘暴、低温、高温、雷电、冰雹、霜冻、雾、霾等灾害性天气气候过程，即将发生或可能发生气象灾害及其衍生灾害，并将造成一定危害和社会影响，将主要出现下列情形之一的，由省级气象主管机构负责发布气象灾害Ⅳ级预警。

(1)暴雨

预计未来 24 小时内 2 个以上设区市的部分地区将出现 50 毫米以上降雨，且局地将出现大暴雨，或已经出现暴雨天气，有可能对城乡基础设施造成一定影响，主要河流堤防、水库出现险情。

(2)暴雪

预计未来 24 小时内 2 个以上设区市的大部地区将出现 5 毫米以上降雪，且有 5 个以上县(市、区)将出现连片 10 毫米以上的降雪，导致公路、铁路、航空、电力、通信受到一定影响。

(3)寒潮

3 个以上设区市的大部地区温度下降达到以下标准，且伴有 5 级以上大风：预计未来 48 小时内陕北日平均气温下降 12 ℃以上或关中、陕南下降 10 ℃以上，且最高气温在 5 ℃以下，或 24 小时日平均气温陕北下降 10 ℃以上或关中、陕南日平均气温下降 8 ℃以上，且最低气温在 3 ℃以下。

(4)低温

过去 24 小时 3 个以上设区市的大部地区出现平均气温或最低气温较常年同期(最新气候平均值)偏低 5 ℃以上的持续低温天气，预计未来 48 小时内上述地区平均气温或最低气温持续偏低 5 ℃以上(10 月至翌年 4 月)。

(5)高温

预计未来 48 小时内 3 个以上设区市的大部地区最高气温达到 35 ℃以上，且有 5 个以上县(市、区)出现成片 37 ℃以上，或者已经出现并可能持续。

(6)雷电

预计未来 24 小时内可能发生雷电活动，并可能会造成雷电灾害事故，或雷电已经造成人员死亡，且雷电天气持续。

(7)大雾

预计未来24小时内2个以上设区市的大部地区可能出现能见度小于1000米的雾,或者已经出现,导致交通运输受到影响,车流限速,机场、主要公路准备封闭,预计可能仍将持续。

(8)霜冻

霜冻(9月中旬—11月上旬,3月上旬—4月下旬):预计未来24小时3个以上设区市的大部地区地面最低温度下降到0 ℃以下,出现可能对当季主要作物产生影响的霜冻天气,或者上述天气已经出现且仍将持续24小时以上,并且已经对当季作物产生影响。

(9)沙尘暴

预计未来24小时内2个以上设区市的大部地区可能出现能见度小于1000米的沙尘暴天气,或已经出现并将持续,可能发生气象灾害及其衍生灾害,将造成一定危害和社会影响。

(10)冰雹

预计未来48小时内2个以上设区市的大部地区将出现冰冻天气,或者过去24小时已经出现并可能持续。

(11)霾

预计未来24小时内2个以上设区市的大部地区将出现能见度小于2000米的霾,或者已经出现并可能持续。

(12)各种灾害性天气已对群众生产生活造成一定损失和影响。

气象灾害预警分级表

分级	灾种	Ⅰ级	Ⅱ级	Ⅲ级	Ⅳ级
暴雨	√	√	√	√	√
暴雪	√	√	√	√	√
寒潮		√	√	√	√
大风		√	√		
沙尘暴			√	√	
低温			√	√	√
高温		√	√	√	√
干旱	√	√	√		
雷电				√	√
冰雹			√	√	√
霜冻			√	√	√
冰冻		√	√		√
大雾			√	√	
霾				√	√

由于我省南北跨度大，地形复杂，各种灾害在不同地区和不同行业造成影响程度差异较大，各地、各有关部门要根据实际情况，结合以上标准在充分评估基础上，适时启动相应级别的灾害预警。

8.2 气象灾害预警信息的部门联动与社会响应措施

8.2.1 暴雨灾害的部门联动和社会响应

响应等级	Ⅳ级、Ⅲ级	Ⅱ级	Ⅰ级
公安部门	加强对重点地区、场所、人群及重要物资设备的保护	组织警力，随时准备投入抢险救灾工作，限制高速公路车流车速，及时处置因暴雨引起的交通事故	负责灾害事件发生地的治安救助工作，必要时封闭高速公路、实行道路警戒和交通管制
教育部门	提示学校做好防雨准备、暂停室外教学活动	督促学校做好防雨防洪准备、停止室外教学活动，保护在校学生安全	
住房城乡建设部门	督促施工单位根据暴雨等级，严格按照有关施工安全的法律、法规、规范、标准、规程做好防暴雨工作		
市政部门	组织检查公共场所积水情况和因暴雨造成的水毁设施，并配合及时修复，疏通排水管道，避免或减缓强降雨造成的道路积水		
农业部门	组织种植业主抢收成熟瓜果和防护低洼地带的作物，组织畜牧、水产业主做好相应安全防护措施		
水利部门	通知各水库、河道、泵站等做好防洪准备	组织对各水库、河道、泵站、排水设施等的安全巡查，发现险情及时排除	根据险情，动员相应的社会力量加入抗洪抢险队伍，及时排除因洪水造成的险情
民政部门	根据需要开放紧急避难场所，为进场人员提供必要的防护措施，组织转移、安置、慰问灾民		开放紧急避难场所，为进场人员提供必要的防护措施，妥善安排受灾群众生活
卫生部门			组织调度卫生技术力量，抢救受灾伤病员，做好防疫工作，防止和控制灾区疫情、疾病的发生、传播和蔓延
交通运输部门	在危险路段设立醒目的警示标志，会同交警部门规划应急交通管制线路，确保气象灾害事件发生时陆上、水上交通安全通畅	负责组织、指挥、协调抢修因灾害损坏的公路交通设施，组织运送救援人员、受灾人员、救援设备、救灾物资等	组织、指挥、协调修复受灾中断的国道、省道及内河航道及其他受损坏的重要交通设施
旅游部门		督促、协助旅游景点疏散游客	协助做好受灾旅游景点的救灾工作

续表

响应等级	Ⅳ级、Ⅲ级	Ⅱ级	Ⅰ级
国土资源部门	督促地方政府通知地质灾害易发区的监测责任人，做好监测与预警预报工作	协助地方政府组织地质灾害易发区人员撤离，并采取防护措施	协助地方政府对已发生的地质灾害做好抢险救灾与调查处置工作
安监部门	通知安委会各成员单位做好防暴雨的安全工作	督促高危行业、企业落实防暴雨工作	参与、协调事故的抢险、救灾工作
各级政府	启动相应应急预案，组织行政区域内灾害防御、救援工作		
各乡(镇)、街道办事处	通知居住在低洼地带、各类危旧住房、厂房、工棚、临时建筑内的人员注意可能出现的水浸、房屋漏雨等情况，并组织检查安全隐患	撤离行政区域范围山边、河边窝棚内的临时居住人员，会同有关部门，加强对危坡、危墙、危房的监测	对居住在确有安全隐患的各类危旧住房、厂房、工棚、临时建筑内的人员，尤其是临近山坡的临时建筑中的人员组织撤离并安置
武警部队、驻军部队和民兵预备役人员			进入紧急抢险救灾状态，对灾害现场实施救援
宣传媒体	通过各种手段，及时传播气象局发布的暴雨预警信息，提示社会公众采取有效措施，做好暴雨灾害防护		
市民	注意收听、收看发布的暴雨信息，及时了解暴雨动态，不要到暴雨发生的地区游玩或到河滩游泳。	调整出行计划，尽量减少外出，尽快回家，关闭门窗，以免雨水进入室内	户外人员尽量寻找安全地带躲雨，并要注意防止雷电袭击，危险建筑物内的人员需要撤离
学校	做好防雨准备、暂停户外活动		收到停课通知后保护好在校学生的安全
社区	及时收听收看有关暴雨信息，并通知社区住户	关注暴雨最新动态，检查社区各项防雨情况	组织力量对社区内出现的灾情进行救援
建筑工地	及时收听有关暴雨信息，做好防雨工作	停止户外作业	
机场、铁路部门	及时公告预警信息，适时启动相应预案		
供电、供水、燃气等基础设施单位	及时收听收看暴雨信息	关注暴雨最新动态，采取必要措施避免设施损坏	迅速调集力量，组织抢修水毁设施

8.2.2 暴雪、冰冻灾害的部门联动和社会响应

响应等级	Ⅳ级、Ⅲ级	Ⅱ级	Ⅰ级
公安部门	加强对重点地区、场所、人群及重要物资设备的保护，限制高速公路车流车速，及时处理因降雪引起的交通事故	组织警力，随时准备投入抢险救灾工作，限制高速公路车流车速，及时处理因降雪引起的交通事故	负责灾害事件发生地的治安救助工作，必要时封闭高速公路、实行道路警戒和交通管制
教育部门	提示学校做好防雪准备，暂停室外教学活动		督促学校做好防雪准备、停止室外教学活动，保护在校学生安全
市政部门	组织检查公共场所积雪情况，并配合及时开展清雪		
农业部门	组织种植业、畜牧业、水产业主做好防雪、防冻及采取其他有效防御措施		
民政部门	根据需要开放紧急避难场所，为进场人员提供必要的防护措施，妥善安排受灾群众生活		开放紧急避难场所，为进场人员提供必要的防护措施，妥善安排受灾群众生活
交通部门	在危险路段设立醒目的警示标志，会同交警部门规划应急交通管制线路，确保气象灾害事件发生时陆上、水上交通安全通畅	负责组织、指挥、协调抢修因灾害损坏的公路交通设施，组织运送救援人员、受灾人员、救援设备、救灾物资等	组织、指挥、协调修复因受灾中断的公路、桥梁及隧道、内河航道及其他受损坏的重要交通设施
旅游部门		督促、协助旅游景点疏散游客	协助做好受灾旅游景点的救灾工作
安监部门	通知安委会各成员单位做好防雪的安全工作	督促高危行业、企业落实防雪工作	参与、协调事故的抢险、救灾工作
各级政府	启动相应应急预案，组织行政区域内雪灾防御、积雪清理及灾害救援工作		
各乡(镇)、街道办事处	通知、组织行政区域内单位、居民等清理积雪，并组织检查		
武警部队			进入紧急抢险救灾状态，对灾害现场实施救援
宣传媒体	通过各种手段，及时传播气象局发布的降雪天气预报信息		
市民	注意收听、收看发布的降雪信息，及时了解降雪动态，主动做好门前积雪清理		
学校	做好防雪准备，暂停户外活动		做好防雪工作，停止户外活动，保护好在校学生的安全

续表

响应等级	Ⅳ级、Ⅲ级	Ⅱ级	Ⅰ级
社区	及时收听收看有关降雪信息,通知社区住户清理积雪,并组织检查	关注降雪最新动态,检查社区积雪清理情况	关注降雪最新动态,检查社区积雪清理情况,组织力量对社区内出现的灾情进行救援
机场、铁路部门	及时公告预警信息,适时启动相应预案		
供电、供水、燃气等基础设施单位	及时收听、收看降雪信息	关注降雪最新动态,采取必要措施避免设施损坏	迅速调集力量,组织抢修损毁设施

8.2.3 寒潮、低温灾害的部门联动和社会响应

响应等级	Ⅳ级	Ⅲ级	Ⅱ级
民政部门	采取防寒措施,避寒场所开放	采取应急措施进行防寒保障,尤其是贫困户以及流浪人员等	采取紧急防寒防冻应对措施
城管部门	对树木、花卉等采取防寒措施	加强各公园树木、花卉等防寒工作	对市政园林树木、花卉采取紧急防寒防冻措施
农林牧渔业部门	指导果农、菜农和水产养殖业主采取防寒措施	指导果农、菜农和水产养殖户,采取一定的防寒和防风措施	做好牲畜、家禽的防寒保暖工作,农业、水产业、畜牧业等要积极采取防霜冻、冰冻、加暖、加盖和防大风措施。部分作物可以提前收获上市
卫生部门	采取措施,宣传寒潮可能对市民健康的不利影响及对策	做好寒潮所引发的疾病救治工作	
各级政府	启动响应预案,组织实施行政区域内各项防御、救援工作		
各乡(镇)、街道办事处	组织实施本行政区域内各项防御、救援工作		
宣传媒体	通过各种手段,及时传播气象局发布的寒潮预警信号,提示社会公众做好寒潮灾害防护		

续表

响应等级	Ⅳ级、Ⅲ级	Ⅱ级	Ⅰ级
市民	注意收听收看发布的各类寒潮信息，及时了解天气变化，注意添衣保暖	年老体弱者、儿童、患有呼吸道疾病、关节炎、胃溃疡、心脑血管疾病者注意预防	
社区	及时收听收看有关寒潮信息，并通知社区住户做好防寒工作，并提示居民注意取暖设施的用电、用气安全		

8.2.4　大风灾害的部门联动和社会响应

响应等级	Ⅲ级	Ⅱ级
城管部门	提醒有关单位对设置的露天广告牌采取加固措施	安排专人对露天广告牌及公共服务设施、树木的安全性进行排查，并采取加固措施，必要时拆除有安全隐患的设施
电力、通信部门	监控架空的电力和通信线路，确保安全，及时抢修损毁线路	对于架空的电力和通信线路进行严密监控，并事先进行加固，及时抢修损毁线路
农林渔业部门	指导果农、菜农和水产养殖户、林场等，采取一定的防风、防火措施	农业、水产业、畜牧业、林业等要积极采取防风、防火措施
卫生部门	采取措施，宣传大风可能对市民健康的不利影响及对策	做好大风所引发的疾病救治工作
各级政府	启动响应预案，组织实施本行政区域内各项防御、救援工作	
各乡(镇)、街道办事处	组织实施本行政区域各项防御、救援工作	
宣传媒体	通过各种手段，及时传播气象局发布的大风预警信号，提示社会公众做好大风灾害防护	
市民	注意收听、收看发布的各类大风预警信息，及时了解天气变化	尽量不要出门，不要在广告牌、架空电线电缆、树木下躲避
社区	及时收听有关大风预警信息，并通知该区住户做好防风工作，并提示居民注意安全	

8.2.5　高温灾害的部门联动和社会响应

响应等级	Ⅳ级	Ⅲ级	Ⅱ级
公安部门	加强道路交通安全监管,防止车辆因高温造成自燃、爆胎等引发的交通事故	公安消防部门特别注意因电器超负荷引起火灾的危险,告诫市民注意防火	负责气象灾害事件发生地的治安救助工作
教育部门	组织学校做好学生防暑降温工作	停止举行户外活动	全市中小学、幼儿园停课,已到校学生和入园儿童应派专人负责看护并做好防暑降温工作
住房城乡建设部门	建筑、施工等露天作业场所要采取有效防暑措施,防止人员中暑	督促各建筑施工单位合理安排户外作业	建议建设单位停止户外、高空作业
城建、园林部门	加强各市政公园植物防暑防晒保护措施	户外作业人员应采取必要防护措施	建议停止户外露天作业,合理调配工作时间
农林牧渔业部门	对畜、禽以及种植、养殖物采取防高温保护措施	指导紧急预防高温对农、林、畜牧和养殖业的影响	加强对农林、水产、畜牧业防暑防晒应对措施指导
水利、市政部门	采取措施保障生产和生活用水	采取紧急措施保障生产和生活用水	确保居民生活用水
民政部门	通知各社区做好高温预防工作,注意防暑降温,对贫困户、五保户采取特殊保护措施	加强避暑、收容场所管理,采取必要措施防暑降温	采取紧急措施,对中暑人员随时救治
卫生部门	宣传中暑救治常识,督促并指导有关单位落实防暑降温卫生保障措施	做好人员(尤其是老弱病人和儿童)因中暑引发其他疾病的防护措施	各大医院、社康中心采取紧急措施,应对可能大量增加的中暑或类似病患者
交通部门	对各交通物流企业、单位加强指导和组织,采取防暑降温措施。	提示道路作业单位,合理安排户外作业,运输易燃易爆物品的车辆应采取防护措施。	停止户外、道路路面作业。
旅游部门	对旅游景点、饭店和旅行社加强监管,督促采取防暑降温措施	采取措施,建议某些户外旅游项目暂时停止开放	关闭户外旅游场所
电力部门	应注意防范因用电量过高,电线、变压器等电力设备负载大而引发故障	采取错峰用电措施,保障用电供给和安全	
劳动保障部门	加强劳动安全监察,查处高温下不采取防暑降温措施强行工作的企业	在高温时段根据情况发出停工建议	部分行业停工停产

续表

响应等级	Ⅳ级	Ⅲ级	Ⅱ级
食品药品监督部门	加强对市场生产、流通防暑降温药品、防暑防晒化妆品、保健品的监管力度，严格执行食品卫生制度，避免食品变质引发中毒事件		
安监部门	监督各成员单位，加强高温条件下安全生产管理		
各级政府	及时了解高温信息，作好行政区域内防暑降温、防病、安全生产等各项工作，启动相应预案，组织实施行政区域内各项防御、救援工作		
各乡(镇)、街道办事处	配合民政部门，积极救助困难户、老弱人员，在行政区域内广泛宣传防高温中暑常识		
宣传媒体	通过各种手段，及时传播气象局发布的高温预警信号，提示社会公众做好高温灾害防护		
市民	注意收听收看发布的高温天气预警信息，中午前后避免户外活动	调整作息，注意饮食调节，尽量避免户外活动	停止户外活动
社区	及时收听收看有关高温信息，并通知本社区住户做好防暑工作		

8.2.6 雷电灾害的部门联动和社会响应

响应等级	Ⅳ级
公安消防部门	应急处置因雷击造成的起火事故
交通部门	向雷电发生地域的交通单位发出停止户外高空作业的通知，提示提防雷雨大风，发生因雷电天气造成四级以上人员伤亡事故时向市气象灾害应急指挥机构报告
机场	提示航空部门飞机起降安全
教育部门	通知学校停止露天体育课和升旗活动，督促学校在雷电发生时让学生留在学校课室内，待雷电天气过后才可室外活动或离校，发生因雷电天气造成四级以上人员伤亡事故时向市气象灾害应急指挥机构报告
公安部门	组织警力上街巡查，疏导道路交通，处置因雷击造成的交通事故，通过交通电台向司机提示交通堵塞路段，因雷电天气造成四级以上人员伤亡交通事故时向市气象灾害应急指挥机构报告
城管部门	组织道桥、路灯巡查，及时组织人员修复被雷电击坏的路灯等市政设施，疏通排水管道，通知环卫、绿化人员停止户外作业

续表

响应等级	Ⅳ级
安监部门	通知安委会各成员单位做好防雷电的安全工作,督促高危行业、企业落实防雷电工作,参与、协调雷击事故的抢险、救灾工作。发生因雷电天气造成四级以上人员伤亡事故时向市气象灾害应急指挥机构报告
旅游部门	通知旅游景点停止户外娱乐项目,发生因雷电天气造成四级以上人员伤亡事故时向市气象灾害应急指挥机构报告
卫生部门	组织做好雷电伤亡人员救护和伤亡人员统计工作
事发地政府	发生四级和三级雷电灾害事故时,组织协调人员伤亡和灾情救助,向上一级市气象灾害应急指挥机构报告人员伤亡事故和灾情救助情况
宣传媒体	通过各种手段,及时传播气象局发布的雷电预警信号,提示社会公众做好雷电灾害防护
市民	避免在空旷处行走,尽量躲避在室内,避免在大树、高耸孤立物下躲避雷雨,尽量避免在雷雨时拨打接听手机
社区	在社区内公告气象局发布的雷电预警信号,提示居民收好阳台衣物,关闭门窗

8.2.7 大雾灾害的部门联动和社会响应

响应等级	Ⅳ级	Ⅲ级
教育部门	取消所有室外活动,及时了解天气信息并转告学校、幼儿园的学生和儿童,并告知大雾天应注意的安全事项	取消所有室外活动,及时了解天气信息并转告学校、幼儿园的学生和儿童,并告知大雾天应注意的安全事项,妥善安排校内园内的学生和儿童
公安、交通运输部门	通过城区主要路口的电子屏幕及交通信息服务短信平台,向驾驶员发布有关道路动态信息,提醒他们途经盘山、临水及崎岖道路时自觉放慢行驶速度,开启亮雾灯、近光灯及尾灯等,预防交通事故的发生,限制高速公路车流、车速	封闭高速公路,对机场、客运站、市内交通采取分流和管制措施
卫生部门	根据大雾天常发病例,做好相关专科医护人员、药品、医疗器具的准备工作,应对可能出现的呼吸道疾病突然增多	红色大雾预警信号很可能伴有重污染事件,卫生局应启动相应紧急预案,应对可能出现的呼吸道疾病突发事件
机场、铁路部门	及时公告预警信息,适时启动相应预案	
宣传媒体	及时跟踪报道预警和预测、交通路况等信息,听从应急指挥部门的安排,及时刊播防灾救灾信息	
市民	尽量不要出门行走,更不要早起锻炼,非出门行走不可的最好戴上口罩,外出归来应立即清洗面部及裸露的肌肤,注意交通安全	户外人员应使用口罩等防护器具,尽早到室内躲避浓雾天气,注意交通安全

8.2.8　干旱灾害的部门联动和社会响应

响应等级	Ⅲ级	Ⅱ级	Ⅰ级
商务部门	协助组织部分生活必需品		
财政部门	及时下拨抗旱基础设施建设、抗旱经费并监督使用		
公安部门	维护抗旱供水秩序和灾区社会治安，打击偷窃抗旱物资、破坏抗旱设施、干扰抗旱工作的违法行为		
水利部门	利用一切水利设施，早引多灌，争取抗旱主动权。大型灌区和水库做好应急供水预案并提前5天开闸放水。抗旱服务队全力以赴投入抗旱一线，帮助群众检修提水机械，启动所有设备，扩大灌溉面积与解决人畜饮水困难	水源统一调度，统一管理。大力推广应用抗旱剂、节水设备等科技产品。抗旱服务队设备统一调配使用	截地面水，挖掘地下水。保水地，弃旱地，加大水地投入
民政部门	做好因旱农作物绝收地区的灾情统计，安排救灾粮、款的发放		
住房城乡建设部门	在城市，一方面动员广大群众节约用水，另一方面要限制高耗水企业用水。同时，动员社会力量给无水社区居民运水，保证基本生活用水		
交通运输部门	优先运送抗旱、救灾的人员和物资、设备		
农业部门	监测农作物干旱灾情，及时提供灾情信息，并提出农业抗旱措施，减轻旱灾损失。推广旱作农业新技术，提高天然降水的有效利用率		
卫生部门	加强受旱灾区的卫生防疫和医疗救护工作及饮用水源的管理		
新闻媒体	宣传抗旱法规、政策，及时准确报道抗旱救灾工作信息		
气象部门	监测天气形势和土壤墒情，及时提供天气预报和雨情、墒情实况信息，做好人工增雨准备工作	监测天气形势和加密观测土壤墒情，及时提供天气预报和雨情、墒情实况信息，实施人工增雨计划	
通信管理部门	保障抗旱信息畅通		
电力部门	保障抗旱、救灾的电力供应		

续表

响应等级	Ⅲ级	Ⅱ级	Ⅰ级
驻军、民兵预备役部队	执行重大抗旱任务		
武警部队	执行重大抗旱任务		
铁路部门	优先运送抗旱人员、物资和设备		

8.2.9 霜冻灾害的部门联动和社会响应

响应等级	Ⅳ级	Ⅲ级
农林业部门	指导农民采取一定的防霜冻措施	农业林业部门要按照职责，积极采取防霜冻措施，并做好灾害防御
各级政府	启动响应预案，组织实施行政区域内各项防御、救灾工作	
宣传媒体	通过各种手段，及时传播气象局发布的霜冻预警信号，提示社会公众做好霜冻灾害防护	

8.2.10 沙尘暴气象灾害的部门联动和社会响应

响应等级	Ⅳ级	Ⅲ级
公安部门	加强对重点地区、场所、人群及重要物资设备的保护	组织警力，随时准备投入抢险救灾工作，限制高速公路车流车速，及时处理因沙尘暴引发的各类交通事故，必要时封闭高速公路、实行道路警戒和交通管制
教育部门	提示学校做好预防准备，关好门窗，暂停室外教学活动。	督促学校做好预防工作，停止室外一切教学活动。小学生放学应有人接送
农业部门	提示设施农业主做好围板、棚架、临时搭建物等易被风吹动的搭建物固紧工作，妥善安置易受沙尘暴影响的室外物品	提醒广大农民田间劳动应及时停止，并到安全场所暂避
民政部门	做好救灾的各项准备工作	根据需要开放紧急避难场所，为进场人员提供必要的防护措施，组织转移、安置、慰问灾民
交通部门	在危险路段设立醒目的警示标志	高速公路采取有效措施保障安全，必要时暂时封闭

续表

响应等级	Ⅳ级	Ⅲ级
卫生部门	提醒社会公众外出时穿戴防尘的衣服、手套、面罩、眼镜等物品。回到房间后应及时清洗面部。对精密仪器进行苫盖密封	提示社会公众一旦发生慢性咳嗽或气短、发作性喘憋及胸痛时，应尽快到医院检查、治疗。组织调度卫生技术力量，抢救受灾伤病员，做好防疫工作，防止和控制灾区疫情、疾病的发生、传播和蔓延
交通运输部门	注意做好公路、铁路、航运等交通安全	各类机动交通工具采取有效措施保障安全
旅游部门	提醒游客备好口罩、纱巾等防尘防风物品	停止旅游，督促、协助旅游景点疏散游客。协助做好受灾旅游景点的救灾工作
各级政府	启动相应应急预案，组织行政区域内灾害防御、救援工作	
武警部队	做好抢险的准备工作	进入紧急抢险救灾状态，对灾害现场实施救援
宣传媒体	通过各种手段，及时传播气象部门发布的沙尘暴预警信息，提示社会公众采取有效措施，做好沙尘暴灾害天气的预防工作	
市民	居民要做好防风防沙准备，及时关闭门窗。外出要佩带口罩纱巾等防尘用品，以免沙尘对眼睛和呼吸道造成损伤	居民尽量少骑自行车，刮风时不要在广告牌、临时搭建物和枯树下逗留居民应当待在防风安全的场所，不要在户外活动
学校	学校、幼儿园要立即让学生进入室内，及时关闭门窗。学生外出要佩带口罩纱巾等防尘用品，以免沙尘对眼睛和呼吸道造成损伤	学生尽量少骑自行车，刮风时不要在广告牌、临时搭建物和枯树下逗留。学生要待在防风安全的场所，不要在户外活动，学校采取暂避措施，建议停课
社区	建议社区居民准备好口罩、纱巾等防尘防风物品。露天集体活动或室内大型集会应及时停止，并做好人员疏散工作	停止一切室外活动
建筑工地	室外作业必须戴口罩、戴安全帽和眼镜等防护用品	及时停止露天高空作业。并到安全场所暂避
机场、铁路部门	及时公告预警信息，适时启动相应预案，采取有效措施，保障安全	

8.3　名词术语

暴雨一般指 24 小时内累积降水量达 50 毫米或以上，或 12 小时内累积降水量达 30 毫米或以上的降水，会引发洪涝、滑坡、泥石流等灾害。

暴雪一般指 24 小时内累积降水量达 10 毫米或以上，或 12 小时内累积降水量达 6 毫米或以上的固态降水，会对农牧业、交通、电力、通信设施等造成危害。

寒潮是指强冷空气的突发性侵袭活动，其带来的大风、降温等天气，会对农牧业、交通、人体健康、能源供应等造成危害。

大风是指平均风力大于 6 级、阵风风力大于 7 级的风，会对农业、交通、水上作业、建筑设施、施工作业等造成危害。

沙尘暴是指地面尘沙吹起造成水平能见度显著降低的天气,会对农牧业、交通、环境、人体健康等造成危害。

低温是指气温较常年异常偏低,会对农牧业、能源供应、人体健康等造成危害。

高温是指日最高气温在 35 ℃以上的天气现象,会对农牧业、电力、人体健康等造成危害。

干旱是指长期无雨或少雨导致土壤和空气干燥,会对农牧业、林业、水利以及人畜饮水等造成危害。

雷电是指发展旺盛的积雨云中伴有闪电和雷鸣的放电现象,会对人身安全、建筑、电力和通信设施等造成危害。

冰雹是指由冰晶组成的固态降水,会对农业、人身安全、室外设施等造成危害。

霜冻是指地面温度降到零摄氏度或以下导致植物损伤的灾害。

冰冻是指雨、雪、雾在物体上冻结成冰的现象,会对农牧业、林业、交通和电力、通信设施等造成危害。

大雾是指空气中悬浮的微小水滴或冰晶使能见度显著降低的天气现象,会对交通、电力、人体健康等造成危害。

霾是指空气中悬浮的微小尘粒、烟粒或盐粒使能见度显著降低的天气现象,会对交通、环境、人体健康等造成危害。

陕西省人民政府办公厅关于进一步加强农业气象体系和农村气象灾害防御体系建设的意见

陕政办发〔2010〕97号

各市、县、区人民政府，省人民政府各工作部门、各直属机构：

为了进一步加强农业气象体系和农村气象灾害防御体系(以下称“两个体系”)建设，充分发挥气象服务“三农”的重要作用，经省政府同意，现提出如下意见：

一、推进“两个体系”建设的意义和目标

我省是一个气象灾害多发省份，每年都因干旱、大风、冰雹、低温、暴雨等气象灾害给农业生产造成重大损失。多年来，各级气象部门积极开展防灾减灾服务，有效减轻了灾害影响。但总体来看，农村气象服务体系建设滞后，气象灾害预警信息覆盖率不高，农业气候资源开发利用率较低。进一步加强农业气象服务体系和农村气象灾害防御体系建设，既是发展现代农业、增加农民收入的有效举措，也是统筹城乡发展、改善农村民生的现实需要，更是做好农村灾害防御工作、保护群众生命财产安全的重要途径。各地各有关部门要深刻认识气象事业的基础地位和重要作用，坚持“政府主导、部门联动、社会参与”的原则，以提升气象为农服务水平和气象灾害防御能力为核心，加快推进“两个体系”建设，力争到2015年，形成比较健全的农业气象服务体系和农村气象灾害防御体系，提高农民享受气象保障服务水平，基本实现城乡气象服务均等化，农村气象预警信息覆盖率达到95%以上，农村气象灾害损失和因灾死亡人数减少10%以上。

二、推进“两个体系”建设的主要内容

(一)着眼保障粮食安全，加强气象服务工作。紧紧围绕全省粮食增产目标，规划建设农业气象土壤水分观测站网，开展土壤墒情动态监测、作物长势动态监测以及农业气象动态影响评价，改善农用天气预报服务，加强农作物病虫害和粮食作物产量预测预报。建设小麦、玉米、水稻、马铃薯等粮食作物生产气象信息服务示范点，推进粮食高产创建活动。开展气候变化对粮食生产的影响分析，开发利用空中云水资源，挖掘粮食生产潜力，确保粮食生产灾年少减产、平年能增产、丰年多增产。

(二)着眼促进农民增收，加强特色气象服务。围绕我省实施农民增收七大工程，开展气象灾害风险区划，加强气象监测预报服务，推动果业、畜牧业、设施蔬菜等主导产业以及茶叶、蚕桑、中草药等区域性特色产业发展，调整优化农村经济结构，多渠道增加农民收入。面向大型农产品生产基地和农民专业合作社、农村种养大户开展专项气象服务，创新气象服务模式。抓好省、市、县农业气象灾害预警服务平台建设，完善短时临近预报预警服务体系。开展农业气象保险试点，发挥政策性保险在推动产业发展中的保障作用。

(三)着眼提高预报水平，加强监测站网建设。科学规划，合理布局，搞好农村气象站网建设,加强对中小尺度灾害性天气和局地小气候的监测预报。重点开展自动监测站网建设,实现对可能引发地质灾害的强降雨的自动监测。建设省、市极轨卫星资料接收处理平台,提高气象灾害遥感监测能力。加强标准化防雹增雨作业点建设,适时开展人工影响天气作业,努力减轻干旱、冰雹造成的损失。加强雷电多发易发区防雷电设施建设,在农村中小学校、敬老院以及重要集镇实现全覆盖。完善农村电力、通信、广电等公共服务设施的防雷电措施,确保人民群众生命财产安全。

(四)着眼完善预警机制,加强防灾减灾管理。开展精细化气象灾害区划工作,建立气象灾害风险评估和气候可行性论证制度。围绕陕南山区移民搬迁工程,做好搬迁选址的气候论证和地质灾害风险评估工作。完善农村气象防灾减灾应急预案,健全气象、洪涝、地质灾害预警联动机制,建立各级政府统一协调、相关部门各负其责的组织体系和预案到村、责任到人的气象灾害应急处置体系。开展气象灾害应急演练,提升气象灾害处置能力。抓好乡镇气象协理员队伍和农村气象信息员队伍建设,发挥他们在气象防灾减灾中的重要作用。

(五)着眼提升预警能力,加强基层服务体系建设。按照“有场所、有设备、有人员、有制度”的要求,加强乡镇和村级气象信息服务站建设,力争到2015年全省所有乡镇和行政村实现全覆盖。结合“信息入村”工程、农村党员远程教育工程和农村中小学现代远程教育工程,统筹规划建设农村气象信息服务站,实现资源共享。建立以电视、广播、无线通信为载体的预警发布平台,抓好农村气象预警电子显示屏建设和管理。建设省、市两农村级用户气象服务中心,开展气象咨询、灾害预警等业务,指导广大群众搞好农业生产。

三、合力推进“两个体系”建设

(一)加强组织领导。各市、县(市、区)政府要高度重视“两个体系”建设,加强组织协调,落实工作责任,强化监督检查,结合实际制订本地实施的意见和工作方案,及时研究解决存在的困难和问题,确保“两个体系”建设任务如期完成。各级气象部门要充分发挥自身职能,主动做好规划编制、组织实施等工作。各级发展改革、财政、农业、工业和信息化、水利、国土资源、林业、民政等部门要加强协作配合,共同推进“两个体系”建设。各地各部门贯彻落实本《意见》的工作情况,纳入年度目标责任考核。

(二)保障经费投入。各地各有关部门要将“两个体系”纳入农村公共服务设施建设规划,加大财政投入力度,加强应急指挥体系和防灾减灾工程建设,提高气象灾害监测能力和预警信息覆盖率,确保农民享受更多的气象服务,积极发挥金融机构在灾害救助、损失转移分担和灾后恢复重建中的作用,探索气象服务企业、社会团体的新模式,努力形成多元化的投入机制,加快推进“两个体系”建设。

(三)加强宣传引导。各地各有关部门要通过电视、广播、报纸、网络等媒体,加大对“两个体系”建设重要意义、政策措施以及新进展、新经验的宣传,为搞好“两个体系”建设营造良好的舆论环境。县级综合科普馆增设气象防灾减灾展区,乡镇气象信息服务站设立气象科普宣传栏,广泛宣传气象防灾减灾科普知识,同时通过利用农村数字电影和科普大篷车等途径进村入户搞好宣传,提高广大群众防灾减灾意识和自救互救能力,最大程度减轻气象灾害损失。

二〇一〇年九月三日

继承和发扬延安精神　促进气象事业迅速发展

中国气象局局长　邹竞蒙

（一九九五年九月一日）

同志们：

今年是抗日战争胜利50周年，也是人民气象事业创建50周年。为了纪念抗日战争胜利50周年，党和政府举行了一系列纪念活动，广泛开展爱国主义教育和革命传统教育。今天，我们在这里隆重举行人民气象事业创建50周年纪念活动，正是为了贯彻中央有关精神，紧密联系气象部门的实际，回顾历史，总结经验，继承和发扬延安精神，推进气象部门双文明建设，促进气象事业快速发展。值此，我谨代表中国气象局党组对创建人民气象事业的延安时期的老同志表示崇高的敬意！向广大气象工作者，特别是长年奋战在高山、海岛、边远地区等基层台站的职工致以亲切的问候！向各位领导、各位来宾表示热烈的欢迎和衷心的感谢！

党中央、国务院领导同志对人民气象事业创建50周年纪念活动非常重视，江泽民主席、李鹏总理、刘华清副主席、邹家华副总理、钱其琛副总理、钱正英副主席和宋健国务委员为我们的纪念活动题了词，这是党和国家对发展人民气象事业的极大关怀，也是对我们广大气象工作者的极大鼓舞。她必将对气象事业的发展产生深远的影响！

同志们，延安时代，是一个在中国革命史上占有重要地位的时代，是中国共产党由弱到强、走向成熟，中国革命转败为胜、取得成功的时代。以毛泽东、刘少奇、周恩来、朱德等老一辈无产阶级革命家为代表的共产党人，成功地把马克思列宁主义普遍真理和中国革命的具体实践相结合，深刻总结历史经验教训，制定了一条新民主主义革命的总路线，提出了统一战线、武装斗争、党的建设三个战胜敌人的重要法宝，培育和创立了实事求是、自力更生、艰苦奋斗、团结统一、全心全意为人民服务的延安精神。

延安精神是中国共产党的优良转统和作风的结晶，是井冈山精神、长征精神的继承和发展。她包含了救国救民的爱国主义精神，全心全意为人民服务的奉献精神，自力更生、艰苦奋斗的创业精神，实事求是、言行一致的科学精神和敢于斗争、敢于胜利的大无畏精神等丰富内容。她是共产主义理想、信念和革命人生观、世界观的生动体现。

人民气象事业的创建和发展，与中国革命的前途和命运紧紧联系在一起。在抗日战争即将取得最后胜利，中国革命进入新的关键性阶段的时候，党中央高瞻远瞩，为了新中国的建设，以远大的战略眼光大量吸收科技人才，大胆引进先进的科技成果，发展边区的科学技术。人民气象事业正是在这种形势下诞生的。1945年3月，中央军委三局在延安清凉山下举办了第一期气象人员训练队，结业学员随后奔赴各解放区，建立了6个气象观测点。同年9月，我党我军第一个气象台——延安气象台在凤凰山下组建，从而开创了我党领导下的人民气象事业的新纪元。延安的人民气象事业自诞生之日起就受到党和老一辈革命家的亲切关怀。毛泽东同志将自己珍藏多年的图书赠给气象人员学习；周恩来、叶剑英同志亲自为气象台收集教材、制定气象观测工作细则和一系列规章制度；朱德同志在紧张的军事指挥间隙也前来气象台视察，对气象台的教学工作给予深切的关怀。延安气象事业在党的阳光雨露哺育下健康发展，延安的气象人员在人民的怀抱里茁壮成长。人民气象事业的开创者们在转战晋绥、晋察冀的艰难岁月里经受了血与火的洗礼，在新中国成立的礼炮声中南下北上，成为团结广大气象人员、建立新中国气象事业的中坚力量。他们孜孜不倦地学习，兢兢业业地工作，在极端艰苦的情况下，出色地完成了党交给的任务。在他们身上体现出来的追求真理、坚信马列、投身革命、矢志不移的爱国主义精神，积极进取、勇于开拓、自力更生、奋发图强、艰苦奋斗的创业精神，实事求是、尊重科学、刻苦钻研、勇攀科技高峰的创新求实精神，胸怀壮志、团结协作、互相关心的无私奉献精神以及全心全意为人民服务的高尚品德，正是延安精神具体、生动的体现。

同志们，人民气象事业已走过整整 50 年艰苦而辉煌的历程。50 年来，延安精神始终激励着一代又一代的气象工作者为发展我国气象事业奋勇拼搏，使我国气象事业在较短的时间里取得了显著成就，已居于发展中国家的领先水平，大大缩短了与发达国家的差距。

目前，我国初步建成了门类齐全，布局合理，自动化程度较高的气象综合探测系统。已拥有 2400 多个地面气象观测站、118 个高空站、200 个不同类型的天气雷达站，98 个太阳辐射观测站；并相继建立了基准气候站网和大气特种观测站网，已建成基准气候观测站 133 个，酸雨观测站 78 个，区域大气本底站 3 个，世界上第一个大陆腹地基准本底观象台也于 1994 年在我国青海省建成。1988 年和 1990 年，我国成功发射了两颗风云一号极轨气象实验卫星，标志着我国大气探测开始进入一个新阶段。

建成了以国家气象中心为枢纽的自动化通信系统，气象信息的传输和处理能力大大增强。我国气象通信系统联接六大区域中心和 30 个省级气象台，并由计算机控制，现代化通信和技术装备得到广泛应用。到 1994 年底，我国气象部门拥有大中型计算机 12 台，小型计算机 132 台，微型计算机 6600 台。全国气象部门 90％以上的地市级气象台、部分县气象站都已建立了气象信息产品服务终端。预报服务产品迅速增加，并源源不断地向各级气象台站及时传递，为各级人民政府指挥防灾减灾，安排生产和建设提供了重要依据。

建立了结构合理的预报业务技术体系基本框架，基本气象信息的加工分析预测能力上了一个大台阶。我国初步形成了由国家、区域、省、地、县五级合理分工、有机结合、逐级指导的基本气象信息加工分析预测体系。天气预报从传统的天气图和经验分析为主的方式向客观化、定量化转变。我国自行研制的巨型计算机 YZ2、从美国引进的 CRAYC92 巨型机，为提高我国中期数值预报能力提供了条件。1994 年 6 月 1 日开始，我国国家气象中心 T63L16 中期数值预报业务系统正式投人运行，每日做一次 7 天滚动预报。我国已跻身于世界上少数几个能制作中期数值预报产品的国家。

气候与气候变化以及气候资源的合理开发研究取得了重大进展。近年来，气候变化问题日益国际化，已引起各国政府的重视。经国务院批准，中国气象局于 1994 年 2 月着手组建国家气候中心，今年 1 月已正式挂牌运行，这将促进我国短期气候预测、气候变化研究和有关业务工作的快速发展。

以先进的科学技术和现代化的气象业务系统为依托，气象部门开展了形式多样的气象服务工作。并以为农业服务为重点，把为党政领导决策服务放在首位，不断提高气象服务水平，开发适用气象产品，拓宽气象服务渠道，在防灾减灾、保障人民生命财产安全和为国民经济建设服务中发挥了重要作用。气象服务的领域已发展到100多个行业和部门，与10多万个用户签订了服务合同。据在全国普查后统计分析得到的阶段性成果表明，气象服务为国民经济各部门防灾减灾、趋利避害所产生的经济效益，已达到为气象事业投资的40倍，而且随着国民经济的发展，气象服务的效益将越来越大。

气象现代化建设的实践培养锻炼了大批专业技术人才。现在全国气象部门大专以上的专门人才已占职工总数的31.7%，中专以上的专门人才已占职工总数的70%以上。全国气象部门已拥有相当副研以上高级专门人才2149人，中级专门人才19180人。

回顾50年来气象事业的发展历程，我们深深体会到，气象事业只有紧紧依靠党的领导，才能不断健康地发展；气象工作只有坚持为人民服务的宗旨，深深扎根于人民群众的沃土中，才能吸取丰富的营养；气象工作只有与实际相结合，为国防建设和经济建设服务，才会有生命力；气象工作只有不断吸取现代科学技术的成果，包括吸收国外先进设备和先进技术，才能不断进步；气象工作只有坚持尊重知识、尊重人才、坚持“科学技术是第一生产力”的思想，才能充满活力；气象工作只有重视干部培训，重视队伍建设和精神文明建设，才能继往开来。

同志们，我们在这里隆重纪念人民气象事业诞生50周年，不仅为了缅怀老一辈气象工作者的丰功伟绩，更重要的事为了让广大气象工作者，特别是年轻一代气象工作者了解人民气象事业的艰苦创业史，学习延安时期气象工作者崇高的爱国主义、集体主义情怀，使延安精神更加发扬光大，成为气象部门精神文明建设的重要内容。

延安精神作为一种先进的社会意识，是中国共产党和全体中国人民最可宝贵的精神财富，永远也不会过时。靠着她，党在最困难的时期领导边区人民战胜了国民党的经济封锁和军事围剿，团结全国一切爱国力量取得了抗日战争和解放战争的伟大胜利；靠着她，党和政府领导全国人民克服了重重困难，把贫穷落后的旧中国建设成为初步繁荣昌盛的社会主义国家。今天，改革开放的东风吹遍了祖国的每一个角落，人民的物质文化生活等各方面条件与延安时期相比好上何止百倍、千倍！但延安精神依然是我们致胜的法宝。邓小平同志说：“我们一定要宣传、恢复和发扬延安精神……要坚持我们历来的艰苦奋斗的传统，否则，我们的事业是不会有希望的。”江泽民同志担任总书记后，第一次出外视察就到了延安，他说“自力更生、艰苦奋斗的延安精神，没有过时，抗日战争、解放战争的艰苦岁月要发扬延安精神；社会主义初级阶段也离不开延安精神。否则，我们的社会主义是很难建成的。”随着改革开放力度的加大和商品经济的日益繁荣，资产阶级的人生观和价值观也侵入到我们的社会中，贪图享受、铺张浪费等腐败现象屡禁不止。继承和发扬艰苦奋斗的延安精神，提倡为国家、为集体、为人民服的奉献精神，将有力地抵制资产阶级腐朽思想，净化社会风气，促进社会主义精神文明和物质文明的建设。

回顾过去，我国气象事业取得了举世瞩目的成就，展望未来，气象现代化建设任重而道远。长期以来，广大气象工作者，特别是长期战斗在高山、海岛、边远地区基层台站的气象工作者，在延安精神鼓舞下艰苦奋斗、勤奋工作，保证了气象事业和科研工作顺利进行。

气象事业要进一步发展,赶超世界先进水平,还要付出艰苦的努力,还要进一步发扬延安时期的光荣传统和优良作风。气象部门一定要结合本部门实际情况,把学习延安精神与气象现代化建设有机地结合起来,发扬艰苦创业的延安精神,促进气象事业持续、快速、健康的发展。

第一、学习延安精神,要解放思想,实事求是,加快改革开放的步伐。当前我们要认清机遇与挑战,进一步解放思想,转变观念。要以调整气象事业结构和建立相应的运行机制为重点,全面推进各项改革。要坚持从实际出发,联系国情,结合各地、各单位的实际,不断研究改革开放中出现的新情况和新问题,不断探索建设有中国特色社会主义的社会主义气象事业的发展道路。

延安气象台的创建,是国际合作的成功典范。50多年来,我们虽然已在国际交流和合作方面取得了很好的成绩,但在科学技术日新月异的今天,我国的气象事业只有加强国际交流,跟踪世界先进水平,才能不断引领发展。因此,对外开放是我们要长期坚持的方针。对外开放一方面要不断引进技术、设备和先进的管理方法,另一方面要在引进的同时积极扩大我国气象技术、设备和劳动输出,形成有进有出,互相促进的局面。

第二、学习延安精神,要加强气象现代化建设,提高气象现代化建设的总体效益。邓小平同志说的好:“发展才是硬道理。”我国气象事业要再上一个台阶,首先气象现代化建设必须上一个新的大台阶。气象现代化建设要以气象部门的基本业务系统为主体,优化业务系统体制,建设新一代的气象业务技术体系;要发挥社会办气象的多方面积极性,积极建设具有全局性、综合性的现代化骨干工程,并以此为依托推进全行业气象现代化建设,逐步做到统一标准、统一规范、统筹规划、合理布局,以利用资源共享,提高总体效益。

第三、学习延安精神,要坚持“科学技术是第一生产力”的理论指导,积极发展气象科技和教育事业。延安时代的气象事业,在发展气象科技和培养人才方面积累了丰富的经验,为我们树立了光辉的典范,各级气象部门要结合贯彻全国科学大会精神,深刻理解“科教兴国”的发展战略,根据气象事业的特点和气象事业结构调整的需要,建立有利于科技和业务结合、长入经济和加速发展的新体制。要牢固树立“科学技术是第一生产力”的观念,形成尊重科学、尊重人才的良好风尚。

要加强人才培养,建立一个与气象事业发展和社会主义市场经济体制相适应的,面向21世纪的气象教育体系,根据需求,调整学科和专业设置,培养德、智、体、能全面发展,“一专多能”新型人才;加强成人教育,注意学科带头人、业务骨干和高层次管理人才的培养,要积极改善知识分子的工作、学习和生活条件;建立保护和吸引人才有关的政策措施。稳定气象科技队伍。

第四、学习延安精神,要坚持把保护人民和为社会主义建设服务作为气象事业的根本宗旨,努力提高气象服务的社会、经济和生态效益。延安精神的核心是全心全意为人民服务。气象事业是公益性的科技服务事业,属于对国民经济发展具有全局性、先导性影响的基础行业,是现代社会生产和生活的“生命线”工程。气象服务工作要以提高服务的综合效益为中心,以经济建设和社会发展的需要为导向,以农业服务为重点,完善与社会主义市场经济相适应的、以公益气象服务为主体、多种气象服务并存、全方位、多层次的气象服务体系。在加强决策服务和公众服务,特别是防灾、抗灾、救灾气象服务的同时,积极开拓气象服务新领域，大力发展专业（专项）气象服务和技术服务，不断改进服务手段，努力提供优质服务。

第五，学习延安精神，要坚持两手抓的方针，发展气象事业，做好气象服务工作，必须坚持两个文明一起抓，建立一支具有强烈的事业心、高度的责任感、工作作风严谨、专业技术精良的气象队伍。各级气象部门要认真贯彻四中全会精神，抓好党的思想、组织和作风建设。要坚持对干部职工进行基本国情、基本路线、职业道德、服务思想等方面的教育。发挥基层党组织的核心作用，正己正人，克己奉公，努力提高气象队伍的整体素质；要继续推进社会主义精神文明建设，丰富台站的精神文明文化生活，抵制不正之风，努力把气象部门的精神文明建设提高到一个新的水平。

同志们，让我们以纪念人民气象事业50周年为新的起点，在全国气象部门掀起一个学习延安精神的热潮，激励全国气象工作者沿着先辈的足迹奋勇向前，为建设具有中国特色的社会主义现代化气象事业做出新的贡献！

青年气象工作者的历史责任

——邹竞蒙在人民气象事业创建50周年纪念活动青年组讨论会上的讲话

(一九九五年九月六日)

这次我们组织延安时期的老同志,气象部门的领导,并选拔一部分青年代表到人民气象事业的发祥地延安,举办了人民气象事业创建50周年纪念活动,对于继承和发扬延安精神,培养了青年一代跨世纪人才,推进具有中国特色社会主义气象事业的快速发展,都具有十分重要的意义。

50年来,人民气象事业经历了风风雨雨,从无到有,从小到大,逐渐发展起来,特别是近10年来,和我们国家一样,进入了快速发展的时期,许多发展中国家,甚至发达国家气象界的同事,在看到我国气象事业发展状况后,都给予了高度的评价,实践证明,这十几年,无愧于历史对我们提出的要求,尽管我们的问题和困难还不少,差距还不小,还有大量工作需要我们去完成,历史性的艰巨任务需要我们去开拓,但是,中国气象事业和我们国家一样,在国际上是有影响的,具有声誉的,这些成绩的取得,既包含了老一代气象工作者创业的艰辛,也凝结了中年一代气象工作者的勤奋耕耘,更使人高兴的是青年一代正在茁壮成长,并已经汇入了我们气象事业的发展进程中,越来越显示出他们的重要作用。中国气象事业已经进入持续、快速、健康发展的历史阶段。

50年弹指一挥间,这次到延安纪念人民气象事业创建50周年,回过头来想想气象事业走过的路,最深的一条体会就是像江总书记为我们这次纪念活动题词所讲的:“继承和发扬延安精神,促进气象事业迅速发展。”这是中国共产党的第三代领导集体对我们提出的要求和期望。50年来,不管气象事业的发展有多少坎坷,我们始终清醒地认识到,气象工作只有紧紧依靠党的领导,密切与社会经济发展相适应,尽力采用现代科学技术,充分发挥广大干部职工的积极性,才能不断发展,不断前进,否则,将什么也办不成,回想我国气象事业发展的历程,这一点体会非常深刻。

当时组织上调我们几个人搞气象工作时,我们年龄都比较小,完全是在党的关怀下不断成长起来的。记得当年我在跟随张乃召同志上山施放探空气球,爬到半山腰休息时,张乃召同志拿出党章给我讲党的纲领、党员标准、入党条件,我们正是在这逐步树立起来的共产主义信念的指引和鼓舞下,刻苦钻研,很快掌握了各方面的技术,如气象观测、收发报、机务、开车等,并努力学习最新气象知识。

人民气象事业一诞生,就受到老一辈无产阶级革命家的关怀,毛主席把他收藏的一本《自然地理》通过毛雪华送给气象台人员学习;周恩来同志率领中共代表团在国民党统治区——南京做统战工作,与蒋介石反动集团进行尖锐复杂的斗争,在那样严峻的形势下,还收集原国民党统战区气象学会的会刊等气象书籍,并用一张天气图包着,亲自用毛笔署名,写下“这张图不要丢掉,可能有用”然后辗转送回延安,我们五人经气象训练毕业时,叶剑英、杨尚昆等领导同志亲自出席毕业典礼,叶帅对我们讲,将来我们要建立人民的空军、海军，要建立新中国，搞经济建设，这些都需要气象，你们就是第一批，党中央从战略的高度，为人民气象事业的发展播下了种子。

十一届三中全会以后，我国人民按照邓小平同志建设有中国特色社会主义的理论，进行改革开放和现代化建设，为气象事业的大发展带来了机遇，我们在党中央的领导下，紧紧抓住机遇，奋发努力，与世界发达国的差距就是这样缩小的。

在这次纪念活动中，江泽民总书记、李鹏总理等领导同志亲自题词，李鹏总理在8月31日视察了中国气象局，看望了在气象预报等第一线的同志，亲切会见了延安时代的气象工作者，9月1日姜春云副总理代表党中央、国务院出席了在北京召开的纪念大会，他们都做了重要讲话。李鹏总理指出：你们的工作很出色，为保护人民生命财产和国家建设做出了贡献。他要求：发展气象事业，今后的方向还是要进一步依靠科技进步，坚定不移的搞现代化，气象事业是公益事业，投入在气象部门，受益在全社会、在全国、在地方，因此我们也要求各级政府都要更加重视当地气象事业的发展，李鹏总理向多年来一直在防灾抗灾中做出贡献的气象工作者表示感谢，姜春云副总理在讲话中指出，“我国经济建设所取得的巨大成就和社会各项事业的发展，凝聚着广大气象工作者的辛勤劳动和无私奉献，对你们的工作，党中央、国务院是满意的。”这充分表达了党中央国务院对气象工作的肯定和殷切的期望。近几年宋健、陈俊生等领导同志也对气象工作给予很高的评价和鼓励，这些正是因为10多年来我们拼命搞现代化，全心全意为我国社会、经济发展服务而得到的重视，地位和荣誉，否则，气象事业就没有现在这种局面，也不可能完成党和人民交给我们的艰巨任务。

社会经济发展无止境，科学技术的发展无止境，因此，气象现代化建设也无止境，搞现代化建设永远不能停步，最近几年，中国气象局党组一直在考虑，21世纪内气象事业还可以保持相当的发展速度，但从长远的观点看，如何才能保持气象事业持续、快速、健康发展的好势头呢？最重要的是年轻的同志要担起这个历史的责任，这次局党组之所以选出一些青年代表参加这次纪念活动，就是要使青年同志学习、继承和发扬延安精神，担起历史的重任，这是党和国家对你们的期望，也是老一代气象工作者对你们的期望。

青年同志要继承发扬延安艰苦奋斗、顽强拼搏，勇于开拓，勇于创新的精神，当然，发扬艰苦奋斗的精神，不是要求大家穿粗布衣服，吃小米野菜，艰苦奋斗在不同的历史条件下，有不同的表示形式，但其实质内容是一样的，就是要顽强拼搏，努力完成党和人民交给我们的历史任务，现在，我们有的同志搞技术开发夜以继日，有条件要搞出来，没有条件创造条件也要搞出来，这就是艰苦奋斗精神的体现，现在气象现代化建设已有了一定的条件，但是能不能将总体效益发挥出来？能不能把潜力挖掘出来？没有艰苦奋斗、顽强拼搏的精神，也是不行的。

青年同志要学习马列主义毛泽东思想，学习邓小平同志建设中国特色的社会主义理论，还要学习辩证唯物主义和历史唯物主义，通过学习和实践，从而确定正确的世界观、人生观、价值观。要将自己的理想、信念与党的事业结合起来，与人民的利益结合起来，与自己的岗位实践结合起来，如国家卫星气象中心有的年轻同志搞软件开放，有的单位用高薪聘用他，并许诺分给房子，但为了中国的卫星气象事业，他就是不走，这就是理想，这就是理想与事业发展的正确结合，个人的价值也在事业发展中得到体现。得到党和人民的承认,中国人一定要有志气,要用自己的聪明才智,在世界先进科学技术领域占有一席之地,这个愿望我们已经开始实现,而且必将得到进一步的实现,在不远的将来,赶上世界发达国家的先进水平,这个历史的重任就落在年轻一代的身上。

延安精神内容非常丰富,是我们党领导中国人民从胜利走向胜利的法宝,希望青年同志要好好领悟,要学习,继承并永远发扬延安精神。要深深感受到自己的历史责任,并为此而奋斗,要把气象事业发展、与我国整个社会经济发展协调起来,气象事业是基础性,先导性事业,我们还要有超前意识,加快发展的步伐,使气象工作的整体水平得到进一步的提高。这次纪念活动,是学习、领悟延安精神的一次很好的机会,我们要在人民气象事业发展中,将延安精神世世代代传下去,贯彻,落实在实际工作中。

注:邹竞蒙讲话是1995年9月6日在延安市气象局召开的人民气象事业创建50周年纪念活动青年组讨论会上的讲话。

注:邹竞蒙时任中央候补委员、中国气象局局长、党组书记。

王双锡副省长在延安气象事业50周年纪念会上的讲话

（一九九五年九月一日）

在全国人民隆重纪念抗日战争胜利50周年之际，中国气象局领导、各省（自治区、直辖市）气象部门的代表与延安时期的气象工作者在革命圣地聚会，共同纪念人民气象事业创建50周年。在此，我代表陕西省人民政府对各位来陕表示热烈的欢迎，并祝纪念活动圆满成功！

1945年3月，正值抗日战争取得最后胜利的阶段，为了及时提供气象情报，配合部队作战，我党在清凉山举办了首批气象人员训练队，并在解放区建立了6个气象观测站（点），这是我党历史上第一批气象站（点）。同年9月，在凤凰山下建立起了我党历史上第一个气象台一延安气象台。人民气象事业由此起步，从无到有。从小到大，经过无数次曲折困苦，逐步走向胜利。创业者们怀着共产主义事业必胜的坚定信念，怀着创建人民气象事业的雄心壮志，艰苦奋斗，顽强拼搏，刻苦学习，努力工作，出色地完成了党交给的光荣任务，在人民气象历史上写下了光辉的一页。老一辈气象工作者创下了光辉的业绩，树立了光辉的典范，传下来宝贵的延安精神。他们那种胸怀大志、献身革命、艰苦创业、忘我奋斗、认真负责、一丝不苟、团结协作、默默奉献的高贵品质和优良作风，是值得我们继承和发扬的，学习老一辈气象工作者的是延安精神，是搞好精神文明建设的重要内容，对推动气象现代化建设，有着重要的现实意义，今天我们在这里开会，也就是要弘扬延安精神，使延安精神发扬光大，代代相传。

改革开放以来，气象科学技术有了很大的发展，在为国民经济建设，为农业生产服务中做出了重要贡献，取得了很大的成绩，气象工作的重要性愈来愈被广大人民群众和各级政府所认识，气象工作的地位也愈来愈得到提高。我省气象部门在为陕西经济建设服务中，做了大量工作，取得显著成绩，特别是在去冬今春干旱少雨的气候条件下，气象部门与空军部队密切配合，利用有利天气条件，积极进行飞机人工增雨作业10架次，作业面积6.8万平方千米，增雨量达1亿吨，经济价值3千多万元，深受农民群众欢迎，气象部门准确预报雨情，提供旱情分析，提出生产建议，及时主动服务，为政府指挥农业生产提供了气象依据，起到了气象的参谋和助手作用。

与此同时，气象部门在卫星遥感测干旱、测产量、森林防火等方面也有了新的尝试和突破，今年卫星遥感对全省小麦总产量的测报数字和省农调队公布的数字相当接近，准确率达99％。

我省经济基础薄弱，国民经济发展速度和城乡人民生活水平等与兄弟省、市还有很大差距，气象工作也有待进一步提高。我们将进一步加快发展，缩小和兄多省市工作的差距。认真贯彻国务院[1992]25号文件和省政府[1992]57号文件精神，从各方面、多渠道加大对气象事业的投入，确保地方气象事业顺利健康地发展，更好地为当地人民生活、农业生产和国民经济建设服务。同时，也衷心希望中国气象局对我省气象工作给予更多关心、指导和帮助。

最后祝各位代表生活愉快，工作顺利！

前志简述

前志，即《陕西省志·气象志》，是在陕西省地方志编纂委员会指导下，由陕西省气象局承编的记载气候、气象事业历史与现状的陕西首部气象专业志书。编纂工作从1985年开始，2001年11月印刷出版，历时16个春秋。

前志采用章节体，设篇、章、节、目4个层次；体裁以志为主，辅以记、述、图、表、照、录；除了概述和编后记外，其他篇目横排竖写，依事归类，层层相辖；除了引用古籍原著文言文外，正文记述均使用语体文。志书设气候、气象灾害、大气探测、天气预报与服务、气象通信、气候资料、农业气象、科研与教育、气象台站网、体制机构与职工队伍、大事记等11篇、38章、141节，加上附录、编后记，共31万字。主编为杨武圣、副主编王志学；文字编辑吴勇征、王玉辰，照片编辑丁汶；陕西省气象局党组书记、局长程廷江为前志作序。

前志坚持略古详今的原则，对陕西自史前至中华人民共和国成立后的1989年的气候变迁和气象事业进行了全方位的记述，客观地反映了陕西气象事业的发展轨迹。中国是世界文明古国之一，陕西是中华民族和中华文明的重要发祥地，西安又是中国建都朝代最多、时间最长的古都，陕西气象工作起步较早，气象事业源远流长。早在周朝，陕西就有了气象观察，而且设有专门从事气象的官职，在镐京设有观察天象的灵台，逐月记录天气、物候的变化。秦时由太史掌管天象观察，汉代已有简单的气象仪器，在长安建章宫装有相风铜乌，并最终形成中国独有的二十四节气，至今在人类生产生活中发挥着重要的科技意义。在随后的中国朝代更替中，人们不断总结天气现象，并概括成精粹歌谚，收录于古典著作中，《诗经》《道德经》《吕氏春秋》《淮南子》等经典著作中都有气象篇章。辛亥革命后，陕西高陵县通远坊天主堂开始气象观测，1922年建立陕西第一个国办气象站（长安测候所）。1931年建西安测候所，抗日战争时期西安建有气象台……1939年中国共产党在延安光华农场建立气象组，1944年中美出于对日作战需要，美国驻中缅印军队派美国观察组在延安建立第一个气象台。1945年9月建立八路军总部延安气象台，开创了人民气象事业的先河。1949年中华人民共和国成立后，陕西气象事业结束了长期停滞状况，步入了快速发展轨道，揭开了陕西气象发展史上的新篇章。

前志客观地总结了1949—1989年间陕西气象事业经历的四个发展阶段。

一是1949—1959年的创建阶段。1949年，中华人民共和国成立，陕西省军区成立气象科，统管全省气象工作，接管了国民党遗留下来的3个气象站，开展气象恢复工作，并担负起了气象为军事建设和社会经济建设服务的重任。1950年，根据军事建设需要，组建新的气象站，当年全省气象站发展到8个（不含空军）。1954年，全省在新建一批气象站的同时，成立气象学校，培训气象人才。1956年，全省气象站发展到50个。到1959年，全省共建立了83个气象站，其中兼有高空观测点3个、农业气象观测点352个，还建立了6个气象台，空军、民航也陆续建立了一批气象台站，基本建成了全省气象台站网。

二是1960—1965年的调整提高阶段。1961年，陕西省气象局贯彻党中央“调整、巩固、充实、提高”的八字方针，对全省气象台站网和业务量进行调整，撤销了安边、靖边、吴堡等14个气象站，向农场、林场、民航等单位移交了3个气象站，调整了各气象台站基本观测、专业观测、农业气象观测次数和项目，农业气象观测点由53个减到26个。经过调整，气象台站得到了巩固，业务服务质量有了提高。在此同时，全省气象部门将工作重点转向积极为社会经济发展尤其是为农业生产服务。省气象台较早将天气预报在报纸、电台进行刊登和播发，让老百姓能够及时了解天气预报和灾害性天气，及时进行防范。各级气象台向当地党政领导提供各种情报资料服务，使气象工作成为各级领导和各行各业的参谋和助手。省气象局建立农业气象机构，开展农业气象观测和预报，进行农业气象研究和田间试验，制定农业气候区划，农业气象服务取得了良好效益，亦为尔后的农业气象事业发展奠定了基础。

三是1966—1978年的维持阶段。1966年开始的“文化大革命”，陕西气象机构被撤并转，业务服务停滞，许多老干部、老专家和大批知识分子遭到批斗，下放劳动改造，废除了许多行之有效的规章制度，仅省气象局1966年10月一次行文就废除了7项制度，正常的社会秩序和气象工作秩序遭到破坏，全省近20个气象站停止观测发报，气象记录中断。“文化大革命”期间，全省气象业务工作基本上处于半停顿和勉强维持状态。

四是1979—1989年的气象现代化建设阶段。1979年中国共产党十一届三中全会后，陕西气象部门不失时机地将工作重点转移到气象现代化建设上来，进行了业务工作的全面整顿，恢复了各种行之有效的工作制度，积极开展气象科研，引进高新技术，进行全面改革，使气象现代化建设迈出了可喜的步伐。全省部分气象观测项目使用了遥感仪器或自动化仪器，减轻了劳动强度，提高了观测质量。天气预报运用数值预报及模式输出统计预报，采用电子计算机与人工智能相结合的方法，研制了陕西暴雨预报专家系统、长、中、短期预报系统和天气预报决策支持系统等。推行了省气象台做指导预报、地市气象台做分片预报、县气象站做解释预报的技术体制改革，提高了预报水平。气候资料工作使用微机系统，实现了资料信息化，基本完成了1951—1990年的40年气候资料整编工作。建立了省级气象传真广播，使用微机向省政府及农业、水利等12个单位传递气象情报。引进微机自动转报系统，自动编辑处理各类气象电报，利用单边带和甚高频电台建成了省地县气象辅助通信网，提高了气象信息的传递时效。建立了省级农业气象中心，利用卫星遥感技术进行冬小麦产量预报、森林火情监测，形成了农业气象服务体系。加强了气象科学研究，开展了天气、气候、农业气象、大气物理研究，全省获气象科研成果奖121项。

前志的出版发行，是陕西气象事业的一件大事，为后世留下了一份珍贵的资料性文献，具有较高的资政、存史价值。也为续修二轮省气象志积累了丰富的经验。

编后记

《陕西省志·气象志(1990—2010)》是《陕西省地方志事业发展规划(2016—2020年)》确定的一项重要工作任务。陕西省气象局党组对此项工作高度重视，于2015年12月正式成立了以陕西省气象局局长丁传群为主任委员，副局长薛春芳、罗慧等为副主任委员，陕西省气象局各内设机构主要负责人为委员的陕西省气象局《陕西省志·气象志(1990—2010)》编纂委员会。陕西省气象局还专门设立了修志专项经费，调派得力人员，对陕西气象事业发展历程进行了认真梳理和系统编纂。在此之前，陕西省气象局已开展了大量的前期准备工作。2002年7月，陕西省气象局指派副巡视员翟佑安、调研员刘文亚开始着手志书资料搜集和篇目设计工作。2015年7月，陕西省气象局成立气象志办公室，由副巡视员王万瑞负责，办公室副主任吴建民协助，先后聘请刘文亚、吕鸿喜、邢丰年等老专家、老同志为工作人员，搜集了大量的历史资料，开展了篇目初步设置，编写了部分内容，为修志工作打下了坚实的基础。

本书坚持辩证唯物主义和历史唯物主义的基本原则，力求真实准确、实事求是，突出陕西气象事业发展的特点，展现陕西气象事业为陕西防灾减灾、经济社会发展和人民群众生命财产安全发挥的重要作用。

本书各章主要贡献人员如下：篇目设置，丁传群、罗慧。第一篇，方建刚、魏娜、雷杨娜、李茜，等。第二篇，雷向杰、张健宏，等。第三篇，郭江峰、李文高、夏巧利、李青，等。第四篇，王川、刘嘉楷、李萍、张健宏、刘海军。第五篇，夏巧利、王小宁、雷向杰、田武文，等。第六篇，李登科、李化龙、郭新、李青、张明。第七篇，夏巧利、杨银见、曾英、张列锐、李崇福，等。第八篇，李登科、李化龙、贾玲、朱荣增、李彩莲、马楠、郭新，等。第九篇，吴林荣、巨晓璇、乔剑、李少强、杨银见、寇小兰、屈直、王维刚、赖学强，等。第十篇，胡春娟、肖文俊、李星敏、孙田文、谢在发、王建萍、杨新，等。第十一篇，周林、李青、阳茂林、徐凌、景毅、牛小芬。第十二篇，黄俊芳、张晶、贺安乾、周林、张晓佳、王媛、赖学强、王晓耕，等。第十三篇，唐静、刘海英、黄俊芳。全书由丁传群、罗慧、杨文峰、王维刚、赵艳丽、刘文亚等同志统稿并审定。王晓耕、陈争旗核对了历史资料，修改了部分内容。

本书在编纂过程中，参与人员不辞劳苦，认真负责，敬业奉献，卓有成效地完成了各自工作，确保了编纂工作顺利完成。编纂工作也得到了陕西省地方志办公室的大力支持，雷湛、武军、史天社、肖成刚、袁欣昌等领导和专家给予了悉心指导。此外，陕西省气象局陈洪田、何广林、王锋亮、姜创业等退休老领导、老同志对本书提出了修改意见。各设区市气象局，杨凌气象局，陕西省气象局各直属单位、机关各处室给予了协助支持，在此一并表示感谢！

由于时间紧任务重、编纂水平有限，收集的资料可能仍有疏漏，总结可能还不够全面，欢迎大家提出宝贵意见。